Die Orientalischen Christen

Libelli Rhenani

Schriften der Erzbischöflichen Diözesan- und Dombibliothek zur rheinischen Kirchen- und Landesgeschichte sowie zur Buch- und Bibliotheksgeschichte

Herausgegeben von Heinz Finger

Band 49

Die Orientalischen Christen

Eine unterdrückte und verfolgte Minderheit

Hrsg. von
Heinz Finger und Werner Wessel (Diözesanbibliothek)
unter Mitwirkung von
Rudolf Solzbacher und Nadim K. Ammann (Generalvikariat)

AUSSTELLUNG DER DIÖZESAN- UND DOMBIBLIOTHEK KÖLN
IN ZUSAMMENARBEIT MIT DER
DIÖZESANSTELLE WELTKIRCHE / WELTMISSION

(30. April bis 16. Juli 2014)

Erzbischöfliche Diözesan- und Dombibliothek
mit Bibliothek St. Albertus Magnus
Köln 2014

Konzeption und Gestaltung der Ausstellung:
Werner Wessel

Texterfassung:
Claudia Croé

Koordination der redaktionellen Arbeiten:
Michael Schiffer

Konservatorische Sicherung der Exponate:
Bernd Schäfers

Lay-out:
Michael Schiffer

ISSN 1861-7271
ISBN 978-3-939160-46-5

Inhalt

Geschichte der altorientalischen (vorchalkedonensischen) Kirchen bis zur Gegenwart

Von Heinz Finger

Die orientalischen Christen heute

Katalogteil

Von Werner Wessel

Der Erzbischof von Köln

Köln, im Februar 2014

Geleitwort

Die Anfänge der Kirche liegen im Orient. Alle zwölf Apostel waren "orientalische Christen". Die ersten Christengemeinden außerhalb Palästinas entstanden in Syrien, in Damaskus und Antiochia (heute Antakya in der Türkei). "In Antiochia nannte man die Jünger zum ersten Mal Christen" (Apg 11,26). Nach der Überlieferung hat der heilige Petrus selbst die dortige Gemeinde geleitet, bevor er nach Rom ging. Die katholische Kirche hat bis zur großen Liturgiereform "Petri Stuhlfeier zu Antiochien" als eigenes Fest gefeiert. In der nachapostolischen Zeit ist die Bedeutung der orientalischen Christen für die universale Kirche nicht geringer geworden. Ignatius von Antiochien († um 110), Clemens von Alexandrien († um 215) und Origines († um 250) gehören zu den großen Theologen der jungen Kirche. Unter den acht "Großen Kirchenlehrern", die alle der Spätantike angehören, sind vier "morgenländische" Kirchenlehrer: der in Ägypten geborene Athanasius (295-373), der in Syrien geborene Johannes Chrystostomus (349/350-407) und die Kappadozier Basilius (um 330-379) und Gregor von Nazians (um 300-390).

Seit dem frühen Mittelalter hat die Kirche in ihren Ursprungsländern im Nahen Osten viele Prüfungen erlebt, ja die Christen wurden seit dem Ende des ersten Jahrtausends dort mehr und mehr zu einer Minderheit. Heute ist die Lage unserer christlichen Schwestern und Brü-

der im Orient schwieriger denn je. Sie werden in mehreren Ländern nicht nur immer stärker diskriminiert, sondern offen verfolgt, ja sie müssen in einigen Gebieten unmittelbar um ihr Leben fürchten. Viele sehen sich gezwungen, ihre Heimat zu verlassen und ohne sichere Hoffnung auf Aufnahme in Gastländern mit ungewissem Ziel zu fliehen. In solcher Not bedürfen sie der Hilfe. Vor allem aber müssen die orientalischen Kirchen Unterstützung erhalten, damit sie in ihren eigenen Ländern trotz aller Gefahren überleben können. Der Präfekt der römischen Kongregation für die Orientalischen Kirchen Leonardo Kardinal Sandri sagte bei seinem Besuch in Aachen am 4. Oktober 2013 "Die Ostkirchen sind auf die Solidarität aus Deutschland angewiesen." Tatsächlich wäre es eine Katastrophe für die Welt, wenn die Ursprungsländer der Kirche im Nahen Osten eine christenlose Region würden. Es ist unsere Aufgabe, dass wir mit unseren Möglichkeiten in Wort und Tat nicht fehlen, wo wir nötig sind: in Ägypten, in Syrien, im Iran, im Libanon und in den anderen Krisenregionen.

Papst Johannes Paul II. hat 1995 in seinem Apostolischen Schreiben "Orientale Lumen" die "altehrwürdige Überlieferung die Orientalischen Kirchen einen wesentlichen Bestandteil des Erbgutes der Kirche Christi" genannt und hinzugefügt, "dass die Katholiken vor allem diese Überlieferung kennen lernen" müssen. Dazu will die Ausstellung eine Möglichkeit bieten und gleichzeitig dazu auffordern, soweit es in unseren Kräften steht, unseren Mitchristen im Nahen Osten zu helfen.

+ Joachim Kardinal Meisner
Erzbischof von Köln

Einführung der Herausgeber

Das eigentliche Ziel der Ausstellung und dieses Begleitbuches ist, auf die aktuelle existenzbedrohende Notlage unserer Mitchristen im Nahen Osten hinzuweisen. Wir wollen zu aktiver Solidarität mit den unter Missachtung der Menschenrechte unterdrückten Glaubensschwestern und -brüdern auffordern. Dies kann gewiss durch Spenden für die im Elend der Flüchtlingslager Lebenden geschehen, aber auch durch das Eintreten für die als Minderheit verfolgten Christen in der öffentlichen politischen Diskussion, in der die sich seit mehr als einem Jahrzehnt kontinuierlich steigernden Christenverfolgungen wenig beachtet werden. Der "Arabische Frühling" wurde – gewiss nicht völlig grundlos – in den Medien und von den Politikern bejubelt; das Schicksal der religiösen Minderheiten, der Christen wie der innerislamischen Sondergruppen, wurde kaum erwähnt.

Die Ausstellung will ihrem Zweck aber nicht dadurch dienen, dass sie nun ihrerseits über die Not und die Ermordung von orientalischen Christen detailliert berichtet. In der kirchlichen, allerdings naturgemäß nicht allzu sehr verbreiteten Presse und von den kirchlichen Hilfswerken wird die Verfolgung ja keineswegs verschwiegen, sondern es wird sachlich und ohne aufwühlende Emotionalität darüber berichtet.

Hier im Begleitbuch soll nun statt einer Wiederholung der Fakten ein mit der Wirkung der Berichte verbundenes Problem aufgegriffen werden. Vielen Menschen in Europa sind die orientalischen Christen fremd, nicht etwa aus Ressentiments, sondern aus relativer Unkenntnis. Diese aber wurzelt nicht in absichtlichem Desinteresse, sondern hat verschiedene in keinem Fall verschuldete Gründe. Der Orient ist eben für viele West- und Mitteleuropäer romantisch und rätselhaft geblieben, selbst dann noch irgendwie fern, wenn man ihn partiell touristisch erkundet hat. In einer gewissen Verfremdung erscheinen dann auch folglich die orientalischen Christen. Die tatsächliche Identität ihres Glaubens mit dem eigenen wird von vielen Christen im "Westen" – auch von Katholiken, bei denen die religiöse Übereinstimmung eine im Grunde vollkommene ist – nicht wirklich erkannt. Äußerliche Unterschiede z.B. auch in der liturgischen wie in der "zivilen" Priesterkleidung verdecken die tatsächliche Gleichheit im Glaubensinhalt. So wollen Ausstellung und Begleitbuch vor allem über die Christen im Nahen Osten informieren. Die Nächstenliebe zu den Schwesterkirchen, die man kennt, ist lebendiger als die zu denen, über die man wenig weiß.

Eine Ausstellung über die orientalischen Kirchen insgesamt erschien erstrebenswert, aber überstieg die Möglichkeiten der Bibliothek wie der Diözesanstelle Weltkirche / Weltmission. Eine solche selbstgestellte Aufgabe wäre zu groß und nicht zu bewältigen gewesen. Daher beschränkt sich die Ausstellung auf die sog. Altorientalischen Kirchen. Grund für diese rein pragmatische Entscheidung war deren größere Unbekanntheit, was das allgemeine Detailwissen betrifft. Dabei war vollkommen klar, dass auch die Christen in Gemeinschaft mit dem Ökumenischen Patriarchen in Konstantinopel (die historisch und dogmatisch der katholischen Kirche noch näher stehen), soweit sie im Nahen Osten leben, ebenso verfolgt werden wie die "Altorientalen". Dass die byzantinisch-orthodoxen Christen nicht Thema sind, bedeutet natürlich nicht, dass sie nie erwähnt werden. Dies wäre auf Grund der mit den "Altorientalen" oft gemeinsamen Geschichte unmöglich.

Not und Unterdrückung erstrecken sich nicht auf alle Kirchen im Orient. Die Thomaschristen Indiens werden zumindest vom Staat nicht unterdrückt. Seit dem Ende der Diktatur in Äthiopien (1991) kann man dort sicher nicht von Verfolgung reden. In der seit 1991/92 unabhängigen Republik Armenien, in der freilich weniger als die Hälfte der armenischen Christen lebt, ist von einer Unterdrückung absolut nicht die Rede. Auch im Königreich Jordanien werden die Christen nicht bekämpft. Dies sind nur Beispiele. Es wäre aber unsinnig, bei einer Information über die Christen des Orients gegen alle historischen und gegenwärtigen Verbindungen, die Gebiete, in denen diese unbehelligt sind, auszuschließen. Festzuhalten ist aber, dass keineswegs die prowestlichen Staaten den Christen gegenüber generell toleranter sind als die politisch antiamerikanisch orientierten. In vielen Fällen scheint eher das Gegenteil zuzutreffen.

Es wäre wissenschaftlich wie moralisch unredlich, die grundsätzliche Frage nach den Lebensbedingungen von Christen in einem muslimischen Staat nicht anzusprechen. Grundsätzlich und eindeutig zu beantworten ist sie aber nicht. Christen wie Juden und Parsen sind als "Leute des Buches" (*ahl al-kitāb*) im "Haus des Islam" (*dār al-islām*) – also im islamischen Staat – Schutzbefohlene (*dhimmi*). Wie sich dies in der Realität ausgewirkt hat, war in der Geschichte großen Schwankungen unterworfen. Prinzipiell waren Christen "Bürger zweiter Klasse", aber "Bürger". Sie waren keineswegs rechtlos. Konkret war ihre soziale und juristische Stellung dennoch nur bedingt abgesichert, genau wie bei den Muslimen unter christlicher Herrschaft, ein Phänomen, das allerdings weit seltener war.

Es wäre in jedem Fall falsch, anzunehmen, dass die Lage der Christen in den modernen mehr oder weniger laizistischen Staaten heute prinzipiell und generell besser wäre als die in den gegenwärtig an der islamischen Staatsreligion festhaltenden. Im 19. und 20. Jahrhundert war die Situation der Christen im schon partiell säkular geprägten Osmanischen Reich weniger sicher als im 17. und 18. Jahrhundert. Letztlich verbieten sich alle verallgemeinernden Aussagen. Absolut sicher ist, dass alle militärischen Interventionen des Westens im Nahen Osten während der letzten Jahrzehnte indirekt die Position der dortigen Christen extrem verschlechtert haben.

Zurück zu den innerchristlichen Orient-Okzident-Verbindungen: Das orientalische Christentum steht dem frühen Christentum, ja der Urkirche besonders nahe. Das gilt zunächst rein räumlich. In Syrien-Palästina, in Jerusalem, Samarien, Damaskus und Antiochien (heute Antakya in der Südtürkei), bildeten sich die ersten Christengemeinden der Welt. Armenien war bereits ein christliches Land als vor 1700 Jahren die Anfänge der Kölner Kirche in einer noch heidnischen Umwelt begannen. Jahrhunderte bevor in karolingischer Zeit die ersten mühsam formulierten christlichen Texte in althochdeutscher und altsächsischer Sprache entstanden, gab es eine umfangreiche theologische Literatur in syrischer und ägyptisch-koptischer Sprache. Zur Zeit als im Rheinland das Christentum langsam auch auf dem rechten Ufer des Stromes Fuß fasste, gab es im Orient schon christliche Kontroversschriften, in denen berühmte Theologen wie der heilige Johannes von Damaskus (Gedenktag in der katholischen Kirche am 4. Dezember) den Glauben verteidigten.

Die Nähe unserer orientalischen Glaubensbrüder zum frühen Christentum erweist sich aber nicht nur darin, dass einige ihrer Bistümer auf Gründungen der Apostel zurückgehen. Sie zeigt sich nicht nur räumlich, sondern auch in der Liturgie. Die Art und Weise wie sie die Heilige Eucharistie feiern und die der Spendung der Sakramente wie Taufe, Firmung und Krankensalbung hat noch viel von den ältesten Formen bewahrt. Dies ist keineswegs ein bloß museales und nur für kirchliche Historiker interessantes Faktum, sondern der Blick auf die Ostkirchen hat auch bei unserer großen nachkonziliaren Liturgiereform eine wirkliche Rolle gespielt.

Als Rheinländer sollten wir auch nicht vergessen, dass unsere älteste Liturgie ursprünglich der des syrischen Antiochien ähnlicher war als der Roms, wie schon der gelehrte Kölner Jesuit Joseph Hartzheim im 18. Jahrhundert feststellte. – Schließlich waren unter den ersten Christen am Rhein viele Orientalen, wie ein Teil ihrer Namensformen nahelegt. Wir sollten auch nicht vergessen, dass der heilige Gereon und seine Gefährten wie die in Bonn und Xanten verehrten Martyrer der Thebäischen Legion aus Oberägypten stammten, der Region, deren Wüstenväter die Vorbilder der Mönche des europäischen Mittelalters waren. Es gibt also Gründe genug, in den orientalischen Kirchen uns Vertrautes wiederzufinden.

Die Beziehung des Erzbistums Köln zu den unierten orientalischen Kirchen hat sich kontinuierlich seit den 60er Jahren des vergangenen Jahrhunderts entwickelt, beginnend mit Kontakten, die Kardinal Frings am Rande des Zweiten Vatikanums knüpfte. Der Erzbischof von Köln ist zugleich immer auch Präsident des Deutschen Vereins vom Heiligen Lande. Von daher bilden die Verbindungen zu den dort ansässigen orientalischen Kirchen einen gewissen Schwerpunkt. Doch auch

Bischöfe, Priester und Ordensleute der Thomaschristen waren und sind in Köln gern gesehene Gäste. Das Erzbistum Köln ist aufgrund seiner intensiven Hilfstätigkeit zugunsten dieser Kirchen – als einziges Bistum – Mitglied in der Vereinigung der Katholischen Hilfswerke R.O.A.C.O. (*Riunione delle Opere per l'Aiuto alle Chiese Orientali*), die als Beratungsinstanz der vatikanischen Kongregation für die Orientalischen Kirchen dient.

Während die Ausstellung in ihrer Anschaulichkeit sich selbst erklärt, seien zur Struktur des Begleitbuches noch einige Erläuterungen gegeben. Der erste Teil, der historisch ausgerichtet ist, und der zweite überwiegend gegenwartsbezogene sind inhaltlich weitestgehend voneinander unabhängig. Sie können also in beliebiger Reihenfolge gelesen werden. In beiden Teilen sind auch die einzelnen Abschnitte so eingerichtet, dass sie einzeln zum Nachschlagen benutzt werden können. Beim zweiten Teil ist dies schon dadurch gegeben, da es sich ja um Einzelaufsätze verschiedener Autoren handelt. Beim ersten, historischen Teil ist der Anmerkungsapparat jeweils bei den fünf gezählten Abschnitten separat gestaltet. Inhaltliche Querverweisungen wurden aber nicht vermieden.

Geschichte der altorientalischen (vorchalkedonensischen) Kirche bis zur Gegenwart

von

Heinz Finger

Anmerkung zur Gliederung dieses historischen Überblicks

Wie schon im Inhaltsverzeichnis sind alle heute existierenden orientalischen Kirchen durch Fettdruck hervorgehoben. Sie stehen aber in der formalen graphischen Hierarchie der Zählung der Abschnitte an durchaus verschiedenen Stellen. Dies erklärt sich dadurch, dass die Kapitel und Unterabschnitte ausschließlich nach historischen Gesichtspunkten geordnet sind. Der scheinbare "Stellenwert", der so zum Ausdruck kommt, enthält also keinerlei Aussage zur Bedeutung der einzelnen Kirchen. Diese sind vielmehr auf Grund des hervorgehobenen Fettdrucks hier alle als gleichrangig behandelt.

Der Fettdruck als eine Art der Hervorhebung ist auch im gesamten Text des historischen Überblicks ausnahmslos für die gegenwärtigen vorchalkedonensischen Kirchen und ihre mit Rom unierten Schwesterkirchen reserviert.

Einführende Begriffsbestimmungen

1. Zum Begriff "(alt)orientalische Kirchen" und anderen Bezeichnungen

Die häufigste Sammelbezeichnung für die hier behandelten Kirchen ist ihre Benennung als "altorientalisch". Diese ist überaus irreführend. Unter "Alter Orient" versteht man die vorhellenistischen Staaten und Kulturen Vorderasiens, zumeist unter Einschluss des nordafrikanischen Ägypten. D.h. der "Alte Orient" hat eigentlich zu Beginn des dritten vorchristlichen Jahrhunderts sein Ende gefunden. Ein überaus berechtigtes Unbehagen an der Bezeichnung "altorientalisch" für diese Gruppe christlicher Kirchen hat daher in der dritten Auflage des "Lexikon für Theologie und Kirche" zu der Verweisung von "Altorientalische Kirchen" [1] zu "Orientalisch-orthodoxe Kirchen" [2] geführt. Die Wahl der Bezeichnung "orientalisch-orthodox" könnte die beste Lösung sein, wenn nicht im betreffenden Artikel die hier eingeschlossene Apostolische Kirche des Ostens ("Assyrer") bewusst aus der Gruppe ausgeschlossen würde. Somit ist der in jenem Artikel als "veraltet" qualifizierte Begriff "Vorchalkedonensische Kirchen" vorzuziehen, der auch sinnvoller erscheint als "Antichalkedonensische Kirchen". Zwar ist "vorchalkedonensisch" in Bezug auf die Assyrer nicht ganz unproblematisch, da diese schon das Chalkedon vorausgehende Allgemeine Konzil von Ephesos nicht rezipiert haben, aber was "vorephesinisch" genannt werden kann, ist ja in jedem Fall letztlich auch vorchalkedonensisch.

Am einfachsten wäre es sicher, die hier behandelten Kirchen einfach "orientalisch" zu nennen und die (hier nicht behandelten) Kirchen in Gemeinschaft mit dem Ökumenischen Patriarchen von Konstantinopel "orthodox", aber dies bedingt zwei weitere Probleme. Erstens nennen sich die orientalischen Kirchen alle orthodox, auch die nichtbyzantinischen, zweitens leben auch die Mitglieder einzelner byzantinisch-orthodoxer Kirche im Orient, d.h. in Vorderasien. Dennoch hätte der simplifizierende Sprachgebrauch als Kurzform (neben ausführlicheren korrekteren Bezeichnungen) große Vorteile. Er ließe sich durch die Tatsache rechtfertigen, dass Konfessionsnamen sehr oft nicht dem eigenen vollständigen Selbstverständnis entsprechen. Es gibt z.B. wohl kaum eine kirchliche Gemeinschaft, die sich nicht gleichzeitig als rechtgläubig (*orthodox*[3]), als Teil der weltumspannenden Kirche

---

[1] Bd. 1. Freiburg [u.a.] 1993, Sp. 473.

[2] Bd. 7. Freiburg [u.a.] 1998, Sp. 1125-1127. – Verfasser des Artikels ist der indische Jesuit und Kirchenrechtler George Nedungatt.

[3] Vgl. die Verwendung von "orthodox" im *Canon Romanus* der katholischen Kirche.

bzw. als diese im eigentlichen Sinne (*katholisch*[4]) und als der Frohen Botschaft des Erlösers gemäß (*evangelisch*[5]) betrachtet. Am allgemeinen Sprachgebrauch, in dem die drei Adjektive zur Konfessionsunterscheidung genutzt werden, nimmt trotzdem kein katholischer, evangelischer oder orthodoxer Christ Anstoß.

Aus dem Gesagten ergibt sich, dass nicht nur die Sammelbezeichnung "orientalische Kirchen", sondern auch die Benennung der einzelnen Kirchen große Probleme aufwirft. Es galt hier eine möglichst pragmatische Lösung zu finden, zumal es sich um ein schlichtes Begleitbuch für eine Ausstellung und nicht den Vorentwurf zu einem Handbuch handelt. Um auch Nichtfachleuten die Orientierung zu erleichtern, wurde an vielen Stellen auf die offizielle Selbstbezeichnung der Einzelkirchen wegen deren Länge, deren Kompliziertheit und häufiger wechselseitiger Ähnlichkeit verzichtet, obwohl diese natürlich prinzipiell einen Anspruch darauf haben. (Selbstverständlich wird aber ein eigener Abschnitt, in dem diese aufgeführt sind, geboten.) Die Bezeichnung "orthodox" wurde zumindest tendenziell für die hier nicht behandelten Kirchen in Gemeinschaft mit dem Ökumenischen Patriarchat von Konstantinopel reserviert (was nicht den Quellen entspricht!). Gelegentlich wurde für diese Kirchen auch der nicht ganz gefahrlose Hilfsbegriff "byzantinisch-orthodox" zum Zweck der Verdeutlichung verwendet. Bei den orientalischen Kirchen werden hier in einigen Fällen (und zumindest generell in Anführungszeichen!) zwei Bezeichnungen verwendet, die früher allgemein üblich waren, aber nach heutiger Kenntnis eigentlich falsch sind, nämlich "nestorianisch" und "jakobitisch". Dies geschieht ausschließlich zum Zweck der dadurch nach wie vor sehr erleichterten Zuordnung und Identifikation.

2. Versuch einer Systematik in dogmatischer Hinsicht

Dieser Versuch kommt im Grunde dem der Quadratur des Kreises nahe. Dies ist aber nicht deshalb der Fall, weil die orientalischen Christen nicht genau wüssten, was sie glaubten, sondern hat seinen Grund in der sprachlichen und terminologischen Vielfalt. Die Übersetzung einer eindeutigen dogmatischen Definition in eine andere Sprache ist stets ein oft nur sehr schwer bis unlösbares Problem. Was different erscheint, muss in der Intention nicht different sein. Real möglich ist es aber anzugeben, von welchem Konzil an, Abweichungen der Formulierung historisch (nur bedingt systematisch) zwischen den Kirchen nachweisbar sind. Festzuhalten ist, dass die orientalischen Kirchen insgesamt die wesentlichsten heilsnotwendigen

---

[4] Auch die Kirchen der Reformation akzeptieren in der lateinischen Fassung des *Symbolum Nicaenum* die Bezeichnung *ecclesia catholica*.

[5] Im Italienischen wurde erst in den letzten Jahrzehnten *evangelico* mit *protestante* gleichgesetzt.

Glaubenswahrheiten in Übereinstimmung mit der katholischen Kirche bewahrt haben, sie dieser also im Glaubensinhalt sehr nahe stehen.

Trennend sind vor allem Glaubensformeln, die für die große Zahl unter allen Christen nur schwer intellektuell zu erfassen sind. Dies bedeutet allerdings nicht, dass diese theologischen Formeln nicht ernstgenommen werden müssen. Sie sind nicht überflüssiges Beiwerk der Glaubenslehre. Im folgenden wird der dogmatische Unterschied – ob wirklich inhaltlich gegeben oder nur sprachlich begründet, bleibt offen – nicht "philosophisch" formuliert, sondern es wird die Nichtzustimmung zu Formulierungen der katholischen Glaubenslehre hilfsweise an Hand der Nichtzustimmung zu dogmatischen Konzilsentscheidungen (bzw. zu deren verbalem Ausdruck trotz weitgehender inhaltlicher Zustimmung) historisch konstatiert.

Die *Apostolische Kirche des Ostens*, heute theologisch und historisch existent in der **Assyrischen Kirche** erkennt die christologischen Formulierungen des Konzils von Ephesus (431) nicht an. Absichtlich von der einen Kirche Christi getrennt hat sie sich 431 nicht! Zwar war sie wohl weder beim Konzil von Ephesus noch beim Konzil von Chalkedon vertreten – was rein politische Gründe hatte, um im Perserreich nicht als "fünfte Kolonne des Römischen Reiches" zu gelten – aber abgelehnt wurden die Beschlüsse dieser allgemeinen Konzilien erst 484.[6] Spätestens von da an galt die Kirche des Ostens der Kirche im Römischen Reich als "nestorianisch". Nestorius, der vermutlich selbst auch kein eigentlicher "Nestorianer" war[7], wurde dann auch in der Folge als Autorität von der Kirche des Ostens anerkannt, allerdings eindeutig im Rang weit hinter Theodor von Mopsuestia († 428). Als Letzterer, der keineswegs von Anfang an als "Nestorianer" galt, in der Reichskirche 553 im so genannten Dreikapitelstreit verurteilt wurde[8], war der Bruch vollkommen. Vor dem 16. Jahrhundert gehörten wohl alle Christen Indiens der Apostolischen Kirche des Ostens an und teilten daher auch deren dogmatische Position. Heute gilt dies nur für einen *Teil der Thomaschristen*.

Alle übrigen orientalisch-orthodoxen (also nicht byzantinisch-orthodoxen) Christen des Ostens sind so genannte "Monophysiten" (zur Problematik des Begriffs siehe

---

[6] Synode von Bēt Lapat (484), Synode von Ktesiphon (486).

[7] Seine Lehre wurde allerdings auch in neuerer Zeit von (alt)orientalischer, orthodoxer und katholischer Seite erneut anathematisiert. Vgl.: Gemeinsame Offizielle Erklärung zur Christologie der Koptisch-Orthodoxen und der Römisch-Katholischen Kirche, Kairo, 12. Februar 1988, Abschn. "Text der Übereinstimmung in der Christologie". – Erklärungen und Empfehlungen der Gemischten Kommission für den theologischen Dialog zwischen der Orthodoxen Kirche und den Orientalisch-Orthodoxen (Vorchalkedonensischen) Kirchen, Chambésy, 23.-28. September 1990, Abschn. 2.

[8] Dabei ist anzumerken, dass diese Verurteilung auch im westlichen, lateinischen Bereich der Reichskirche keineswegs überall akzeptiert wurde und in Norditalien und Istrien ein jahrzehntelanges Schisma auslöste.

folgender Abschn. 3) und erkennen das Konzil von Chalkedon (451) nicht an. Dogmatisch bilden sie eine Einheit und sie betrachten sich wechselseitig als rechtgläubig. Letzteres haben sie im Laufe ihrer langen Geschichte zumeist, aber nicht ununterbrochen getan. Sie bilden drei Kirchenfamilien. Die erste besteht aus der **Koptischen Kirche**, der **Äthiopischen Kirche** und der **Kirche Eritreas**. Auch die ehemaligen *Kirchen der nubischen Länder* wären zu dieser Gruppe zu rechnen. Die zweite bildet die **Armenisch-Apostolische Kirche** mit der einst eigenständigen *Kirche der (kaukasischen) Albaner*, deren Reste zumindest faktisch in der armenischen Kirche aufgegangen sind. Die dritte Gruppe besteht aus der **Syrisch-Orthodoxen Kirche**, den so genannten "Jakobiten", und einem *Teil der Thomaschristen*, von denen einige auch diesem Patriarchat angehören, andere sich abgesondert haben.

Die vom dritten Konzil von Konstantinopel (680/81) abgelehnte Lehre des Monotheletismus – also die Annahme eines einzigen, ausschließlich göttlichen Willens des Erlösers, nicht nur in moralischer, sondern auch in ontologischer Sicht – wird heute durch keine Kirche repräsentiert. Historisch hat ihr die *Maronitische Kirche* vor ihrer Union mit Rom (zum ersten Mal im späten 12. Jahrhundert erklärt) nach Ansicht einiger Kirchenhistoriker angehört.

3. Zu den Begriffen "monophysitisch" und "miaphysitisch"

Der reale Monophysitismus besagt, dass Christus nach der Einung von Gottheit und Menschheit nur eine einzige göttliche Natur habe. Er wurde von Eutyches (ca. 380 bis nach 450), dem Vorsteher eines Klosters in der Nähe von Konstantinopel, gelehrt. Die menschliche Natur sei – wie Eutyches formulierte gleich einem Tropfen Honig im Meer – in der göttlichen Natur aufgegangen. Diese Lehre bestand und besteht heute in keiner der orientalischen Kirchen. Daher lehnen sie alle mit Recht die Bezeichnung "monophysitisch", die traditionell von der katholischen und orthodoxen Kirche für sie gebraucht wurde, ab.

Nach katholischer und orthodoxer Lehre sind gemäß der Definition des Konzils von Chalkedon in Christus "zwei Naturen unvermischt, unveränderlich und unteilbar" in einer Person vereinigt.[9] Die so genannten Monophysiten, also die (alt)orientalischen Kirchen mit Ausnahme der assyrischen (und eines Teils der Thomaschristen) lehren, Christus habe eine einzige wahre göttliche und zugleich

[9] Conciliorum Oecumenicorum Generaliumque Decreta. Hrsg. von Giuseppe Alberigo [u.a.]. Bd. 1. Turnhout 2006, S. 137: ἐν δύο φύσεσιν ἀσυγχύτως, ἀτρέπτως ἀδιαιρέτως, ἀχωρίστως, (lateinische Übersetzung:) *in duabus naturis inconfuse, inmutabiliter, indivise, inseparabiliter*. (Vgl. Denzinger-Hünermann. 43. Aufl. [2010], S. 131.)

wahre menschliche Natur.[10] Diese Auffassung muss eigentlich **miaphysitisch** (oder *diplophysitisch*) heißen. In beiden Formulierungen gilt unterschiedslos, dass Christus wahrer Gott und wahrer Mensch ist. Daher wird diese miaphysitische Formulierung auch "verbalmonophysitisch" genannt. Sowohl die katholische wie die orthodoxe Kirche erklären heute, dass darin das eigentlich Wesentliche der Glaubenswahrheit gewahrt ist.

Neben dem realen und dem verbalen existiert auch ein "praktischer" Monophysitimus, d.h. ein Unvermögen, die Einheit von Gottheit und Menschheit in Christus möglichst real im religiösen Denken zu akzeptieren. Die in mehreren Kirchen gebrauchte Formel "in allem uns gleich, außer der Sünde" wird zwar formal bejaht, aber nicht verinnerlicht. Dies ist wohl ein häufiges Problem für Christen aller Kirchen. Besonders auffallend war dies z.B. in der frühmittelalterlichen fränkischen und angelsächsischen Kirche wirksam, wie religiöse Dichtungen (Cynewulfs "Christ", der "Heliand", lateinische Hymnen der Merowinger und Karolingerzeit etc.) belegen.

4. Versuch einer Systematik in liturgischer Hinsicht

Konkrete Einzelkenntnis über die Liturgie in apostolischer Zeit haben wir nicht, obwohl im Neuen Testament auch eindeutig liturgische Formulierungen und liturgische Anweisungen überliefert sind. Die Vermutung, dass die Apostel kein einheitliches liturgisches Schema benutzten, ist dennoch sicher erlaubt. Man darf vielleicht sogar kühn annehmen, dass in derselben Christengemeinde in Ephesus der Apostel Paulus und später der Apostel Johannes die Eucharistie nicht in völlig übereinstimmender Form gefeiert haben. Aus frühpatristischer Zeit sind liturgische Bestimmungen (in der *Didache*) und das so genannte Hochgebet Hippolyts (in der ihm zugeschriebenen *traditio apostolica*) und weitere Quellen überliefert. Ein umfängliches Gesamtbild lässt sich erst für die Zeit seit dem 4. Jahrhundert gewinnen. Damals entstanden die beiden großen östlichen Liturgiefamilien von Alexandrien und Antiochien.

Die *Antiochenische Liturgie* hat neben der namengebenden Stadt mit ihrem apostolischen Stuhl schon zu einem sehr frühen Zeitpunkt Edessa mit der diese umgebende Landschaft Osrhoene zum zweiten Zentrum gehabt, und zwar bereits vor der

---

[10] Vgl. "Wiener christologische Erklärung" vom 29. August 1976: Christus habe "*nicht schlechthin eine einfache Natur, sondern eher eine einzige zusammengesetzte Natur, in der Gottheit und Menschheit ungetrennt und unvermischt vereinigt sind*". (Dokumente wachsender Übereinstimmung. Sämtliche Berichte und Konsenstexte interkonfessioneller Gespräche auf Weltebene. Bd. 1. Paderborn, Frankfurt a.M. 1983, S. 542.)

Aufspaltung in eine west- und eine ostsyrische Liturgie. Letztere erhielt dann vor allem in Edessa ihr eigentliches Gepräge.[11]

Die *ostsyrische Liturgie* war dann die Liturgie der Apostolischen Kirche des Ostens. Im 7. Jahrhundert wurde sie durch den Katholikos Ischo'jahb III. kodifiziert. Auf Grund der weitgehenden räumlichen Isolation dieser Großkirche hat deren Liturgie in besonderem Maße altertümliche Züge bewahrt. Diese Liturgie wird ohne allzu viele Veränderungen heute von der **Assyrischen Kirche** und der **Chaldäisch-Katholischen Kirche** gefeiert. Prinzipiell entspricht sie auch der heutigen Liturgie der **Katholischen Syro-Malabarischen Kirche**. Letztere verwendet allerdings weitgehend das südindische (dravidische) Malayalam seit 1960/62 als Liturgiesprache und war Jahrhunderte lang durch stärkste Latinisierung der Texte und Riten beeinflusst. Die Entlatinisierung kam mit einem neuen Missale 1985 zu einem gewissen Abschluss. Außer in dieser mit Rom unierten Kirche wird der syro-malabarische Ritus auch in anderen thomaschristlichen, zahlenmäßig kleineren Kirchen gefeiert.

Die *westsyrische Liturgie* ebenfalls antiochenischen Ursprungs war und ist die Liturgie der von Byzanz getrennten syrischen Kirche. Sie wurde schon früh von der insgesamt einflussreichen Ortsliturgie von Jerusalem beeinflusst und erhielt ihre endgültige Ausprägung im 12. Jahrhundert. Sie ist heute Liturgie der **Syrisch-Orthodoxen Kirche** und der unierten **Syrisch-Katholischen Kirche**.[12] Dem westsyrischen Grundtyp gehören auch der armenische und maronitische Ritus an. Der armenische wurde im ersten Jahrtausend stark von der byzantinisch-orthodoxen Liturgie und vom 11. Jahrhundert bis ins Spätmittelalter von der lateinischen Liturgie beeinflusst. Heute ist er die Liturgie der **Armenisch-Apostolischen Kirche**, auch "Gregorianische Kirche" genannt, und der mit Rom unierten **Armenisch-Katholischen Kirche**. Die ebenfalls zur westsyrischen Liturgiefamilie gehörenden Maroniten folgten möglicherweise ursprünglich einer ostsyrischen Liturgie, glichen diese aber später dem westsyrischen Ritus an, wobei gleichzeitig auch der Einfluss des Ortsritus von Jerusalem besonders stark war. Seit dem 12./13. Jahrhundert erfolgte bis weit in die Neuzeit eine weitgehende Angleichung an die lateinische Liturgie, die in neuerer Zeit großenteils rückgängig gemacht wurde. Es ist die Liturgie der **Maronitisch-Katholischen Kirche**. Im 17. Jahrhundert ging ein Teil der Thomaschristen Indiens von der ostsyrischen zur westsyrischen Liturgie über. Diesen haben in seiner malankarischen Form heute die **Malankarisch-**

---

[11] Einige im besonderen Maße *ost*syrische Charakteristika mögen sich auch in Nisibis vor dem Wegzug der dortigen Christen nach 363, dem Jahr, in dem der römische Kaiser Julian Apostata die Stadt endgültig an die sassanidischen Perser verlor, entwickelt haben.

[12] Das byzantinisch-orthodoxe Patriarchat der Melkiten, das nicht zu den hier behandelten orientalischen, vorchalkedonensischen Kirchen gehört, hat schon sehr früh seine westsyrische Liturgie in hohem Maße der byzantinischen angeglichen.

Syrische Kirche und die **Katholische Syro-Malankarische Kirche**. Die Liturgie der letzteren war bis fast zur Gegenwart stark durch Latinisierungen überprägt.

Die *Alexandrinische Liturgie*, auch "Liturgie des heiligen Markus" genannt, war in ihrem Ursprung sehr eigenständig und entsprechend der mehrheitlichen Bevölkerung der Weltstadt Alexandria griechischsprachig und ging erst später zum koptischen Ägyptisch über. Dies geschah in Oberägypten eher als in Unterägypten und erst zuletzt in der Weltstadt Alexandrien. Reste des Griechischen sind bis in die neueste Zeit erhalten geblieben. Vom 6. Jahrhundert an und dann verstärkt in der Folgezeit kam sie vorübergehend unter starken Einfluss der *westsyrischen Liturgie*. Die heutige Liturgie der **Koptischen Kirche** erscheint wiederum sehr eigenständig. Die der **Koptisch-Katholischen Kirche** entspricht ihr weitestgehend. Die Liturgie der ehemaligen Kirchen in den nubischen Ländern war – soweit erkennbar – in mancher Hinsicht neben dem koptischen Haupterbe byzantinisch geprägt. Die äthiopische Liturgie ist zwar in ihrer Grundlage koptisch, der syrische Einfluss war aber noch weit bedeutender als im koptischen Ägypten. Außerdem sind viele Züge der äthiopischen Liturgie als eigene Neuschöpfung anzusprechen. Sie ist die heutige Liturgie der **Äthiopischen Kirche** und der **Kirche Eritreas**, die erst in jüngster Zeit autokephal geworden ist.

5. Zur Stellung der unierten orientalischen Kirchen

Alle aus den (alt)orientalischen Kirchen hervorgegangenen unierten, d.h. mit Rom in voller Gemeinschaft stehenden Kirchen, sind hier ebenfalls Gegenstand der Untersuchung, obwohl sie selbstverständlich in ihrem Glaubensgut mit der katholischen Kirche vollkommen übereinstimmen, also eigentlich nicht mehr vorchalkedonensisch sind. Ihre Liturgie entspricht prinzipiell ihren nicht-unierten Schwesterkirchen, doch wurde diese teilweise in erheblichem Maße latinisiert. Die Latinisierungen – nicht ausschließlich in der Liturgie, sondern auch in der Kirchenordnung – sind allerdings seit längerer Zeit, beginnend mit dem Pontifikat Papst Pius XI. (1922-1939), großenteils, aber in unterschiedlichem Maße rückgängig gemacht worden. Wenn auch absolut vollständig in die katholische Kirche integriert, so sind sie doch alle ohne Einschränkung als "orientalisch" zu bezeichnen. Begreiflicherweise war das Verhältnis der unierten Kirchen zu den Kirchen, aus denen sie hervorgegangen waren, oft Jahrhunderte lang äußerst gespannt.

Dazu trug besonders auch ein oftmals mehrfaches Hin und Her zwischen Abschluss, Aufkündigung und Wiederabschluss der Kirchenunion bei. Dieses Schwanken in den vergangenen Jahrhunderten sollte auf keinen Fall den orientalischen Kirchen zur Last gelegt werden, es war generell durch mangelnde Informations- und Kommunikationsmöglichkeiten für beide Seiten, für Rom und für die orientalischen Christen, begründet. Auch in früheren Zeiten, insbesondere während einiger (späten) Epochen des Osmanischen Großreiches, lebten die Christen im Orient in einer prekären Isolation und manchmal auch in Bedrängnis, wenn letztere zwar meist weniger existentiell gefährdend war als in der Gegenwart.[13] Der Kontakt der Ostkirchen mit dem Heiligen Stuhl war oft nur schwer aufrecht zu erhalten. Zeitweilig war er in osmanischer Zeit nur indirekt über den französischen Botschafter bei der Hohen Pforte möglich, der unter den europäischen Gesandten am Sultanshof lange eine privilegierte Stellung einnahm.

Sehr unterschiedlich ist heute (wie früher) das Verhältnis der Mitgliederzahlen zwischen den unierten Kirchen und ihren nicht-unierten Schwesterkirchen. In einigen Fällen z.B. bei den Kopten und Äthiopiern ist die Zahl der Unierten gegenüber den Nicht-Unierten sehr gering. Die mit Rom unierte Chaldäische Kirche hat hingegen weit mehr als doppelt so viele Mitglieder wie ihre nicht-unierte Schwester, die Assyrische Kirche. Die Maroniten haben sich ausnahmslos der Gemeinschaft mit Rom ausgeschlossen. Ihrer Kirche entspricht keine nicht-unierte Schwesterkirche.

In neuerer Zeit werden die unierten Kirchen gelegentlich als Hindernis auf dem Weg zu einer umfassenden Einheit der christlichen Kirchen bezeichnet. Wenn solche Äußerungen auch von katholischen Theologen gemacht werden, so ist dies in besonderem Maße ungerecht. Es ist auch ein Urteil, dass die historischen Entwicklungen in der Vergangenheit völlig unberücksichtigt lässt und nicht beachtet, dass die Beziehungen zwischen den unierten und den nicht-unierten jeweiligen Schwesterkirchen häufig sehr gut, ja herzlich sind.[14] Tatsächlich kommt den unierten Kirchen eine wichtige und hoffnungsvolle Brückenfunktion zu.

[13] Die wirklich schweren Verfolgungen im Osmanischen Reich ereigneten sich erst in dessen Schlussphase und nicht ohne Verbindung zu dessen Reformbewegungen (z.B. der der "Jungtürken").

[14] Zumeist sind die Beziehungen zwischen ihnen wenigstens sehr viel enger als die der orthodoxen Kirchen Osteuropas zu den unierten Kirchen, die ihnen entsprechen.

I. Apostolische Kirche des Ostens (sog. "Nestorianer")

1. Die Christen im sassanidischen Perserreich

Zu den Prinzipien der frühen Christen gehörte die feste Überzeugung, dass der Heilswille Gottes an keinen Staat und keine Kultur gebunden sei. Zu den nur zeitgebundenen Vorstellungen gehörte die Vorstellung, dass es nicht unklug wäre, die kirchliche Organisation den staatlichen Grenzen anzupassen. So nahm zwar am Konzil von Nizäa (325), dem ersten Ökumenischen Konzil ganz selbstverständlich auch ein Bischof von Gotien (Theophilos Gothias) teil, also zumindest ein Bischof, dessen Sprengel wahrscheinlich nicht im Römischen Reich lag.[1] Auf demselben Konzil wurde aber innerhalb des Reiches jeder *civitas* ein eigener Bischof zugeordnet[2], und schon bald war es allgemein üblich, dass der jeweilige Bischof einer Provinzhauptstadt (*metropolis*) innerhalb der Provinz den Vorsitz bei Versammlungen der Bischöfe der in der Provinz gelegenen *civitates* haben sollte. Oberhalb dieser Metropoliten besaßen die Bischöfe der von den Aposteln gegründeten Kirchen besondere Autorität, und an der Spitze standen bald die vier Patriarchen. Diese waren der Bischof von Rom, der Bischof von Alexandrien, der als Nachfolger des Apostelschülers Markus galt, der Bischof von Antiochien, wie der von Rom Nachfolger des Apostels Petrus[3], und der Bischof von Konstantinopel, der neuen Reichshauptstadt. Die Rangfolge des letzteren war sehr umstritten und bald kam ein fünfter Patriarch hinzu, der von Jerusalem.[4]

---

[1] Vgl. Knut Schäferdiek: Gotien. Eine Kirche im Vorfeld des frühbyzantinischen Reichs. In: Jahrbuch für Antike und Christentum 33 (1990), S. 36-52, hier S. 36-37.

[2] Reinhold Kaiser: [Artikel] Bischofsstadt. In: Lexikon des Mittelalters. Bd. 2. München/ Zürich 1983, Sp. 239-245, hier Sp. 239.

[3] Auch im sich später entwickelnden Festkalender der römischen Kirche existierte neben "Petri Stuhlfeier zu Rom" bis zur Rubrikenreform von 1960 das Fest "Petri Stuhlfeier zu Antiochien". Seither wird am 22. April das beide Stuhlfeiern vereinigende Fest "Kathedra Petri" begangen. Dieser Tag ist das Datum der früheren "Stuhlfeier zu Antiochien" (!). Bei der Tageswahl könnte aber eine Rolle gespielt haben, dass in früheren Jahrhunderten die Daten der beiden Stuhlfeiern vermutlich vertauscht wurden.

[4] Wie formalistisch im 4. Jahrhundert zunächst die äußere Kirchenorganisation der politischen Verwaltung angepasst wurde, zeigt überdeutlich die Tatsache, dass der Bischofssitz von Jerusalem dem Metropolitansitz der palästinensischen Provinzhauptstadt Caesarea (Maritima) zugeordnet wurde. (Zwar wurde dem Bischof von Jerusalem wohl schon beim Konzil von Nizäa ein Ehrenvorrang zuerkannt. Zum Patriarchat wurde Jerusalem aber erst durch das vierte Ökumenische Konzil, das von Chalkedon [451], erhoben.)

Die Christen im Perserreich, außerhalb des Römischen Reiches und von der Patriarchatseinteilung nicht betroffen, bildeten schon bald einen eigenen Verband von Bischofskirchen, der natürlich auch ohne alle Abstriche als Teil der einen Kirche Christi galt. Es hatte schon sehr früh Christen im Partherreich gegeben, weniger im Iran, sondern vor allem in Mesopotamien. In der ersten Hälfte des dritten Jahrhunderts wurde das stark hellenisierte Partherreich durch das Sassanidenreich abgelöst. Dieses war weit grundsätzlicher iranischer Tradition verpflichtet als die Parther und sah sich selbst im höchsten Maße als Antagonist des Römischen Reiches. Letzteres erschwerte die Kommunikation der Christen mit ihren Glaubensbrüdern im Westen, da sie tendenziell der Kollaboration mit dem seit 313 (und förmlich seit 391) christlichen Römerreich verdächtigt wurden.

410 hielten die Christen im Sassanidenreich eine Synode in der Reichshauptstadt Ktesiphon (Seleukia) ab. Unmittelbar zuvor hatte der Großkönig Yazdegird I. (399-421) für die Christen ein Toleranzedikt erlassen. Die Synode wurde von Bischof Ischaq I. von Ktesiphon gemeinsam mit dem aus dem Römischen Reich angereisten Bischof Maruta von Maiperqat geleitet.[5] Es wurde für das Sassanidenreich eine Verwaltungsstruktur der Kirche mit (zunächst sechs) Kirchenprovinzen geschaffen. An der Spitze stand der erst später so genannte Katholikos der Reichshauptstadt Ktesiphon, dessen Stellung der eines Patriarchen entsprach. Dennoch war zunächst in Streitfällen eine Appellation an den Patriarchen von Antiochien im Römischen Reich als möglich vorgesehen. Auf einer Synode des Jahres 424 wurde dieser Rekurs aber ausdrücklich untersagt. Dies hatte aber nur politische Gründe. Eine Trennung in der kirchlichen Lehre war in keiner Weise beabsichtigt.

Eine solche Trennung fand auch nicht im Gefolge der Konzilien von Ephesus (431) und Chalkedon (451) statt, wenn auch in späterer Zeit diese beiden Ökumenischen Konzilien, die ja organisatorisch "Reichskonzilien" waren, von der Kirche des Ostens nicht anerkannt wurden. Zu einem dogmatisch untermauerten Schisma kam es erst durch die persischen Synoden von Bēt Lapat (484) und von Ktesiphon (486), ganz sicher ist dies allerdings erst für die zweite der genannten Synoden bezeugt. Man berief sich auf den großen Theologen antiochenischer Tradition (!) Theodor von Mopsuestia (†428), der übrigens erst im sog. Dreikapitelstreit (543/44) von der orthodoxen Reichskirche als Häretiker bezeichnet wurde.[6] Dies

[5] Dietmar W. Winkler: Ostsyrisches Christentum. Untersuchungen zu Christologie, Ekklesiologie und zu den ökumenischen Beziehungen der Assyrischen Kirche des Ostens. (Studien zur Orientalischen Kirchengeschichte. 26.) Münster [u.a.] 2003, S. 25-28.

[6] Förmlich verurteilt wurde Theodor von Mopsuestia auf dem fünften Ökumenischen Konzil von Konstantinopel (553). – Auf die Unmöglichkeit, eine Person und nicht nur ihre Lehre posthum als häretisch zu bezeichnen, kann hier nicht eingegangen werden. Man wird einem in Frieden mit der Kirche verstorbenen Toten jedenfalls nur objektiv häretische Auffassung, aber keine schuldhafte Ketzerei nachträglich zuschreiben können.

bedeutete, dass die Kirche im Perserreich in Abwehr der gegen das Konzil von Chalkedon formulierten miaphysitischen Lehre einen überspitzten dyophysitischen Standpunkt einnahm, wie ihn der vom Konzil von Ephesus verurteilte Nestorius, Patriarch von Konstantinopel eingenommen hatte. Nestorius wurde dann auch einer der kanonischen Theologen der ostsyrischen Kirche, der freilich im Rang weit hinter Theodor von Mopsuestia stand. Gleichzeitig mit dieser dogmatischen Entscheidung kam es auch zu disziplinären Änderungen, die allerdings keinen Bestand hatten.

Es kam nämlich unter dem Einfluss des sassanidischen Staates zu einer kurzfristigen antiasketischen Strömung, die das Mönchtum in seinem Einfluss vorübergehend zurückdrängte und sogar verheiratete Bischöfe zuließ. Mit der dogmatischen Wende hatte dies schwerlich eine Verbindung. Der Einfluss des sassanidischen Staates war das große Problem der Kirche im Perserreich. Sporadische Christenverfolgungen auch besonders vor der Synode in Ktesiphon von 410, aber dann immer wieder prägten das Leben der Apostolischen Kirche des Ostens. Festzuhalten ist im Übrigen, dass die meisten Christen im Perserreich keine Iraner im eigentlichen Sinne waren. Der Schwerpunkt der christlichen Bevölkerung lag nicht im Hochland vom Iran, sondern im sprachlich und kulturell semitisch geprägten Westen des Sassanidenreiches.[7] Die Liturgie wurde in syrischer Sprache gefeiert. Das Zentrum theologischer Studien befand sich bis zum Ende des 5. Jahrhunderts in Edessa, also auf byzantinischem Gebiet, dann verlagerte es sich weiter östlich ins sassanidische, aber immer noch nordmesopotamische Nisibis. Es erlebte dort freilich Ende des 6. Jahrhunderts einen Niedergang. Die zeitweilige Eroberung der östlichen Provinzen des byzantinischen Reiches durch die Sassaniden führte zu kurzfristigen ostsyrischen Bischofssitzen in diesem Bereich.

2. Die ostsyrische Großkirche des Mittelalters

In den knapp zwei Jahrzehnten zwischen 636 und 652 wurde das gesamte Sassanidenreich von den Muslimen erobert. Dies veränderte die Situation der ostsyrischen Kirche vollständig und zunächst im positiven Sinne. Die muslimische Herrschaft brachte der ostsyrischen Kirche, die immer wieder Christenverfolgungen durch das Reich mit zoroastrischer Staatsreligion ausgesetzt gewesen war, eine zwar repressive, aber für Jahrhunderte sichere Toleranz. Die Christen waren Bür-

[7] Zum Christentum im Bereich der arabischen Seite des Persischen Golfs, d.h. im südlichen Randgebiet des Sassanidenreiches: John A. Langfeldt: Recently discovered early Christian monuments in Northeastern Arabia. In: Arabian Archaeology and Epigraphy 5,1 (1994), S. 32-60. (Dieses Gebiet wurde teilweise von den Sassaniden beherrscht und stand teilweise unter deren Einfluss.)

ger zweiter Klasse, doch war ihre Position rechtlich abgesichert, wie es zuvor so grundsätzlich auch unter denjenigen sassanidischen Großkönigen, die den Christen relativ freundlich gesinnt waren, nie gewesen war. Die Sondersteuer für Nicht-Muslime begünstigte natürlich die Apostasie lauer Christen.

Grundsätzlich verhielten sich die muslimischen Herren den verschiedenen Konfessionen der Christen gegenüber neutral. D.h., auch im ehemaligen Perserreich waren nun die zuvor verfemten westsyrischen ("jakobitischen") und die byzantinisch-orthodoxen (melkitischen) Christen den zuvor immerhin teilweise tolerierten "Nestorianern" gegenüber[8] nun in staatlicher Beziehung gleichberechtigt. Der ostsyrischen Kirche erwuchs zumindest in den Westsyrern innerchristliche Konkurrenz. Dies belebte die nie völlig verstummte apologetische Literatur. Vor allem aber entstand nun eine umfangreiche antiislamische Apologetik, um dem Abfall vom Christentum entgegen zu wirken. All diese Schriften wurden vorzugsweise in arabischer Sprache verfasst. Dieser Blüte der ostsyrischen ("nestorianischen") Theologie entsprach eine bald großartige Missionstätigkeit, die sich auf die noch nicht islamisierten Gebiete im Osten richtete.

Auch in den Grenzbereichen von Theologie und Philosophie und mehr noch in medizinischen und naturwissenschaftlichen Literatur bestand enger Kontakt und Austausch mit muslimischen Autoren. Es ist sicher, dass die "nestorianischen" Gelehrten großen Anteil an der arabischen Antikenrezeption hatten, die dann im Hochmittelalter das lateinische Europa erreichte und wesentlich zur Entstehung der Scholastik beitrug. Es geht aber wohl doch zu weit, wenn man, wie es gelegentlich geschieht, in den "Nestorianern" allein die Lehrer und in den Muslimen während der Kalifatszeit hauptsächlich die Schüler und Rezipienten sieht. Noch problematischer wäre es, den Anteil der "Nestorianer" an der wissenschaftlichen Entwicklung gegenüber dem der westsyrischen und der melkitisch-orthodoxen Christen einseitig herauszustreichen.

Prinzipiell hatte die Innerasien- und Indienmission der ostsyrischen Kirche schon recht lange vor der islamischen Eroberung des persischen Reiches begonnen. Bereits im 6. Jahrhundert sind ostsyrische Christengemeinden an verschiedenen Küsten des Indischen Ozeans nachweisbar. Zur Zeit der Entstehung des Islam war der anfängliche Weg auf der Seidenstraße (besser den Seidenstraßen) nach Osten schon begangen.[9] Etwa drei Jahre nach Mohammeds Tod ist die Anwesenheit des Mönchs A-lo-pen in der damaligen chinesischen Hauptstadt Chang'an (heute

---

[8] Es gab bei der nur relativen Bevorzugung der "Nestorianer" allerdings vorübergehend auch eine Ausnahme, und zwar am Ende der Regierungszeit Großkönigs Chosrau II., der eindeutig die Miaphysiten begünstigte, zu deren Glaubensrichtung seine Frau und sein Leibarzt gehörten. (Karl Pinggéra: Die Apostolische Kirche des Ostens der Assyrer. In: Die altorientalischen Kirchen. Glaube und Geschichte. Hrsg. von Christian Lange und Paul Pinggéra. Darmstadt 2010, S. 21-40, hier S. 25.)

Xi'an) nachzuweisen. Von diesem, der vermutlich aus Sogdien (Transoxanien) stammte, ist nur sein chinesischer bzw. sinisierter Name bekannt.

Im 8. Jahrhundert bestand in Samarkand eine Metropolie und die Mission hatte bereits mit Erfolg das Tarimbecken erreicht. Um 800 gab es Christen im westlichsten Teil von Tibet (Ladakh) und im 9. Jahrhundert schon existierte ein größerer christlicher Bevölkerungsanteil in der Oase Turfan südlich des östlichen Tienschan-Gebirges. Die 781 in Chang'an errichtete christliche Stele, die berühmte "Stele von Sian-fu"[10], die Namen von 70 Mönchen und Nonnen nennt, zeichnet sich dadurch aus, dass sie christlich-theologische Begriffe versucht in chinesisch-philosophische Begriffe zu übersetzen.

Dennoch ist es keineswegs erwiesen, dass das Christentum in seiner ostsyrischen äußeren Form damals innerhalb der eigentlich chinesischen Gesellschaft in größerem Umfang wirklich Fuß fasste. Es könnte auch überwiegend nur im Kreis der internationalen (vorwiegend vorder- und mittelasiatischen) Kaufmannschaft der Hauptstadt verbreitet gewesen sein. Tangiert hat christliches Denken die chinesische Welt aber ganz sicher. Dies belegt das gegen die "fremden Religionen" gerichtete kaiserliche Edikt des Jahres 845 selbst dann, wenn der Hauptadressat neuere buddhistische Glaubensrichtungen waren. In jedem Fall wurden der Ausbreitung der Apostolischen Kirche des Ostens damit in China sehr enge Grenzen gesetzt, wenn nicht, wie zumeist angenommen, das Missionswerk zusammenbrach.

Umso mehr gewann die "nestorianische" Kirche Gläubige in Zentralasien. Im 11. oder zu Anfang des 12. Jahrhunderts erfolgte die Bekehrung der altaisch sprechenden ("mongolischen") Nation der Keräit, deren Wohnsitze südlich des Baikalsees lagen. Von anderen mongolischen Ethnien konvertierten einzelne Adelsclane und sogar Fürstenfamilien. Eine ähnliche Ausbreitung erlebte die Kirche des Ostens auch unter türkischen Stämmen, insbesondere den Uiguren. Temudschin, der spätere Eroberer Dschingis Kahn, wuchs als Waise beim christlichen Fürsten der Keräit auf und sein Leben lang befanden sich Christen im Stab seiner Berater, deren Einfluss man allerdings nicht überschätzen sollte. Sorghoqtani, die Schwiegertochter

---

[9] Wassilios Klein: Das nestorianische Christentum an den Handelswegen durch Kyrgyzstan bis zum 14. Jh. (Silk Road Studies. 3.) Turnhout 2000.

[10] Alois Bürke: Das Nestorianer-Denkmal von Si-an-fu. Versuch einer Neuübersetzung. In: Vermittlung zwischenkirchlicher Gemeinschaft. 50 Jahre Missionsgesellschaft Bethlehem Immensee. (Neue Zeitschrift für Missionswissenschaft, Supplementa. 17.) Immensee/ Schweiz 1971, S. 125-141. – Einen Versuch der mehr religionswissenschaftlich als eigentlich theologischen Interpretation der Stele und ihres Kontextes stellt dar: Max Deeg: Die "Leuchtende Lehre" – Christen im China der Tang-Zeit, eine Bestandsaufnahme. In: Geschichte, Theologie, Liturgie und Gegenwartsanalyse der syrischen Kirchen. Beiträge zum sechsten deutschen Syrologen-Symposium in Konstanz, Juli 2009. Hrsg. von Dorothea Weltecke. (Göttinger Orientforschungen, I. Reihe: Syriaca. 40.) Wiesbaden 2012, S. 27-38.

des "Welteroberers"[11], blieb immer der Kirche des Ostens treu und sie war die Mutter dreier sehr bedeutender mongolischer Herrscher, nämlich der nacheinander regierenden Großkhane Möngke (1251-1259) und Kubilai Khan (1260-1294) und des den Iran mit den angrenzenden Gebieten regierenden Ilkans Hülägü (1261-1265). Aus diesen Verhältnissen ergab sich für die Apostolische Kirche des Ostens eine Chance, die in der zweiten Hälfte des 13. Jahrhunderts zum Zenit in der Bedeutung ihrer Kirche führte. Hülägüs Nachfolger, der Ilkhan Abaqa (1265-1282), setzte ein Kreuz auf von ihm geprägte Münzen.[12] Von 1281 bis 1317 war der Mongole Yahballāhā III. Katholikos also Oberhaupt der Apostolischen Kirche des Ostens. Er weihte in seinem langen Pontifikat etwa 75 Bischöfe.[13]

Seine Kirche gliederte sich damals in rund 30 Kirchenprovinzen. Organisatorisch unterschied man dabei die "Metropolien des Äußeren" von den "Metropolien des Inneren". Die Metropolitanbischöfe der letzteren waren wie ihre Suffragane in aller Regel Einheimische ihrer Seelsorgeregion. Diese Metropoliten waren zur Teilnahme an den im Mehrjahresabstand stattfindenden Generalsynoden der Kirche verpflichtet. Die "Metropoliten des Äußeren" hatten stattdessen die Verpflichtung regelmäßige Berichte an den Katholikos zu senden. Sie selbst entstammten nicht ihrem Amtsbezirk, sondern aus den alten Kernbereichen im Westen der Kirche des Ostens, waren also mit der syrischen Liturgiesprache und mit der in derselben verfassten theologischen Literatur besonders vertraut. Sie wurden vom Katholikos entsandt.

In der riesigen Diaspora, die sich vom Mittelmeer bis China und vom Baikalsee bis Sri Lanka erstreckte[14], bildeten sich Formen heraus, die bei anderen Kirchen teilweise Anstoß erregten. So wurden im Bereich der innerasiatischen Hirtenvölker sakramentale Salbungen mit Butter statt mit Olivenöl durchgeführt. Um der Gefahr eines totalen Priestermangels vorzubeugen, entstand der ungewöhnliche Brauch, Knaben im Kleinkindalter zu ordinieren. Die so zu Priestern geweihten bildeten eine "Reserve" von Personen, die keineswegs alle später priesterliche Amtsfunktionen tatsächlich übernahmen. Sie bildeten eine Gruppe unter den Christen, die man – sit venia verbo – mit den "Schläfern" in Geheimdiensten vergleichen könnte.

[11] Sie gehörte dem wohl vollständig christianisierten Volk der Keräit (s.o.) an.

[12] Er ließ sogar Münzen mit der trinitarischen Formel "Im Namen des Vaters und des Sohnes und des Heiligen Geistes" prägen. (Berthold Spuler: Die Mongolen im Iran. Politik, Verwaltung und Kultur der Ilchanzeit 1220-1350. 2. Aufl. Berlin 1955, S. 214-215.)

[13] Zu Yahballaha III.: Storia di Mar Yahballaha e di Rabban Sauma. Übers. und hrsg. von Pier Giorgio Borbone. Turin 2000. (Erschien in französischer Übersetzung von Egly Alexandre unter dem zusätzlichen Haupttitel "Un ambassadeur du Khan Argun en Occident". Paris 2008.)

[14] Zur Frage, ob auch die indonesischen Inseln von der "nestorianischen" Mission erreicht wurden: A. Mathias Mundalan: History of Christianity in India. Vol. 1. Bangalore 1984, S. 107-108.

Wenn es nicht notwendig war, diese zu aktivieren, konnten sie als Erwachsene in den Laienstand zurückkehren, indem sie vor Zeugen das den Klerikern vorgeschriebene Abstinenzgebot in Bezug auf den Fleischgenuss brachen.

In dem riesigen Raum, in dem die Glieder der Apostolischen Kirche des Ostens lebten, stellten diese nur in letztlich winzigen "Inseln" die Bevölkerungsmehrheit. Ganz überwiegend lebten diese Christen als zahlenschwache Minderheiten ohne den besonderen Schutz weltlicher Macht. Diese Situation stellte somit das Gegenbild der gleichzeitigen Lage der Christen in Europa dar. Das bedeutete freilich auch, dass ihre weitgehend verborgene Kirche von vielen Nicht-Christen gar nicht in ihrer Glaubenssubstanz wahrgenommen wurde. Viele schamanistische Mongolen unterschieden den christlichen Glauben wohl kaum wirklich von buddhistischen Religionsformen. Unter ganz anderen religiösen und kulturellen Gegebenheiten galt das Problem eines schwachen äußeren Erkennungsprofils auch für China, in dem die Kirche des Ostens seit der mongolischen Eroberung auch wieder präsent war, wenn sie nicht im Untergrund überlebt hatte.[15] Die Kernliturgie wurde prinzipiell in der gesamten Kirche in syrischer Sprache gefeiert, für die Lesungen und den Psalmengesang gab es aber Übersetzungen in die Volkssprache. Die arabischen Übersetzungen im westlichen Bereich stellten dabei sicher kein Problem dar. Solche gab es schon viele in vorislamischer Zeit.[16]

Bei den Übersetzungen ins Sogdische (Vorgängersprache des Tadschikischen) und ins Uigurische, einer türkischen Sprache, wurde aber schwierigeres Neuland betreten. Für die Gemeinden im Fernen Osten ist mit Bestimmtheit anzunehmen, dass sie in ihrem Kern weitgehend aus westasiatischen Einwanderern (vor allem Kaufleuten) bestanden, so sehr man sich auch um die Gewinnung einheimischer Christen bemühte. Zumal in China waren alle Versuche um eine Inkulturation problema-

---

[15] Gelegentlich wird in der Forschung sogar ein längeres Überleben christlicher Einflüsse in Korea und in der Mandschurei erwogen. – Alexander Toepel: Traces of Nestorianism in Manchuria and Korea. In: Oriens christianus 89 (2005), S. 77-85. (Vgl. auch: Ders. und Ju-Mi Chung: Was there a Nestorian Mission in Korea? In: Ebenda 88. 2004, S. 29-35.) – Japan wurde nachweislich von ostsyrischen Christen betreten. Doch fand dort mit großer Sicherheit niemals ein Missionsversuch statt.

[16] Allerdings ist die Intensität der Christianisierung bei den in vorislamischer Zeit christlichen Arabern wohl regional sehr unterschiedlich gewesen. Während die am weitesten nach Norden vorgedrungen Araber großenteils christlich geblieben sind, gilt dies nicht für die meisten Christen innerhalb der arabischen Halbinsel. Für deren Osten vermutet Tubach eine oft eher oberflächliche Christianisierung. – Jürgen Tubach: Der Anteil einheimischer Christen in den ostarabischen Diözesen der Hyparchie der Persis. In: Geschichte, Theologie, Liturgie und Gegenwartsanalyse, hrsg. von Dorothea Weltecke, a.a.O. (wie Anm. 10), S. 1-11, besonders S. 11. (Für die Christen im Jemen hingegen, die teilweise erst Jahrhunderte nach der islamischen Eroberung Muslime wurden, scheint die relative Oberflächlichkeit der Bekehrung nicht gegolten zu haben.)

tisch.[17] Dieselbe Situation einer meist nur sehr partiellen Verwurzelung in der Kultur der zentralasiatischen Welt hatten auch die – freilich in weit geringerer Zahl dort präsenten – Christen der westsyrischen ("jakobitischen") Kirche und die winzige Minderheit der lateinischen Katholiken in China, für die 1307 in Khanbaliq (Beijing) durch Papst Clemens V. ein Erzbistum errichtet wurde[18], das freilich nach der Jahrhundertmitte wieder unterging. Schließlich gab es im Westen des Großkhanats und bis ins Reich der Ilkhane auch byzantinische Christen mit denselben Problemen. Bemerkenswert ist, dass die "jakobitischen" Christen trotz nicht geringer dogmatischer Differenzen mit den "Nestorianern" eine Koexistenz fanden.[19] Im Wesentlichen wurde das Christentum im Iran, in Innerasien und im Fernen Osten, wie schon angedeutet, nur durch die Apostolische Kirche des Ostens, damals eine tatsächliche Weltkirche, repräsentiert.[20]

Im ersten Drittel des 14. Jahrhunderts, am ehesten datierbar in den Jahren um 1320, brach über die Apostolische Kirche des Ostens eine Reihe sich fortsetzender Katastrophen herein, die in einem Zeitraum von rund einem Jahrhundert ihre Kirche bis auf einen "heiligen Rest" vernichteten. Da die westlichen Nachfolgerstaaten des mongolischen Imperiums nach und nach alle islamiert wurden, verloren die "Nestorianer" zunächst die Gunst und dann auch die wohlwollende Duldung der Herrscher. 1368 wurde die mongolische Dynastie Jüan durch eine Revolution aus China vertrieben. Die nationalchinesische Dynastie der Ming sah in den ostsyrischen Christen verständlicherweise Gefolgsleute der Mongolen und behandelte sie dementsprechend. Ganz wesentlich für die Lage ihrer Kirche (und ebenfalls für die der westsyrischen Christen und der Katholiken) war das Ende der *Pax Mongolica.* Die im mongolischen Imperium und seiner halbselbstständigen Nachfolgestaaten sicher existierenden Kommunikationslinien brachen vollständig zusammen.

Der für das kirchliche Leben so wichtige Kontakt zwischen den einzelnen Gemeinden, den Metropolien und Diözesen, wurde aufs Äußerste erschwert. Der Katholikos, der seinen Residenzort in jener Krisenzeit häufiger wechseln musste[21], war

---

[17] Die Probleme waren im Grunde dieselben, die die jesuitischen Chinamissionare im 17. und 18. Jahrhundert hatten.

[18] Zum Metropoliten wurde Johannes de Monte Corvino ernannt. Geplant wurden von der Kurie sieben Suffraganbistümer, von denen aber, wenn überhaupt, nur zwei realisiert wurden.

[19] Beim Tode des antiochenisch-westsyrischen Patriarchen Dencha I. (1265-1281) gab es auch Trauerbezeugungen der "Nestorianer".

[20] Wie sehr auch die lateinische Christenheit Europas indirekte Kunde von der Bedeutung der Apostolischen Kirche des Ostens hatte, belegen wohl besonders die sagenumwobenen Vorstellungen vom Priester-König Johannes.

[21] Die ursprüngliche Residenz in Ktesiphon (Seleukia) war in der Kalifenzeit nach Bagdad verlegt worden und bis ins 13. Jahrhundert dort verblieben. Die späteren zeitweiligen Aufenthalte des Katholikos lagen meist im Nordirak.

kaum noch zeitnah über die örtlichen Entwicklungen informiert, noch viel weniger konnte er diese lenken. Ein ganz besonderes Verhängnis stellten die mit extremer Grausamkeit geführten Eroberungszüge des Timur Lenk († 1405), in der abendländischen Tradition Tamerlan genannt, dar, der sich gleichzeitig als Nachfolger (und angeblicher Nachkomme) Dschingis Khans wie als fanatischer Moslem gebärdete. Dieser hat teilweise eroberte Städte, und zwar mit ihrer muslimischen wie christlichen Bevölkerung förmlich ausgemordet. Da die Christen weit mehr zur Stadt- als zur Landbevölkerung gehörten, wurden sie zu einem besonders hohen Prozentsatz dezimiert. Letztlich war aber wahrscheinlich eine ebenfalls die Städte besonders treffende Pest-Pandemie vor der Mitte des 14. Jahrhunderts in Zentralasien, von der der seit 1348/49 in Europa auftretende "schwarze Tod" ein Ausläufer war, der wichtigste Grund für den äußeren Niedergang der Apostolischen Kirche des Ostens, die aber ihre religiöse Identität und vor allem ihre Glaubenssubstanz bis zur Gegenwart bewahrt hat.

3. Die ostsyrische Liturgie

Im Prinzip hatte die Apostolische Kirche des Ostens wie die heutige assyrische und chaldäische Kirche eine Liturgie antiochenischer Tradition, und zwar in der Ausprägung, die diese in Edessa erhielt.[22] Im 7. Jahrhundert hatte sich bereits die heutige Form im Wesentlichen herausgebildet. Damals erfolgte ihre historisch wohl bedeutendste Kodifikation unter dem Katholikos Isch'jahb III., der als Theologe ein besonderer Verteidiger der dyophysitischen Lehre seiner Kirche war. Diese Kodifikation fand dann im 12. Jahrhundert unter dem Katholikos Yahballāhās (1190-1222) eine Art abschließender Redaktion. Auf Grund der weitgehenden räumlichen Isolation der einzelnen Ortskirchen und Gemeinden hat die ostsyrische Liturgie, die im Grundzug auch für die Katholische Syro-Malabarische Kirche (s.u. Abschn. V,4) gilt, viele sehr alte Züge bewahrt.

Auffallend ist, dass die Tagzeiten des Stundengebetes mit Ausnahme am Karfreitag und Karsamstag keine Schriftlesungen enthalten. Für diese existiert ein eigener Lesegottesdienst. Die Gebetsinhalte bei Eucharistie und Officium sind besonders durch eschatologische Erwartung und durch betonte Bußhaltung geprägt. Der Text

[22] Irenée-Henry Dalmais: Die nichtbyzantinischen orientalischen Liturgien. Entwicklung und Eigenart der einzelnen Riten, besonders der Eucharistiefeier und des Stundengebets. In: Handbuch der Ostkirchenkunde. Neuerarbeitete Aufl. Hrsg. von Wilhelm Nyssen, Hans-Joachim Schulz und Paul Wiertz. Bd. 2. Düsseldorf 1989, S. 101-140, hier S. 102-108. – Andreas Heinz: Licht aus dem Osten. Die Eucharistiefeier der Thomas-Christen, der Assyrer und der Chaldäer mit der Anaphora von Addai und Mari. (Sophia. Quellen östlicher Theologie. 35.) Trier 2008.

der Eucharistiefeiert enthält viele Apologien, also Formeln, in denen der Zelebrant seine persönliche Unwürdigkeit betont. Von großer Bedeutung für die Eucharistie war in der Apostolischen Kirche des Ostens die Bereitung des Heiligen Sauerteigs, die in der Chaldäischen Kirche heute nicht mehr praktiziert wird.

Das Kirchenjahr ist in Analogie zu anderen orientalischen Kirchen in acht Zeitabschnitte gegliedert. Gemeinsam mit den westsyrischen Kirchen kennt die ostsyrische Liturgie das so genannte "Ninive-Fasten" in der drittletzten Woche vor Beginn der vorösterlichen Fastenzeit. In der Gestaltung des Gottesdienstraumes unterscheiden sich die Ostsyrer von allen anderen orientalischen Kirchen. Die Kirchenräume sind kahl, Bilder nicht üblich und die Kreuze ohne Darstellung des Gekreuzigten. Dies führte zu der ganz irrigen Aussage, die Apostolische Kirche des Ostens sei quasi "protoprotestantisch", was für sie so wenig zutrifft wie für die in dieser Beziehung in Bezug auf ihre Kirchenbauten ähnlichen frühen Zisterzienser im lateinischen Westen.

4. Assyrische Kirche

Die zahlenmäßig geringe Anzahl der Christen der Apostolischen Kirche des Ostens, die bis zum Ausgang des Mittelalters überlebt hatte, konzentrierte sich auf Wohnsitze am Oberlauf des Tigris und am Urmia- und Vansee. Erst im Laufe der Neuzeit, und zwar erst im 19. Jahrhundert und nicht ohne ideologische Einflüsse aus Europa, fassten sich die Reste der isolierten Christengemeinschaft auch als ethnische Gemeinschaft, als Nation, auf und nannten sich antikisierend "Assyrer". Das Amt des Katholikos war seit der Mitte des 15. Jahrhunderts faktisch in einer Familie erblich. Es ging vom Onkel auf den Neffen oder vom älteren Bruder auf den jüngeren über.[23] Die Patriarchenlinie residierte seit 1504 bis zu ihrem Ende 1804 im Kloster Rabban Hormizd nördlich von Mosul. Um die Mitte des 16. Jahrhunderts kam es durch Wahl eines Gegenkatholikos – in Opposition zur "Erblichkeit" – zu einer Spaltung. Der neue Katholikos[24] bat um eine päpstliche Bestätigung, die er und mehrere seiner Nachfolger auch erhielten, aber wirklich dauerhaft

[23] Für die inzwischen beseitigte Quasi-Erblichkeit höchster Kirchenämter, für die auch Parallelen in der mit Rom unierten Chaldäischen Kirche existieren, gab es gewiss verschiedene Gründe. Einer davon lag aber sicher in der typischen Notsituation einer extremen Diaspora begründet. In dieser war die Priesterausbildung stets eine besondere Schwachstelle. So bot sich wohl bei der extrem wichtigen Ausbildung für einen zukünftigen Katholikos die durch den amtierenden Onkel geradezu an. So sollte man das Phänomen der Beinahe-Amts-Erblichkeit durchaus u.a. auch im ähnlichen Kontext einer Sondersituation sehen wie die oben erwähnte Ordination von Knaben im Kindesalter.

[24] Er residierte in Diyarbakir, seine Nachfolger wechselten mehrfach den Aufenthaltsort.

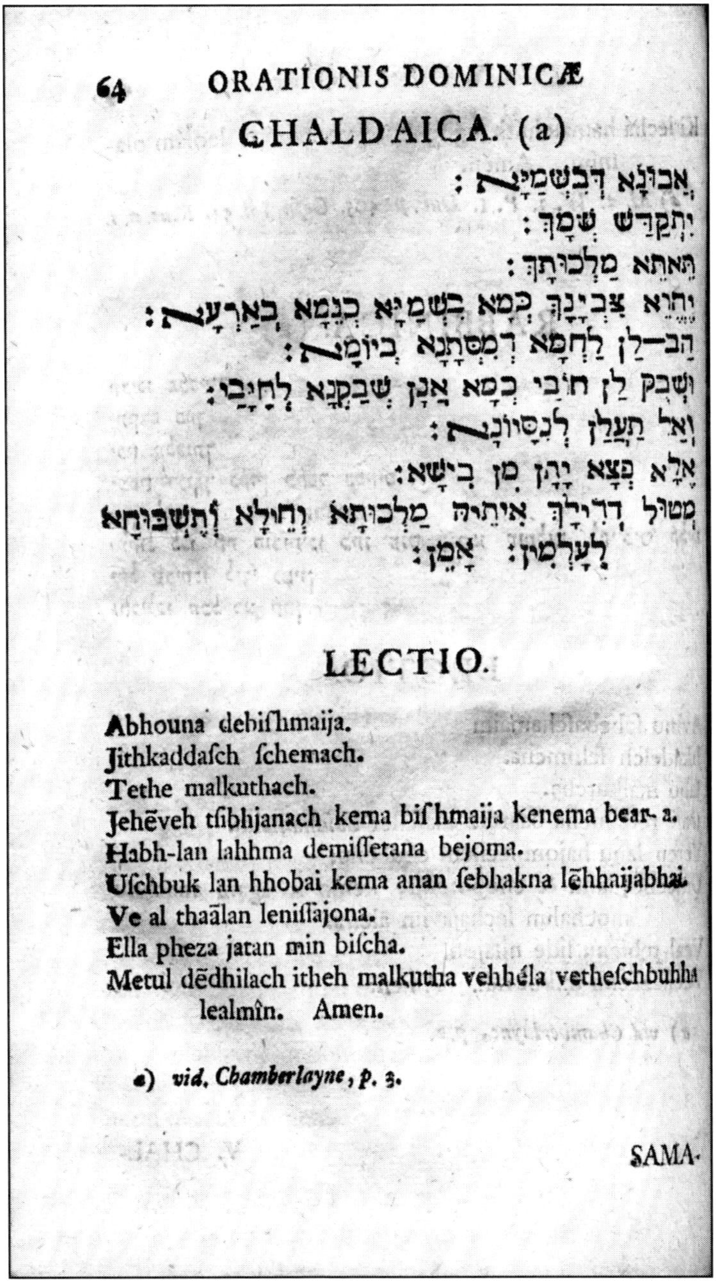
64 ORATIONIS DOMINICÆ

CHALDAICA. (a)

אֲבוּנָא דְבִשְׁמַיָּא :
יִתְקַדַּשׁ שְׁמָךְ :
תֵּאתֵא מַלְכוּתָךְ :
יְהֵוֵא צִבְיָנָךְ כְּמָא בִשְׁמַיָּא כֵּנְמָא בְאַרְעָא :
הַב־לַן לַחְמָא דְמִסְתָּנָא בְיוֹמָא :
וּשְׁבֻק לַן חוֹבַי כְּמָא אֲנַן שְׁבַקְנָא לְחַיָּבַי :
וְאַל תַּעֲלַן לְנִסְיוֹנָא :
אֶלָּא פְּצָא יָתַן מִן בִּישָׁא :
מְטוּל דְּדִילָךְ אִיתֵיה מַלְכוּתָא וְחֵילָא וְתֻשְׁבּוּחָא
לְעָלְמִין : אָמֵן :

LECTIO.

Abhouna debiſhmaija.
Jithkaddaſch ſchemach.
Tethe malkuthach.
Jehēveh tſibhjanach kema biſhmaija kenema bear-a.
Habh-lan lahhma demiſſetana bejoma.
Uſchbuk lan hhobai kema anan ſebhakna lēhhaijabhai.
Ve al thaālan leniſſajona.
Ella pheza jatan min biſcha.
Metul dēdhilach itheh malkutha vehhéla vetheſchbuhh
lealmîn. Amen.

a) *vid. Chamberlayne, p. 3.*

SAMA-

Text des "Vater unser" in der ostsyrische Liturgiesprache

aus: Orientalisch- und Occidentalischer Sprachmeister (Leipzig 1748), Erzbischöfliche Diözesan- und Dombibliothek Köln: Ba 1841

Kloster Rabban Hormizd nördlich von Mosul
Sitz des assyrischen Patriarchen von 1504 bis 1804
Lithographie 19. Jh., Erzbischöfliche Diözesan- und Dombibliothek Köln: 1969.1235

war die Union mit Rom nicht.[25] 1804 wurden beide Patriarchate wieder miteinander vereinigt. Residenz war Qodschanis im Bergland von Hakkari.[26]

Als während des Ersten Weltkrieges im Zusammenhang mit dem Genozid an den Armeniern (s.u. S. 109-111) auch die ostsyrischen Christen von der Ausrottung bedroht waren und diese zunächst – soweit nicht ermordet – unter den Schutz russischer nach Süden vorgedrungener Truppen und dann nach Bagdad unter englischen Schutz flohen, musste auch der Patriarchensitz aufgegeben werden.[27] Der Bruder und Nachfolger des Patriarchen – dieser wurde auf der Flucht von einem Kurden ermordet – zog mit seinen Glaubensbrüdern und starb 1920 im Flüchtlingslager Bakuba bei Bagdad an Tuberkulose. Daraufhin wurde der Neffe der beiden letzten Patriarchen als Schimun XXI. (nach anderer Zählung XXIII.) in das Amt eingesetzt. Nachdem im Jahre 1933 die britische Mandatszeit für den Irak auslief, floh ein Teil der Assyrer nach Syrien, wo eine Gruppe von ihnen noch heute lebt. Viele waren aber auf dem Weg dorthin von irakischen Truppen ermordet worden. Um 1940 konnte sich ein Rest der assyrischen Christen (etwa zwanzigtausend) im nördlichen Irak ansiedeln. Der Katholikos-Patriarch wurde aus dem Irak ausgewiesen und kam nach einem Zwischenaufenthalt auf Zypern in die Vereinigten Staaten, wo er sich seit 1954 in San Francisco niederließ und von dort aus versuchte, mit den Gläubigen seiner Kirche Kontakt zu halten. 1975 wurde er in seiner Wohnung in San Francisco ermordet, nachdem er schon 1973 auf sein Amt verzichtet hatte. Mit der Wahl seines Nachfolgers wurde die faktische Erblichkeit des Amtes endgültig aufgegeben.

Geradezu schicksalhaft war gewesen, dass Patriarch Schimun 1964 in seiner Kirche den gregorianischen Kalender eingeführt hatte, was Anlass zu einem Schisma war.[28] Sein Gegenpatriarch und dessen Nachfolger residierten in Bagdad. Das Schisma dauert bis zur Gegenwart an. Mit der "neukalendarischen" Assyrischen Kirche hat deren unierte Schwesterkirche (die "Chaldäer" s.u.) seit 2001 eine begrenzte Sakramentsgemeinschaft. Beide assyrische Kirchen, die zusammen etwa hunderttausend Gläubige in einer heute weltweiten Diaspora zählen, haben ihren Glauben, der in Jahrhunderten der Verfolgung erprobt wurde, in heroischer Weise bewahrt.[29]

---

[25] Im späten 17. Jahrhundert brach der Kontakt mit der katholischen Kirche völlig ab.

[26] Dieses Gebiet wurde, obwohl es zum Osmanischen Reich gehörte, faktisch von kurdischen, sunnitischen Fürsten regiert, mit denen man sich irgendwie arrangieren musste (Pinggéra, Apostolische Kirche, a.a.O. wie Anm. 8, S. 35).

[27] Hierzu und zum Folgenden ebenda, S. 37-40.

[28] Die eigentliche Ursache lag eher im Protest gegen eine "erbliche" Patriarchendynastie und vor allem in der Weigerung des Patriarchen Schimun, in den Irak zurückzukehren.

[29] Zur Assyrischen Kirche im weiteren Sinne gehört auch die "Metropolie von Malabar und ganz Indien". Faktisch aber stellt diese Metropolie heute eine selbständige Kirche dar, die unter den Thomaschristen im Abschn. V,5 (S. 126) behandelt wird. Diese Kirche bzw.

5. Chaldäisch-Katholische Kirche

Zwei Jahre bevor der Patriarch der Apostolischen Kirche des Ostens sich 1672 endgültig von Rom abwandte, also 1670, bekannte sich einer seiner Bischöfe, und zwar der Metropolit Joseph von Diyarbakir, zur vollen Union mit dem Papst. Er und seine Anhänger nannten sich nun "Chaldäer" um den für sie im katholischen und griechisch-orthodoxen Bereich üblichen (aber irrigen) Namen "Nestorianer" zu vermeiden. 1681 wurde er vom Papst zum "Patriarchen der chaldäischen Nation" ernannt.[30] Seine Nachfolger führten als Joseph II., III. und IV. den Namen "Joseph" als eine Art "Amtsnamen". Joseph V. wurde von Rom nicht anerkannt, da man seine Rechtgläubigkeit anzweifelte. So verlegte der Papst den Patriarchensitz in das Gebiet von Mosul und 1830 erhob Papst Pius VIII. den dann dort residierenden Bischof Yochannan zum Patriarchen mit dem Titel eines "Chaldäischen Patriarchen von Babylon". Dabei sind zwei Fakten zu beachten. Nach römischer Auffassung war der neue Patriarch sowohl Nachfolger der katholischen Patriarchen der Chaldäer in Diyarbakir als auch zumindest ideeller Nachfolger des im 16. Jahrhundert von Rom bestätigten Patriarchen Yochannan Sulaga, der einst ebenfalls in Diyarbakir residiert hatte. 1845 wurde die chaldäische Kirche vom osmanischen Sultan zu einer selbständigen *Millet* erklärt, was ihre und ihres Patriarchen zivilrechtliche Stellung erheblich verbesserte.[31]

In den nachfolgenden Jahrzehnten wuchs die chaldäische Kirche durch zahlreiche Konvertiten aus der assyrischen Kirche, und wie diese erlitt sie Verluste bei Massakern an der christlichen Bevölkerung. Patriarch Joseph V.[32] (1848-1878) verteidigte die Rechte seiner unierten Kirche mit großer Energie gegen den römischen Zentralismus.[33] Patriarch Joseph VI. (1900-1947) erlebte die große Blüte seiner Kirche, aber auch die dieser Blüte folgenden Katastrophe. Anfang des 20. Jahrhunderts existierten fünf Erzbistümer und acht Bistümer im Vorderen Orient. Während des Ersten Weltkrieges – im Zusammenhang mit den Armeniermorden – wurden viele chaldäische Christen ebenso umgebracht wie ihre assyrischen Brüder. Nach

---

Metropolie litt unter derselben Spaltung in Altkalendarier und Neukalendarier, doch konnte das Schisma hier – anders als bei der eigentlichen Assyrischen Kirche – 1994 beseitigt werden.

[30] Albert Lampart: Ein Märtyrer der Union mit Rom. Joseph I. 1681-1696, Patriarch der Chaldäer. Einsiedeln 1966, S. 157-162.

[31] Ebenda, S. 145.

[32] Der vom Papst nicht anerkannte frühere Patriarch Joseph V. (s.o.) wird von den chaldäischen Katholiken nicht mitgezählt.

[33] Zur damals schwierigen Situation für die berechtigten Anliegen der unierten Ostkirchen: Klaus Schatz: Pius IX., das 1. Vatikanum und die katholischen Ostkirchen. In: Ostkirchliche Studien 50 (2001), S. 253-266.

dem Ersten Weltkrieg haben die Chaldäer dann anders als die Assyrer sich von Anfang an um ein gutes Verhältnis zum neuen irakischen Staat bemüht.

Dieses Bestreben wurde nach dem Zweiten Weltkrieg fortgesetzt und auch in der Zeit der Diktatur von Saddam Hussein hielten viele Chaldäer daran fest.[34] Unter Saddams Opfern gab es zwar auch chaldäische Christen, aber eine Christenverfolgung gehörte nicht zu seinen politischen Konzepten. Der zur Katholisch-Chaldäischen Kirche gehörende zeitweilige Außenminister Tarik Aziz war von 1979 bis 2003 Vizepremierminister des Irak. Aziz, der wiederholt zu Gesprächen im Vatikan war, auch unmittelbar vor Ausbruch des zweiten Irakkrieges, stellte sich nach dem Zusammenbruch des Saddam-Regimes Ende April 2003 den Amerikanern, die ihn in Haft nahmen und im Juli 2010 an die irakischen Behörden übergaben. Am 26. Oktober 2010 wurde der höchst umstrittene Politiker von einem Sondertribunal zum Tode verurteilt. Eine Vollstreckung des Todesurteils, um die er 2013 selbst bat, erfolgte bisher nicht.

Seit dem Ende der Amerikanischen Intervention werden die Chaldäer wie die Mitglieder ihrer Assyrischen Schwesterkirche und die übrigen Christen im Irak verfolgt. Viele von ihnen sind geflohen und versuchen ein Aufnahmeland zu finden. Der irakische Staat, der weder durch Gesetze noch Verordnungen an der Christenverfolgung im Geringsten beteiligt ist, sichert den Chaldäern und den Assyrern Minderheitsrechte zu.[35] Einen effektiven Schutz kann er nicht gewährleisten. Seit 2003 ist die Lage der Chaldäischen Kirche wie die der Assyrischen Kirche verzweifelt, und die Abwanderung ihrer Mitglieder aus dem Irak hat dramatische Ausmaße angenommen. Diese Kirche wird also mehr noch als bisher zu einer Diasporakirche.

Vor der Katastrophe nach dem zweiten Irakkrieg hatte die Chaldäisch-Katholische Kirche im Irak weit mehr als zweihunderttausend Gläubige. Etwas weniger lebten schon damals in der weltweiten Diaspora, davon allein neunzigtausend in den Vereinigten Staaten. Somit ist die Chaldäische Kirche an Mitgliederzahl etwa viermal so groß wie die Assyrische Kirche aus der sie hervorgegangen ist, während ganz überwiegend sonst die Unierten Kirchen sehr viel kleiner sind als ihre nicht unierten Schwesterkirchen. Anders als die Assyrische Kirche hat die Chaldäische keine Verbindung institutioneller Art zu denjenigen Thomaschristen Indiens, die ihr in Lehre und Liturgie entsprechen. Bestrebungen dieser Art im 19. Jahrhundert, die vom Patriarchen von Babylon ausgingen, wurde vom Heiligen Stuhl entgegengewirkt.

---

[34] Dabei spielte gewiss eine große Rolle, dass die Baath-Partei, die ab 1963 sowohl im Irak vorübergehend wie in Syrien auf Dauer regierte, 1947 unter wesentlicher Beteiligung von arabischen Christen gegründet wurde.

[35] Artikel 121 der Irakischen Verfassung von 2005.

Der "Patriarch von Babylon der Chaldäer" ist zugleich Metropolit von Bagdad, wo sich auch heute seine Residenz befindet. Im Irak gibt es eine weitere Metropolie in Kirkuk sowie drei Erzbistümer in Basra, Erbil und Mosul, außerdem fünf Bistümer. Im Iran, wo die Chaldäer wie die Assyrer weder von Khomeini noch seinen Nachfolgern verfolgt wurden[36], existieren zwei Metropolien, und zwar in Teheran und Urmia, daneben ein Erzbistum in Ahwaz. In der Türkei liegt ein Erzbistum, und Bistümer hat die Chaldäische Kirche auch in Syrien und im Libanon. Die außerhalb des Orients lebenden Chaldäer unterstehen nicht dem Patriarchen. Die zwei Bistümer in den Vereinigten Staaten (in Detroit und San Diego) sind unmittelbar Rom zugeordnet. Die weltweit verstreuten Einzelgemeinden sind Diözesen des lateinischen Ritus angegliedert. Die gegenwärtige seelsorgliche Organisation in der Diaspora ist also wenig geeignet, die Identität der Chaldäischen Kirche nach der sicher noch weiter zunehmenden Flucht ihrer Mitglieder aus dem Irak zu erhalten.

[36] Wohl aber kam es zu einer Verfolgung evangelischer Christen. (A. Christian van Gorder: Christianity in Persia and the status of non-muslims in Iran. Lanham / Maryland [u.a.]2010, S. 219-236.) – Im Grunde haben Khomeini und die seiner Revolution folgenden Regierungen, als sie den Iran zu einem muslimischen Staat machten, den Assyrern und Chaldäern den Status einer *millet* gegeben, die über eine sehr beschränkte innere Selbstorganisation verfügt, deren Mitglieder aber faktisch Bürger zweiter Klasse sind.

II. Die Kirchen alexandrinischer Tradition

1. **Koptische Kirche**

a) DAS CHRISTENTUM IM SPÄTANTIKEN ÄGYPTEN

Ägypten gehörte wie Syrien und Teile Kleinasiens zu den am frühesten christianisierten Gebieten im römischen Reich. Schon vor dem Ende der Christenverfolgungen war der Anteil der Christen an der Bevölkerung sehr hoch. Bereits zur Regierungszeit Konstantins des Großen bestand die Mehrheit der Bewohner Ägyptens aus Christen. Das Mönchtum hatte in Ägypten, wo es vermutlich schon am Ausgang des dritten (!) Jahrhunderts entstand, seine vermutlich noch vor Syrien-Palästina bedeutendste Ursprungsregion.[1] Absolutes Zentrum des kirchlichen Lebens im Land war Alexandrien, eine der bedeutendsten Weltstädte der Antike. Es galt nicht als Teil Ägyptens, sondern seit der hellenistischen Gründung als "Alexandrien bei Ägypten".[2]

Entsprechend stark war die griechische Prägung der Stadt, die in koptischer Sprache (nach dem vor seiner Gründung dort gelegenen ägyptischen Dorf) "Rakot(e)" genannt wird, und die Existenz einer hochbedeutenden jüdischen Diasporagemeinde, in der die *Septuaginta*, die griechische Übersetzung des Alten Testaments entstanden sein soll. Der Evangelist Markus soll der Überlieferung nach die Kirche von Alexandria im Jahre 42 n.Chr.[3] begründet haben und dort zwanzig Jahre später als Martyrer gestorben sein. Die Bischöfe der Stadt haben sich immer als Nachfolger des Petrusschülers Markus betrachtet und Alexandrien gilt daher als apostolische Gründung.

Schon vor dem Ende der Christenverfolgungen haben die Bischöfe von Alexandrien eine hervorragende Stellung in der Kirche Ägyptens und einiger angrenzender Länder eingenommen. Das Konzil von Nicäa (325) gestand ihm dann das alleinige

---

[1] Wilhelm Schneemelcher: Erwägungen zu dem Ursprung des Mönchtums in Ägypten. In: Christentum am Nil. Internationale Arbeitstagung zur Ausstellung "Koptische Kunst". Essen, Villa Hügel, 23.-25. Juli 1963. Hrsg. von Klaus Wessel. Recklinghausen 1964, S. 131-141.

[2] Ἀλεξάνδρεια πρός Αἰγύπτῳ, *Alexandria ad Aegyptum.* – Zur Bedeutung Alexandriens für das frühe Christentum: Alexandria. Hrsg. von Tobias Georges [u.a.]. (Civitatum Orbis Mediterranei Studia. 1.) Tübingen 2013, S. 403-473 (Beiträge von: Jürgen Wehnert, Winrich Löhr, Ralf Sedlak, Peter Gemeinhardt).

[3] Die koptischen Christen zählen bis heute die Jahre nicht nach Christi Geburt, sondern nach der so genannten Ära der Martyrer, d.h. vom Regierungsantritt Diokletians (284 n.Chr.) an, wie es die römische Kirche auch bis zur (etwas ungenauen) Errechnung des Geburtsjahres des Erlösers durch Dionysius Exiguus in der ersten Hälfte des 6. Jahrhunderts ebenfalls tat.

Recht zu, Bischöfe in diesem Bereich zu weihen. Das Patriarchat von Alexandrien, dessen Inhaber in der Spätantike jährlich der gesamten Kirche den errechneten Ostertermin bekannt gab, nahm bis zum ersten Konzil von Konstantinopel (381) unbestritten den ihr in Nicäa zugesicherten zweiten Rang unmittelbar nach Rom unter den Patriarchaten ein. Danach hat Alexandria noch lange gegen Konstantinopel um diesen zweiten Platz gestritten. Schon früh wurde der alexandrinische Bischof mit dem Titel Papst (Πάπας) bezeichnet. Heute noch lautet die Bezeichnung für den koptischen Patriarchen "Papst und Patriarch der christlichen Großstadt Alexandria, von ganz Ägypten, Nubien, Äthiopien der Pentapolis[4] und des gesamten Missionsgebietes des heiligen Markus".

Die tatsächlich praktizierten Leitungsfunktionen des ägyptischen Patriarchen haben im 4. und 5. Jahrhundert innerhalb seines Amtsbereichs ganz sicher in Umfang und Intensität die des Patriarchen von Rom bei weitem übertroffen. Auch der Einfluss des "Papstes von Alexandrien" in weltlichen Dingen wurde so beträchtlich, dass er den der kaiserlichen Statthalter für die (von Diokletian geschaffene weltliche) "Diözese" Ägypten in den Schatten stellte. (Die Amtsbereiche deckten sich in räumlicher Hinsicht fast vollkommen.[5]) Die weltliche Machtfülle reizte natürlich auch zu innerkirchlicher Kritik. So wurde Patriarch Theophilos (385-412), der im Übrigen auch sehr massiv gegen die Reste des Heidentums in Alexandria vorging[6], gar als "neuer Pharao" bezeichnet.[7]

Ein besonderes Kennzeichen der ägyptischen Kirche der Spätantike war der unmittelbare Zugriff des Patriarchen auf alle Diözesen des Landes. Anders als vor allem im römischen Patriarchat gab es keine mächtigen Metropoliten als Zwischeninstanzen. Eher liturgische Besonderheiten waren die Messe auch am Sonntagvorabend und die ursprüngliche Nichtbeachtung der eucharistischen Nüchternheit. Von der übrigen Kirche isoliert war die ägyptische Kirche vor der Mitte des 5. Jahrhunderts

---

[4] Mit der Pentapolis ist die libysche Cyrenaika gemeint, da sie für die Antike als Gebiet von fünf in der griechischen Kolonisation gegründeten Städten galt.

[5] Die *dioecesis Aegyptus* bestand aus Alexandria und dem eigentlichen Ägypten, unterteilt in zwei und später sechs Provinzen, außerdem den beiden libyschen Provinzen *Libya superior* (Pentapolis) und *Libya inferior* (Libya sicca). Für das Patriarchat bestand zunächst die einzige nur theoretische räumliche Abweichung darin, dass ihm auch die noch sehr vereinzelten christlichen Gemeinden im nicht zum Römischen Reich gehörenden Nubien (s.u.) angehörten. Äthiopien kam erst im Verlauf des 4. Jahrhunderts unter den kirchlichen Einfluss Alexandriens. – Für die kirchliche Seelsorge war bedeutsam, dass Oberägypten (*provincia Thebais*, später unterteilt in *superior* und *inferior*) am wenigsten hellenisiert war und die meisten altägyptischen Traditionen aufwies.

[6] Er veranlasste u.a. die Schließung (oder Zerstörung?) des Sarapistempels 391/92.

[7] Heinzgerd Brakmann: Die Kopten – Kirche Jesu Christi in Ägypten. Ihre Geschichte und Liturgie. In: Die koptische Kirche. Einführung in das ägyptische Christentum. Hrsg. von Albert Gerhards und Heinzgerd Brakmann. Stuttgart [u.a.] 1994, S. 9-27, hier S. 12.

in keiner Weise. Der heilige Athanasius, Bischof von Alexandrien von 328 bis 373 [8], wobei er fast achtzehn Jahre im erzwungenen Exil (zeitweilig bei Trier) verbrachte, zählt als der bedeutendste Verteidiger des Konzils von Nicäa zu den acht großen Kirchenlehrern der katholischen Kirche. Durch ihn und seine Schriften wurde das Mönchtum in seiner besonderen ägyptischen Ausprägung Vorbild in der Gesamtkirche.[9] Dieses Vorbild soll für das irische Mönchtum besondere Bedeutung gehabt haben.[10]

Das Fest der Erscheinung des Herrn hat von Alexandria aus Eingang in die Liturgie der Kirche gefunden.[11] Wie das in Rom entstandene Weihnachtsfest terminlich an der Wintersonnenwende orientiert war, so war das Fest der Epiphanie an dem Datum ausgerichtet, an dem im Durchschnitt der Jahre der Nilwasserstand wieder zu steigen begann. Schon in früherer Zeit hat die starke marianische Prägung der Kirche Ägyptens, die eine Verbindung zum besonderen liturgischen Gedenken an die Flucht nach Ägypten in der Kindheitsgeschichte Jesu hat, auch auf außerägyptische Ortskirchen ausgestrahlt. Dass allerdings das älteste bekannte Mariengebet *Sub tuum praesidium* in einem ägyptischen Papyros des 3. oder 4. Jahrhunderts [12] überliefert ist, dürfte kein Beweis für ägyptischen Ursprung sein [13], sondern Folge der bekannten guten Erhaltungsbedingungen von Papyri in Ägypten. Die Bezeichnung Mariens als Gottesgebärerin (Θεοτόκος) ist aber zuerst für Ägypten, und zwar durch den Patriarchen Alexander von Alexandria (312-328) für das Jahr 322 belegt.[14] Auf dem Konzil von Ephesus 431 war der alexandrinische Patriarch Kyrillus (s. folgender Abschn.) der Hauptverteidiger des Theotokos-Titels.

---

[8] Wilhelm Schneemelcher: Athanasius als Theologe und Kirchenpolitiker. In: Zeitschrift für neutestamentliche Wissenschaft und die Kunde der älteren Kirche 43 (1950), S. 242-256. – Athanasius-Handbuch. Hrsg. von Peter Gemeinhardt. Tübingen 2011.

[9] Martin Tetz: Athanasius und die Vita Antonii. Literarische und theologische Relationen. In: Zeitschrift für neutestamentliche Wissenschaft und die Kunde der älteren Kirche 73 (1982), S. 1-30.

[10] Die Auffassung wurde in der Forschung aber auch bestritten, bzw. stark eingeschränkt. Vgl. Joseph Raftery: Irische Beziehungen zum koptischen Ägypten. In: Christentum am Nil, a.a.O. (wie Anm. 1), S. 260-265.

[11] Hieronymus Frank: Zur Geschichte von Weihnachten und Epiphanie. In: Jahrbuch für Liturgiewissenschaft 12 (1932), S. 145-155, und 13 (1933), S. 1-38. – Karl Holl: Der Ursprung des Epiphaniefestes. In: Sitzungsberichte der deutschen Akademie der Wissenschaften zu Berlin. Phil.-hist. Klasse 1957, S. 402-438.

[12] John Rylands Library (Manchester), Papyrus 470. (Colin Henderson Roberts: Catalogue of the Greek and Latin Papyri in the John Rylands Library. Vol. III. Cambridge 1938, Nr. 470.) – Feuillen Mercenier: La plus ancienne prière à la Sainte Vierge: le Sub tuum praesidium. In: Les questions liturgique et paroissiales 25 (1940), S. 33-36.

[13] In der koptischen Kirche wird dieses Gebet heute als Antiphon in der Vesper der vorösterlichen Fastenzeit gebetet.

[14] Zum Patriarchen Alexander: Enzo Bellini: Alessandro et Ario. Milano 1974.

b) Die ägyptische Kirche nach dem Konzil von Chalkedon

Auf dem vierten Allgemeinen Konzil von Chalkedon wurde die christologische Lehre des Patriarchen von Alexandrien Dioskuros, die im Grunde die seines Vorgängers des heiligen Kyrillus war[15], abgelehnt. Dioskuros selbst wurde abgesetzt, aber nicht als Häretiker verurteilt. In der Folgezeit wurde der Patriarchalsitz von Alexandria sowohl mit Chalkedonensern wie auch mit Nichtchalkedonensern besetzt. In den Jahren nach 537 gelangten aber nur Chalkedonenser, die von der Mehrheit der ägyptischen Christen nicht anerkannt wurden, auf den Stuhl des heiligen Markus.[16] Nun begann eine freilich von Friedensperioden unterbrochene Unterdrückung der miaphysitischen Mehrheit, eine Kirchenpolitik, die allerdings in Oberägypten mit seiner stärker originär ägyptischen und schwächer hellenistischen Prägung schwer durchsetzbar war.

Vor allem die Mönche kämpften überall für die alte vorchalkedonensische christologische Glaubensdefinition. Sie wurden von Sereros unterstützt, dem letzten miaphysitischen vom Kaiser anerkannten syrischen Patriarchen von Antiochia, der 518 nach Ägypten geflohen war und dort 538 starb. Seit 566, dem Todesjahr des vertriebenen, 537 abgesetzten Theodosius, wählten die Miaphysiten einen Gegenpatriarchen und ihre Mehrheit nahm beständig zu.

Von 619 bis 628/29 wurde Ägypten von den sassanidischen Persern besetzt. Diese waren grundsätzlich christenfeindlich eingestellt, unterdrückten aber die Chalkedonenser. also die Konfession des byzantinischen Kaisers, in stärkerem Maße als die nichtchalkedonensische Mehrheit. Nach der byzantinischen Rückeroberung des Landes war Kyros chalkedonensischer Patriarch (631-642) und gleichzeitig staatlicher Präfekt, also Statthalter des Kaisers Herakleios (610-641), in Ägypten. Er unterdrückte die Nichtchalkedonenser auf brutale Weise. So starb Menas, der Bruder des Patriarchen Benjamin, auf der Folter. Seit 639 begann die muslimische Eroberung Ägyptens, die bereits 641 fast abgeschlossen war. 642 musste der Patriarch-Statthalter Kyros den Arabern dann auch Alexandria übergeben. Der siegreiche Führer Amr ibn al-Ās der muslimischen Eroberer rief den nichtchalkedonensischen Patriarchen Benjamin, der sich seit Jahren in Oberägypten hatte verstecken müssen, nach Alexandria zurück.

Spätestens seit der muslimisch-arabischen Eroberung Ägyptens (arabisch *Misr*) hat sich die Bezeichnung "Kopten" speziell für die Anhänger der ägyptischen

[15] Kyrillus wird in der katholischen (Kirchenlehrer seit 1882) und orthodoxen Kirche wie selbstverständlich auch in der koptischen als Heiliger verehrt. Im Martyrologium Romanum ist er am 28. Januar *und* 9. Februar verzeichnet.

[16] Kaiser Justinian (527-565) setzte 537 anstelle des Antichalkedonenser Theodosius I. einen chalkedonensischen Patriarchen ein. Gleichzeitig ließ er die letzten heidnischen Tempel in Ägypten schließen.

vorchalkedonensischen Kirche eingebürgert. Der Name "Kopten" bedeutet nichts anderes als "Ägypter" und ist auch in seiner Phonologie eindeutig von der griechischen Benennung für Ägypter abgeleitet. Die chalkedonensischen Christen des Landes, die der Konfession des byzantinischen Kaisers (griech. als βασιλεύς = König bezeichnet) wurden nach dem arabischen Wort für König (*malik* bzw. *m-l-k*) wie gleichzeitig auch die Chalkedonenser im ebenfalls von den Muslimen eroberten Syrien "Melkiten" genannt. Noch Jahrhunderte lang war die Liturgie der Kopten und der ägyptischen Melkiten kaum voneinander zu unterscheiden.

c) Die Kopten des Mittelalters – von einer Volkskirche zur religiösen Minderheit

Zur Beherrschung Ägyptens bedienten sich die neuen muslimischen Herren ebenso notgedrungen wie selbstverständlich großenteils der vorhandenen byzantinischen Verwaltungsstrukturen. Naturgemäß griffen sie dabei eher auf koptische als auf melkitische Beamte zurück, obwohl auch letztere unentbehrlich waren.[17] Dass die Kopten die arabische Eroberung begünstigt hätten, ist vermutlich eine Übertreibung. Tatsächlich werden sie sich als die zuvor Unterdrückten lediglich weniger in der Verteidigung Ägyptens engagiert haben als die Melkiten. Die Anhänger beider Kirchen werden im Übrigen davon ausgegangen sein, dass die arabisch-muslimische Herrschaft genauso wenig von Dauer wäre wie die vorangegangene persische Okkupation.

Spätestens am Ende des 7. Jahrhunderts wurde deutlich, dass diese Annahme falsch war. Erst 705 allerdings verfügte der Kalif Abd al-Malik, dass die schriftlichen Verwaltungsakte in Ägypten in arabischer und nicht mehr in koptischer Sprache erfolgen sollten.[18] Erst später wurde das Arabische auch zur allgemeinen Umgangssprache. Die Liturgie der Kopten hielt im Prinzip an der eigenen Sprache oder gar am Griechischen fest, doch wurden die gottesdienstlichen Lesungen zunehmend ins Arabische übersetzt. Nach der Jahrtausendwende wurde auch ein sehr großer Teil der theologischen Literatur arabisch verfasst.

Die relative Toleranz der neuen Herren war über die Jahrhunderte stärksten Schwankungen unterworfen. Nach der Abberufung des ersten, oben genannten Statthalters Amr ibn al Ās kam es bereits zum ersten vergeblichen Aufstand der

[17] In der allerersten Phase scheinen sogar Melkiten die Mehrheit in der Beamtenschaft gebildet zu haben, aus dem einfachen Grunde, dass die neuen Herren oft einfach das Personal der byzantinischen Zeit übernommen haben. Bald erschienen aber wohl Kopten ohne besondere Sympathien für den Kaiser von Konstantinopel den Muslimen loyaler.

[18] Maged S. A. Mikhail: The Early Islamic Period (641-1517). From Arab Conquest through Mamluk Rule. In: The Coptic Christian Heritage. Ed. by Lois M. Farag. London, New York 2013, S. 39-53, hier S. 41.

christlichen Bevölkerung. Zur Zeit der Umayadenkalifen (661-750) gab es kurze Phasen, in denen die Kopfsteuer, die das islamische Recht für Ungläubige vorsah, nicht erhoben wurde. Auch die ersten Abbasidenkalifen zeigten sich noch recht tolerant. Dies änderte sich unter Harūn al Rashīd (786-809)[19], der in der europäischen Tradition – nicht zuletzt auf Grund seiner Vereinbarungen mit Karl dem Großen – positiv bewertet wurde. Unter seiner Herrschaft begann die Zerstörung koptischer Kirchen, und zwar wurden diejenigen Kirchen abgerissen, die nach der muslimischen Eroberung gebaut worden waren.

Die Christen waren geduldete Bürger zweiter Klasse.[20] Gemäß der Scharia stand der Übertritt von Moslems zum Christentum unter Todesstrafe. Dies bedeutete auch, dass Christen, die aus Opportunismus zum Islam übergetreten waren, ihr Leben in äußerste Gefahr brachten, wenn sie ihre Apostasie rückgängig machen wollten. Unter dem gesellschaftlichen, juristischen und ökonomischen Druck verrieten viele Christen ihren Glauben. Seit der Mitte des 9. Jahrhunderts stellten die Kopten nicht mehr die Mehrheit in der ägyptischen Bevölkerung.[21] Die Masse der armen Landbevölkerung, der so genannten Fellachen, wurde muslimisch. (Die Zahl der Melkiten schmolz, auch durch Auswanderung und Anschluss an die größere Kirche der Kopten, so dahin, dass sie außer in Alexandria und Umgebung bald zur Quantité négligeable wurden.)

969 eroberten die schiitischen Fatimiden, die zuvor im östlichen Maghreb eine Herrschaft begründet hatten, Ägypten. 972/73 errichteten sie ihr ägyptisches Kalifat, das zeitweilig auch Syrien umfasste. Die Mehrheit ihres Reiches war sunnitisch, was natürlich auch Folgen für ihr Verhältnis zur christlichen Minderheit hatte. D.h. die Kopten erfreuten sich anfangs einer gewissen Toleranz. Diese Epoche endete aber schon nach gut drei Jahrzehnten mit der Herrschaft des fatimidischen Kalifen al-Hākim bi Amr Allah (996-1021).[22] Unter diesem, der auch die Grabeskirche in Jerusalem zerstörte (einer der Beweggründe für den ersten Kreuzzug der Christen Westeuropas) kam es zu einer extremen Unterdrückung der Kopten, die nicht ohne Grund auch als Verfolgung bezeichnet wird. Nach al-Hākims Tod blieben die Verhältnisse zumeist sehr problematisch für die einheimi-

---

[19] Ebenda, S. 43.

[20] D.h. sie waren als Angehörige einer Buchreligion wie die Juden (und nach einigem Schwanken auch die Parsen im Iran) als geduldete Ungläubige (*dhimmi* = Schutzbefohlene) unter dem Schirm muslimischer Herrschaft (*ahl al-kitab*).

[21] Der Verlust der Mehrheit trat sicher schon unter der unmittelbaren Abbasidenherrschaft ein, noch bevor 868 die Tuluniden formal als deren Statthalter die faktische Herrschaft übernahmen.

[22] Al-Hākim, der Sohn seines Vorgängers al-Aziz, hatte eine christliche Mutter, deren Bruder von al-Azis durch Protektion zum melkitischen Patriarchen von Alexandria gemacht worden war. Vgl. Caspar D.G. Müller: Grundzüge des christlich-islamischen Ägypten von der Ptolemäerzeit bis zur Gegenwart. (Grundzüge. 11.) Darmstadt 1969, S. 148.

schen Christen. 1171 wurde das Fatimidenkalifat durch den sunnitischen Ayyubiden Saladin (*Salāh al-Dīn*) beseitigt und Ägypten formal wieder dem abbasidischen Kalifat von Baghdad unterstellt.

Die seit dem 9. Jahrhundert immer mehr zur Minderheit gewordenen Kopten verlegten im Laufe der Zeit zentrale Feiern und Einrichtungen ihrer Kirche weg von Alexandrien einerseits in die Wüstenklöster und andererseits in die neue Hauptstadt Kairo.[23] Ersteres geschah, um die muslimische Mehrheit nicht zu sehr auf sich aufmerksam zu machen, letzteres, weil Alexandria immer mehr an Bedeutung verlor und in eine periphere Lage geriet, also insgesamt aus Gründen, die auf gegenläufige Tendenzen zurückgingen. Titularsitz des Patriarchen blieb aber bis zur Gegenwart Alexandria.

Während des 12. und 13. Jahrhunderts kam es zu bewaffneten Interventionen der "fränkischen" Kreuzfahrer in Ägypten, die naturgemäß letztendlich trotz mehrfacher Anfangserfolge scheiterten. Obwohl die Kopten keineswegs in größerer Zahl oder gar insgesamt mit den Kreuzfahrern kooperierten, folgten auf die Abwehr der Angriffe durch die muslimischen Herrscher stets besondere Unterdrückungsmaßnahmen und auch außergesetzliche Gewalttaten. Mit der Etablierung der Mamelukenherrschaft 1250 begann eine bis zur deren Ende 1517 reichende Epoche allgemeiner Unterdrückung für die koptische Kirche, unterbrochen von Zeiten relativer Ruhe. Auf die Plünderung von Alexandria 1365 durch den christlichen (lateinischen) König Peter I. von Zypern[24] folgten wie selbstverständlich besondere antichristliche Ausschreitungen.

Beim Wechsel in der Herrschaft von den Bahri-Mameluken (1250-1382) zu den Burdschi-Mameluken (1382-1517) kam es unter dem neuen Regime zu vorübergehenden Erleichterungen für die ägyptischen Christen. Das innere religiöse Leben der koptischen Kirche blieb auch im Spätmittelalter stets lebendig. 1389 erlangte eine größere Gruppe von Renegaten, die sich öffentlich wieder zum Christentum bekannten, in Kairo das Martyrium. Zu Beginn des 15. Jahrhunderts verfasste Papst-Patriarch Gabriel V. († 1427) ein Rituale und andere liturgische Bücher, deren Einfluss bis heute nachwirkt.[25] Schon im 12. Jahrhundert hatte sich Patriarch Gabriel II. (1131-1145) sehr für eine vereinheitlichte Eucharistieliturgie eingesetzt.[26]

---

[23] Brakmann, a.a.O. (wie Anm. 7), S. 21. – Die großen feierlichen Gottesdienste des Patriarchen fanden oft in den Klöstern des Wādī n-Natrun statt. (Kairo [al-Quāhira] wurde Ende des 10. Jahrhunderts von den Fatimiden als neue Hauptstadt gegründet. Zuvor war Fustāt, im Süden des späteren Kairo gelegen, an Stelle von Alexandrien oberstes Verwaltungszentrum Ägyptens.)

[24] Peter W. Edbury: The Kingdom of Cyprus and the Crusades, 1191-1374. Cambridge 1991, S. 161-162.

[25] L'Ordinamento liturgico di Gabriele V, 88^{0} patriarca copto (1409-1427). Ed. Alfonso Abdallah. Kairo 1962. – Samir Khalil: [Artikel] Gabriel V, patriarche copte d'Alexandrie

d) Die Kopten seit dem Beginn der Neuzeit

1517 vollendeten die Osmanen die Eroberung des Mamelukenreiches mit der Einnahme Ägyptens. Anstelle des von den Mamelukenherrschern eingesetzten abbasidischen Schattenkalifen in Kairo übernahm Sultan Selim I. selbst dieses Amt. Für die Kopten änderte sich unter den neuen Herren nicht viel. Für Wirtschaft und Kultur Ägyptens bedeutete die osmanische Herrschaft aufs Ganze gesehen einen Niedergang, an dessen traurigen Folgen auch die ägyptischen Christen partizipierten. Besonders feindselig gegenüber den Kopten verhielt sich die Hohe Pforte in Istanbul keineswegs. Im Übrigen blieb die Lokalverwaltung innerhalb des Landes weitgehend in mamelukischer Hand.

Für die osmanischen Sultane waren die Kopten eine sich selbst verwaltende christliche Gemeinschaft (*millet*) unter vielen, die gemessen an griechisch-orthodoxen und armenischen Christen innerhalb des riesigen Gesamtreiches eine eher geringe Bedeutung hatte. In der staatlichen Verwaltung spielten die Kopten auf Grund ihres höheren Bildungsstandes weiterhin eine relativ große Rolle. Die Christen konzentrierten sich während dieser Epoche zunehmend in den Städten. Ihr Anteil an der bäuerlichen Bevölkerung ging zurück. Innerhalb der koptischen Gemeinschaft wuchs der Einfluss der Laien beträchtlich, nicht immer ohne Gefahr für das religiöse Leben. In Unterägypten gab es im 18. Jahrhundert sogar Bestrebungen, Polygamie und Ehescheidung zu gestatten[27], Folge einer weitverbreiteten Tendenz zur Anpassung an die muslimische Landesmentalität.

Obwohl Ägypten nicht zu den wirtschaftlich progressivsten Gebieten im Osmanenreich gehörte, war europäischer Einfluss zunehmend spürbarer, da das Land nach wie vor über in Europa sehr begehrte landwirtschaftliche Produkte verfügte. Dies bedeutete auch, dass sich vermehrt Kontakte zu katholischen (französischen, italienischen) und griechisch-orthodoxen Kaufleuten ergaben, die vom konservativen Mönchsklerus nicht ohne Besorgnis registriert wurden.[28] Gleichzeitig gelangten auch italienische und französische Ordenspriester, in der Regel Mendikanten, ins Land, die sich u.a. für die Manuskripte in den koptischen Klöstern interessierten, deren Inhalt sie teilweise in ihren Heimatländern drucken ließen. Auch dies weckte begreiflicherweise Misstrauen.

(1409-1427). In: Dictionnaire d'histoire et de géographie ecclésiastiques. Tom. 19, Sp. 539-543.

[26] Er verbot den Gebrauch aller Anaphoren außer den drei "klassischen" Hochgebeten, die als Markus-, Basilius- und Gregoriusanaphora bezeichnet werden.

[27] Febe Armanios: The Ottoman Period (1517-1798). Beyond Persecution or Tolerance. In: The Coptic Christian Heritage, a.a.O. (wie Anm. 18), S. 54-70, hier S. 61.

[28] Die auswärtigen Kaufleute waren im Übrigen gegenüber den Kopten (und selbst den einheimischen muslimischen Kaufleuten) von der osmanischen Regierung steuerlich privilegiert.

1798 fand Napoleons berühmter Ägyptenfeldzug statt. Er wurde für das revolutionäre Frankreich zum Fiasko und brachte Ägypten den Westeuropäern nahe. Trotz Warnungen der koptischen Kirchenleitung hat sich ein koptisches Kontingent unter General Ya'qūb Hannā gebildet, dass auf französischer Seite stand.[29] Nach der Flucht der napoleonischen Armee kam es zu einer Welle antichristlicher Gewalttaten.[30] Die muslimischen Behörden verhinderten aber ein allgemeines Pogrom unter den Kopten.

Der türkische General albanischer Herkunft Muhammad Alī übernahm die Macht (1805-1849) und regierte Ägypten faktisch unabhängig von der Hohen Pforte. Er begründete eine Dynastie, die den neuen ägyptischen Staat unter zeitweilig großem englischem und französischem Einfluss modernisierte und in mancher Hinsicht europäisierte. 1882 wurde das Land von Großbritannien okkupiert und 1914 als Protektorat annektiert. 1922 wurde Ägypten dann in Folge einer Revolution von 1919 als Königreich nominell unabhängig.

Von der Herrschaft Muhammd Alīs an bis zur formalen Unabhängigkeit Ägyptens war die soziale und politische Lage für die Kopten aufs Ganze gesehen weit besser als in den vorhergehenden Jahrhunderten. Seit der Revolution von 1919 haben sich große Teile der ägyptischen Christen in die nationale Bewegung des Landes integriert. Es gab auch Kopten in der Wafd-Partei, über die einzelne auch ins Parlament gelangten. Die Jahre, die unmittelbar auf die "Unabhängigkeit" von 1922 folgten, waren für die christliche Minderheit eine Zeit der (gewiss nicht vollständigen) Emanzipation. In den Dreißiger Jahren erfolgten zunächst nicht allzu dramatische Rückschläge. 1949 aber brannten Mitglieder der 1928 gegründeten Muslimbruderschaft, die offiziell 1948 vom Staat aufgelöst worden war, eine Kirche im unterägyptischen Zaqāzīq nieder.

Nach dem Sturz König Fārūqs in einer von Offizieren geleiteten Revolution 1952 kam sehr bald Jamāl Abd al-Nāsir ("Gamal [oder 'Gamel'] Nasser" in der westlichen Presse) an die Staatsspitze, der den koptischen Interessen sehr entgegenkam, um den christlichen Bevölkerungsanteil in die innenpolitischen Pläne einzubinden. Einerseits enteignete Nasser einen Teil des koptischen Kirchenguts, andererseits unterstützte er mit staatlichen Mitteln den Neubau der Sankt-Markus-Kathedrale in Kairo, an deren Grundsteinlegung und deren offiziellen Einweihung (1968) er

[29] 1801 arbeitete Hannā ein Projekt aus, das eine beschränkte Unabhängigkeit Ägyptens unter europäischem Protektorat zum Ziel hatte. (Maged S. R. Hanna: The Pre-Modern Period, 1798-1952. The Age of Citizenship and Reform. In: The Coptic Christian Heritage, a.a.O., wie Anm. 18, S. 71-86, hier S. 73.)

[30] Unter anderem wurde 1805 die Residenz des Patriarchen im Kairoer Stadtteil Hārit al Rūm niedergebrannt.

persönlich teilnahm.[31] Unter Anwar Sadat, Präsident nach Nassers Tod 1970, kam es von 1972 an zu zahlreichen Gewalttaten gegen die Christen. Im Jahr seiner Ermordung 1981 – bei demselben Attentat wurde auch ein um Ausgleich bemühter koptischer Bischof getötet – exilierte er den Papst-Patriarchen und ließ viele Christen verhaften. Sadat ließ die kirchliche Leitung des Patriarchen durch ein fünfköpfiges Gremium ersetzen, dessen Leitung eben jener Amba Samuel innehatte, der gemeinsam mit ihm ermordet wurde.[32]

Ebenso unsicher und doppeldeutig war das Verhältnis von Sadats Nachfolger Hosni Mubarak zu den Kopten, das sich im Übrigen eigentlich kontinuierlich verschlechterte. Nach seinem Amtsantritt hatte Mubarak zunächst den Patriarchen aus seinem Exil zurückgerufen und wieder in seine Rechte eingesetzt. Nach Mubaraks Sturz und der Machtübernahme durch die Muslimbruderschaft brach über Ägyptens Christen die Katastrophe herein und man sollte ungeschönt von Christenverfolgung sprechen. Die Zukunft nach der Machtübernahme durch die Militärs ist unsicher und wenig hoffnungsvoll.

e) Die Sonntagsschulbewegung

Für das religiöse Leben der koptischen Christen war seit etwa achtzig Jahren die Sonntagsschulbewegung von allergrößter Bedeutung. Entstanden ist diese zunächst durch das Vorbild in Ägypten seit Mitte des 19. Jahrhunderts auftretender protestantischer amerikanischer Missionare, deren Aktivitäten begreiflicherweise von den einheimischen Christen nicht begünstigt wurden. Das äußere System der Sonntagsschulen wurde aber von ihnen zunächst zögerlich und dann mit großem Elan übernommen.

In den Zwanzigerjahren des 20. Jahrhunderts hatte sich die evangelische Mission besonders auf das oberägyptische Gebiet um die Stadt Assiut konzentriert. Um dem zunehmenden Übertritt seiner Gläubigen zum Protestantismus entgegenzuwirken, entschloss der dortige koptische Bischof Makarios zu in der Form der evangelischen Seelsorgearbeit angepassten Initiativen. Vor allem förderte er die Jugendarbeit. Die religiöse Erziehung der heranwachsenden Generation war bei den Kopten bisher (wie ursprünglich wohl in allen alten christlichen Kirchen) hauptsächlich den Eltern überlassen worden. Die bleibende Betonung der Jugendarbeit bedeutet

---

[31] Wolfram Reis: Erneuerung in der Koptisch-Orthodoxen Kirche. Die Geschichte der koptisch-orthodoxen Sonntagsschulbewegung und die Aufnahme ihrer Reformansätze in die Erneuerungsbewegungen der Koptisch-orthodoxen Kirche der Gegenwart. (Studien zur Orientalischen Kirchengeschichte. 5.) Hamburg 1998, S. 218-219.

[32] Wolfgang Hage: Das orientalische Christentum. (Die Religionen der Menschheit. 29,2) Stuttgart 2007, S. 191.

aber nicht, dass die Sonntagsschulbewegung in diesem wichtigen Bereich ihr Genügen fand.

Die eigentlichen Gründungsjahre der koptischen Sonntagsschulbewegung lagen im dritten Jahrzehnt des 20. Jahrhunderts.[33] Dreißig Jahre später erreichte ihr Einfluss die Hierarchie. Patriarch Kyrill VI. (1959-1971) stand den Sonntagsschulen sehr positiv gegenüber. Unter ihm wurden 1962 drei aus ihrer Bewegung hervorgegangene Bischöfe ernannt.[34] Die Bewegung ist auch in der Gegenwart in allen kirchlichen Bereichen einflussreich. Ihre Hauptzentren entstanden in Kairo, und zwar an der St. Antonius Kirche und im Stadtteil Geziret, sowie in Gize auf der Kairo gegenüberliegenden Nilseite. Noch größere Bedeutung für den geistigen Aufbruch hat nur noch die dieser Bewegung keineswegs gegnerisch gesonnene Reform des Mönchtums, dessen wohl wichtigstes Zentrum das Makariuskloster im Wādi n-Natrūn ist.[35] Seit der zweiten Hälfte des 20. Jahrhunderts entstanden der Sonntagsschule ähnliche Initiativen auch in der äthiopischen Schwesterkirche.

f) LITURGIE UND KIRCHLICHES LEBEN IN DER GEGENWART

"Die koptische Liturgie hat wie keine andere der alten Liturgien eine Klarheit und Mitvollziehbarkeit bewahrt, die auch für die heutige Zeit beispielhaft ist."[36] Dieser Aussage ist grundsätzlich zuzustimmen. Eine andere Frage ist: Wie alt, wie "frühchristlich" ist die koptische Liturgie bei strikt historischer Betrachtung in ihren Einzelheiten? Bei ihrer Beantwortung wird man darauf hinweisen müssen, dass die bisherige ursprüngliche Liturgie des christlichen Ägypten in der Übergangszeit von der Spätantike zum frühen Mittelalter starke Prägungen aus der antiochenischen Liturgie, also aus dem ursprünglichen theologisch konkurrierenden Patriarchat der Syrer[37], empfing und das bis in die Neuzeit der Einfluss der Liturgie von Byzanz, gegen das man sich in der Christologie seit dem 5. Jahrhundert scharf abgrenzte, sehr beträchtlich war.

---

[33] Wolfram Reiss: "Die Erneuerung begann in der Sonntagsschule." Geschichte und Entwicklung der Sonntagsschulen in der Koptischen Orthodoxen Kirche. In: Die koptische Kirche, a.a.O. (wie Anm. 7), S. 84-92, hier S. 89. Zur Sonntagsschulbewegung vgl. auch Reiss, a.a.O. (wie Anm. 31).

[34] Bischof Athanasius von Beni Sulf und innerhalb der Kategorialseelsorge Bischof Shenoude (Kirchliche Erziehung) und Bischof Samuel (Soziale Dienste und Ökumene).

[35] ("Un Moine de Saint-Marcaire":) Le monastère de Saint-Macaire au Désert de Scété (Wâdi el Natroun). In: Irénicon 51 (1978), S. 209-215.

[36] Albert Gerhards: "Meine Natur hat Du in Dir gesegnet". Zur Gestalt, Theologie und Spiritualität der koptischen Eucharistiefeier, besonders des Eucharistischen Hochgebets. In: Die koptische Kirche, a.a.O. (wie Anm. 7), S. 46-75, hier S. 46.

[37] Der Einfluss fand natürlich erst zu der Zeit statt, als sich in Syrien ebenfalls eine miaphysitische Kirche neben der melkitischen Reichskirche gebildet hatte.

Die Feier der heiligen Eucharistie darf am selben Altar nur einmal am Tage stattfinden.[38] Zu Beginn der Messe wählt der Priester aus dem für die Eucharistie in der Kirche in einem besonderen Raum während des vorangehenden Stundengebetes gebackenen Brot aus und prüft den Wein. Nach dem Eingangsgebet folgt eine feierliche Inzens des Kirchenraums, die auch als Absolution gilt. Die assistierenden Kleriker werden zuvor außerdem vom Zelebranten vor dem eigentlichen Altarraum nach der Auswahl des für die Eucharistie bestimmten Brotes absolviert. Der Wortgottesdienst beginnt mit je einer Lesung aus den Paulusbriefen, den Katholischen Briefen und der Apostelgeschichte. Dann folgt an Heiligenfesten die Lesung über den Tagesheiligen aus dem *Synaxarion.* Dann folgen das *Trishagion*, die Evangelienlitanei und Psalmverse. Das Evangelium wird gesungen. Danach wird das Glaubensbekenntnis gesprochen.

Die drei heute noch bei den Kopten üblichen Anaphoren (s.o.) beginnen – wie die Hochgebete aller Eucharistiefeiern im lateinischen und in allen orientalischen Riten! – mit dem *Sanctus.* Das *Post-Sanctus* ist besonders in der Gregoriusanaphora heilsgeschichtlich sehr weit ausgeführt und in diesem Hochgebet an Christus und nicht an Gottvater gerichtet. Alle drei Anaphoren enthalten zahlreiche Fürbitten. Im Kernstück jeder der drei Anaphoren stehen wie in allen östlichen Liturgien Einsetzungsbericht, Anamnese und Epiklese, und zwar, wie zumeist üblich, in dieser Reihenfolge.[39] Beim Brechen des Brotes vor der Kommunion spricht der Priester Gebete, die er bis auf eins unterlassen kann, besonders wenn wegen der geringen Zahl der kommunizierenden Gläubigen die Brechung wenig Zeit erfordert.

Die Gläubigen, die die heilige Kommunion empfangen, ziehen vor dem Gang zum Choreingang die Schuhe aus wie Mose vor dem brennenden Dornbusch. Während in der Frühzeit die eucharistische Nüchternheit nicht generell beachtet wurde, war sie im Mittelalter sehr ausgedehnt und ist heute wie in der katholischen Kirche wieder eingeschränkt. Trotz der einfachen und nüchternen Struktur der Messfeier dauert diese zwei bis drei Stunden. Dies ist durch die feierliche Langsamkeit der Zelebration und bei den Gesängen durch die vielen Wiederholungen bedingt. "Die langsame Gangart und die vielen Wiederholungen ermöglichen eine direkte An-

---

[38] Hierzu und zum Folgenden: John Paul Abdelsayed: Liturgy. Heaven on Earth. In: The Coptic Christian Heritage, a.a.O. (wie Anm. 18), S. 143-159, hier S. 148-151. – Gerhards, a.a.O. (wie Anm. 36).

[39] Es gibt aber gute Gründe für die Annahme, dass in der ältesten koptischen Liturgie und bis ins 6. Jahrhundert die Epiklese dem Einsetzungsbericht voranging. In diesem Zusammenhang ist zu bedenken, dass auch der *Canon Romanus* epikletische Elemente vor dem Einsetzungsbericht enthält. (Dass dies bei allen "neuen", d.h. nach der großen nachkonziliaren Liturgiereform eingeführten Hochgebeten des lateinischen Ritus der Fall ist, muss kaum erwähnt werden.)

teilnahme der Gläubigen, die zudem durch eine große Anzahl von Akklamationen direkt in das Geschehen einbezogen sind."[40]

Das koptische Stundengebet hat sieben Horen, die im Horologium (*Agpeya*) verzeichnet sind. Mönche und Nonnen beten noch zusätzlich eine achte Hore am Ende des Tages.[41] Die Texte des Offiziums sind sehr umfangreich durch die jeweilige Anzahl der Psalmen. Die einzelnen Horen haben, mit Ausnahme der ersten, zwölf Psalmen. Es gibt sogar Tage, an denen insgesamt einhundertelf Psalmen gebetet werden. Für die Karwoche und die Hochfeste gilt eine besondere Stundenzeit-Liturgie. Theoretisch soll jeder koptische Christ am Stundengebet der Kirche durch privat verrichtetes Gebet, das aber prinzipiell dann Liturgie und nicht Privatgebet ist, teilhaben. Die Laien müssen es natürlich nicht ungekürzt und in vollem Umfang beten. Im gewiss seltenen Idealfall besprechen sie den Grad ihrer Partizipation mit einem Priester ihres besonderen Vertrauens.

Das Bußsakrament wurde Jahrhunderte lang, zumindest als Ohrenbeichte, kaum praktiziert. Man begnügte sich mit dem gedanklichen Bekenntnis "beim Rauchfass", d.h. mit der auch als Absolution verstandenen Inzens zu Beginn der Eucharistiefeier (s.o.). In neuester Zeit gibt es aber wieder eine noch schwache Tendenz zur persönlichen Beichte.

Die koptischen Christen haben naturgemäß liturgische Feiern für die Spendung aller Sakramente und jener Weihungen und Segnungen, die in der katholischen Kirche als Sakramentalien bezeichnet werden. Dies gilt auch besonders für die Ordinationen, bei denen sie sieben Grade unterscheiden, die aber nicht von allen Theologen einheitlich zugeordnet werden.

Die koptische Hierarchie insgesamt ist wohl letztlich stärker differenziert als die der katholischen Kirche. Vor allem ist die Stellung des Patriarchen im Grunde weit monarchischer als die des römischen Papstes. Vielfach wird faktisch (wenn auch kaum in theologischen Reflexionen) sogar sein Weihegrad als verschieden von dem der Bischöfe angesehen. Der Papst-Patriarch von Alexandrien – und keiner der zahlreichen Bischöfe – weiht allein den Chrisam für die heilige Firmung, die dann die Priester, nicht speziell die Bischöfe dem Täufling unmittelbar nach der Taufe spenden.

Die Rolle des Klerus wurde in den letzten Jahrzehnten in der Praxis der koptischen Kirche aufgewertet. Ohne Beeinträchtigung der dogmatischen Grundlagen der Kirchenleitung hatten seit Jahrhunderten die Laien die Vertretung der Kirche nach außen fast vollständig übernommen. In aller Regel waren es ägyptische Notabeln

[40] Gerhards, a.a.O. (wie Anm. 36), S. 46.

[41] Auch die im Komplet im lateinischen Ritus der katholischen Kirche hatte ursprünglich diesen monastischen Ursprung.

koptischer Konfession, die die Kirche gegenüber der muslimischen Mehrheit des Landes in der Öffentlichkeit vertraten. Diese soziale Gruppe ("Elite") existiert nicht mehr. Die sozialen Veränderungen der Moderne haben den Aufstieg des so genannten "Mittelstandes" in ganz Ägypten veranlasst. Eine innerkirchliche Rückwirkung war, dass der Klerus höhere Verantwortung in allen Bereichen übernahm. Man könnte von einer Reklerikalisierung der Kirche sprechen. Die Laien wurden aber keineswegs insgesamt aus ihrer Mitverantwortung verdrängt. Die Zahl der Bischöfe hat sehr zugenommen. Bedeutsam ist auch, dass neben den etablierten Mönchen und Nonnen neuartige Diakonissenvereinigungen getreten sind[42], die in ihrer Funktion eine gewisse Ähnlichkeit mit den Semireligiosen (Beginen, Tertiarinnen) des westeuropäischen Spätmittelalters haben. Sie haben sich aber weit mehr als diese dem innerkirchlichen Apostolat gewidmet und entsprechen in dieser Hinsicht eher den Devotessen der katholischen Diaspora des 17. und 18. Jahrhunderts. Sie legen keine Gelübde, sondern nur Versprechen ab, die teilweise auch zeitlich befristet sind. Im Zentrum ihrer Aufgabe steht der seelsorgliche Dienst, nicht besondere Gebete und Meditation.

2. Äthiopische Kirche

a) Das isolierte christliche Abessinien[43] von der Antike bis zur Neuzeit

Die Geschichte des Christentums in Abessinien beginnt mit dem ersten christlichen Herrscher des aksumitischen Reiches Ezana in der ersten Hälfte des 4. Jahrhunderts.[44] Das nach seiner Hauptstadt Aksum benannte Reich ist wahrscheinlich um

[42] Sie werden als "die Geweihten (*mukarrasāt*)" bezeichnet. (Maurice P. Martin [u.a.]: Gegenwärtige Entwicklungen in der koptischen Kirche. In: Die koptische Kirche, a.a.O. wie Anm. 7, S. 105-188, hier S. 107-108.)

[43] Mit an dieser Stelle gewählten Bezeichnung "Abessinien" soll nicht die erst im 20. Jahrhundert offiziell eingeführte Selbstbezeichnung des Landes als "Äthiopien" kritisiert oder gar in Zweifel gezogen werden. Da aber Äthiopien in der Antike weit häufiger für Nubien als für Äthiopien benutzt wurde und eigentlich sogar "Äthiopien" ursprünglich ganz Afrika südlich des ersten Nilkatarakts meinte, sei in Bezug auf das Land seit der Antike hier der anderen, allerdings auch nur vielleicht einheimischen Bezeichnung ausnahmsweise einmal der Vorzug gegeben. (Der tiefste Grund für den Ersatz des Namens "Abessinien" durch "Äthiopien" ist wohl der Gebrauch des Wortes "Äthiopien", nicht aber "Abessinien" in der griechischen Bibel. Dabei wurde nicht beachtet, dass die "Königin der Äthiopier" in der Apostelgeschichte nicht eine Königin von Abessinien, sondern von Nubien – im hebräischen Alten Testament "Kusch" – war.)

[44] Ezanas genaue Regierungs- oder gar Lebensdaten sind unbekannt. (Teilweise wird in der Forschung auch eine Regierungszeit um die Mitte des 4. Jahrhunderts vermutet.) In der

Äthiopische Münzen des 4. bis 7. Jahrhunderts (links Avers, rechts Revers) der christlichen aksumitischen Herrscher

aus: Andree, Abessinien (1869), Erzbischöfliche Diözesan- und Dombibliothek Köln: CB 151

älteren historiographischen Tradition seines Landes ist nicht einmal sein Name genannt, der aber durch Ausweis seiner Inschriften und Münzen sicher überliefert ist.

Christi Geburt entstanden. Dessen Staatsvolk waren die Nachkommen südarabischer ("sabäischer"[45]) Einwanderer, die seit dem 7. vorchristlichen Jahrhundert vom Jemen aus über das Rote Meer in das Gebiet nördlich vom Horn von Afrika eingedrungen waren und sich mit dem dortigen kuschitischen Bevölkerung (vor allem den Vorfahren der späteren Agau) vermischt hatten.[46] Dabei blieben Sprache und Kultur der herrschenden Schichten aber substantiell ähnlich denen der alten Heimat im Südwesten der arabischen Halbinsel. Die Könige von Aksum, die als Fürsten zuvor wohl Vasallen des später von ihnen ererbten Küstenstaates von Adulis (beim heutigen Massaua) gewesen waren, geboten zu Beginn des 4. Jahrhunderts über das Gebiet des heutigen Eritrea und die nördlichen Teile des äthiopischen Hochlands. Sie prägten seit Ende des 3. Jahrhunderts zur Zeit einer aufs Ganze gesehen kontinuierlichen Machtsteigerung eigene Münzen[47], verfügten über intensive Handelsbeziehungen nach Arabien und indirekt nach Indien und waren auch in lockeren Kontakten mit dem spätantiken Römischen Reich.

Als Apostel und erster Bischof Äthiopiens gilt der heilige Frumentios, der auch in der katholischen Kirche verehrt wird (im Martyrologium Romanum zum 27. Oktober verzeichnet). Er wurde in Phönizien in Tyros geboren und in jugendlichem Alter auf einer Reise an der äthiopischen Küste gefangengenommen, versklavt und gewann später die Gunst des Herrschers von Aksum, der ihn zum Lehrer der Prinzen gemacht haben soll. Nach anfänglicher Missionsarbeit reiste er nach Ägypten, wo ihn der Kirchenlehrer Athanasius der Große zum Bischof weihte. Als solcher kehrte er nach Abessinien zurück, wo er die Kirche im Reich von Aksum begründete. In Äthiopien wird er bis heute unter seinem Bischofsnamen *Sälama* verehrt und mit dem ehrenden Beinamen *Käsate Berhan* ("Offenbarer des Lichts") bezeichnet.[48] Die Weihe des Bischofs für Äthiopien durch die Nachfolger des heiligen Athanasius, die Patriarchen von Alexandria, wurde zu einer festen bis zur Gegenwart bestehenden Tradition der äthiopischen Kirche.

---

[45] Beziehungsweise (die Sabäer werden auf Grund des Mythos über die Königin von Saba als Stammmutter der äthiopischen Herrscher immer bevorzugt genannt) faktisch auch anderer Völker der Arabia felix, zumal die eigentlichen Sabäer in Südarabien vermutlich nordarabische Einwanderer waren. (Die nördliche Herkunft der Sabäer wurde von Fritz Hommel und dann von Walter Wilhelm Müller vermutet.)

[46] Dabei ist zu berücksichtigen, dass die Kuschiten (wie die omotischen, tschadischen und berberischen Ethnien, mit denen sie in der älteren Forschung als "Hamiten" zusammengefasst wurden) zumindest sprachlich, vielleicht auch kulturell, weitläufig mit den Semiten verwandt waren (gemeinsame Zugehörigkeit zur afro-asiatischen Sprachfamilie). Vgl. Joseph Harold Greenberg: The Languages of Africa. 2nd ed. Bloomington 1966.

[47] Der oben genannte Ezana ersetzte nach seiner Bekehrung auf den Goldmünzen die überkommenen heidnischen Symbole durch christliche. Bei den Silbermünzen begnügte er sich mit dem Weglassen der heidnischen Zeichen.

Eine[48] zweite diese Kirche prägende Tradition hat zumeist, wenn auch nicht ohne ältere Unterbrechungen bis ins 19. Jahrhundert bestanden: In aller Regel wurde vom alexandrinischen Patriarchen nur ein einziger Bischof für das ganze ostafrikanische Reich geweiht, und dieser wurde aus den koptischen Mönchen Ägyptens ausgewählt. Damit unterschied sich die äthiopische Kirche sehr von der nubischen, die über mehrere Bischöfe verfügte (s.u.), und die ihrer Herkunft nach ebenso Nubier wie Kopten waren. Von der Regel, nur einen Bischof zu haben, der freilich im Rang eines Metropoliten stand und den Titel *Abuna* ("unser Vater") trug, ist vermutlich gerade im ersten Jahrtausend vereinzelt abgewichen worden. In der neuzeitlichen Entwicklung wurden1881 auf Bitten Kaiser Johannes IV. vom koptischen Patriarchen neben dem Abuna drei weitere Bischöfe bestellt, die ebenfalls Kopten waren.[49] 1929 aber erhielt der vom Patriarchen in Alexandria entsandte *Abuna* Qerellos von diesem die Genehmigung, einheimische Äthiopier zu Bischöfen zu weihen. In der Regierungszeit des letzten Kaisers Haile Selassie (*Haylä Sellase*) hatte dann schließlich jede der vierzehn Reichsprovinzen einen Metropoliten und der Abuna wurde Patriarch (zum weiteren Verhältnis zur koptischen Kirche s.u.). Neben dem Abuna amtierte schon im Mittelalter der Etschäge, ein einheimischer Äthiopier, der als Abt die faktische Verwaltung der Kirche leitete.

Da die äthiopische Kirche von ihren Anfängen bis 1974 Staatskirche war, ist für das kirchenhistorische Verständnis ihrer Geschichte nur schwer von der Reichsgeschichte zu trennen. Für die Christen dieses ostafrikanischen Landes, das von den geographischen Bedingungen her geradezu eine isolierte Gebirgsfeste darstellte, vor allem nachdem die in der akummitischen Phase noch bedeutsamen Küstengebiete verloren gingen, war in Gegensatz zu den allermeisten orientalischen Christen das Zusammenwirken von Kirche und Staat eine dauerhafte Voraussetzung. Dabei war zunächst die Verbindung von *sacerdotium* und *regnum* vielleicht nicht enger als im gleichzeitigen Byzanz und Westeuropa. Aber genau um die Zeit, als im lateinischen Westen der Kampf um die *libertas ecclesiae* begann, wurde in Äthiopien auf Grund der sich seit der Isolation entwickelnden Wagenburgmentalität die wechselseitige Durchdringung von weltlicher Herrschaft und Hierarchie immer intensiver. Sie war auch um ein vielfaches enger als im spätmittelalterlichen palaiologischen Byzanz. Vor dem Verlust der eriträischen Küste war auch die Außenpolitik der aksumitischen Herrscher stärkstens durch religiöse Motivationen bestimmt.

525 intervenierte König Kaleb Ella Asbeha im südarabischen Jemen, nachdem dort, genauer im Himyaritenstaat, eine Christenverfolgung ausgebrochen war.

[48] Zur Person des Heiligen: Franz Amadeus Dombrowski: "Frumentius/Abba Salāmā". Zu den Nachrichten über die Anfänge des Christentums in Äthiopien. In: Oriens Christianus 68 (1984), S. 114-169.

[49] Hage, a.a.O. (wie Anm. 32), S. 215.

Aksum eroberte das Gebiet und für mehrere Jahrzehnte war ein Teil Südarabiens kirchlich mit dem christlichen Abessinien eng verbunden. Die unmittelbare politische Herrschaft der aksumitischen Herrscher im Jemen scheint nur kurz gewesen zu sein, da der äthiopische Statthalter sich bald selbstständig machte. Dieser, der wie zuvor sein königlicher Herr im Bündnis mit Byzanz handelte, entwickelte aber größte Aktivität, um das Christentum in der *Arabia felix* zu stärken. In der heutigen jemenitischen Hauptstadt Sana wurde eine prächtige Kathedralkirche errichtet, die auch als weit überregionaler Wallfahrtsort geplant war.[50] Kurz nach einem Kriegszug gegen das heidnische Mekka im Jahr 570[51] brach unter dem Angriff der persischen Sassaniden die äthiopische Herrschaft im Jemen zusammen. Das von ihr dort in Südarabien keineswegs erst begründete, aber gestärkte Christentum hielt sich in Südarabien noch einige Jahrhunderte und auf der Insel Sokotra noch bis an die Schwelle der Neuzeit.[52]

Spätestens im folgenden Jahrhundert erlebte auch das christliche Reich von Aksum einen Niedergang. Nach den fehlenden Funden zu urteilen wurde noch vor 700 dessen Münzprägung eingestellt. Erst kurz vor der Mitte des 12. Jahrhunderts wurde Aksum endgültig durch eine Verlagerung des Reichszentrums als Hauptstadt des äthiopischen Reiches abgelöst, ohne dass sich langfristig eine ähnlich dauerhafte Hauptresidenz entwickelt hätte.[53] Die Herrschaft kam an die Dynastie der Zagwe. Dies war vermutlich ein Clan, des zu dieser Zeit noch überall im Hochland verbreiteten Volkes der Agau[54], einer Ethnie mit kuschitischer, nicht semitischer Sprache. Die Agau gelten als die früheren Einwohner vor der Ankunft der Einwanderer aus Südarabien (s.o.). An den kirchlichen und kulturellen Verhältnissen im Land änderte sich nichts Grundsätzliches, doch wurden die Zagwe in der späteren historiographischen Überlieferung als Usurpatoren angesehen.[55]

---

[50] Vermutlich sollte die Wallfahrt nach Sana christlicher Widerpart gegen die vorislamische heidnische Wallfahrt nach Mekka sein.

[51] Die Äthiopier führten bei diesem Heerzug einen Kriegselefanten mit. Dessen Erscheinen vor oder nahe Mekka (das Erreichen der Stadt ist nicht sicher) löste bei den Bewohnern soviel Beachtung aus, dass man das Jahr 570, in dem der Überlieferung nach der Prophet Mohammed geboren wurde, das "Jahr des Elefanten" nannte. – Es spricht Einiges dafür, dass ein Teil von Mohammeds Kenntnissen über das Christentum von äthiopischen Kriegsgefangenen stammte, die in Mekka nach dem allgemeinen Brauch versklavt worden waren.

[52] Dies belegt u.a. der Bericht des hl. Franz Xaver, der auf seiner Reise nach Indien 1541/42 die Insel Sokotra besuchte.

[53] Erst in der Neuzeit nahm Gondar (*Gondär*) langfristig etwa von der Mitte des 17. bis zur Mitte des 19. Jahrhunderts Hauptstadtfunktionen wahr.

[54] Es gibt allerdings eine Theorie, die sich auf eine unsichere Überlieferung stützt, dass die Zagwe-Dynastie judenchristlicher Herkunft war. (Auch dies schließt aber theoretisch kuschitische Herkunft nicht aus, wenn man von zuerst zum Judentum, dann zum Christentum bekehrten Agau ausgeht.)

1270 kam nach späterer offizieller Tradition die Dynastie der Salomoniden an die Macht, die als direkte Nachkommen des biblischen Königs Salomon aus dessen Verbindung mit der Königin von Saba galten. Die Vorstellung von der Herrschaft der Nachkommen Salomons, der auch die Herrscher von Aksum zugeordnet wurden und deren Regierung vom legendarischen König Menelik I. als Sohn Salomons an gerechnet wurde, ist (oder war) die das äthiopische Reich legitimierende Grundüberzeugung der christlichen Äthiopier. Diese Überzeugung steht in engem Zusammenhang mit der Tradition, dass die heilige Bundeslade Israels nach Äthiopien gelangte und sich dort bis heute befindet, so dass Äthiopien als das neue christliche Israel aufgefasst wird.[56]

Die besondere im Land tief verwurzelte äthiopisch-christliche Kultur, die bis zur Gegenwart das Leben von Kirche und Volk geprägt hat, entwickelte sich kontinuierlich und ohne Bruch zur Zeit des Dynastiewechsels im 13. und 14. Jahrhundert. Dabei spielte die weiter zunehmende, auch geographisch begründete Isolation des Landes eine große Rolle. Die Salomonidendynastie hatte einen starken Rückhalt im Süden des Landes in der Großregion Schoa, einem Gebiet, das zuvor wenig Bedeutung hatte, noch abgelegener in Bezug auf das Mittelmeergebiet und die vorderasiatischen Kulturzentren lag und in gewisser Weise "afrikanischer" erscheint.[57] Die innenpolitische Organisation entwickelte sich immer stärker in einer Weise, die man im allerweitesten Sinne als föderalistisch bezeichnen kann.

Äthiopien bestand aus einer Anzahl von Königreichen, die jeweils von einem *Negus* regiert wurden. Der oberste Herrscher wurde als *Negusa Nägäst* ("König der Könige") bezeichnet. Außerdem gab es Gebiete, die ein Statthalter bzw. Fürst (*Ras*) unter der Herrschaft des üblicherweise in der europäischen Literatur als Kaiser bezeichneten *Negusa Nägäst* regierte. Die nördlichste Großregion war Tigre, in der sich eine eigene Sprachform entwickelte. Im Zentrum lag Amhara, dessen Sprache auf Grund der größeren Ausdehnung und Bevölkerung die bedeutendste wurde, und im Süden lag das schon genannte Schoa, wo ebenfalls Amharisch gesprochen wurde, so weit nicht auch von der christlichen Bevölkerung kuschitische Dialekte verwendet wurden. Tigrinisch und Amharisch waren aus dem älteren *Ge'ez* entwickelte Volkssprachen.

---

[55] Das bedeutete aber nicht, dass alle Verdienste dieser Dynastie aus dem offiziellen Geschichtsbewusstsein der Nation getilgt sind. Der zu den Zagwe gehörende König Lalibäla, Gründer einer nach ihm benannten Stadt, die bedeutender Wallfahrtsort wurde, wird in der äthiopischen Kirche als Heiliger verehrt. (Marie-Laure Derat: The Acts of King Lalibäla. Structure, Literary Models and Dating Elements. In: Proceeding of the International Conferences of Ethiopian Studies 15 [2005], S. 561-568.)

[56] Hage, a.a.O. (wie Anm. 32), S. 220-222.

[57] Zum eigentlichen Reichszentrum wurde Schoa aber wohl erst am Ausgang des 19. Jahrhunderts im Zusammenhang mit der Gründung von Addis Abeba durch Kaiser Menelik II. (1897).

Das klassische *Ge'ez* blieb aber bis zur Gegenwart alleinige Sprache der Liturgie. In ihm wurden auch bis in die Neuzeit hinein alle gelehrten Schriften verfasst. Zu den wichtigsten religiösen Schriften in *Ge'ez* zählt das um 1400 entstandene "Buch der Wunder Mariens" (*Ta'amra Māryām*), das auf eine Übersetzung französischer, spanischer und italienischer Wallfahrtsberichte des 12. Jahrhunderts zurückgeht. Von höchster staatstragender Bedeutung war das *Käbra Nägäst* ("Herrlichkeit der Könige"), das spätestens im 14. Jahrhundert entstand und die salomonische Dynastie verherrlicht.

Im 15. Jahrhundert erlebte die Kirche Äthiopiens eine Reihe starker theologischer Kontroversen. Es ging dabei vor allem um die Bedeutung alttestamentlicher Vorschriften für die religiöse Praxis. Trotz schärfster Gegensätze konnten aber größere dauerhafte Spaltungen weitgehend vermieden werden.[58] In der Regierungszeit des Kaisers Zär'a Ya'qob (1434-1468) entstand das "Buch des Lichts" (*Mäshafä berhan*), eine Art Kirchenordnung.

Nachdem bereits vor 1500 Kontakte mit der katholischen Kirche stattgefunden hatten – so entstand in Rom das äthiopische Kloster Santo Stefano dei Mori[59] –, kam es im 16. und 17. Jahrhundert zu engen Beziehungen des afrikanischen christlichen Reiches mit den Christen Europas. Sie waren sowohl politischer wie kirchlicher Natur. Um 1530 geriet Äthiopien, das bereits 1508 ein zunächst folgenloses Bündnis mit Portugal abgeschlossen hatte, in schwere Bedrängnis durch die höchst erfolgreichen Kriegszüge von Achmad ibn Ibrahim al-Ghazi, dem Iman von Harar[60], einem muslimischen Zentrum östlich des äthiopischen Reiches. 1541 kam

[58] Wenn allerdings die neuere These stimmen sollte, dass die äthiopische jüdische Gemeinschaft der Falascha in immer radikaler judaisierenden Christen ihren Ursprung hat und diese nicht Reste vorchristlichen Judentums aus frühabessinischer Zeit sind, wäre diese Aussage zu relativieren. Für die genannte These spricht, dass die Kultsprache der Falascha hauptsächlich nicht Hebräisch, sondern Ge'ez ist, die Liturgiesprache der Kirche, in der die Falascha auch die Thora lesen. (Vgl. Heinzgerd Brakmann: To para tois barbarois ergon theion. Die Einwurzelung der Kirche im spätantiken Reich von Aksum. Bonn 1994, S. 46-50.)

[59] Die Kirche wurde mit einem damals leer stehenden Kloster durch Papst Sixtus IV. (1471-1484) an nach Rom gekommene äthiopische Mönche gegeben und war mit einem Hospital für äthiopische Pilger verbunden. – Von den äthiopischen Mönchen dieses Klosters erhielt Johannes Pottken, Propst des stadtkölnischen Stiftes St. Georg am Waidmarkt, der sich seit 1511 einige Jahre in Rom aufhielt, den Text der Psalmen in der äthiopischen Kirchensprache Ge'ez. Pottken, der aus Schwerte in Westfalen stammte, ließ diesen 1513 in Rom und 1518 nach seiner Rückkehr in die Heimatdiözese in einer zweiten Auflage in Köln drucken. Wegen der von ihm dazu gegebenen Erläuterungen kann er als einer der Begründer der Äthiopistik gelten. Er hielt übrigens die äthiopische Kirchensprache Ge'ez, obwohl er natürlich über die afrikanische Herkunft des Textes wusste, irrtümlich für chaldäisch. Vgl. Heinz Finger: Der erste Buchdruck Afrikas und die frühen Drucke in afrikanischen Sprachen. In: Buchhandelsgeschichte 2 (1980), S. 369-379.

[60] Die Äthiopier nannten ihn "Gran", was Linkshänder bedeutet.

dem äthiopischen Kaiser Claudius III. (1540-1559) ein portugiesisches Expeditionsheer von etwa 400 Mann unter Führung von Cristobal da Gama, dem Sohn des Entdeckers Vasco da Gama, zu Hilfe. Obwohl Cristobal bei unglücklichen Kämpfen in Gefangenschaft fiel und zu Tode gefoltert wurde, konnten die Portugiesen zusammen mit den Äthiopiern 1543 Ibrahim Al-Ghazi, der selbst in der Schlacht fiel, vernichtend besiegen. Seine für das christliche Kaiserreich so gefährliche islamische Reichsbildung löste sich auf. Die etwa 200 überlebenden Portugiesen blieben im Lande. Diese – durchweg Soldaten jüngeren Alters – haben wohl kaum in besonderer Weise für die Annäherung der äthiopischen Kirche an Rom gewirkt, wohl aber durch Einheirat in die sozial gehobenen Schichten wahrscheinlich einen gewissen Einfluss auf die materielle Kultur des Landes (Bautechnik?, Agrarwesen?) gehabt.

Schon vom 15. Jahrhundert an hatte sich Rom gelegentlich um die Kirchenunion mit den Christen Äthiopiens bemüht.[61] 1600 oder 1603 kam der Jesuit Pedro Páez nach vielen Fährnissen und zehnjähriger türkischer Gefangenschaft nach Gondar nördlich des Tanasees, das in jener Zeit zum Reichszentrum wurde, und wirkte dort im Sinne einer Kirchenunion. Diese kam dann Jahre nach seinem Tod (1622) im Jahre 1626 unter Kaiser Susneyos (1607-1632) zustande.[62] Der vom Papst ernannte Patriarch, der Portugiese Alfonso Mendez, ebenfalls ein Jesuit, betrieb aber eine so rücksichtslose und unkluge Latinisierung der äthiopischen Kirche, dass der Kaiser nach acht Jahren durch einen blutigen Aufstand zum Thronverzicht gezwungen und die Union widerrufen wurde.[63] Während Mendez nach vorübergehender Gefangenschaft das Land verlassen konnte, wurden andere Jesuiten getötet.

Die Äthiopier, die wegen der geradezu brutalen Latinisierungsversuche nicht ohne Grund erbittert waren, riegelten ihr Land gegenüber allen katholischen Missionsversuchen ab. Die später im Laufe des 17. Jahrhunderts von Rom entsandten Kapuziner und Franziskaner wurden alle getötet, zum Teil in Absprache mit dem äthiopischen Reich bereits vor der Einreise durch die umliegenden muslimischen Fürsten. Im 18. Jahrhundert kamen einzelne katholische Priester, die bald vertrieben wurden, mit dem Leben davon.[64] Der 1788 in Rom zum Bischof geweihte

[61] So wurde die äthiopische Kirche 1439 zum Konzil von Florenz eingeladen. Die dann dort erschienen Äthiopier waren aber wahrscheinlich nicht offiziell autorisiert.

[62] Albert Kammerer: L'ephémère triomphe du Catholicisme en Abyssinie (1622-1632). In: Revue d'histoire diplomatique 60 (1946), S. 260-293.

[63] Philip Caraman: The Lost Empire. The Story of the Society of Jesus in Ethiopia. London 1985. – Hervé Oennec: Des Jésuites au royaume du Pretre Jean (Éthiope). Stratégies, recontres et tentatives d'implantation. Paris 2003.

[64] Unter diesen war der tschechische Franziskaner Remedius Prutky, der 1752 nach Gondar und in die kaiserliche Residenz dort gelangte. Er konnte sich vor seiner Vertreibung siebzehn Monate in Äthiopien aufhalten. – Theodorio Somigli: L'Itinearium del P. Remidio

Äthiopier Tobias Georg Ghebrazger konnte sich einige Jahre im Norden von Äthiopien aufhalten, floh aber 1798 nach Kairo.[65] In der äthiopischen Kirche wurde Kryptokatholik zu einem der schwersten Häresievorwürfe. Das Scheitern der anfangs erfolgreichen Union gehört zu den großen tragischen Entwicklungen in der Geschichte der katholischen Kirchengeschichte der Neuzeit.[66]

Diese wirklich unglückliche Entwicklung im Verhältnis der äthiopischen und katholischen Kirche wurde im 19. und 20. Jahrhundert fortgesetzt. Grund dafür war die Tatsache, dass Italien zweimal den Versuch unternahm, Äthiopien zum Zentrum seines geplanten Kolonialreiches zu machen. Zwar behinderte sowohl das königliche Italien bei seinem Eroberungsversuch in den neunziger Jahren des 19. Jahrhunderts wie das faschistische Italien nach der Besetzung des Landes 1935/36 die Aktivität der katholischen Kirche im Land, aber die Tatsache, dass die katholische Konfession die der Besatzer war, war als solche ein Problem. Allerdings hat Kaiser Haile Selassie sehr wohl zwischen italienischen Aggressoren und Katholiken unterschieden. 1945 berief er kanadische Jesuiten, die dann auch am Aufbau einer Nationaluniversität mitwirkten.[67]

b) Die Äthiopische Liturgie und kirchliche Organisation

Obwohl die Kirche Äthiopiens weit mehr als anderthalb Jahrtausende der ägyptischen koptischen Kirche unterstellt war, ist ihre Liturgie auch von der anderer miaphysitischer Kirchen in sehr hohem Maße beeinflusst worden[68], in erster Linie vom westsyrischen Ritus und weit geringer vom armenischen. Von besonderer

---

Prutky, viaggiatore e missionario francescano (Alto Egitto), e sua viaggio in Abissinia. In: Studi francescani 22 (1925), S. 425-460.

[65] Sein äthiopischer Name war Tobiyya Wäldä Giyorgis. Er war auf den Titel eines Bischofs von Adulis geweiht worden.

[66] Es ist allerdings schwer, den Urhebern der Fehlentwicklung zu Beginn des 17. Jahrhunderts subjektive und persönliche Schuld zuzuweisen. Die im Gebiet der nachreformatorischen Katholischen Reform verwurzelten Missionare handelten zum großen Teil nach ihrem Gewissen, wenn auch eine Vermischung von Pflichterfüllung und persönlicher Arroganz nicht immer auszuschließen ist. – Zu denken gibt uns Heutigen auch die Tatsache, dass die Jesuitenmissionare in Äthiopien – anders als die Franziskaner und Kapuziner, die in jeder Beziehung zurückhaltender waren –, die sog. weibliche Beschneidung bei den Mädchen bekämpften, die zwar (wie auch die Beschneidung der Knaben) nicht offiziell kirchlich begründet wurde, aber ein sehr verbreiteter Brauch war.

[67] Veint-cinq ans de promotion humaine. Les jésuites du Canada-français en Éthiopie, 1955-1970. In: Lettres du Bas-Canada 23 (1970), S. 169-181.

[68] Irenée-Henry Dalmais: Die nichtbyzantinischen orientalischen Liturgien. Entwicklungen und Eigenart der einzelnen Riten, besonders der Eucharistiefeier und des Stundengebets. In: Handbuch der Ostkirchenkunde. Bd. II. Neu erarbeitete Ausg. Düsseldorf 1989, S. 101-140, hier S. 125.

Bedeutung war allerdings auch die Übernahme von Sondergut der syrischen Liturgie Jerusalems. Dennoch ist naturgemäß der koptische Kern unbestreitbar. Doch haben sich in diesem auf Grund der frühen Übernahme Elemente erhalten, die bei den ägyptischen Christen längst von anderen Einflüssen überlagert wurden. Dies ist vermutlich im Besonderen bei den zahlreichen verschiedenen Hochgebeten für die Eucharistiefeier oft der Fall.[69]

Sehr ausgeprägt ist in der äthiopischen Liturgie das Eigengut, und zwar in zweierlei Hinsicht. Die extrem zahlreichen Hymen der Äthiopier sind zu einem sehr großen Teil eigenständige Dichtungen und weder Übersetzungen noch Nachdichtungen aus der koptischen oder einer anderen Liturgie. Die Fülle dieser Hymnen hat noch bis ins 20. Jahrhundert (oder bis zur Gegenwart?) zugenommen. Die Autoren der Hymnen gehörten zum großen Teil dem Stand der so genannten *Däbtäräs* an. Dies sind bis zur Gegenwart Laien, die eine große Rolle in der Äthiopischen Kirche und vor allem in der Liturgie spielen. Man könnte sie in erster Linie als Rubrizisten bezeichnen. Sie kennen alle Rubriken, stehen bei der Liturgie neben den Zelebranten und teilen ihnen im gegebenen Augenblick Anweisungen mit bzw. rufen diese ihnen ins Gedächtnis. (Ansätze zu diesem besonderen kirchlichen, aber nicht-klerikalem Berufsstand gibt es auch in einigen der anderen altorientalischen Kirchen, jedoch nirgends in der für Äthiopien typischen vollkommenen institutionellen Ausprägung.)

Eine zweite neben dem Hymnenreichtum die Liturgie besonders kennzeichnende Tendenz ist die ihrer starken Inspiration durch das Alte Testament. So wird der Sabbat, der in den orientalischen Kirchen zumeist, aber auch in den byzantinisch-orthodoxen Kirchen eine gewisse herausgehobene Stellung besitzt, in der Kirche Äthiopiens weitestgehend sogar dem Sonntag gleichwertig erachtet.[70] Auch das Neujahrsfest wird nach jüdischem Datum und außerdem mit Tieropfer und Reinigungsbad gefeiert. Wieweit die Beschneidung der Knaben acht Tage nach der Geburt (die Taufe erfolgt am vierzigsten Tag) religiöser Bestimmung folgt oder (wahrscheinlicher) bloßer Brauch ist, kann schwer eindeutig entschieden werden. Auf jedem Altar steht der *tabōt*, eine Nachbildung der Bundeslade.[71] Dieser gilt als das Zentrum der Kirche, und nur er wird bei der Kirchweihe vom Bischof konsekriert. Historisch ist es nicht sicher, aber nach der gegenwärtigen Forschungslage

---

[69] Bei einigen Anaphoren konnte die ursprünglich koptische Herkunft ganz konkret belegt werden.

[70] Ernst Hammerschmidt: Stellung und Bedeutung des Sabbats in Äthiopien. (Studia Delitzschiana. 7.) Stuttgart 1963.

[71] Nach der Auffassung der äthiopischen Christen befindet sich die eigentliche Bundeslade, die Kaiser Menelik I. aus Jerusalem nach Äthiopien gebracht hat, in der Maria-Zion-Kathedrale von Aksum. (Zur auch politischen Indienstnahme dieser Auffassung s.o., S. 59)

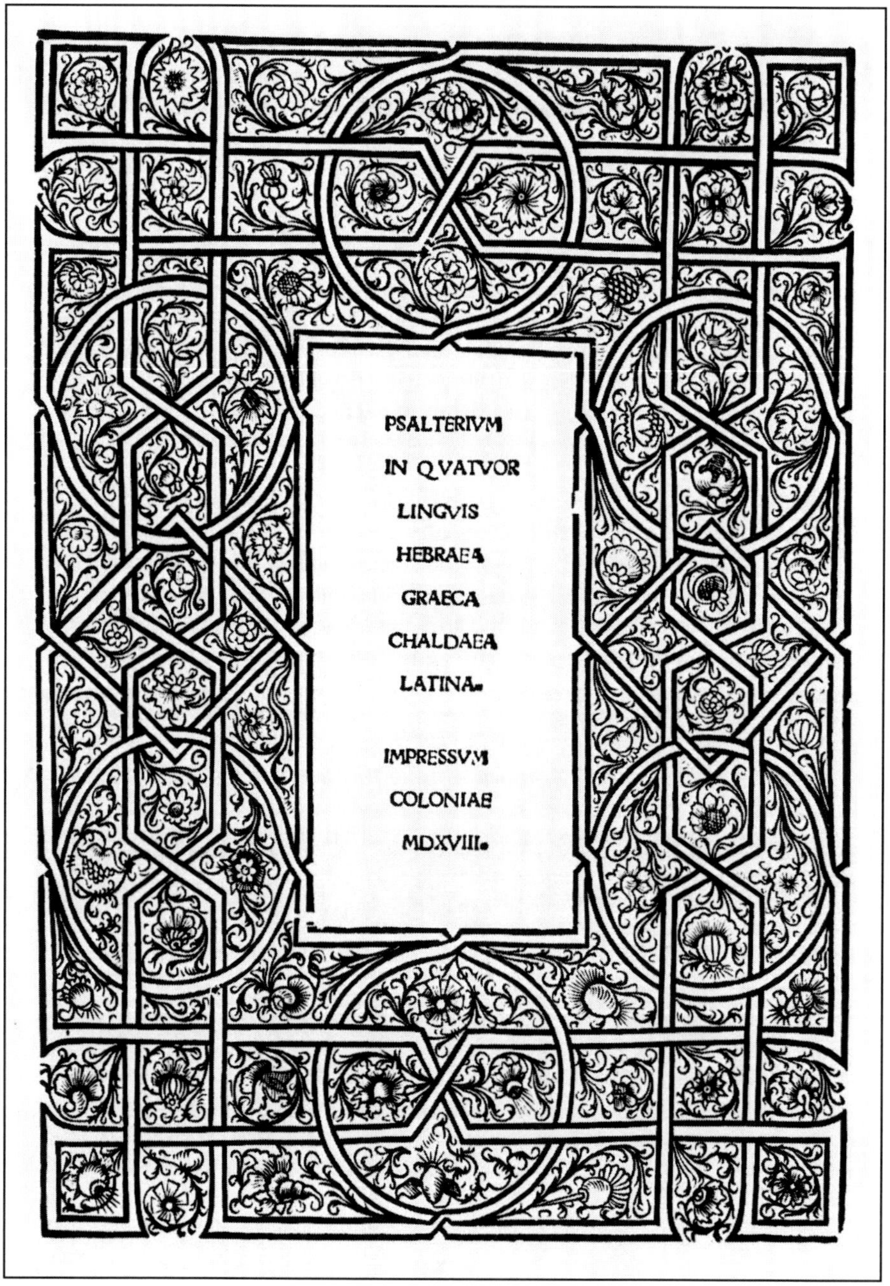

Titelblatt des 1518 in Köln gedruckten viersprachigen Psalters mit äthiopischem Text (hier irrtümlich "chaldäisch" genannt)

Privatbesitz

wahrscheinlich, dass die so genannten judaisierenden Tendenzen in der Liturgie erst im 14. und 15. Jahrhundert ihre starke Dominanz erreicht haben.[72]

Der seit spätestens dem Spätmittelalter übliche Kirchentyp besteht aus drei Teilen, dem Allerheiligsten (*maqdas*), in dem unsichtbar für die Gläubigen die amtierenden Kleriker die heilige Eucharistie feiern, dem Hauptraum, in dem die Gläubigen am Eingang zum Allerheiligsten die Kommunion empfangen, was zumindest in der älteren Tradition nur sehr selten im Laufe des Lebens geschah, und dem Vorraum. Bei den Landkirchen stehen die Gläubigen in einem ummauerten Hof, und nur das Allerheiligste, ein kleiner Rundbau[73] in der Mitte, ist als Gebäude errichtet. Während in der koptischen Eucharistiefeier nur (noch) drei Hochgebete verwendet werden, sind bei den Äthiopiern vierzehn verschiedene Anaphoren im Gebrauch.[74] Die Taufliturgie Äthiopiens ist in ihren Ausdeutungsriten sehr umfangreich und es sind verschiedene dafür vorgesehene Formulare in Gebrauch. Auch die Liturgie des Stundengebets in den Klöstern ist nicht einheitlich, sondern nach verschiedenen Gruppen differenziert. Am meisten verbreitet ist eine dem koptischen Offizium bis auf die Fülle zusätzlicher Hymnen recht nahe stehende Form.

Die äthiopische Kirchenmusik ist mit keiner der anderen orientalischen Kirchen wirklich verwandt. Bemerkenswert ist die Verwendung von Musikinstrumenten, die vielgestaltiger sind als in der koptischen Kirche, in der nur Glocken und Sistren (Rasseln) verwendet werden.[75] Der Überlieferung nach gilt der heilige Yared (6. Jahrhundert) als Schöpfer der äthiopischen Kirchenmusik.[76] Tatsächlich ist sie aber wohl in einem langen bis in die Neuzeit reichenden Prozess entstanden. Die Kirche sieht keine Beziehungen zwischen der Kirchenmusik und der äthiopischen Volks-

---

[72] Dalmais, a.a.O. (wie Anm. 68), S. 125-126.

[73] Dabei werden in der Forschung zwei Ursprungstheorien des Rundbaus angeführt, die einander nicht ausschließen: (1) Nachahmung des Felsendoms von Jerusalem, der im Mittelalter verbreitet auch in Europa als der Tempel Salomons angesehen wurde. (2) Entsprechung zur in Äthiopien üblichen afrikanischen Form der Wohnstätte.

[74] Die mit Rom unierte Katholisch-Äthiopische Kirche kennt sogar siebzehn eucharistische Hochgebete (vgl. Dalmais, a.a.O., wie Anm. 68, S. 126). Die Katholiken verwenden u.a. ein Hochgebet, dass in der nationalen Kirche nur noch in einem Kloster und in der ehemaligen kaiserlichen Privatkapelle in Gebrauch war. – Besonders bemerkenswert unter den äthiopischen Hochgebeten sind zwei sehr marianisch bestimmte. Vgl. Bruno Kleinheyer: Maria in der Liturgie. In: Handbuch der Marienkunde. Hrsg. von Wolfgang Beinert und Heinrich Petri. 2. neu bearb. Aufl. Bd. 1. Regensburg 1996, S. 469-525, hier S. 473-474.

[75] Diese können natürlich nur rhythmische nicht melodische Funktion haben. Teilweise haben sie wie die Schellen der Ministranten in der katholischen Kirche wohl keine musikalische Bedeutung – die eigentliche Kirchenmusik ist auch bei den Kopten weitestgehend Vokalmusik –, sondern sollen durch ihren lauten Ton besondere Aufmerksamkeit fordern.

[76] Irinäus Totzke: Die Musik der altorientalischen Kirchen. In: Handbuch der Ostkirchenkunde. Bd. II, a.a.O. (wie Anm. 68), S. 192-210, hier S. 207.

musik.[77] Daher ist auch gegenüber der Vorstellung von der Afrikanisierung der Liturgie in den originär äthiopischen Entwicklungen des Ritus Vorsicht geboten. Auch die Priestertänze, die zum Teil ins Stundengebet eingeschaltet werden, sind langsame Schreittänze, die nicht unbedingt afrikanischer Herkunft sein müssen, sondern auch durch die Übernahme jüdischer Traditionen erklärt werden können.[78] Dennoch hat die äthiopische Kirche, die weitaus größte aller altorientalischen Kirchen, eine Brückenfunktion zwischen den (alt)orientalischen Kirchen und der Christenheit Afrikas. Sie ist schon deshalb die einzige alte "nationale" Kirche Afrikas, da sie nicht wie die koptische, ganz orientalische Kirche zu einer Minderheitenkirche geworden ist, wenn auch im modernen äthiopischen Staat, die Christen wohl weniger zahlreich als die Muslime sind. (Genaue Religionsstatistiken existieren nicht.)

An der Spitze der äthiopischen Kirche steht seit 1959 ein Patriarch, dessen Sitz die Landeshauptstadt Addis Abeba ist. Erster Patriarch war Baseleyos († 1970), der bei seiner Einsetzung vom Patriarchen der koptischen Kirche in Kairo geweiht wurde.[79] Seither ist die Kirche in Äthiopien autokephal, bleibt aber der Mutterkirche verbunden. Baseleyos' Nachfolger Tewoflos wurde 1977 vom seit dem Sturz des Kaisers regierenden Revolutionsregime verhaftet und zwei Jahre später hingerichtet.[80] Auf diesen folgte Täklä Haymonot (1976-1988) und nach dessen Tod wurde Märqorewos vierter Patriarch. Er galt als willfähriger Diener der marxistisch-leninistischen Regierung und wurde deshalb nach deren Sturz 1991 von der Synode abgesetzt.[81] Neuer Patriarch wurde Pawlos, der 1994 auch von der koptischen Mutterkirche anerkannt wurde. Im gleichen Jahr wurde in der neuen Verfassung die Trennung von Kirche und Staat festgelegt.[82]

---

[77] Ebenda, S. 206.

[78] Im Übrigen gab es besondere Schrittfolgen im Mittelalter auch in den Ortsliturgien der lateinischen Kirche des Mittelalters, so z.B. im Kölner Dom das *tripodium* der Subdiakone am Oktavtag von Erscheinung. Gottfried Amberg: Ceremoniale Coloniense. Die Feier des Gottesdienstes durch das Stiftskapitel an der Hohen Domkirche zu Köln bis zum Ende der reichstädtischen Zeit. (Studien zur Kölner Kirchengeschichte. 17.) Siegburg 1982, S. 86. – Vgl. Heinz Finger: Die ehemaligen Eigenliturgien der rheinischen (Erz-)Diözesen. Ein Überblick besonders für Kirchenbibliotheken. In: Analecta Coloniensia 3 (2003), S. 121-170, hier S. 144.

[79] Karl Pinggéra: Die Äthiopisch-Orthodoxe Kirche und die Eritreisch-Orthodoxe Kirche. In: Die altorientalischen Kirchen. Glaube und Geschichte. Hrsg. von Christian Lange und Karl Pinggéra. Darmstadt 2010, S. 4-8.

[80] Ebenda, S.49. – Vgl. Hage, a.a.O. (wie Anm. 32), S. 217 (dort wird als Jahr seiner Einkerkerung 1976 angegeben).

[81] Ob derselbe Vorwurf von Regimetreue und Verrat an der Kirche auch auf seinen Vorgänger zutrifft, ist umstritten.

[82] Pinggéra, a.a.O. (wie Anm. 79), S. 49.

In der autokephalen Kirche Äthiopiens hat jede staatliche Provinz einen Erzbischof. Außerdem gibt es einen äthiopischen Erzbischof in Jerusalem und Diasporabistümer im Sudan, in Europa, Nordamerika und auf der karibischen Insel Trinidad.[83] Mit der koptischen Kirche, die erst nach einigem Zögern die unkanonische, weil zu Lebzeiten seines Vorgängers erfolgte Wahl des Patriarchen Pawlos anerkannt hat, besteht volle kirchliche Gemeinschaft. Die erheblichen historisch bedingten Unterschiede in Liturgie und Kirchenorganisation werden in keiner Weise als Problem gesehen.

3. **Kirche Eritreas**

Eritrea war in der Antike Bestandteil des im 4. Jahrhunderts christianisierten Reichs von Aksum. Während des europäischen Mittelalters und bis in die Neuzeit gehörte das Bergland im Innern zum christlichen Äthiopien, während die Küstengebiete schließlich vollständig unter muslimische Herrschaft kamen. Im späten 19. Jahrhundert eroberte Italien das Land schrittweise und brachte es 1890 vollständig als Teil seines geplanten Kolonialreichs unter Kontrolle. Erst dann kam die politische Bezeichnung "Eritrea" auf, gebildet nach der antiken griechischen Form des Namens "Rotes Meer" *Erythra thalatta* (ερυθρὰ θάλαττα). Das Land blieb bis zur britischen Eroberung 1941 italienisch, was erhebliche sozioökonomische Veränderungen bedingte. 1952 wurde es dem Kaiserreich Äthiopien als autonomes Gebiet angegliedert, doch wurde die Autonomie 1962 aufgehoben.

Gegen den Willen der Bevölkerung wurde es zu einer normalen äthiopischen Provinz, in der allmählich und zunehmend Unabhängigkeitsbewegungen, die schließlich in einen Unabhängigkeitskrieg einmündeten, Bedeutung erlangten. 1993 endlich wurde die Unabhängigkeit erreicht, die für die Christen, etwa die Hälfte der Bevölkerung, auch den Wunsch nach einer eigenen Kirche beinhaltete. Eine provisorische Nationalsynode hatte sich schon 1991 gebildet.[84] 1994 wählte diese fünf eritreische Äbte zu Bischöfen, die dann vom koptischen Papst-Patriarchen – ohne Konsultation der Kirche Äthiopiens – geweiht wurden. 1998 erhob derselbe Patriarch Schenuda III. den bisherigen eritreischen Erzbischof Fileppos zum ersten Patriarchen des Landes, dessen Kirche damit wie die äthiopische autokephal wurde.[85]

---

[83] Die Errichtung einer eigenen Diözese auf Trinidad hängt mit der Rastafari-Bewegung auf den Antillen zusammen.

[84] Hage, a.a.O. (wie Anm. 32), S. 224.

[85] Pinggéra, a.a.O. (wie Anm. 79), S. 49.

Die äthiopische Kirche erkannte die Selbstständigkeit der eritreischen nach längerem Zögern – war doch damit der Verlust einer Kirchenprovinz mit zwei Millionen Gläubigen verbunden – an. Somit ist die Kirche von Eritrea nun eine der drei Kirchen unter dem Ehrenvorrang des Papst-Patriarchen von Alexandria, wobei faktisch die Beziehungen zwischen der eritreischen und der koptischen Kirche wohl enger sind als die zwischen der äthiopischen und der koptischen Mutterkirche.[86] In Liturgie und Art der Kirchenorganisation besteht zwischen den eritreischen und äthiopischen Christen kein Unterschied. Auch die Kirche Eritreas besitzt neben den Diözesen im Land zwei Diasporabistümer.

4. Die unierten Kirchen

a) Koptisch-Katholische Kirche

Die Bemühungen Roms um eine Union mit den Kopten gehen schon auf das Hochmittelalter, spätestens das 13. Jahrhundert, zurück.[87] 1440 erschien eine koptische Delegation auf dem Konzil von Florenz, die 1442 der Union zustimmte[88], was aber in Ägypten ohne Folgen blieb. Gleiches gilt weitgehend auch für die Erklärung des Patriarchen Gabriel VIII. gegenüber Papst Clemens VIII. im Jahr 1595, obwohl vereinzelte Nachwirkungen noch für die ersten drei Jahrzehnte des 17. Jahrhunderts nachweisbar sind. Kontakte mit der römischen Kirche bestanden besonders über die Kopten in Jerusalem, aber auch durch die im 16. und 17. Jahrhundert nach Ägypten gelangenden Mendikanten (s.o.) und Jesuiten. Die allmählich entstehenden Gemeinden von unierten koptischen Christen wurden 1741 von Papst Benedikt XIV. dem katholischen koptischen Bischof von Jerusalem unterstellt[89], der sich zwei Jahre zuvor der katholischen Kirche angeschlossen hatte. 1895 errichtete Papst Leo XIII. eine katholische Hierarchie[90] mit einem Patriarchen von Alexandria (Sitz Kairo) und zwei Bistümern (Theben und Hermopolis). 1824 war schon einmal formal ein uniertes koptisches Patriarchat gegründet worden, das aber nie personell besetzt worden war.[91]

---

[86] Bei der Gewährung der Autokephalie durch die koptische Kirche wurde ein regelrechter Vertrag geschlossen, der einen gewissen Oberprimat des Patriarchen von Alexandrien durchaus betonte.

[87] Vgl. Anna-Dorothee von den Brincken: Die "Nationes Christianorum orientalium" im Verständnis der lateinischen Historiographie von der Mitte des 12. bis in die zweite Hälfte des 14. Jahrhunderts. (Kölner Historische Abhandlungen. 22.) Köln, Wien 1973, S. 234-235.

[88] Sie unterzeichnete das Konzilsdekret *De Jakobitis*.

[89] Bulle *Quemadmodum ingenti* vom 4. August 1741.

[90] Bulle *Christi Domini* vom 11. November 1895.

[91] Hage, a.a.O. (wie Anm. 32), S. 437.

Die Zahl der unierten Kopten ist auch heute nicht groß, wohl geringer als die Zahl der evangelischen Christen Ägyptens, die etwa zehn jeweils selbstständige protestantische Kirchen bilden. Die Anzahl der katholischen Kopten liegt bei insgesamt mehr als zweihunderttausend, von denen etwa zweihunderttausend in Ägypten leben. Sie stellen also gegenüber der Koptisch-Orthodoxen Kirche nur eine kleine Minderheit dar. Die Zahl der Bistümer wurde im 20. und 21. Jahrhundert vermehrt. Die sozialen Aktivitäten waren bis zur Verstärkung der antichristlichen Ausschreitungen beachtlich und kamen auch – wie die Schulen – Nichtkatholiken zu Gute. Natürlich entspricht die Verfolgungssituation der der anderen christlichen Konfessionen.

Der Ritus der katholischen Kopten wurde in der Vergangenheit wie bei fast allen unierten Kirchen stark latinisiert, doch wurde die Latinisierung auch hier weitestgehend rückgängig gemacht. Er ist heute nicht weniger "ursprünglich koptisch" wie in ihrer nicht unierten Mutterkirche. Zwar wurde der gregorianische Kalender eingeführt, die Hauptfeste werden aber dennoch heute an denselben Daten gefeiert wie in der Koptisch-Orthodoxen Kirche. Der Klerus ist bei den katholischen Kopten anders als bei der Mutterkirche zum Zölibat verpflichtet. In diesem Zusammenhang ist zu berücksichtigen, dass es in der unierten Kirche kein Mönchtum gibt (sondern nur moderne Kongregationen), das bei den orthodoxen Kopten ja eine ganz zentrale Rolle spielt.

Die rund fünfzehntausend katholischen Kopten in der Diaspora (Frankreich, Vereinigte Staaten, Kanada, Australien) sind auf Grund der geringen Zahl ihrer Gemeindemitglieder lateinischen Diözesen zugeordnet. Die Liturgie dieser Auslandsgemeinden wird teilweise in den Sprachen der jeweiligen Länder gefeiert.

b) Äthiopisch-Katholische Kirche

Auch die unierte Kirche in Äthiopien und Eritrea ist wie die Kirche der mit Rom verbundenen Kopten im Vergleich mit ihrer Mutterkirche sehr klein. Anders als in Ägypten haben die Katholiken des äthiopischen Ritus aber keinen Patriarchen. Dem entspricht, dass die Zahl der Katholiken des lateinischen Ritus in beiden Ländern zusammengenommen fast doppelt so groß ist wie die der Katholiken des äthiopischen Ritus.[92] Die Gesamtzahl der katholischen Christen liegt bei sechshunderttausend Gläubigen, diejenige aus der äthiopischen Kirche hervorgegangenen beträgt gut zweihunderttausend. Nachdem die früheren, zeitweilig erfolgreichen, aber letztlich vollständig fehlgeschlagenen Unionsversuche gescheitert waren (s.o., S. 61), begannen seit Ende des 18. Jahrhunderts katholische Missionare sowohl mit dem Versuch einzelne äthiopische Christen für die Union zu gewinnen als auch mit

[92] Dies ist natürlich auch Folge des früheren politischen Einflusses Italiens.

Der im 17. Jahrhundert in Rom lebende äthiopische Abt Gregor

Stich 17. Jh., Erzbischöfliche Diözesan- und Dombibliothek Köln: Ae 717

der Heidenmission. Letztere wurde vom äthiopischen Kaiserreich zunehmend weitgehend toleriert, und in den sechziger Jahren des 20. Jahrhunderts wurde in Äthiopien sogar die Religionsfreiheit durch kaiserliches Edikt gesetzlich gesichert. Rom errichtete 1839 eine Apostolische Präfektur für Äthiopien, die dann Apostolisches Vikariat wurde, und später speziell für die Heidenmission ein Apostolisches Vikariat in Harar. 1894 wurde eine eigene Apostolische Präfektur für Eritrea gegründet, die 1911 zum Vikariat erhoben wurde.

Auch nach der Trennung der Eritreisch-Orthodoxen Kirche von der Äthiopisch-Orthodoxen Kirche (1994) hielt die Unierte Kirche an ihrer Einheit fest. Sie hat heute den Charakter einer Kirchenprovinz, an deren Spitze der Erzbischof von Addis Abeba "der Äthiopier" steht. Es gibt vier Suffraganbistümer in Adigrat, Asmara, Barentu und Keren. Die drei letzteren liegen in Eritrea. Auslandsdiözesen existieren nicht; die Äthiopisch-Katholischen Gemeinden in der Diaspora sind Bistümern des lateinischen Ritus angeschlossen. Nachdem bereits seit 1919 in Rom ein Äthiopisches Kolleg bestand[93], wurde 1987 ein Priesterseminar in Addis Abeba gegründet (das freilich auch die Priesteramtskandidaten des lateinischen Ritus ausbildet). Die Liturgie entspricht trotz starker Latinisierung im Wesentlichen der der nichtunierten Mutterkirche, ja in einzelnen Fällen sind ältere, in dieser nicht (oder kaum) mehr übliche Texte in Gebrauch. Ein traditionelles Mönchtum existiert im Gegensatz zu fast allen anderen unierten orientalischen Kirchen nicht. Ihre Religiosen gehören im lateinischen Ritus verbreiteten Orden an. Die Äthiopisch-Katholische Kirche hat den Gregorianischen Kalender übernommen, feiert aber heute die Hauptfeste zum selben Datum wie ihre Mutterkirche.

5. *Die ehemalige(n) Kirche(n) der nubischen Länder*

In römischer und frühbyzantinischer Zeit lag die Südgrenze Ägyptens bei Syene (Assuan). Südlich davon lag bis zu seiner Zerstörung durch die aksumitischen Äthiopier im frühen 4. Jahrhundert[94] das Reich von Meroë (Merowe). Einen Kämmerer, wörtlich "Eunuchen", der Königin (ihr Titel war *Kandake*) von Meroë hat nach dem Bericht der Apostelgeschichte der Diakon Philippus getauft.[95] Eine umfangreichere Christianisierung von Meroë hat auch zu keinem späteren Zeitpunkt stattgefunden. Nur einzelne archäologische Funde deuten auf kleinere christliche Gruppen im meroitischen Gebiet. Nach der Vernichtung Meroës und der wahrscheinlichen Einwanderung zusätzlicher Bevölkerungsgruppen (vor allem

[93] Nikolaj Dorner: Ein Stück Afrika mitten in den vatikanischen Gärten. 75-Jahr-Jubiläum des Äthiopischen Kollegs. In: Der christliche Osten 61 (2006), S. 26-33.
[94] S.o. Abschnitt II, 2a.
[95] Apg 8,26-40.

Blemyer) aus der umliegenden Wüste und Halbwüste bildeten sich dort neue Herrschaftsgebiete. In der ersten Hälfte des 6. Jahrhunderts gab es dort drei Reiche, in denen zunehmend einzelne christliche Gemeinden gegründet wurden. Zwischen dem ersten und zweiten Nilkatarakt (wie sie vor dem Bau des Assuan-Staudamms existierten), vielleicht aber auch bis zum dritten Katarakt reichend, lag Nobatia, dessen Hauptstadt Faras war. Südlich schloss sich das Königreich Makuria an. Seine Hauptstadt Dongola lag südlich des dritten Katarakts. Zwischen dem fünften und sechsten Katarakt lag die Grenze zum südlichsten der Reiche, dem vom Aloa (auch "Alwa" oder "Alodia" genannt). Der Überlieferung nach ging die endgültige Missionierung dieser drei Reiche angeblich nicht in erster Linie vom längst vollständig christianisierten Ägypten aus, sondern vom byzantinischen Kaiserhof. Ein nicht allzu beweiskräftiges Argument für die Richtigkeit dieser Tradition könnte darin gesehen werden, dass man in Nubien noch länger an der griechischen Liturgiesprache festhielt, nachdem man in Ägypten längst ganz überwiegend zum Koptischen übergegangen war.

Theodora, die Gemahlin Kaiser Justinians (518-565), soll gemäß ihrer religiösen Einstellung monophysitische Missionare nach Unternubien geschickt haben, die Nobatia bekehrten.[96] Ihr kaiserlicher Ehemann habe dann dafür gesorgt, dass Makuria, das mittlere und lange bedeutendste Königreich, orthodox christianisiert wurde. Wenn das möglicherweise ursprüngliche orthodoxe Bekenntnis von Makuria Bestand gehabt hätte, wäre seine Kirchengeschichte hier nicht Gegenstand der Darstellung. Es ist aber sicher, dass Makuria schon lange vor der ersten Jahrtausendwende wie alle Nubier in voller Kirchengemeinschaft mit der koptischen Kirche war und dies selbstverständlich ohne dogmatische Vorbehalte.[97] Das südlichste Königreich Aloa war wie Nobatia seit seiner Christianisierung (ebenfalls im 6. Jahrhundert) "monophysitisch". Nobatia und Makuria waren später zeitweilig unter einem Herrscher geeint und einiges spricht dafür, dass sogar eine temporäre Vereinigung aller drei Reiche stattgefunden hat. Diese politische Union, wie umfangreich auch immer, war bei der extremen Verbindung von *sacerdotium* und *regnum* in Nubien auch für die Kirche von allerhöchster Bedeutung, so dass es auch berechtigt ist von einer gemeinsamen nubischen Kirche zu sprechen.

Das überaus enge Verhältnis von "Staat" und Kirche – alles spricht dafür, dass König und Bischof sehr häufig enge Blutsverwandte waren – ist auch als einer der

---

[96] Es spricht allerdings einiges dafür, dass der von Theodora entsandte Missionar Julian nicht allzu erfolgreich war, denn erst im letzten Drittel des 6. Jahrhunderts scheint ein Longinos als erster Bischof die Kirche in Nobatia organisiert zu haben. – Vgl. Siegfried G. Richter: Studien zur Christianisierung Nubiens. (Sprachen und Kulturen des christlichen Orients. 11.) Wiesbaden 2002.

[97] Wahrscheinlich geschah dies sogar vor 750, dem spätesten Datum der ersten Union von Makuria und Nobatia.

Gründe für den Untergang der Kirche Nubiens genannt worden.[98] Nun war die Einflussnahme der Könige auf die Kirche im frühmittelalterlichen lateinischen Westen (Westgotenreich, Frankenreich) kaum geringer, doch ging hier die hochmittelalterliche Entwicklung in eine andere Richtung. Nach der Begründung der ersten Landesbistümer in den drei Hauptstädten entstanden weitere Diözesen. Allein Makuria soll im 7. Jahrhundert vier Bischofssitze gehabt haben.[99] Eine besondere Stellung hatte der Bischof von Dongola, dem Metropolitenfunktion zukam, vielleicht aber auch der von Soba, der Hauptstadt von Aloa. Die oberste Leitung lag aber mit Sicherheit beim koptischen Patriarchen von Alexandria. Die nubische Kirche war also nicht nur in voller Gemeinschaft mit der koptischen, sondern ihrem Oberhaupt auch unterstellt.[100]

Dennoch hatte die nubische Liturgie starke eigene Züge. Neben dem oben genannten Festhalten an der griechischen Sprache war sie auch durch die Übernahme von Hymnen und Gebeten byzantinischer und westsyrischer Herkunft auszeichnet.[101] Teile der Liturgie wurden auch in der nubischen Volkssprache gefeiert. Der schwierigen Übersetzung in diese kommt deshalb im Rahmen der Inkulturation besondere Bedeutung zu, weil Nubisch von seiner Sprachstruktur her mit keiner der orientalischen Liturgiesprachen verwandt ist. Es gehört zur afrikanischen Sprachfamilie des Nilo-Saharischen.

In diesem Zusammenhang stellt sich die grundsätzliche Frage, ob die Kirche Nubiens auf Schwarzafrika eingewirkt hat. Sie ist wohl bei derzeitiger Quellenlage kaum zu beantworten. Spuren ehemaligen christlichen Einflusses in früheren Jahrhunderten sind für das Gebiet westlich von Nubien in Kordofan, Darfur und mit geringer Sicherheit im Gebiet von Wadai östlich des Tschadsees (Ethnie der Tunjur) allerdings nachweisbar.[102] Die Beziehungen der nubischen Kirche zur äthiopischen waren zumindest zeitweise nachweislich weit weniger intensiv, als man auf Grund der gemeinsamen Zugehörigkeit zur koptisch-alexandrinischen Kirchenfamilie vermuten würde. Ob es im frühen zweiten Jahrtausend eine vorü-

---

[98] Bernd Brandl: Wenn Kirchen sterben. Ein erschütternder und vergessener Teil der Kirchen- und Islamgeschichte Afrikas und Asiens. (edition afem, mission academies. 35.) Berlin, Bonn 2012, S. 98-99.

[99] Ebenda, S. 83.

[100] Bemerkenswert ist, dass der Patriarch von Alexandria nach Nubien – anders als in der Regel nach Äthiopien – nicht nur einen einzigen Bischof sandte, sondern mehr als sechs Diözesen besetzte. Außerdem waren die nubischen Bischöfe nur teilweise Kopten und ansonsten geborene Nubier, insbesondere Mitglieder der dortigen Königshäuser (s.o.).

[101] Alois Grillmeier: Die Kirche von Alexandrien mit Nubien und Äthiopien nach 451 (= Jesus der Christus im Glauben der Kirche. Bd. 2,4). Freiburg 1990, S. 285-295.

[102] Vgl. Anthony Aekell: The influence of Christian Nubia in the Chad Area between A.D. 800-1200. In: Kush 11 (1963), S. 315-319. – Harold Alfred MacMichael: History of Arabs in the Sudan. Vol. 2. Cambridge 1927, S. 66 und 169.

bergehende Entfremdung Nubiens von den Kirchen Ägyptens und Äthiopiens gegeben hat, wurde in der Forschung zumindest erwogen.[103]

Archäologisch sind im Bereich des alten Nubien bislang ca. 200 Kirchenbauten nachweisbar. Damit ist die gelegentliche Behauptung, die nubische Kirche sei eine reine Hofkirche gewesen und das Volk habe animistischen Kulten angehangen, widerlegt. Die Kathedralkirchen waren, soweit erforscht, prachtvoll gebaut und künstlerisch hochwertig ausgemalt.[104] Auch zahlreiche Klosteranlagen konnten nachgewiesen werden. In den über 30 für Nubien vermuteten Konventen befanden sich in der Glanzzeit des Landes auch Mönche fremder vor allem ägyptischer Herkunft. Auffallend ist die Kleinräumigkeit der meisten Kirchen, vor allem der nach dem 14. Jahrhundert oder gar in der Spätzeit des christlichen Nubien erbauten. Dies ist vielfältig deutbar. Wahrscheinlich war die große Menge der Gläubigen ähnlich wie in Äthiopien während der Gottesdienste außerhalb der Kirche vor deren geöffneten Türen versammelt. Ein wichtiger Grund für diesen Brauch war auch in Nubien wohl die Ehrfurcht vor dem heiligen Geschehen und nicht Desinteresse. Allerdings waren die späten kleinen Kirchen sicher auch Ausdruck der Verarmung des politisch bedrängten Landes. Es hat auch andere, der nubischen Kirche gegenüber abwertende Deutungen gegeben, die m.E. nicht wirklich begründet sind.[105] Nach dem archäologischen Befund sehr flacher Taufbecken scheint in Nubien die Taufe nicht durch Untertauchen, sondern wie in der lateinischen Kirche in der Form der Infusionstaufe gespendet worden zu sein.

Die auf Grund der geographischen Lage Nubiens nicht grundlos angenommene Isolation seiner Kirche sollte nicht überbewertet werden. Auch Kontakte zur katholischen Kirche hat es durchaus gegeben. So erschienen nubische Könige im Hochmittelalter als Pilger vielleicht sogar in Santiago de Compostela. Im frühen 14. Jahrhundert gab es angeblich für kurze Zeit eine Dominikanerniederlassung in Dongola.[106] Einer ganzen Reihe mittelalterlicher westeuropäischer Autoren war das Christentum der Nubier bekannt.[107]

---

[103] Im 12. Jahrhundert sollen zwei Bischöfe von Faras sich zur Lehre des Konzils von Chalkedon bekannt haben. (Vgl. Franz Altheim und Ruth Stiehl: Christentum am Roten Meer. Bd. 1. Berlin, New York 1971, S. 523 [in einem Ergänzungsbeitrag von Martin Krause].)

[104] Besonders eindrucksvoll war die Ausmalung der Kathedrale von Faras. – Kazimierz Michalowski: Faras. Die Kathedrale aus dem Wüstensand. Einsiedeln 1967.

[105] Eine Theorie vermutet, dass das Christentum der Spätzeit der nubischen Kirche im Grunde auf die Königsfamilie und den Adel beschränkt war. Es sei zu einer Art von Hofreligion geworden. Die große Masse der Bevölkerung habe nur an abergläubischen und magischen Praktiken mit ursprünglich christlichem Hintergrund partizipiert. – Vgl. Bengt Sundkler und Christopher Steed: A History of the Church in Africa. 2nd Edition. Cambridge 2001.

[106] Selbst von einem lateinischen Bischof in Dongola war in der Forschung schon die Rede. Vgl. Roland Werner: "The Cross has won, it always wins!" The early Nubian Church

Seit dem 12. Jahrhundert geriet ganz Nubien in eine Krise, die auch die Kirche Nubiens aufs schwerste betraf. Seit der Übernahme der Macht in Ägypten durch die Ayubiden wurde der bis dahin beachtete Vertrag (*baqt* von lat. *pactum*), der schon bald nach der Eroberung Ägyptens durch die Muslime abgeschlossen war, massiv gebrochen. Anlass war allerdings ein 1171 von Nubien aus unternommener Angriff ägyptischer Söldner, die zuvor nach einem missglückten Aufstand aus Ägypten geflohen waren. Fatalerweise hatten sich diesem Angriff auch einige christliche Nubier angeschlossen. Dies war Anlass für Sultan Schams ed Daula, den Bruder des großen Saladin, Niedernubien, d.h. das ehemalige Nobatia, zu erobern, das bald gewaltsam islamisiert wurde. Nach der Errichtung der Mamelukenherrschaft in Ägypten verschärften sich die Konflikte und die Eroberung des Kernraums, also des alten Makuria, begann. Sie war 1317 im Wesentlichen abgeschlossen.[108]

Die Kirchen wurden in Moscheen verwandelt und die Christen, die jetzt der Kopfsteuer unterworfen waren, wurden zu deren Unterhalt verpflichtet. Unter massivem sozialem und wirtschaftlichem Druck kam es in den folgenden Jahrhunderten zu immer umfangreicherem Glaubensabfall der Christen. Es bestand aber bis ins 15. Jahrhundert (1484?) im mittleren Nubien das kleine christliche Restreich Dotawo, dessen Zentrum ungefähr gegenüber von Dongola, der ehemaligen Hauptstadt von Makuria, auf der anderen Nilseite lag. Dieses Restreich stand nach wie vor in Kontakt mit dem koptischen Patriarchat und erhielt von dort auch relativ regelmäßig nach eingetretener Sedisvakanz einen Bischof.

Das Königreich Aloa im Süden blieb zunächst weitgehend von der Katastrophe, die das übrige Nubien seit dem 14. Jahrhundert traf, verschont. Die historischen Informationen über Aloa, das am weitesten vom Mittelmeer und von Ägypten entfernt lag, sind aber noch spärlicher als über das übrige Nubien. Auch die archäologischen Forschungsergebnisse sind ungleich geringer. Wegen der Lage in der Sahel-Zone, also außerhalb des echten Wüstenklimas, sind mögliche Bodenfunde weit schlechter erhalten als weiter nördlich. Aus älteren arabischen Quellen geht hervor, dass Soba, die Hauptstadt des Reiches, die etwa 20km nördlich der heutigen Hauptstadt des Sudan Khartum lag, im 10. Jahrhundert eine prächtige Stadt war. Wie die Verhältnisse in der Spätzeit waren, ist nicht bekannt. Archäologisch sind zwei große Kirchen nachweisbar, deren größere eine Länge von 60m und eine Breite von 30m aufwies. Es ist aber nicht eindeutig klar, wie lange diese Kirche,

---

and its Faith. In: Day of Devastation. Hrsg. von demselben [u.a.]. Nairobi 2000, S. 19-120, hier S. 102-103.

[107] Von den Brincken, a.a.O. (wie Anm. 87), S. 246-262.

[108] Für die relativ leichte Eroberung spielte auch die Tatsache eine Rolle, dass Nordnubien verglichen mit Ägypten weniger volkreich war, weil das Kulturland beiderseits des Nil eine viel geringere Breite aufwies.

die als Kathedrale anzusprechen ist, faktischer Amtssitz eines Bischofs war, d.h. bis zu welcher Zeit das Königreich Aloa regelmäßig einen aus Ägypten gesandten Bischof erhielt, bzw. wann der immer schwerer realisierbare Kontakt mit dem koptischen Patriarchen abbrach bzw. sehr sporadisch wurde. Anfang des 16. Jahrhunderts wurde das Königreich Aloa durch die Araber des Fungreiches von Sennar[109] vernichtet. Die Hauptstadt wurde vollständig zerstört, vermutlich im Jahr 1504.[110]

Das Ende der christlichen Reiche – wahrscheinlich bestand ein bescheidenes christliches Fürstentum Kokka noch bis ins 18. Jahrhundert[111] – war nicht das Ende des Christentums in Nubien. Um 1520 erschien eine Abordnung von Nubiern beim äthiopischen Kaiser und bat um die Entsendung von Priestern, die letzten ihrer Bischöfe seien schon lange verstorben und Priesterweihen daher nicht möglich. Im 17. Jahrhundert waren große Teile der muslimischen Bevölkerung noch christlich. Dies erfuhren damalige europäische Reisende in Ägypten wie in Ostafrika. Unter zunehmendem islamischem Druck ist die nubische Kirche untergegangen. Sie war am Ende ohne Priester und einige Zeit nach dem Tod der letzten auch ohne Diakone. Das endgültige Ende kam aber vielleicht erst durch Verfolgung während der Zeit des ostsudanischen Mahdireiches (1881/83-1898).[112]

---

[109] Zu diesem: Osbert Guy Stanhope Crawford: The Fung Kingdom of Sennar. With a geographical accont of the Middle Nile region. Gloucester 1951.

[110] Für die Forschung sehr unglücklich ist die Tatsache, dass die Steine ihrer Ruinen sehr viel später bei Bauten in der sudanesischen Hauptstadt Khartum verwendet wurden.

[111] Sunkler / Steed, a.a.O. (wie Anm. 105), S. 34. – Es gibt freilich auch eine Theorie das "Königreich von Kokka sei muslimisch gewesen". Vgl. Ali Osman: The Post-medieval Kingdom of Kokka. In: Nubian Studies 1982, S. 185-197.

[112] Piotr O. Scholz: [Artikel] Nubien. In: Theologische Realenzyklopädie. Bd. 24. Berlin, New York 1994, S. 682-698, hier S. 692.

III. Die (west-)syrische Christenheit

1. Die apostolisch begründete Kirche in Antiochien bis ins 3. Jahrhundert

In Antiochia entstand eine der ältesten christlichen Gemeinden, die erste nicht ganz überwiegend von Judenchristen, sondern auch von Gläubigen hellenistischer Herkunft gebildete Ortskirche überhaupt. Hier wurde zuerst für die Mitglieder der Kirche Christi die Bezeichnung "Christen" geprägt.[1] Hier wirkten Paulus und Barnabas und mit dieser Stadt, der seleukidischen und römischen Metropole Syriens, ist auch der "Antiochenische Streitfall" verbunden, bei dem Petrus und Paulus über die Verpflichtung der Heidenchristen zum mosaischen Gesetz verschiedener Meinung waren.[2] Der Überlieferung nach leitete Petrus vom Jahr 34 bis zum Jahr 41 als ihr quasi erster Bischof sieben Jahre die antiochenische Gemeinde.[3] Der maronitische Patriarch von Antiochien fügt noch heute den Namen des Apostelfürsten, als dessen Nachfolger in Antiochien er sich betrachtet, im Titel seinem eigenen Namen bei. Neben den so genannten "Zufällen" der Geschichte ist sicher das Ansehen der apostolischen Gründung Ursache für die Tatsache, dass heute die obersten Bischöfe von fünf verschiedenen Kirchen sich Patriarchen von Antiochien nennen.[4] Von diesen residiert allerdings heute kein einziger mehr in Antiochien.[5] (Dieses ist heute eine nicht allzu bedeutende Stadt in der Türkei, die "Antakya" heißt. An die Anfänge des Christentums dort erinnert nur noch die "Höhlenkirche des heiligen Petrus" am Stadtrand, die aber gewiss kein authentisch frühchristliches Gotteshaus ist.)

Des heiligen Petrus – nach der Tradition sogar unmittelbarer – Nachfolger war der zu den Apostolischen Vätern gerechnete heilige Bischof Ignatius von Antiochien[6],

---

[1] Apg 11,26. – In Apg 11,24-30 wird von einer Kollekte der Gemeinde in Antiochien für die Bedürfnisse der Gemeinde in Jerusalem berichtet.

[2] Apg 15,1-30; Gal 2,11-14.

[3] Zum früheren Fest "Petri Stuhlfeier zu Antiochien" in der Katholischen Kirche s.o. S. 25, Anm. 3.

[4] Es sind dies die Patriarchen dreier (alt)orientalischer Kirchen, der Syrischen ("Jakobitischen"), der Unierten Syrischen und der Maronitischen Kirche, und der Patriarch der Rum-Orthodoxen (melkitischen) Kirche sowie der Patriarch der katholischen Melkiten. (Das 1098 begründete Lateinische Patriarchat von Antiochien wurde schon im Mittelalter zum Titularpatriachat und existierte als solches bis weit in die Neuzeit. Heute ist es erloschen.)

[5] Der Patriarch der katholischen Melkiten residiert in Beirut, der der Maroniten im libanesischen Bkerke, der der Syrisch-Katholischen Kirche im libanesischen Šarfeh. Die Residenz der beiden übrigen Patriarchen ist in Damaskus.

[6] Henning Paulsen: Studien zur Theologie des Ignatius von Antiochien. Göttingen 1978. – Ders.: Ignatius von Antiochien. In: Gestalten der Kirchengeschichte. Bd. 1. (Alte Kirche. 1.)

der spätestens 117 als Martyrer in Rom starb[7] und von den orientalischen Kirchen, der byzantinisch-orthodoxen und der katholischen Kirche gleichermaßen hoch verehrt wird. Seine in verschiedenen, kürzeren und längeren Fassungen überlieferten sieben Briefe, deren Echtheit freilich umstritten ist, haben in Theologie- und Frömmigkeitsgeschichte eine sehr große Rolle gespielt.[8] Die deutliche Christozentrik seiner Theologie hat sich wohl noch in der späteren Antiochenischen Schule ausgewirkt. In besonderem Maße bekämpfte er doketische Meinungen und betonte er die Realität der Menschwerdung Christi. Seit dem Mittelalter bis zur Gegenwart führen alle syrisch-orthodoxen Patriarchen von Antiochien den Amtsnamen Ignatius, der dem eigenen Namen vorangestellt wird.

Unter den Nachfolgern des Kirchenvaters Ignatius bis zum Ende der Christenverfolgungen werden mehrere als Heilige verehrt. Einer der Bischöfe aber erwies sich als sehr problematisch, und zwar Paulus von Samosata. Dieser, der auch im römischen Sonderreich Palmyra das Amt des *ducenarius* (einer Art von Finanzminister) bekleidete und wahrscheinlich seit 260 Bischof von Antiochia war, wurde mehrmals der Häresie bezichtigt und 268 oder 272 wegen dieser abgesetzt. Kaiser Aurelian, der die innerchristlichen Streitigkeiten als eine politische Unruhequelle ansah, verbannte ihn.[9]

Über die Irrlehre des Paulus von Samosata wissen wir nichts Genaues. Die Vielzahl der verschiedenen, späteren Überlieferungen macht ein Urteil unmöglich. Paulus von Samasota wurde schließlich zu einer Art Mythos in der Ketzergeschichte. Wir wissen aber sicher, dass er sich einen prachtvollen Bischofsthron errichten ließ[10], was zum Widerspruch herausforderte und indirekt belegt, über welch hohe weltliche Machtstellung der Bischof der Großstadt Antiochien auch in vorkonstantinischer Zeit zumindest vorübergehend verfügt haben muss.

Stuttgart [u.a.] 1984, S. 38-50. – Allen Brent: Ignatius of Antioch. A martyr bishop and the origin of episcopy. London [u.a.] 2007.

[7] Wahrscheinliches Todesjahr war 107 oder 110. – Der heilige Ignatius wurde den wilden Tieren vorgeworfen und er ist einer der wenigen unter den zahlreichen in der Stadt Rom getöteten Martyrern, die mit größter Wahrscheinlichkeit im Colosseum starben.

[8] Reinoldus Weijenborg: Les lettres d'Ignace d'Antioche. Leiden 1969. – Henning Paulsen: Die Briefe des Ignatius von Antiochien und der Brief des Polykarp von Smyrna. Tübingen 1985.

[9] Kaiser Aurelian (270-275), einer der großen Reorganisatoren nach der Reichskrise des 3. Jahrhunderts, war kein Christenverfolger, plante aber am Ende seiner Regierung eine Christenverfolgung. Diese fand dann wegen seines Todes nicht statt.

[10] Hans Ulrich Instinsky: Bischofsstuhl und Kaiserthron. Mainz 1955. – Eduard Stommel: Bischofsstuhl und Hoher Thron. In: Jahrbuch für Antike und Christentum 1 (1958), S. 52-78.

2. Die Antiochenische Theologenschule

Spätestens im 3. Jahrhundert entstand die Antiochenische Theologenschule. Auch für diese ist der dogmatische Streit zur Zeit des Paulus von Samosata mit seinen intellektuellen Implikationen ein zumindest indirektes Indiz. Im Unterschied zur Alexandrinischen Schule war die Schule von Antiochia keine institutionalisierte Einrichtung. Sie bezeichnet vielmehr nur eine besondere Tradition in der Exegese und der Dogmatik, die mit Theologen in und aus Antiochien verbunden ist.[11]

Diese "Antiochenische Schule" zeichnete sich durch eine besonders rationale Grundhaltung aus. Ihre Exegese war stark philologisch bestimmt und ganz im Gegensatz zur Alexandrinischen Schule wenig auf den allegorischen Schriftsinn ausgerichtet. In stärkstem Gegensatz zu Philon von Alexandrien (†45/50 n.Chr.), dem großen jüdischen Exegeten, dem die christlichen alexandrinischen Theologen verpflichtet blieben, betonte man den Literalsinn.

Die antiochenische Christologie war unter anderem von der Verteidigung der biblisch-realen Menschheit Christi bestimmt. Während der Anfang der Antiochenischen Schule, der mit dem heiligen Serapion, Bischof von Antiochia (†211) und mit Geminos († um 230) beginnt, nur sehr undeutlich fassbar ist, und von Malchion, dem Hauptgegner des Paulus von Samosata, kaum Schriftliches überliefert ist, gewinnt die antiochenische Lehrtradition mit Lukianos von Antiochien (†312) Kontur.

Ihren Höhepunkt erreichte die Antiochenische Schule mit Diodor von Tarsus († um 390), der teilweise exegetisch und theologisch auf Eusebius von Emesa (†359) aufbaute. Zu Diodors, ihn an Bedeutung übertreffenden Schülern gehören der heilige Kirchenlehrer Johannes Chrysostomus (†407) und die "besonders antiochenischen" Theologen Theodor von Mopsuestia (†428)[12] und (als indirekter Schüler) Theodoret von Kyrrhoi († um 560).[13] Die beiden letzteren, die im sog. Dreikapitelstreit von der Reichskirche verurteilt wurden, sind später – vor allem Theodor von

---

[11] Heinrich Kihn: Die Bedeutung der antiochenischen Schule auf exegetischem Gebiet. Weißenburg 1866. – Ludwig Dennefeld: Der alttestamentliche Kanon der Antiochenischen Schule. Freiburg 1909. – Alberto Vaccari: La "teoria" essegetica antiochena. In: Biblica 1 (1920), S. 3-36.

[12] Francis A. Sullivan: The Christology of Theodore de Mopsuestia. Rom 1956. – Alfred Raddatz: Theodor von Mopsuestia. In: Gestalten der Kirchengeschichte. Bd. 2. (Alte Kirche. 2.) Stuttgart [u.a.] 1984, S. 167-177.

[13] Gerhard Koch: Strukturen und Geschichte des Heils in der Theologie des Theodoret von Kyros. Eine dogmen- und theologiegeschichtliche Untersuchung. Frankfurt a.M. 1974. – Kurt Smolak: Theodoret von Cyrus. In: Gestalten in der Kirchengeschichte, ebenda S. 239-250.

Mopsuestia – geradezu zu "Basistheologen" der ("nestorianischen") Apostolischen Kirche des Ostens (s.o. Abschn. I.) geworden.

3. Die Entstehung der eigenständigen syrischen Kirchen

Durch die Schaffung der staatlichen Diözese Oriens, die ganz Syrien-Palästina, Nordwestmesopotamien, Kilikien und Isaurien umfasste, im Rahmen der diokletianischen Reichsreform wurde die Ausbildung des auf dem Konzil von Nizäa als Großkirche anerkannten Patriarchats Antiochien weiter begünstigt. So umfasste das Patriarchat dann im 4. Jahrhundert fünfzehn Kirchenprovinzen mit insgesamt weit über zweihundert Bistümern.[14] Von 330 bis 360 bemächtigten sich die Arianer des Patriarchalsitzes. Der seit 361 regierende orthodoxe Patriarch, der heilige Meletius, traf auf eine außerordentlich schwierige Situation.[15]

Die Anhänger des 330 als Patriarchen abgesetzten orthodoxen Patriarchen, des heiligen Eustathius, zweifelten offenbar an Meletius' Rechtgläubigkeit. Noch bevor Meletius, der sich eindeutig zu Nizäa bekannt hatte, deshalb vom arianischen Kaiser Constantius II. abgesetzt und verbannt wurde, wählten sie den Priester Paulinos zu ihrem Bischof, für den der heilige Athanasius von Alexandrien eintrat und den der gerade in Antiochien weilende ebenfalls nizänische Lucifer von Cagliari[16] zum Bischof weihte. Es war Kaiser Julian Apostata, der innerkirchlichen Streitigkeiten indifferent gegenüberstand, unter dessen Regierung Meletius 362 nach Antiochien zurückkehren konnte, doch das Schisma mit der freilich kleiner werdenden Gruppe der Eustathianer wurde erst lange nach Meletius' Tod 413 beendet. Meletius starb hochangesehen während des Ökumenischen Konzils von Konstantinopel 381 als dessen Vorsitzender. Es sollte das Schicksal der durch heftige theologische Diskussionen besonders betroffenen syrischen Kirche werden, dass sie im Streit um das Konzil von Chalkedon von 451 in den folgenden Jahrhunderten in drei Kirchen gespalten wurde.

Die Ausgangslage nach dem Konzil von Chalkedon war im syrischen Patriarchat von Antiochien trotz einer grundlegenden Gemeinsamkeit sehr verschieden von der Situation im ägyptischen Patriarchat von Alexandria. Gemeinsam war die Ableh-

---

[14] Durch das Konzil von Chalkedon wurden drei Provinzen abgetrennt, nämlich die, die dem neuen Patriarchat von Jerusalem zugeteilt wurden. Im 6. Jahrhundert hatte das Patriarchat von Antiochien dann nicht nur noch zwölf, sondern wieder dreizehn Metropolien.

[15] Ferdinand Cavallera: Le schisme d'Antioche, IVe-Ve siècle. Paris 1905.

[16] Auch Bischof Lucifer von Caglari auf Sardinien († um 370) wurde später auf seiner Heimatinsel als Heiliger verehrt. Mit seinen besonders rigorosen Ansichtigen im Kampf für das Konzil von Nizäa hatte er auch im Orient Anhänger (Bischof Heraklios von Oxyrhynchos in Unterägypten).

nung der christologischen Definition des Konzils durch die Mehrheit der nicht hellenisierten Teile der Bevölkerung. Verschieden groß war aber das Zahlenverhältnis zwischen den Gräkophonen und den Nicht-Gräkophonen. Während die Kopten eine sehr eindeutige Mehrheit in Ägypten bildeten, war die Mehrheit der aramäisch sprechenden Syrer weniger ausgeprägt. Außerdem war die Entsprechung zwischen der Sprachzugehörigkeit und der religiösen Entscheidung, die auch in Ägypten selbstverständlich keine vollkommene war, in Syrien weit weniger deutlich. Trotzdem, die Mehrheit derer, die dem Konzil von Chalkedon folgten, lebte in Syrien in den küstennahen Gebieten und sprach griechisch. Im Landesinnern dominierten die aramäisch sprechenden Syrer, die Chalkedon ablehnten.

Entscheidend im Kampf der sich neu bildenden beiden Konfessionen war die Besetzung des Patriarchenstuhls von Antiochia. 512 wurde Severus, ein entschiedener Antichalkedonenser, Patriarch.[17] Er gilt bis heute als einer der bedeutendsten Kirchenväter der miaphysitischen syrischen Kirche. 518 beim Regierungsantritt des Kaisers Justin I. († 527) wurde er abgesetzt und nach Ägypten verbannt. Dort starb er 538. Solange die byzantinische Herrschaft in Syrien dauerte, konnten die Chalkedonenser das Patriarchat in ihrer Hand behalten.

Die miaphysitischen Christen wurden in den Untergrund gedrängt, zumal Justins Neffe und Nachfolger Kaiser Justinian (527-565) nach Versuchen, sie mit der Reichskirche zu versöhnen – er verhandelte auch mit dem verbannten Patriarchen Severus –, die Miaphysiten aufs neue bedrückte. Sie gerieten in eine Existenzkrise, da ihre abgesetzten Bischöfe, die keine Nachfolger hatten, immer älter wurden und starben, so dass auch keine miaphysitischen Priester geweiht werden konnten. In dieser Lage rettet Jakob Baradai (Jacobus Baradaeus) seine Kirche.[18]

Grundbedingung dies zu tun, war seine gültige Weihe zum Bischof, und die Bischofsweihe erhielt er 542. Die dafür notwendigen äußeren Umstände lagen in einer kirchen- und profanhistorisch besonderen Situation. Die östlich von Syrien existierende arabische Stammesföderation der Ghassaniden war ein byzantinischer Vasallenstaat von für Byzanz großer strategischer Bedeutung für die Abwehr der persischen Bedrohung.[19] Die Ghassaniden waren Miaphysiten, und sie wollten einen eigenen Bischof ihres Bekenntnisses. Um dies zu ermöglichen, ließ die Kaiserin Theodora (schwerlich ohne Wissen des Kaisers Justinian) den abgesetzten

---

[17] Joseph Lebon: Le monophysitisme severien. Leuven 1909. – William Hugh Clifford Frend: The rise of Monophysite Movement. Cambridge 1972, S. 184-254.

[18] Hendrik Gerrit Kleyn: Jacobus Baradaeus. De stichter der syrische monophysietische kerk. Leiden 1882. – David Bundy: Jacob Baradaeus. The state of research. A review of sources an a new approach. In: Le Muséon 91 (1978), S. 45-86.

[19] Mark Whittow: Rome and the Jafnids. Writing the history of a 6th-century tribul dynasty. In: The Roman and Byzantine Near East. Ed. John Humphey. Vol. 2. Portsmouth 2002, S. 207-224.

miaphysitischen Patriarchen Theodosios von Alexandrien und Ägypten, der nun in ihrem Palast in Konstantinopel lebte, einen miaphysitischen Araber zum Bischof weihen.

Bei dieser Gelegenheit wurde vermutlich aus ähnlich politischen Motiven Jakob Baradai zum Bischof von Edessa im äußersten Osten der Präfektur Oriens geweiht. Dieser aber dachte nicht daran, sich als Bischof nur im östlichen Grenzgebiet Syriens zu betätigen. Er zog vielmehr in ganz Syrien umher und weihte Priester seines Bekenntnisses und er fand noch zwei abgesetzte Bischöfe, um mit diesen zusammen auch miaphysitische Bischöfe weihen zu können. Er soll auf diese Weise insgesamt fünfundzwanzig neue Bischöfe geweiht haben.[20] Um der Verhaftung zu entgehen, reiste er in Lumpen verkleidet wie ein Bettler, daher sein Beiname "Baradai" (= in Lumpen). Jakob Baradai starb 578, nachdem er dreieinhalb Jahrzehnte so in Syrien gewirkt hatte.

Auf diese Weise organisierte der aufopferungsvolle Seelsorger Jakob Baradai eine syrische Gegenkirche, deren Anhänger die Reichskirche "Jakobiten" nannte. Diese Bezeichnung wurde von den byzantinisch-orthodoxen und lateinischen Christen bis ins 20. Jahrhundert gebraucht und war auch in der wissenschaftlichen Literatur fest eingebürgert. Die miaphysitischen Syrer haben sie bei aller Verehrung für ihren großen Heiligen Jakob Baradai im Allgemeinen nicht gebraucht und empfinden sie heute als unpassend.

Wie gesagt erfolgte die Spaltung der syrischen Kirche keineswegs in genauer Übereinstimmung mit der Sprachgrenze. So folgte das vom heiligen Maron († nach 410) begründete Kloster – nach ihm später Beth Maron genannt – südlich von Antiochia dem Konzil von Chalkedon. Dieses Kloster wurde vom streng orthodoxen Kaiser Markian (450-457) sehr gefördert und vergrößert. Um das Kloster sammelten sich chalkedonensisch gesinnte Christen syrischer Sprache. Im Jahre 517 wurden nach der Überlieferung am 31. Juli dreihundertfünfzig Mönche dieses Klosters von miaphysitischen Syrern massakriert. Das Kloster bestand dennoch weiter und wurde von Kaiser Herakleios (610-641) besonders gefördert. Nach seinem großen Sieg über die persischen Sassaniden (627/28)[21] und der Befreiung Syriens besuchte dieser Kaiser persönlich das Maron-Kloster.

Es mag die besondere Verbindung zu Herakleios I. gewesen sein, die die Mönche mit den zahlreichen von ihnen betreuten syrischsprechenden Gläubigen veranlasste, sich dessen theologischen Vermittlungsversuchen zwischen Chalkedonensern

[20] Zum miaphysitischen Patriarchen von Antiochien weihte er Sergius von Tella († um 560), der allerdings nie nach Antiochien kam.

[21] James Howard-Johnston: Heraclius' Persian Campaigns and the Revival of the East Roman Empire 622-630. In: War in History 6 (1999), S. 1-44. – Zu Herakleios als Herrscher insgesamt: Walter E. Kaegi: Heraclius – Emperor of Byzantium. Cambridge 2003.

und Miaphysiten[22] gegenüber sehr offen zu zeigen. So stimmte man der 638 vom Kaiser promulgierten *Ekthesis*, deren Text bereits 635 vom byzantinischen Patriarchen Sergius verfasst worden war, zu. Die maronitische Gemeinschaft wurde so monotheletisch, aber sicher ohne das Bewusstsein, sich dadurch von der einen Kirche zu trennen. Auch zu einem offiziellen Bruch mit den Melkiten kam es zunächst nicht. Erst als der melkitische Patriarch Theophylakt bar Qanbara (744/45-747) gegen alle monotheletischen Strömungen gewaltsam vorging[23], trennten sich die Maroniten von den Melkiten. Seit wann genau sie einen eigenen Patriarchen hatten (wohl sicher seit dem 9. Jahrhundert), ist nicht bekannt. Eine unsichere Überlieferung nennt als ersten Patriarchen Johannes Mar Maron im 8. Jahrhundert.[24]

Seit 635 eroberten die Muslime Syrien-Palästina. In diesem Jahr fiel Damaskus, und nach der byzantinischen Niederlage in der Schlacht am Yarmuk (636) wurden 638 Jerusalem und Antiochia erobert. Die miaphysitischen Christen Syriens, die nun öffentlich einen eigenen Patriarchen einsetzen konnten, empfanden die islamische Eroberung wohl in weit größerem Maße als Befreiung als wenige Jahre später die Kopten Ägyptens (s.u. S. 45). Ihre, der Miaphysiten und der übrigen Christen, Melkiten und Maroniten, Unterdrückung nahm vor der Ablösung der omayadischen Kalifen durch die abbasidischen (750) keine besondere Schärfe an. Schon der letzte Omayadenkalif Marvan II. hatte dem miaphysitischen Patriarchen aber ein Ernennungsdiplom verliehen. Dem folgten die Abbasiden, und nun war einer Einmischung der muslimischen Machthaber in innerkirchliche Verhältnisse Tür und Tor geöffnet.

Die Gemeinschaft der Maroniten zog sich, um dem muslimischen Druck zu entgehen, im Laufe der folgenden Jahrhunderte aus Nordsyrien in die Bergtäler des Libanon zurück. 925 wurde das Kloster des heiligen Maron zerstört. Es wurde nie wieder aufgebaut. 939 wurde der faktische Amtssitz des maronitischen "Patriarchen von Antiochien" im libanesischen Bergland eingerichtet. So war am Ende des ersten Jahrtausends die Kirche der Maroniten schon seit längerem fest etabliert. Sie war deutlich sowohl von der altorientalischen Kirche der so genannten "Jakobiten" wie von der byzantinisch-orthodoxen Kirche der Melkiten getrennt. Ihre keineswegs wenigen Mitglieder lebten zum großen Teil in einem relativ geschlossenen

---

[22] Christa Lange: Mia Energeia. Untersuchungen zur Einigungspolitik des Kaisers Heraclius und des Patriarchen Sergius von Constantinopel. Tübingen 2012. (Vor der monotheletischen "Lösung" hatte Patriarch Sergios den Monoenergetismus – bzw. Miaenergetismus – vertreten. Ebd. S. 534-536.)

[23] Er bediente sich dabei sogar der ein Jahrhundert zuvor etablierten muslimischen Staatsmacht. (Theophylakt war früher Goldschmied im Dienst des Kalifen Marwan II. gewesen.)

[24] Harald Suermann: Die Gründungsgeschichte der Maronitischen Kirche. (Orientalia biblica et christiana. 10.) Wiesbaden 1998, S. 274-281.

Siedlungsbereich im Libanon. Die räumliche Isolation gewährte ihnen Schutz und war eine der Ursachen, dass so wenig Quellen über ihre Geschichte vor dem ersten Kreuzzug vorhanden sind.

4. Das Aramäische als Liturgiesprache, die westsyrische Liturgie

Aramäisch, die Muttersprache Jesu und der Apostel, war auch die Hauptsprache der ersten Christen.[25] In dieser feierten sie Liturgie, wie das in 1 Kor 16,22 in griechischer Transkription überlieferte Maranatha (μαϱάνα θά) belegt. Während von den Aposteln wohl der galiläische Dialekt, zumindest die galiläische Aussprache des Aramäischen gebraucht wurde, war unter den syrischen Christen seit dem späten 3. und beginnenden 4. Jahrhundert ein aus dem Dialekt von Edessa entwickeltes Aramäisch die verbreitete Liturgiesprache und dieser ursprünglich spätaramäische Dialekt wurde zur syrischen Kirchensprache. Man wird sagen können, dass dieses Syrisch ein Aramäisch ist, das heute noch (in östlicher und westlicher Variante) von der Assyrischen, Chaldäischen, Maronitischen und Syrischen Kirche – zumeist neben modernen Sprachen – gebraucht wird. Zur Erhaltung dieser Liturgiesprache trug gewiss bei, dass ein großer Teil, vor allem der miaphysitischen Christen bis zu ihrer Vertreibung (oder Ermordung) im Ersten Weltkrieg im Gebiet von *Tur 'Abdîn* im Alltag einen neuaramäischen Dialekt, das *Turoyo* sprach.[26] (Die nicht zu den altorientalischen Kirchen gehörende melkitische ["rum-orthodoxe"] Kirche Syriens hat im Zusammenhang mit der Byzantinisierung ihrer Liturgie im Mittelalter das Aramäische als Liturgiesprache durch das Griechische und Arabische ersetzt.)

Auch viele Thomaschristen verwenden das Aramäische noch für Teile ihrer Liturgie. Bei den miaphysitischen syrischen Christen wird der Gebrauch des Aramäischen besonders gepflegt. Die Maroniten gebrauchen heute das Aramäische in stärkerem Maße als im 19. und frühen 20. Jahrhundert.

Die westsyrische Liturgie, deren mit der ostsyrischen[27] gemeinsame Herkunft aus der antiochenischen Liturgie noch sehr deutlich zu erkennen ist, existiert heute in zwei durchaus verschiedenen Formen. Dies sind die des Syrischen Patriarchats und

---

[25] Matthew Black: Die Muttersprache Jesu. Das Aramäische der Evangelien und der Apostelgeschichte. (Beiträge zur Wissenschaft vom Alten und Neuen Testament, 6. Folge. 15.) Stuttgart [u.a.] 1982. – Die (von mir nicht eingesehene) englische Originalausgabe erschien unter einem korrekteren und nicht irreführenden Titel: The Aramaic Approach to the Gospels and Acts. Oxford 1967.

[26] Hans Hollerweger: Lebendiges Kulturerbe. Turabdin. Wo die Sprache Jesu gesprochen wird. (Dreisprachige Ausg.: dt. [Originaltext], engl., türkisch.) Linz 1999.

[27] Zu dieser s.o. S. 33-34.

die der Maroniten. Letztere unterlag – lange vor ihrer weitgehenden Latinisierung – vermutlich auch ostsyrischen Einflüssen. Eine originär westsyrische Liturgie praktizieren die Gläubigen des Syrischen Patriarchats. Ein besonderes Kennzeichen dieser ist die relativ geringe Zahl der Heiligengedenktage.[28] Das Fest der Kreuzerhöhung (am 14. September, also zum selben historisch vorgegebenen Datum wie in fast allen Kirchen) wird unter besonderem eschatologischem Aspekt gefeiert[29] und das sog. "Ninive-Fasten"[30] zwischen Epiphanie und österlicher Bußzeit entspricht dem in der Apostolischen Kirche des Ostens bzw. in deren assyrischer und chaldäischer Nachfolgekirche.

5. **Syrisch-Orthodoxe Kirche** (sog. "Jakobiten")

Für die unter muslimischer Herrschaft lebenden miaphysitischen Syrer war die zweite Hälfte des 10. und das 11. Jahrhundert eine Zeit der Prüfung, die mit einer großen Enttäuschung begann. Sie hatten, wie die schon um 690 entstandene sog. Apokalypse des Pseudo-Methodios[31] bezeugt, auf eine Befreiung durch die byzantinischen Kaiser gehofft, verbunden mit der noch größeren Hoffnung, diese würden das miaphysitische Bekenntnis annehmen. Schon seit den Dreißigerjahren des 10. Jahrhunderts begannen die byzantinischen Rückeroberungen im kilikischen und nordsyrischen Bereich.[32] 969 gelang es sogar die Stadt Antiochia zu erobern. Der syrische Patriarch Johannes VII. (965-985), der im selben Jahr zu einer Disputation nach Konstantinopel eingeladen worden war, wurde dort gefangengesetzt, weil er sich weigerte, das Konzil von Chalkedon anzuerkennen.[33] Auf Grund dann weiter zunehmender Repressalien entschloss sich der Patriarch Dionysios IV. (1031-1042) dann sogar seine Residenz wieder ins muslimische Gebiet zu verlegen, nachdem im 10. Jahrhundert zahlreiche seiner Glaubensgenossen auf wieder byzantinisches Gebiet in Nordsyrien gezogen waren. Das Verhältnis zwischen der syrischen und byzantinischen Kirche wurde zunehmend von Verbitterung geprägt.

---

[28] Andreas Heinz: Feste und Feiern im Kirchenjahr nach dem Ritus der Syrisch-Orthodoxen Kirche von Antiochien (M'ad'dono). (Sophia. Quellen östlicher Theologie. 31.) Trier 1998, S. 112.

[29] Ebd., S. 110-112.

[30] Ebd., S. 63-64.

[31] Gerrit Jan Reinink: Die syrische Apokalypse des Pseudo-Methodios. (Corpus scriptorum Christianorum orientalium. 540/541.) Leuven 1993.

[32] Nach der Eroberung von Melitene (nach 930), gelang 942 sogar die des auch von der kirchlichen Tradition her hochbedeutenden Edessa und bald darauf auch die von Germanikeia. 958 eroberten die Byzantiner Samosata.

[33] Karl Pinggéra: Die Kirchen der syrisch-orthodoxen Tradition. In: Die altorientalischen Kirchen. Glaube und Geschichte. Hrsg. von Christian Lange und Karl Pinggéra. Darmstadt 2010, S. 77-88, hier S. 81.

Diese Verbitterung zeigte sich besonders deutlich darin, dass man von Seiten der Christen des syrischen Patriarchats die in Syrien seit 1097/98 präsenten fränkischen Kreuzfahrer (die ja auch Chalkedonenser waren[34]) weit positiver bewertete als die Byzantiner. Patriarch Michael I. "der Große" (1166-1199)[35] sah in den "Franken", die sich in ihrem von 1098-1268 bestehenden Fürstentum Antiochia dauerhaft eingerichtet hatten, wohl eher Beschützer als Unterdrücker.[36] Besonderes Lob hatte er für die Ritter des Templerordens. Anders als die "Franken" selbst war sich dieser Patriarch aber vollkommen der Tatsache bewusst, dass diese rein theologisch betrachtet den "Griechen" näher standen als seiner eigenen Kirche.

Wenn man das 12. und 13. Jahrhundert als "Syrische Renaissance" der Kirchen von Antiochien bezeichnet[37], so ist dies nicht zuletzt auf die überragende Gestalt des Gregorius Bar Hebraeus (G. *ibn al 'Ibri*, 1226-1286)[38] bezogen. Dieser war der Sohn eines konvertierten jüdischen Arztes. 1252/58 wurde er Bischof von Aleppo und nach 1264 *Maphrian*. Das Amt des Maphrian bestand ursprünglich in der Vertretung des Patriarchen für die in Persien liegenden Gebiete der antiochenischen Kirche.[39] Für diese kamen ihm eigene Weihevollmachten zu[40], und man könnte ihn daher als "Vizepatriarchen für den Osten" bezeichnen. Zur Zeit des Gregorius Bar Hebraeus war der Träger dieses Titels aber schon weitgehend diesem besonderen Amtsbereich, der ja seit der islamischen Eroberung keine politische Sonderstellung mehr hatte, entfremdet. Er selbst hat seine Titularresidenz Tigrat aber noch nicht gänzlich als solche aufgefasst und sich dort in seiner mehr als zwanzigjährigen Amtszeit wenigstens mehrere Monate aufgehalten. Faktisch war der Maphrian bereits ein allgemeiner Stellvertreter des Patriarchen geworden. Gregorius Bar

---

[34] Die meisten "Franken" waren sich nämlich der dogmatischen Unterschiede in der Christologie nicht bewusst. – 1130 fand in der Lateinerkirche von Edessa die Weihe des syrischen Pariarchen Johannes XIII. statt. Patriarch Athanasius VIII. weihte 1156 zusammen mit dem lateinischen Patriarchen in Antiochia eine neuerbaute Kirche.

[35] Peter Nagel: Michael I. In: Syrische Kirchenväter. Hrsg. von Wassilios Klein. (Kohlhammer-[Urban-] Taschenbücher. 587) Stuttgart 2004, S. 228-239.

[36] Dorothea Weltecke: Die "Beschreibung der Zeiten" von Mōr Michael dem Großen (1126-1199). Eine Studie zu ihrem historischen und historiographischen Kontext. (Corpus scriptorum Christianorum orientalium, Subsidia. 110) Leuven 2003.

[37] Vgl. Peter Kawerau: Die Jakobitische Kirche im Zeitalter der syrischen Renaissance. Idee und Wirklichkeit. (Berliner Byzantinistische Arbeiten. 3.) Berlin 1960.

[38] Wolfgang Hage: Gregorius Barhebräus. In: Gestalten der Kirchengeschichte. Bd. 4. Hrsg. von Martin Greschat. Stuttgart [u.a.] 1983, S. 63-72. – Zu seinen Schriften: Johann Goettsberger: Barhebräus und seine Scholien zur Heiligen Schrift. Freiburg i.Br. 1900.

[39] Ein unmittelbares Eingreifen des im römischen bzw. byzantinischen Antiochia residierenden Patriarchen wäre von den persischen Sassaniden als Einmischung des feindlichen Auslandes in die inneren Angelegenheiten des Reiches gedeutet worden.

[40] Auf die umfangreichen Weihevollmachten deutet wohl auch die Amtsbezeichnung Maphrian (="Befruchter") hin.

Hebraeus war ein eifriger Seelsorger und außerdem ein Gelehrter, der auf Grund seiner universalen Interessen zu Recht mit seinem Zeitgenossen Albertus Magnus verglichen wurde. Sein einflussreichstes Werk war wohl dogmatischer Natur und eine Art Summe der Theologie "Buch des Leuchters des Allerheiligsten".[41]

Am Ende des 13. Jahrhunderts begann für die "jakobitische" westsyrische Kirche (ähnlich wie bald darauf für die der ostsyrischen "Nestorianer") eine lange Zeit der Prüfungen und des Niedergangs. Die Hauptursachen waren auch hier äußerer Natur, zunehmende Intoleranz gegenüber den christlichen Minderheiten, die große Pandemie der Beulenpest um die Mitte des 14. Jahrhunderts und die mörderischen Feldzüge des Timur Lenk († 1405). Die innere Krise begann nach der Regierungszeit des Patriarchen Ignatius IV. (1283-1292). Nach dessen Tod wurden an mehreren Orten Nachfolger eingesetzt. Es begann eine Zeit der Schismen, und zeitweilig amtierten fünf Patriarchen gleichzeitig.[42] Die Einheit wurde erst wieder unter Patriarch Ignatius XII. Nuh (1493-1509) erreicht. Die Zahl der Kirchenmitglieder war nur noch sehr gering, sie wurde vom Osmanischen Staat der *Millet* der Armenier zugeordnet. Im 17. Jahrhundert dehnte sich die westsyrische Kirche aber in ein Gebiet aus, in dem sie bislang keine Gläubigen gehabt hatte. Ihre Mitgliederzahl wurde mehr als verdoppelt durch den Eintritt indischer Thomaschristen, die ursprünglich der ostsyrischen ("nestorianischen") Kirche angehört hatten, und vorübergehend mit der katholischen Kirche uniert gewesen waren (s.u. im Abschn. V,3, S. 124). In der Gegenwart ist dieser Teil der syrisch miaphysitischen Kirche, die Malankarisch-Syrische Kirche, weit größer als der ursprünglich antiochenische. Da er aber seit 1975 autokephal ist[43] wird er hier im Zusammenhang der Thomaschristen behandelt (s.u., Abschn. V,6, S. 126-127).

1860 kam es zu einem großen Massaker unter den in Damaskus lebenden christlichen Syrern. 1882 wurden die westsyrischen Christen auf diplomatischen britischen Druck hin vom osmanischen Staat endlich als eigene *Millet* anerkannt.[44] Die Christenpogrome von 1894 bis 1896 forderten auch unter den Westsyrern viele

---

[41] Peter Kawerau: Bar Hebräus. Die monophysitische Summa theologica. In: Ders.: Christentum des Ostens. Stuttgart 1972, S. 63-83.

[42] Patriarchalsitze waren Barsauma (südlich von Melitene), Mardin, Sis (Kilikien) sowie einer im Zentrum der Landschaft Tur 'Abdin, der 1488 noch ein Gegenpatriarchat erhielt.

[43] Oberhaupt ist ein eigener Katholikos, der sich in der Nachfolge des Maphrian sieht. (Dieses Amt wurde innerhalb der eigentlichen miaphysitischen syrischen Kirche im 19. Jahrhundert abgeschafft. Zuvor hatte es Jahrhunderte lang nur noch in formaler Hinsicht bestanden.) Er ist in voller Gemeinschaft mit dem Patriarchen von Antiochien. Er untersteht ihm nicht, wohl aber ist er der gemeinsamen Synode beider Kirchenteile verantwortlich.

[44] 1874/75 reiste Patriarch Ignatius XXIV. Petrus nach London, wo er großen Eindruck auf Königin Victoria machte und erfolgreich um Unterstützung für die Einrichtung einer eigenen Druckerei bat.

Menschenleben. Beim Genozid an den Armeniern 1915 (s.u. S. 109-111) wurden auch etwa hunderttausend syrische Christen ermordet. Der Patriarchensitz, der sich seit Jahrhunderten im sog. Safrankloster bei Mardin befand, wurde 1920 nach Mosul verlegt, da man vom sich bildenden neuen türkischen Staat Gefahren fürchtete.[45] Seit 1932 residierte Patriarch Ignatius XXXVIII. Aprem in Homs unter dem Schutz der französischen Mandatsregierung.[46] 1959 wurde der Patriarchensitz nach Damaskus verlegt. Es ist daher nicht übertrieben, von einem zeitweiligen "Patriarchat auf der Flucht" zu reden, und heute ist auch die Zuflucht in Damaskus nicht mehr sicher. Der offizielle Titel des Patriarchen in der Gegenwart ist "Patriarch von Antiochia und dem Ganzen Orient, Oberhaupt der Universalen Syrisch-Orthodoxen Kirche".

Gegenwärtig hat diese miaphysitische Syrische Kirche ohne ihre indische Schwesterkirche etwa dreihunderttausend Gläubige. Davon leben auf Grund der dramatischen Steigerung der Flucht wegen schwerer Verfolgungen deutlich mehr als die Hälfte in der weltweiten Diaspora.[47] Mehr als hunderttausend Kirchenmitglieder leben in Nord- und Südamerika, knapp achtzigtausend in Europa. Es gibt Erzbistümer in Mitteleuropa und Skandinavien, Patriarchalvikariate in Kanada, den Vereinigten Staaten (Kalifornien und New Jersey), Argentinien und Brasilien. Im Orient existieren neben der Patriarchaldiözese mehr als zehn Erzbistümer, und zwar in Syrien, im Irak und im Libanon. Es bestehen Klöster u.a. in Damaskus und Jerusalem sowie in der Diaspora. Zu letzterem gehört das im August 2000 eingeweihte Kloster St. Jakob von Sarug in Warburg. Es liegt im Bereich der "Diözese in Deutschland", der seit 2007 Erzbischof Dr. Julius Hanna Aydin vorsteht.

---

[45] 1923 im Jahr der Errichtung der Türkischen Republik wurde der längst geflohene Patriarch vom Türkischen Staat dann förmlich verbannt.

[46] Mosul hatte zum britischen Mandatsgebiet gehört, doch lief das Völkerbundmandat für den Irak am 3. Oktober 1932 aus.

[47] Über die Situation der syrischen Christen in der Bundesrepublik gibt es eine für die Zeit bis Ende des 20. Jahrhunderts sehr detailliert beschriebene Untersuchung: Kai Merten: Die syrisch-orthodoxen Christen in der Türkei und in Deutschland. Untersuchungen zu einer Wanderungsbewegung. (Studien zur Orientalischen Kirchengeschichte. 3.) Hamburg 1997.

Bischof der Syrischen ("Jakobitischen") Kirche in einer Darstellung des 18. Jahrhunderts

Kupferstich, Erzbischöfliche Diözesan- und Dombibliothek Köln: 1978.471

Bischof der Syrisch-Katholischen Kirche in einer Darstellung des 18. Jahrhunderts. Auffällig ist die starke Romanisierung besonders durch Rochett und Biretta

Kupferstich, Erzbischöfliche Diözesan- und Dombibliothek Köln: 1978.471

6. Syrisch-Katholische Kirche

1237 schloss sich der "jakobitische" Patriarch Ignatius II. (im Amt seit 1222) persönlich der Römischen Kirche an.[48] Er trat von seinem Amt zurück, begab sich nach Rom und wurde Dominikaner. Auf dem Konzil von Florenz war eine syrische Delegation vertreten, die am 30. September 1444, also rund ein Jahr nach der Verlegung des Konzils nach Rom, ein Unionsdekret unterzeichnete, das aber im Orient völlig wirkungslos blieb. Es ist sicher, dass die syrischen Delegaten ohnehin nur einen Bruchteil ihrer Kirche vertraten, da diese damals durch mehrere Schismen gespalten war (s.o.). Seit dem ersten Drittel des 17. Jahrhunderts wirkten in Syrien Kapuziner und warben intensiv für eine Union.[49] Sie hatten genug Erfolg, der es ermöglichte zwei unierte Erzbistümer in Damaskus (1633) und Aleppo (1656) einzurichten. 1663 erhob Papst Alexander VII. den Erzbischof von Aleppo Andreas Achidschian zum "Patriarchen der Syrer", nicht aber zum "Patriarchen von Antiochien".[50] Sein Nachfolger Petrus Schahbaddin wurde zu Beginn des 18. Jahrhunderts in Adana (Kilikien) von den osmanischen Behörden gefangengesetzt und wahrscheinlich ermordet.[51]

Erst 1781 wählten die unierten Syrer wieder einen Patriarchen und es gelang ihnen, diesen zwei Jahre später in der Residenz des verstorbenen miaphysitischen Patriarchen, im sog. Safrankloster bei Mardin, zu inthronisieren. Diese Besitzname in einer Art Handstreich erwies sich aber nicht zum Segen für die unierte Syrische Kirche. Die überwältigende Mehrheit der syrischen Christen erkannte ihn natürlich nicht an. Immerhin trug der bald zu den Maroniten in den Libanon geflohene Patriarch Ignatius Michael III. Dscharwa/Giarvé nun den ehrwürdigen traditionellen Titel "Patriarch von Antiochien" (päpstliche Bestätigung 1782) und seither ist die Liste der unierten Patriarchen ohne Unterbrechung.

Ein zweifelhafter, weltlicher Vorteil der Syrisch-Katholischen Kirche war in ihrer Frühzeit die zeitweilige, also nicht ununterbrochene Unterstützung durch Frankreich, die ihr auf diplomatischem Wege manchmal Vorteile durch Begünstigung

[48] Wilhelm de Vries: Rom und die Patriarchate des Ostens. (Orbis academicus. 3,4.) Freiburg, München 1963, S. 339. – Joseph Hajjar: Zwischen Rom und Byzanz. Die unierten Christen des Nahen Ostens. Mainz 1972, S. 134 und 153.

[49] Sie wurden von der römischen, 1622 gegründeten *Congregatio de propaganda fide* beauftragt, deren Aufgabe neben der Mission unter Nichtchristen auch ausdrücklich das Wirken für die Union der Orientalen mit Rom war.

[50] Der Titel "Patriarch von Antiochien" wurde wohl absichtlich vermieden, um bei den nicht Unierten nicht den Eindruck einer Usurpation aufkommen zu lassen.

[51] Weder die unierten Syrer noch Rom bestellten einen Nachfolger, wohl aber bezeichnete der Papst den Erzbischof Ishaq Baselyos ibn Dschubayr von Aleppo 1704 mit dem Titel "Patriarch von Aleppo". Dieser verließ aber bald Syrien und begab sich nach Rom, wo er bis zu seinem Tod (nach 1720) ein Gelehrtenleben führte.

seitens der osmanischen Reichsvertretung verschaffte. Gegenüber den unter "jungtürkischen" Vorzeichen organisierten Christenverfolgungen erwies sich dieser Schutz als wertlos. 1920 musste Patriarch Ignatius Dionysius Afrem II.[52] seinen Sitz im türkischen Mardin, in das die Patriarchenresidenz 1854 nach einer Zwischenphase in Aleppo (seit 1831) zurückverlegt worden war, aufgeben. Wiederum wurde der Libanon zum Zufluchtsgebiet.

Gegenwärtig hat die Syrisch-Katholische Kirche rund hundertfünfzigtausend Gläubige, von denen bis vor kurzem hunderttausend im Libanon, im Irak und in Syrien lebten. Etwa dreizehntausend leben in Jordanien, Israel und Palästina. Der Patriarch residiert im Libanon in Šarfeh. Ihm unterstehen die Kirchenmitglieder im Orient, in dem Metropolien in Damaskus und Homs existieren, außerdem einige Erzbistümer ohne Metropolitanverband und drei Patriarchalexarchate.[53] In der außerorientalischen Diaspora lebten vor einem Jahrzehnt etwa dreißigtausend Gläubige, doch nimmt deren Zahl auf Grund der Flucht aus den Heimatländern zu. Es gibt eine Diözese in Nordamerika (Newark in New Jersey) und ein Apostolisches Exarchat in Lateinamerika (Caracas), die unmittelbar Rom unterstehen.

7. Maronitisch-Katholische Kirche

Auch nachdem die Mehrheit der Maroniten sich in den Libanon zurückgezogen und deren Patriarchat dort vor der Mitte des 10. Jahrhunderts seinen Sitz eingerichtet hatte (s.o.), fehlt für die Rekonstruktion der Geschichte dieser Kirche noch anderthalb Jahrhunderte lang eine hinreichende Quellengrundlage. Dies ändert sich erst mit der politischen Situation seit dem ersten Kreuzzug. Nach Wilhelm von Tyrus nahmen die Lateiner schon 1103 Kontakt mit den Maroniten auf.[54] In diesem Jahr errichtete Raimund IV. von Saint-Gilles, Graf von Toulouse, eine Burg bei Tripolis, die Keimzelle einer bedeutenden fränkischen Grafschaft wurde.[55]

---

[52] Der Amtsname "Ignatius", den die Patriarchen der Syrischen Kirche führen, wurde auch von denen der Syrisch-Katholischen Kirche übernommen.

[53] Ein eigenes (kleines) Bistum besteht außerdem in Kairo und die wenigen Gläubigen im Sudan sind unmittelbar dem Patriarchen zugeordnet.

[54] Guillelmus Tyrensis archiepiscopus: Historia rerum in partibus transmarinis gestarum, Lib VII., cap. 21. Migne, PL 201, Sp. 398D-399D.

[55] 1109 gelang den Franken auch die Eroberung der Stadt Tripolis. (Die Grafschaft Tripolis kam erst Jahrzehnte nach ihrer Gründung unter die Lehnshoheit des Königreichs Jerusalem und war bis zu ihrem Ende 1288 der ersten Ansprechpartner für die Maroniten unter den Kreuzfahrerstaaten.)

Diakon der Maronitisch-Katholischen Kirche in einer Darstellung des 18. Jahrhunderts. Bemerkenswert ist die nach römischer Art getragene Stola

Kupferstich, Erzbischöfliche Diözesan- und Dombibliothek Köln: 1978.471

Die von Anfang an freundschaftlichen Beziehungen zwischen Maroniten und Lateinern[56] wurden bald so eng, dass man beiderseits von der auch kirchlichen Einheit ausging. Dennoch wurde die Union 1182 als Wiedervereinigung der maronitischen mit der römischen Kirche offiziell festgestellt[57], und 1213 unterstellten die Maroniten ihre Kirche noch einmal ganz formal dem Papst. 1215 nahm Patriarch Jaqub II. (1183-1230) am Vierten Laterankonzil teil. 1216 sandte Papst Innozenz III. ihm die Bulle *Quia Divinae Sapientiae*, in der die kirchliche Einheit in nochmaliger Wiederholung bekräftigt wurde.[58]

Nach der Eroberung der letzten Kreuzfahrerstaaten durch die Mameluken (1291) brachten diese die Maroniten in größte Bedrängnis. Dies war wohl Teil des strategischen Konzepts, alle möglichen Ansatzpunkte für die Rückkehr der Kreuzfahrer zu vernichten. Nach dem Wechsel im Regime der ägyptischen Mameluken, dem Übergang der Herrschaft von den Bahri-Mameluken auf die Burdschi-Mameluken, gestalteten sich die Verhältnisse für die Maroniten günstiger. Sie konnten zurückgezogen in den Bergen unter den günstigen Bedingungen einer faktisch weitgehenden Autonomie leben. Daran änderte sich auch nichts Wesentliches, nachdem die Osmanen 1516 Syrien eroberten und 1517 das Mamelukenreich ganz beseitigten. Schon zu Beginn der Mamelukenherrschaft waren größere Teile der Maroniten nach Zypern ausgewandert[59], wo sie mehr oder weniger in geschlossenen Siedlungen lebten und von einem eigenen Bischof betreut wurden.

Die Isolation der Maroniten im Libanon bedeutet nicht, dass der Kontakt mit dem Heiligen Stuhl abgerissen wäre. Einen neuen Höhepunkt der Beziehungen brachte die Amtszeit von Patriarch Johannes (Yuchannan) X. al-Jaji (1404-1445). Dieser wurde von Papst Eugen IV. ermahnt, Besonderheiten in der Liturgie zu unterlassen, die sich allzu sehr vom römischen Brauch unterscheiden. 1439/40 bekräftigte der Patriarch noch einmal die Union auf dem Konzil von Florenz. Das Konzil bestätigte seinerseits die patriarchale Würde des maronitischen Kirchenoberhaupts. Und seither war in römischen Schreiben immer wieder von "der unverbrüchlichen Treue der maronitischen Kirche zum Apostolischen Stuhl" die Rede.[60] 1445 erklärten auch die Maroniten von Zypern ihre Union mit der Römischen Kirche. Es ist unklar, ob sie erst damals der Union beitraten oder diese wie Jahrhunderte zuvor

---

[56] Guillelmus Tyrensis, a.a.O. (wie Anm. 54), Sp. 399B: *Accitis etiam quibusdam fidelibus Syris, montis Libani habitatoribus, qui urbibus illis a parte supereminet orientali, excelsus admodum et in sublime juga porrigens, tanquam a viris prudentibus et locorum gnaris, qui ad eos gratulabundi descenderant, ut fraternæ charitatis dependerent affectum,* [...].

[57] Es ist unbedingt zu betonen, dass nach maronitischer Auffassung ihre Kirche nie von der universalen Kirche getrennt war.

[58] Gleichzeitig erhielt Jaqub II. das Pallium.

[59] Auf Zypern nachweisbar sind Maroniten allerdings schon seit dem 12. Jahrhundert vor der Begründung des dortigen Königreichs der Lusignan (1192/97).

[60] Hajjar, a.a.O. (wie Anm. 48), S. 147.

ihre Glaubensbrüder im Libanon ebenfalls nur bekräftigten. Seit dem 15. Jahrhundert spätestens begann der maronitische Patriarch den Titel "Patriarch von Antiochia (der Maroniten)" zu führen. Seit dem Anfang des 17. Jahrhunderts wurde dieser auch in päpstlichen Schreiben verwendet.

Seit dem 17. Jahrhundert entwickelte sich auch eine besondere, ganz kirchlich bestimmte maronitische Gelehrsamkeit. Als Beispiel sei auf den Titularbischof von Tyrus Joseph Simonius Assemani (Yūsif ibn Šim'ūn) verwiesen, der 1687 in Hasrūn geboren wurde und 1768 in Rom starb. Er wurde 1730 Kustos in der Vatikanischen Bibliothek. Zwei seiner Neffen, Joseph Aloysius und Stephan Evodius Assemani, wirkten ebenfalls an der Vatikanischen Bibliothek bzw. an der päpstlichen Akademie. Sein Großneffe Simon Assemani († 1821), der nach römischen Studien zunächst für zwölf Jahre in den Libanon zurückkehrte, wurde 1807 Professor für orientalische Sprachen in Padua.

Mit der Entsendung von Franziskanern in den Libanon im späteren 15. Jahrhundert[61] begann eine verstärkte, aber schon zuvor begonnene Latinisierung der maronitischen Liturgie. Allerdings wurde erst 1596 ein weitgehend latinisiertes Missale eingeführt.[62] 1584 war ein maronitisches Kolleg in Rom gegründet worden.[63] Neben den Franziskanern und teilweise an deren Stelle wurden seit dem Ende des 16. Jahrhunderts von Rom Jesuiten in den Libanon entsandt. Besonders wichtig für die Latinisierung waren die maronitischen Synoden.[64] Zu einem gewissen Abschluss kam die Angleichung an die Römische Kirche durch die Synode im Kloster Luwayza 1736. Die Durchsetzung in die Praxis sollte freilich noch viel Zeit brauchen. Damit war noch 1818 eine Synode befasst.[65]

Erst unter Papst Pius XI. begann die Kurie die liturgische Eigenständigkeit der Orientalen zu achten. Bei den Maroniten war die Latinisierung aber schon so weit gediehen, dass die Wende nur langsam erfolgen konnte.[66] Nach dem Zweiten Vati-

---

[61] 1473 wurde auch ein Franziskaner (Alexander d'Arioste) als Pontifikalkommissar mit besonderen päpstlichen Vollmachten ernannt (ebd., S. 156).

[62] Ebd., S. 164.

[63] Ebd., S. 163.

[64] Auf der ersten "maronitischen Nationalsynode" 1580 in Qannoubin verpflichteten sich die Teilnehmer, die Sakramentenverwaltung in strikter Beachtung der römischen Vorschriften durchzuführen.

[65] Hajjar, a.a.O. (wie Anm. 48), S. 198.

[66] Hinzu kam, dass bei den Maroniten wie bei vielen anderen Unierten große Teile der Kirchenmitglieder schließlich die Latinisierung durchaus bejaht hatten. – Ganz ohne Bedeutung für die Latinisierung der Liturgie zumindest in deren neuzeitlicher Phase (spätestens seit dem 17. Jahrhundert) war auch die Tatsache, dass dieser eine weitgehende Romanisierung der profanen Kultur bei der sozialen Oberschicht entsprach. Die Kontakte der führenden Familien zu Italien und vor allem Frankreich waren sehr eng. Im 20. Jahrhundert gebrauchten nicht

kanum waren dann die Voraussetzungen für eine Erneuerung der eigenen Tradition vollständig gegeben. 1992 approbierte Patriarch Nasrallah Boutros Sfeir das neue Maronitische Missale.[67]

Die Maronitische Kirche ist heute mit etwa drei Millionen Gläubigen die zweitgrößte altorientalische unierte Kirche.[68] Die große Besonderheit ist, dass die Maroniten insgesamt Teil der katholischen Kirche sind. Ihre Kirche hat also keine nichtunierte Schwesterkirche. Nur die knappe Hälfte der Maroniten lebt noch im Orient und ist dem eigenen "Patriarchen von Antiochia der Maroniten" unterstellt. Die anderen, also mehr als anderthalb Millionen, leben in weltweiter Zerstreuung, in Nord- und Südamerika (besonders in Argentinien und Brasilien), Australien und Europa. Sie gehören eigenen Bistümern an, die unmittelbar Rom unterstehen. Unter diesen sind die Diözesen von São Paulo (gegründet 1971) und Buenos Aires (gegründet 1990) von besonderer Bedeutung.

Von den im Orient verbliebenen Kirchenmitgliedern lebten vor dem Beginn der Flucht vieler von ihnen weit mehr als eine Million im Libanon, wo sie ein Viertel der Gesamtbevölkerung und Knapp zwei Drittel der dortigen Christen bildeten. Außer in Syrien, wo etwa fünfundvierzigtausend Maroniten lebten, waren die Minderheiten in den vorderasiatischen Ländern eher gering. Auf Zypern lebten zehntausend maronitische Christen, deren Zahl aber durch die Flucht dorthin heute sehr gestiegen ist.

Zum *Patriarchatus Antiochenus Maronitarum* gehören vier Erzbistümer und sechs Bistümer im Libanon sowie zwei weitere Erzbistümer (Aleppo und Damaskus), zwei Bistümer und zwei Patriarchalexarchate in den umliegenden Ländern. In der libanesischen Patriarchaldiözese, die die Städte Bescharri, Batrun, Jbeil und Sarba umfasst, gibt es mehrere Auxiliarbischöfe. Neben Priesterseminaren unterhält die Maronitische Kirche auch Universitäten, deren bedeutendste ist die Université Saint-Esprit in Kaslik bei Jouniye im Libanon.

---

wenige Maroniten das Französische anstelle des Arabischen in ihren Familien. (Nicht im Bereich der Romanisierung, aber in Hinsicht auf eine Distanzierung von der arabischen Kultur wirksam ist der unter Teilen der Maroniten verbreitete "Phönizismus", d.h. die Berufung auf die altorientalischen und antiken Phönizier. Die Maroniten sind sich wohl bewusst, dass der Kern ihrer Nation aus Nordsyrien in das Bergland des Libanon eingewandert ist. Sie nehmen aber nicht ohne Grund an, dass sich diesen dann auch christianisierte Phönizier von der libanesischen Küste angeschlossen haben, die ebenfalls im Gebirge Zuflucht suchten.)

[67] Andreas Heinz: Die Heilige Messe nach dem Ritus der Syrisch-maronitischen Kirche. (Sophia. Quellen östlicher Liturgie. 28) Trier 1996, S. 33.

[68] Die größte ist die katholische Syro-Malabarische Kirche unter den unierten orientalischen Kirchen. Die mitgliederstärkste mit Rom verbundene Kirche der östlichen Christenheit überhaupt ist die unierte Kirche in der Ukraine.

IV. Die Kirche Armeniens

1. Das erste christliche Land der Welt

Der Überlieferung nach bekehrte sich im Jahre 301 n.Chr. König Tiridates (*Trdat*) IV. von Armenien mit seinem ganzen Volk zum Christentum, so dass Armenien schon vor dem Römischen Reich zu einem christlichen Staat wurde. Das Datum wurde in der historischen Forschung ausgiebig diskutiert, und heute erscheint es wahrscheinlicher, dass die Christianisierung von Staat und Nation 314 erfolgte.[1] "Auch wenn die Bekehrung der Armenier erst im Jahre 314 erfolgte, so bleibt Armenien doch das erste Land, in welchem das Christentum zur Staatsreligion proklamiert wurde."[2] König Tiridates IV. gehörte einer Seitenlinie des Arsakidengeschlechtes an, des Herrscherhauses der Parther, das in Persien um 225 n.Chr. von den Sassaniden verdrängt worden war. Der eigentliche Apostel Armeniens, der nach der Überlieferung mit Hilfe des Königs das gesamte Land bekehrte, war der hl. Gregor der Erleuchter, der im kappadozischen Caesarea zum Bischof geweiht wurde.[3] Gregor der Erleuchter wird bis heute als bedeutendster Heiliger Armeniens verehrt und die Armenische Kirche daher auch manchmal als Gregorianische Kirche bezeichnet. Zu seinem Nachfolger weihte Gregor seinen Sohn Rstakes.[4] Dieser – griechisch lautet der Name Aristakes – nahm 325 am Konzil von Nizäa teil. Die Nachkommen Gregors des Erleuchters spielten bis zu seinem Urenkel Bischof Narses dem Großen, der 373 als Martyrer starb[5], eine bedeutende Rolle in der armenischen Kirche.

---

[1] Mesrob K. Krikorian: Die Armenische Kirche. Materialien zur armenischen Geschichte, Theologie und Kultur. Frankfurt am Main [u.a.] 2002, S. 27-28. In diesem Falle hätte die Christianisierung Armeniens zwar nach dem Toleranzedikt der römischen Kaiser Konstantin und Licinius stattgefunden, aber lange vor der Einführung des Christentums als Staatsreligion im Römischen Reich durch Kaiser Theodosius I. im Jahre 391.

[2] Ebenda, S. 28. – Der einzige theoretische Konkurrent Armeniens beim Anspruch, das älteste christianisierte Staatswesen zu sein, könnte mit einigen Vorbehalten das kleine Königreich oder Fürstentum Osrhoene sein. Dieses lag im nordwestlichen Mesopotamien rund um Edessa. Wieweit die relative Autonomie dieses kleinen, bis nach der Mitte des 4. Jahrhunderts unter römischer Herrschaft stehenden Gebietes, dessen Herrscher zumeist den Namen Abgar trugen, reichte, ist eine schwer zu klärende Frage.

[3] Caesarea in Kappadozien wurde in der ersten Zeit der armenischen Kirche als Mutterkirche geachtet, in der die Bischöfe Armeniens sich bis zum dritten Viertel des 4. Jahrhunderts weihen ließen. (Eine Ausnahme stellte die Weihe von Gregors des Erleuchters unmittelbarem Nachfolger dar, den dieser selbst weihte.)

[4] Wolfgang Hage: Das orientalische Christentum. (Die Religionen der Menschheit. 29,2.) Stuttgart 2007, S. 230.

Während der größte Teil Armeniens also anfangs unter dem Einfluss der hellenistischen Christen Kappadoziens stand, wurde im Süden des Landes der Einfluss syrischer Christen wirksam. Hier bildete sich in Konkurrenz zu den Bischöfen aus der Familie der Gregoriden eine eigenständige Bischofsdynastie der Albianiden.[6] Dabei entstand keinerlei dogmatische Differenz und man wird wegen der bischöflichen "Dynastien" auch nicht von Verweltlichung sprechen dürfen. Zu den äußerlichen soziopolitischen Voraussetzungen, auf die die christliche Mission in Armenien traf, gehörte eben eine außergewöhnlich föderale Struktur des Königreichs und eine extrem aristokratisch geprägte Gesellschaft. Es ist auch davon auszugehen, dass die Liturgiesprache ursprünglich überwiegend griechisch im Norden und in der Mitte des Landes, hingegen im Süden syrisch war.

Von allergrößter Bedeutung war die Schaffung einer nationalsprachlichen Liturgie und damit verbunden die Übersetzung der Heiligen Schrift ins Armenische. Grundlage war das um 400 neu geschaffene Alphabet des Mönchs Mesrop Maštac'.[7] Mesrop († 439/40) und seine Schüler begannen unmittelbar danach mit einer umfassenden Übersetzungstätigkeit. Bald entstand auch eine eigenständige armenische Literatur mit hagiographischen, historiographischen und kontroverstheologischen Werken. Nun wurden auch griechische Werke, die in der Anfangsphase der Kirche Armeniens im Land selbst entstanden waren, in die eigene Sprache übersetzt. Die erste Hälfte des 5. Jahrhunderts gilt bis heute als das goldene Zeitalter der geistlichen armenischen Literatur.[8] Wie wichtig dabei die Übersetzungen waren, zeigt vielleicht nichts so deutlich wie die Tatsache, dass die Armenier neben heiligen Martyrern und heiligen Bekennern als dritte Kategorie "heilige Übersetzer" kennen. Die Blüte der religiösen Literatur, die sich keineswegs in Übersetzungen erschöpfte und deren bedeutendste Autoren oft gleichzeitig deren genialste Übersetzer waren[9], endete nicht abrupt. Auf das "Goldene Zeitalter" folgte das "Silberne", das fast bis Ende des 6. Jahrhunderts dauerte.

---

[5] Er wurde von König Paps ermordet, wobei wahrscheinlich auch die vom König beabsichtigte Säkularisation der karitativen Stiftungen eine Rolle spielte.

[6] Hage, a.a.O. (wie Anm. 4), S. 231.

[7] Simon Weber: Die katholische Kirche in Armenien. Ihre Begründung und Entwicklung vor der Trennung. Ein Beitrag zur christlichen Kirchen- und Kulturgeschichte. Freiburg 1903, S. 401-403. – Boghos Levon Zekiyan: Die Christianisierung und Alphabetisierung Armeniens als Vorbilder kultureller Inkarnation, besonders im subkaukasischen Gebiet. In: Die Christianisierung des Kaukasus – The Christianization of Caucasus (Armenia, Georgia, Albania). Internationales Symposion, Wien 1999. Hrsg. von Werner Seibt. (Denkschriften der österreichischen Akademie der Wissenschaften, Philosophisch-historische Klasse. 296.) Wien 2002, S. 189-198.

[8] Hage, a.a.O. (wie Anm. 4), S. 234-235.

[9] Das gilt z.B. für Eznik von Koghb, den Bischof von Bagrewand. Er ist der Verfasser einer titellos überlieferten Schrift, der man später so unterschiedliche Titel wie "Über Gott" oder "Wider die Sekten" gab.

Die Frühgeschichte der armenischen Kirche hatte mit großer Wahrscheinlichkeit auch eine Vorgeschichte. D.h., es wird auch vor dem Ende des 3. Jahrhunderts Christen in Armenien gegeben haben. Die Geschichte der frühesten christlichen Gemeinden des Landes ist aber nur legendarisch überliefert. Dies bedeutet natürlich nicht, dass es diese Geschichte nicht gegeben hat. So wird man auch die traditionell angenommenen apostolischen Ursprünge der ersten Christengemeinden in Armenien nicht einfach als falsch bezeichnen können. Die Überlieferung spricht vom Wirken der Apostel Judas Thaddaeus und Bartholemaeus.[10] Dabei ist freilich zu beachten, dass die Überlieferung von der Predigt des Apostels Judas Thadaeus in Armenien weit früher einsetzt als die von einer Mission durch den Apostel Bartholemaeus.

2. Armeniens Kirche nach dem Konzil von Chalkedon

Auf dem Konzil von Chalkedon waren die Armenier nicht vertreten. Dafür gab es einen sehr triftigen Grund. Das Konzil von Chalkedon, einberufen am 17. Mai 451 zunächst mit dem vorgesehenen Tagungsort Nizäa und dann am 8. Oktober in Chalkedon eröffnet, fand zu einer Zeit statt, in der das christliche Armenien sich in einem seine Existenz bedrohenden Kampf mit dem Sassanidenreich befand. Am 26. Mai wurden die Armenier in der Schlacht von Awarayr geschlagen, in der ihr Oberbefehlshaber Vardan Mamikonean mit Tausend seiner Leute fiel.[11] Kriegsgrund zwischen dem Perserreich und seinem armenischen Vasallenstaat war der Wille des sassanidischen Großkönigs Jazdegerd II. (438/39-457) die Armenier zur zumindest bedingten religiösen Konformität mit der zoroastrischen Staatsreligion zu zwingen. Der Niederlage auf dem Schlachtfeld folgte ein jahrzehntelanger Guerillakrieg, bis der sassanidische Iran die religiöse Freiheit Armeniens 484/85 unter Großkönig Valachsch (484-488) anerkannte und dem Land darüber hinaus eine beschränkte Autonomie gewährte.

Mit den Beschlüssen des Konzils von Chalkedon hat sich die Kirche Armeniens unter diesen schwierigen äußeren Verhältnissen wohl kaum näher beschäftigt. Vermutlich geschah dies erst auf der Synode, die 506 in der armenischen Hauptstadt Dwin zusammentrat.[12] Nun lehnte man auf der zweiten Sitzung dieser Synode 508 die christologische Definition von Chalkedon eindeutig ab. Dies geschah aber

[10] Krikorian, a.a.O. (wie Anm. 1), S 22-23.

[11] Ebenda, S. 30.

[12] Eine gegenteilige These vertrat Karekin Sakissian, der davon ausging, dass armenische Theologen sich schon in den achtziger Jahren des 5. Jahrhunderts mit dem Konzil von Chalkedon beschäftigt hätten. (Karekin Sarkissian: The Council of Chalkedon and the Armenian Church. London / Illinois 1965.)

wohl weniger in Frontstellung gegen die römische Reichskirche als vielmehr aus dem Bestreben heraus, sich von der Theologie der ostsyrischen Christen im Perserreich (den Erben der extrem dyophysisitschen Tradition der Antiochenischen Schule, also den sogenannten "Nestorianern") abzusetzen.[13] Die antichalkedonensische Position der armenischen Kirche wurde dann mehrfach bestätigt[14], doch hat es immer wieder auch prochalkedonensische Theologen in der armenischen Kirche gegeben. Das antichalkedonensische Votum der Mehrheit in Armenien hat auch das Verhältnis ihrer Kirche zu den christlichen Georgiern mitbestimmt. Die enge Verbindung zu diesen, die schon am Anfang bei deren Bekehrung bestand, wurde zerrissen. 608 übernahm die georgische Kirche die Definition des Konzils von Chalkedon.[15] (Sie gehört daher auch nicht in den Kreis der in dieser Einführung behandelten altorientalischen Kirchen.)

Von großer Tragik für die armenische Kirche war die ständig drohende Politisierung des theologischen Streits um die christologische Definition des Konzils von Chalkedon. Dies war am wenigsten die Schuld der armenischen Christen. Wann immer es in der weiteren Geschichte zu Bündnissen oder Auseinandersetzungen mit den Byzantinern und seit den Kreuzzügen mit den Lateinern kam – beide waren ja Chalkedonenser – stets spielte dieses große theologische Grundproblem mit hinein. Dabei traf in Bezug auf die Instrumentalisierung der theologischen Frage in der Politik die jeweiligen Partner Armeniens, wie gesagt, eindeutig die größere Schuld.

3. Die mittelalterliche Kirche in Groß- und Kleinarmenien

Während "Großarmenien" immer das armenische Stammland – mehr oder weniger in seinen antiken Grenzen – bezeichnet, ist "Kleinarmenien" ein eher problematischer Begriff. In der Antike, und zwar schon vor der Christianisierung wie auch in der Spätantike, war zumeist das Bergland westlich des Euphrat gemeint, das das römische und später das byzantinische Reich meist auch dann behauptete, wenn das eigentliche Armenien unter parthischer, sassanidischer oder später muslimischer Oberherrschaft war. Seit dem ausgehenden 11. Jahrhundert bezeichnete "Kleinarmenien" aber das antike Kilikien, das Gebiet vor allem um Tarsos, der Heimat des Apostels Paulus. Politisches Zentrum wurde aber dann nicht Tarsos, sondern das nordöstlich davon gelegene Sis.

---

[13] Dabei spielte gewiss auch eine Rolle, dass die ostsyrische Kirche von den Sassaniden zwar ebenfalls verfolgt, aber eindeutig anderen Kirchen gegenüber relativ bevorzugt wurde.

[14] Dies geschah insbesondere durch die zweite Synode von Dwin im Jahre 555.

[15] Boghos Levon Zekiyan: La rupture entre les Églises géorgienne et arménienne au debut du VIIe siècle. In: Revue des études arméniennes (NS) 16 (1982), S. 155-174.

Im ersten Drittel des 7. Jahrhunderts gelang es den Byzantinern ganz Armenien den persischen Sassaniden zu entreißen.[16] Doch schon bald wurde das gesamte Gebiet einschließlich Georgiens von der muslimischen Eroberung überrannt. Eine kurzzeitige Rückgewinnung des Landes durch Byzanz begann mit Pressionen, die das Ziel hatten, Armenien für die Beschlüsse von Chalkedon zu gewinnen. Zwar zeigten sich die Byzantiner bald toleranter, aber 695 hatten die Araber das Land wiederum unter Kontrolle gebracht, und sie begünstigten aus politischen Gründen die antichalkedonensische Richtung. 715 (oder 728?) wurde dann auf der Synode von Manzikert die vorübergehende Union mit Konstantinopel in aller Form aufgekündigt.[17] Die Haltung der armenischen Mehrheit gegenüber Byzanz wurde in der Folge in doppelter Weise negativ geprägt. Einerseits fürchtete man die Versuche der Kaiser, die Eigenständigkeit der armenischen Kirche zu untergraben. Zum anderen war man enttäuscht über deren wenig effiziente Hilfe gegen die Bedrohung durch islamische Angriffe.

885 gelang es dem Fürstenhaus der Bagratiden ein weitgehend selbständiges Königreich zu errichten[18], das bis 1054 Bestand hatte. Es war aus einem Kleinstaat mit dem Zentrum in Kars entstanden.[19] Seine spätere Hauptstadt war bis zu seinem Ende die prachtvoll ausgebaute Stadt Ani. Ganz Armenien gehörte nicht zu diesem Königreich. Weiter südlich existierte z.B. zeitweilig das kleine Königreich der Ardzrunier im Gebiet um den Vansee.[20] Es bestand von 918 bis 1021. In diesem wirkte der wohl bedeutendste Mystiker der armenischen Kirche, der hl. Gregor von Narek († 1010). Sein "Buch der Klage" gehört auch heute noch zu den bedeutendsten geistlichen Schriften der Armenier.[21] In diesem Kleinstaat entstand in Aghtamar die berühmte Heilig-Kreuz-Kirche. Eine Seitenlinie der das größere armenische Reich regierenden Bagratiden regierte seit 975 auch das byzantinisch-

[16] In der Schlacht bei den Ruinen von Ninive 627 gelang es Kaiser Herakleios I. (610/11-641), der übrigens selbst einer Familie armenischer Herkunft entstammte, das Sassanidenreich ganz entscheidend zu besiegen (und damit freilich auch dessen baldige Eroberung durch die Muslime sehr zu erleichtern). – Die Tatsache, dass der gleichnamige Vater des Kaisers Herakleios Exarch von Afrika mit dem Amtssitz in Karthago gewesen war, ist eine der vielen Beispiele dafür, welch bedeutende Rolle armenischstämmige Familien im byzantinischen Reich spielten.

[17] Auch danach blieben einzelne westlich gelegene Gebiete mit armenischer Bevölkerung im Verband der oströmischen Reichskirche.

[18] In diesem Jahr sandte sowohl der byzantinische Kaiser wie der abbasidische Kalif von Baghdad dem neuen Herrscher als Zeichen der Anerkennung eine Krone.

[19] Hage, a.a.O. (wie Anm. 4), S. 240.

[20] Ebenda.

[21] Gregoire de Narek: Tragédie, Matean ołbergut'ean. Le Livre de Lamentation. Introduction, traduction et notes. Ed. Annie Mahé et Jean-Pierre Mahé. (Corpus scriptorum Christianorum orientalium. Subsidia. 106.) Leuven 2000.

orthodoxe Georgien, wo sie sich viele Jahrhunderte länger hielt als die Hauptlinie in Armenien.[22]

Nicht die Integration Armeniens in das byzantinische Reich – der Bagratidenstaat war zu diesem Zeitpunkt bereits in Auflösung begriffen – erwies sich als die große Katastrophe, sondern das Unvermögen Ostroms das Land vor der Expansion des Seldschukenreichs zu schützen. 1071 erlitt Byzanz in der Schlacht von Manzikert eine ganz entscheidende Niederlage, in deren Folge nicht nur Armenien, sondern auch ganz Anatolien mit Ausnahme der Küste weitestgehend verlorenging.[23] Statt Armenien zu schützen, war es nur möglich, die Westwanderung eines Teils der Bevölkerung, die aber auch in eigener Initiative erfolgte, mit zu veranlassen. Um 1080 gelang es dem armenischen Adeligen Rubēn, in Kilikien ein autonomes Fürstentum zu errichten[24], das die byzantinische Oberhoheit prinzipiell anerkannte. Aus diesem entstand im Laufe eines Jahrhunderts ein nicht unbedeutender Staat "Kleinarmenien".

Auch östlich von Kleinarmenien entstanden armenische Herrschaften, die wie dieses eng mit den am Ende des 11. Jahrhunderts beim ersten Kreuzzug dort erscheinenden Lateinern kooperierten. Kleinarmenien erlebte einen politischen und kulturellen Aufstieg. Am 6. Januar 1199 wurde dort in der Sophienkathedrale von Tarsos Fürst Lewon (latinisiert Leo) zum König gekrönt.[25] Dies geschah im Einvernehmen mit dem byzantinischen Kaiser Alexios III., dem Stauferkaiser Heinrich VI. und Papst Coelestin III. Auch König Philipp II. August von Frankreich und König Richard Löwenherz von England sandten Glückwünsche. Wie eng die Zusammenarbeit Kleinarmeniens mit den Lateinern war, wird nicht zuletzt dadurch bestätigt, dass einiges dafür spricht, dass der eigentliche *Coronator* wohl der Mainzer Erzbischof Konrad von Wittelsbach war.[26]

---

[22] Der georgischen Überlieferung nach regierte sie in dessen Zentrum um Tiflis (*Tbilissi*) sogar bis zum Ende des 18. Jahrhunderts.

[23] Erst Kaiser Alexios Komnenos konnte die Position des Reiches in Westanatolien und an der Schwarzmeerküste im frühen 12. Jahrhundert konsolidieren. (Allerdings richtete sich die Politik von Alexios' komnenischen Nachfolgern, vor allem die seines Enkels Kaiser Manuels I., sehr stark nach Westen aus, wo im Jahr der Schlacht von Manzikert Bari, der letzte bedeutende Stützpunkt in Italien verloren gegangen war. Das Engagement im Osten wurde so geschwächt.)

[24] Claude Mutafian: Königreich Kilikien. Zuflucht und Neubeginn. In: Armenien. Wiederentdeckung einer alten Kulturlandschaft. [Ausstellung Bochum 1995.] Tübingen 1995, S. 175-182.

[25] Krikorian, a.a.O. (wie Anm. 1), S. 35.

[26] Ganz sicher war Erzbischof Konrad an der Krönung wesentlich beteiligt. Vgl. Peter Halfter: Das Papsttum und die Armenier im frühen und hohen Mittelalter. Von den ersten Kontakten bis zur Fixierung der Kirchenunion im Jahre 1198. (Forschungen zur Kaiser- und Papstgeschichte des Mittelalters. 15.) Köln [u.a.] 1996, S. 234-245.

Das Königreich Kilikien oder Kleinarmenien hatte fast zwei Jahrhunderte Bestand. Seine innere Organisation war teils traditionell armenisch, teils den Kreuzfahrerstaaten entsprechend.[27] Wie stark die fränkische Prägung war, zeigt sich vielleicht am Deutlichsten darin, dass die Krone in der Schlussphase seit 1342 an das zyprische, aus Frankreich stammende Königshaus Lusignan fiel. 1375 wurde die Hauptstadt Sis, auf deren Umgebung sich der kleine Staat seit etwa 1360 beschränkte, vom ägyptischen Mamelukenreich erobert.[28] Bis zum Beginn des 20. Jahrhunderts, d.h. bis zur Intensivierung der Armenierverfolgungen in der Schlussphase des Osmanischen Reiches, welches das Gebiet zu Beginn des 16. Jahrhunderts von den Mameluken gewaltsam übernommen hatte, gab es aber in Kilikien-Kleinarmenien eine zahlenmäßig recht starke armenische Bevölkerung. Die tiefgehende politische und soziale Anpassung Kleinarmeniens an die Kreuzfahrerstaaten bedeutete keineswegs eine entsprechende durchgehende Latinisierung der dortigen armenischen Kirche. Zwischen den mehrfach erneuerten Unionen mit der Katholischen Kirche hatte es immer wieder Rückbesinnungen auf die eigene selbstständige kirchliche Tradition gegeben.

4. Die armenische Liturgie und Beziehungen der Kirche zu den Chalkedonensern

Die armenische Liturgie weist zwei recht auffallende und von wohl allen anderen Kirchen unterscheidende Besonderheiten auf. Als einzige Kirche verwendet die armenische bei der heiligen Eucharistie nicht mit ein wenig Wasser vermischten, sondern reinen Wein.[29] Auch sind die Armenier wohl die Einzigen, die die (historisch entstandene und dann nachträglich erst theologisch begründete) Doppelung der Feier der Menschwerdung Christi im Kirchenjahr nicht kennen, während sonst überall das Weihnachtsfest und das Fest der Erscheinung des Herrn nacheinander gefeiert werden.[30] Dies bedeutet, dass auch die Taufe Jesu, die ja für die Ostkir-

---

[27] Thomas Scherrer Ross Boase: The Cilician Kingdom of Armenia. Edinburgh 1978. – Sirarpie Der Nersessian: The Kingdom of Cilician Armenia. In: A History of the Crusades. Ed. Kenneth M. Setton. Vol. 2 Madison 1969, S. 630-659. – Jacob G. Ghazarian: The Armenian Kingdom in Cilicia during the Crusades. The Integration of Cilician Armenians with the Latins 1080-1393. Richmond (Surrey) 2000.

[28] Halfter, a.a.O. (wie Anm. 26), S. 329-330.

[29] Dieser Brauch bestand in Armenien wohl von Anfang an. D.h. es gibt keinerlei Hinweis auf eine spätere Einführung.

[30] Da das Weihnachtsfest am 6. Januar gefeiert wird, hat dies bei ausländischen Besuchern häufig zu Verwirrung geführt. – Die Kreuzritter erklärten sich das Fehlen des Erscheinungsfestes fälschlich und ganz naiv mit der Annahme, die Armenier feierten das Fest von Christi Geburt so lange, dass für die Feier der Epiphanie keine Zeit mehr wäre.

chen zumeist vor allem der Festinhalt von Epiphanie ist, zusammen mit der Geburt des Herrn gefeiert wird. Trotz vielfältiger, aber niemals leichtsinnig eingegangener Kompromisse mit der byzantinischen wie der katholischen Kirche haben die armenischen Christen unbeirrt an beiden Sonderheiten, der in der Eucharistiefeier und der im Kirchenjahr, festgehalten. Allen Angriffen gegenüber konnte sie im Übrigen darauf verweisen, dass diese liturgischen Bestimmungen mit keiner Häresie in Beziehung stünden.

Für die Eucharistiefeier kennt die armenische Liturgie neun Anaphoren.[31] Deren älteste ist die, die dem Apostel Armeniens Gregor dem Erleuchter zugeschrieben wird.[32] Die Forschung weist sie dem heiligen Kirchenlehrer Basilius dem Großen (†379), aus dem kappadozischen Caesarea zu.[33] Doch war der heilige Basilius gewiss nur deren Bearbeiter, nicht ihr Schöpfer.[34] Gebräuchlich ist allerdings heute vor allem die so genannte Athanasius-Anaphora. Bei der Verwendung der eucharistischen Gestalten, Brot und Wein, ist neben der genannten Sonderheit des Weins ohne Wasserbeimischung hervorzuheben, dass wie im lateinischen Ritus der katholischen Kirche ungesäuertes Brot verwendet wird im Gegensatz zur Tradition der byzantinisch-orthodoxen und fast aller orientalischen Kirchen (mit Ausnahme der Maroniten).

Bei den Lesungen im Wortgottesdienst der Eucharistiefeier hat die armenische Kirche wohl als einzige Kirche weltweit immer an der Ordnung festgehalten, die im lateinischen Ritus der katholischen Kirche erst seit der großen Liturgiereform nach dem Zweiten Vatikanum für die Sonntage und die Hochfeste vorgesehen ist. D.h. auf eine erste alttestamentliche Lesung folgt eine zweite aus den Apostelbriefen, also die eigentliche Epistel, und dann das Evangelium. (Natürlich wird auch in der armenischen Kirche – wie bis heute in der römisch-katholischen z.B. in der Ostervigil – die Zahl der Lesungen in besonderen Fällen vermehrt.) Das Glaubensbekenntnis wird (wie im lateinischen Ritus) unmittelbar nach dem Evangelium gesprochen. – Das armenische Stundengebet hat an den verschiedenen Tagen entsprechend ihrem unterschiedlichen liturgischen Rang eine verschiedene Anzahl von Gebetszeiten.

---

[31] Erich Renhart: Die älteste armenische Anaphora. Einleitung, Kritische Edition des Textes und Übersetzung. In: Armenische Liturgien. Ein Blick auf eine ferne christliche Kultur. Hrsg. von Erich Renhart und Jasmine Dum-Tragut. (Heiliger Dienst, Ergänzungsband. 2.) Graz, Salzburg 2001, S. 93-241, hier S. 105-107.

[32] Ebenda, S. 104.

[33] Diese ist außer in der armenischen in einer koptischen, syrischen und byzantinischen Version überliefert. Die koptische ist die älteste, die armenische die zweitälteste. (Ebenda, S. 111.)

[34] Hieronymus Engberding: Das eucharistische Hochgebet der Basileiosliturgie. Textgeschichtliche Untersuchung und kritische Ausgabe. (Theologie des christlichen Ostens. 1.) Münster 1931, S. LXXXV.

Der Evangelist Matthäus nach dem armenischen Evangeliar von Gladzor (um 1300)
Reproduktion in: Erzbischöfliche Diözesan- und Dombibliothek Köln: Fc 3491

Der Evangelist Markus nach dem armenischen Evangeliar von Gladzor (um 1300)

Reproduktion in: Erzbischöfliche Diözesan- und Dombibliothek Köln: Fc 3491

Die Kirche Armeniens folgt einer eigenen Zeitrechnung[35], die liturgische Ordnung des Kirchenjahres hat aber starke Parallelen zu byzantinischen Orthodoxie wie zu den orientalischen Kirchen. Es gibt acht geprägte Zeiten des Kirchenjahres[36]: (1) Epiphanie (von Fest der Geburt des Herrn bis zum Beginn der österlichen Bußzeit), (2) Quadragesima (die vierzig Tage vor Ostern), (3) Osterzeit (die fünfzig Tage von Ostern bis Pfingsten), (4) Pfingstzeit (bis zum Fest der Verklärung), (5) "Verklärung" (bis zum Fest der Aufnahme Mariens in den Himmel), (6) Zeit bis zum Fest der Kreuzerhöhung, (7) Zeit bis zum Beginn der Adventszeit, (8) Advent (die fünfzig [!] Tage vor dem Weihnachtsfest).

Die armenische Kirchenmusik[37] ist seit dem 9. Jahrhundert durch Quellen mit Musikzeichen in der Art der byzantinischen ekphonetischen Notation belegt. Vermutlich wurde zuvor im 8. Jahrhundert das System des byzantinischen *Oktoechos* übernommen und abgewandelt. Anstelle der weiter entwickelten mittelalterlichen Notation wurde zu Beginn des 19. Jahrhunderts in Konstantinopel von Hambardzum Limončean (1768-1839) ein neues Notationssystem entwickelt, das aber von den Mechitaristen (s.u.) nicht übernommen wurde. Neben dem grundlegenden Hymnarium, dem *Šarakan* sind zwei weitere Gesangbücher, *Gundzaran* und *Manrusum*, von besonderer Bedeutung.

Im Laufe ihrer Geschichte hat die armenische Kirche sehr engen Kontakt mit chalkedonensischen Kirchen gehabt. Dabei gab es sowohl Phasen der Auseinandersetzungen wie solche der Annäherung. Die Verbindung mit der byzantinischen Reichskirche war schon durch die Lage Armeniens zwischen dem römischen und dem persischen Reich (s.o.) bedingt und wurde schon zumindest implizit behandelt. Von Anfang an bestanden auch engste Beziehungen zur Kirche Georgiens, die derselben Orthodoxie angehörte wie die byzantinische, nachdem sie in ihren allerersten Anfängen geradezu ein Teil der armenischen Kirche gewesen war. Im Hochmittelalter waren Armenien und Georgien dann politisch im gemeinsamen Abwehrkampf gegen muslimische, oft erfolgreiche Eroberer verbunden, eine Konstellation, die auch auf das Verhältnis der Kirchen einwirkte.

Die Kreuzfahrer sahen schon beim ersten Kreuzzug in den armenischen Christen ihre Freunde und Verbündeten, die von den "Franken" in den folgenden Jahren allerdings auch oft enttäuscht wurden. Der Kontakt mit den Lateinern begann frei-

---

[35] P. Vahan Hovagimian: Der armenische Kalender. In: Armenische Liturgien, a.a.O. (wie Anm. 31), S. 243-252, hier S. 243.

[36] Ebenda, S. 249.

[37] Heinrich Husmann: Die Gesänge der armenischen Liturgie. In: Geschichte der katholischen Kirchenmusik. Hrsg. von Karl Gustav Fellerer. Bd. 1. Kassel [u.a.] 1972, S. 49-108. – Alice Ertlbauer: Geschichte und Theorie der einstimmigen armenischen Kirchenmusik. Eine Kritik der bisherigen Forschung. (Musica mediaevalis Europe Orientalis. 3.) Wien 1985.

lich schon sehr viel früher, wie die Korrespondenz zwischen Papst Nikolaus I. (858-867) und dem armenischen Fürsten Aschot dem Großen belegt.[38] Sodann empfing Papst Gregor VII. einen Gesandten des armenischen Katholikos Gregor II. Er unterzog diesen Gesandten, einen Priester Johannes, im Gespräch einer Glaubensprüfung und befand ihn als rechtgläubig.[39] Ein Problem in den Beziehungen beider Kirchen war aber die Tatsache, dass Papst Gregor dem Katholikos keinen Patriarchenrang zuerkannte, sondern nur die Stellung eines Erzbischofs.[40]

Bei den Beziehungen mit den Kreuzfahrern war entscheidend, dass diese die antichalkedonensische Position der armenischen Mehrheit nicht wahrnahmen. Für sie waren die Armenier vor allem Christen, die die so genannten "Griechischen Irrtümer" nicht teilten. Bemerkenswert war, dass auch die Kleriker und nicht nur die Laien unter den Kreuzfahrern so dachten. Unter diesen Voraussetzungen hatten die politische Symbiose zwischen Armeniern und Lateinern sowie die recht zahlreichen "Mischehen" zwischen französischen und armenischen Adeligen[41] auch Auswirkungen auf das Verhältnis von armenischer und römischer Kirche.

Der armenische Ritus übernahm Elemente des lateinischen Ritus, darunter auch solche, die in der katholischen Kirche seit der großen nachkonziliaren Liturgiereform außer Gebrauch sind. So schließt jede Eucharistiefeier bis heute mit dem "Schlussevangelium", also mit dem Anfang des Johannesevangeliums. Bei der Ordination wurden sowohl rituelle Einzelheiten (insbesondere die Übergabe der heiligen Geräte und die Salbungen bei der Priester- und Bischofsweihe) wie die Weihestufe des Subdiakonats von der römischen Kirche übernommen, in der dieser Weihegrad 1972 abgeschafft wurde.[42] Ursprünglich war wohl in der armenischen Kirche der Subdiakonat kein eigener *ordo* wie heute, sondern der Subdiakon war im Grunde eine Art "Oberakolyth".

Die Beziehungen der armenischen Kirche zur römischen endeten nicht mit dem Ende des Königreichs Kleinarmenien 1375. Auf dem Konzil von Florenz unterschrieb eine armenische Delegation im November 1439 das Einigungsdekret. Auch in den folgenden Jahrhunderten bekannten sich einzelne Patriarchen und Bischöfe zur Union. Vom gläubigen Volk Armeniens wurde die Union aber ganz überwiegend abgelehnt, eine Tatsache, die in Rom lange nicht realisiert wurde. Aus diesem Grund ging man in der römischen Kurie bis zum 17. Jahrhundert zumeist davon

---

[38] Halfter, a.a.O. (wie Anm. 26), S. 83-110.

[39] Ebenda, S. 115.

[40] Ebenda, S. 119.

[41] Dies galt insbesondere für das Gebiet der Grafschaft Edessa, einem Kreuzfahrerstaat, der – im Übrigen auf nicht ganz faire Weise – aus einem armenischen Fürstentum hervorgegangen war.

[42] Durch das Motuproprio *Ecclesiae Dei* vom 15. August des Jahres. – Zum Subdiakonat in den unierten Ostkirchen vgl. *Codex Canonum Ecclesiarum Orientalium*, c. 327.

aus, die armenischen Christen seien insgesamt oder doch überwiegend in Gemeinschaft mit der katholischen Kirche.

5. Der Genozid an den Armeniern 1915

In den letzten Jahrzehnten des Osmanischen Reiches kam es mehrfach zu Pogromen an der christlichen Bevölkerung. Dadurch wurden die Armenier wie andere christliche Minderheiten betroffen. Um die Mitte der neunziger Jahre des 19. Jahrhunderts wurden in Istanbul[43] wie in Anatolien hunderttausende Armenier ausgeraubt und sehr viele umgebracht. Für die Christenpogrome allgemein ist keine Monokausalität anzugeben. Zwei Hauptgründe waren aber wohl besonders häufig gegeben. In allgemeinen Krisensituationen wird stets nach einem Sündenbock gesucht. Außerdem sind Obrigkeiten oft in der moralischen Gefahr, Hass und Gewaltbereitschaft Unzufriedener auf ausgegrenzte Minderheiten abzuleiten. Im besonderen Fall der Armenier kam hinzu, dass diese auf Grund des Artikels 16 des Friedensvertrages von San Stefano vom 3. März 1878 möglicherweise der osmanischen Regierung ein besonderer "Dorn im Auge" waren.[44] Im Osmanischen Reich zur Zeit seiner Blüte und auch noch im 18. und bis über die Mitte des 19. Jahrhunderts war die armenische Bevölkerung keineswegs geächtet gewesen, sie galt den Sultanen als *Millet-i sadika*, als "treues Volk". So grausam und schrecklich die Gemetzel an der armenischen und sonstigen christlichen Bevölkerung auch waren, von einem geplantem Völkermord ist vor Ausbruch des Ersten Weltkrieges wahrscheinlich dennoch nicht auszugehen. Die Morde waren dem Staat hocherwünscht, wurden aber nicht eigentlich systematisch organisiert.[45]

Ganz anders lagen die Dinge während des Ersten Weltkrieges, an dem das Osmanische Reich als Verbündeter der "Mittelmächte", Deutschland und Österreich-Ungarn, teilnahm. Spätestens seit Beginn des Jahres 1915 plante das Zentralkomitee der Partei der "Jungtürken" den Völkermord an den Armeniern. In einem Brief

---

[43] Hier und im Folgenden wird für die Hauptstadt des Osmanischen Reichs der damals seit sehr langem absolut volkstümliche, aber noch nicht offizielle Name "Istanbul" verwendet, der aber erst 1923 amtlich eingeführt wurde.

[44] Im Artikel 16 waren auf Drängen Russlands unverzüglich durchzuführende Reformen in den von Armeniern bewohnten Provinzen vereinbart worden. Bei der Revision des Vertragswerkes auf dem Berliner Kongress (13. Juni-13. Juli 1878) wurde aus dem Artikel 16 der Artikel 61, der letzte Artikel der neuen Vereinbarung. Entscheidend aber war, dass die Durchführung der Reformen nun aber nicht mehr von Russland überwacht werden sollte, sondern nur noch die Großmächte insgesamt vom Osmanischen Reich über die Durchführung informiert werden sollten.

[45] Zum Massaker von 1895: Wolfgang Gust: Der Völkermord an den Armeniern. Die Tragödie des ältesten Christenvolkes der Welt. München, Wien 1993, S. 105-110.

des Zentralkomitees an den Statthalter von Adana vom 18. Februar 1915 schrieb dieses: "Um das Heimatland von der Habgier dieses verfluchten Volkes zu retten, hat das Dschemayet [Zentralkomitee] die Verantwortung des Verrufs, der auf die osmanische Geschichte kommen wird, auf seine patriotischen Schultern genommen. [...] Für die Durchführung des Massakers wird die Regierung noch den Gouverneuren und Oberbefehlshabern der Armee die notwendigen Direktiven geben."[46]

Am 24. und 25. April 1915 wurden in Istanbul etwa sechshundert armenische Intellektuelle verhaftet und nach Anatolien deportiert, wo bis auf einige wenige alle ermordet wurden.[47] Dies war der Auftakt zu einem Genozid, der wohl vor dem Holocaust nicht seines Gleichen hatte. Die innere Verbindung zum Holocaust ist überdies durch ein Hitlerzitat ("Wer redet heute noch von der Vernichtung der Armenier") verbürgt.[48] Die Zahl der ermordeten Armenier betrug etwa anderthalb Millionen.[49] Die Mitschuld des Deutschen Reiches ist unbezweifelbar, wenn der Genozid auch nicht zu seinen Zielen gehörte, so wurde er doch – zwar nicht im eigentlichen Sinne billigend, aber eindeutig – in Kauf genommen. Dies belegt u.a. eine Notiz des Reichskanzlers Theobald von Bethmann Hollweg vom 17. Dezember 1915: "Unser einziges Ziel ist, die Türkei bis zum Ende des Krieges an unserer Seite zu halten, gleichgültig ob darüber Armenier zu Grunde gehen oder nicht."[50]

Der 24. April als der Tag des Beginns des Genozids am armenischen Volk wird heute von allen Armeniern als Gedenktag (*metz eghern* ["das große Trauern"]) begangen, von der Armenisch-Apostolischen, der Armenisch-Katholischen Kirche und von den armenischen evangelischen Christen.[51] Von den Initiatoren des Völ-

---

[46] Zitiert nach Krikorian, a.a.O. (wie Anm. 1), S. 42-43.

[47] Ebenda, S. 42. – Vgl. auch Gust, a.a.O. (wie Anm. 45), S. 205.

[48] Markus Meckel: 90. Jahrestag des Völkermordes an den Armeniern im Osmanischen Reich. Rede im Deutschen Bundestag am 21. April 2005. In: Zur Situation der Christen in der Türkei und in Syrien. Exemplarische Einsichten. Wiesbaden 2013, S. 81-84, hier S. 81 (mit Angabe der Quelle).

[49] Karl Pinggéra: Die Armenisch-Apostolische Kirche. In: Die altorientalischen Kirchen. Glaube und Geschichte. Hrsg. von Christian Lange und Karl Pinggéra. Darmstadt 2010, S. 51-62, hier S. 61.

[50] Meckel, a.a.O. (wie Anm. 48), S. 82 (mit Quellenangabe des Zitats.) – Allgemein zur Verantwortung Deutschlands bei den Armeniermorden: Tessa Hofmann: Deutschland und die Vernichtung der Armenier im Osmanischen Sultanat. In: "Armeni syn die menschen genant [...]". Eine Kulturbegegnung in der Staatsbibliothek. Hrsg. von Meliné Pehlivanian. Berlin 2000, S. 151-171. – Rolf Hosfeld: Operation Nemesis. Die Türkei, Deutschland und der Völkermord an den Armeniern. Köln 2005. – Hans-Lukas Kieser: Die Zerstörung der osmanisch-armenischen Gemeinschaft im Ersten Weltkrieg und die Rolle Deutschlands. In: "Dich, Ararat, vergesse ich nie!" Neue Beiträge zum Schicksal Armeniens und der Armenier. (Studien zur Orientalischen Kirchengeschichte. 40.) Berlin 2006, S. 67-79.

[51] Pinggéra, a.a.O. (wie Anm. 49), S. 61.

kermords ist sicher zu sagen, dass sie keineswegs fromme Muslime waren, sondern eindeutig laizistisch eingestellte Nationalisten. Ihre Motivation ist in Ideologien zu suchen, die – wie der bei ihnen eindeutig nachweisbare Rassismus – aus Europa importiert waren.

6. Armenisch-Apostolische Kirche

Die Armenisch-Apostolische Kirche (*Hay arakelakan ekeghezi*) mit fast sieben Millionen Gläubigen ist heute noch mehr als in den vergangenen Jahrhunderten seit dem späten Mittelalter eine Diasporakirche.[52] Deutlich weniger als die Hälfte ihrer Mitglieder lebt in der seit dem Zerfall der Sowjetunion selbstständigen Republik Armenien. Etwa vier Millionen Menschen leben über die Erde verstreut. In der Neuen Welt fanden mehr als eine Million armenischer Christen eine neue Heimat. Fast ebenso viele leben im Gebiet der ehemaligen Sowjetunion außerhalb der Republik Armenien. Über zwei Millionen sind über Asien, Afrika, Australien und Westeuropa verstreut. In letzterem beträgt allein in Frankreich die Zahl der Armenier fünfhunderttausend.

An der Spitze der weltweiten armenischen Kirche steht der "Oberste Patriarch und Katholikos aller Armenier". Sein Amtssitz ist Edschmiatzin[53] in der Nähe der heutigen Hauptstadt Armeniens Erewan. Recht ungewöhnlich im Vergleich mit anderen Kirchen weltweit ist die Tatsache, dass im Titel des Oberhauptes der Armenischen Kirche kein Ortsname Erwähnung findet.[54] Sein Titel bezieht sich nicht auf eine Stadt oder ein Land, sondern ausschließlich auf ein Volk. Es ist möglich, darin sowohl einen Hinweis auf die nationale Bindung der armenischen Kirche als auch auf lokale Zerstreuung ihrer Mitglieder zu sehen.

Neben dem in Edschmiatzin residierenden obersten Katholikos steht der ihm im Ehrenvorrang nachgeordnete "Katholikos des Hohen Hauses von Kilikien". Auch er hat das Recht zur Bischofsweihe und zur Weihe des Myron. Er ist Oberhaupt für eine Million Armenier in den Erzbistümern Aleppo, Isfahan (*Nor-Dschugla*), Täbriz, Teheran, Beirut, Lefkosia auf Zypern, Athen, Kuwait, New York, Los An-

---

[52] Hatte es schon in der Antike viele Armenier im Ausland gegeben, so begann die eigentliche Zerstreuung zuerst am Ende des 11. Jahrhunderts in Folge damaliger politischer Umwälzungen.

[53] Erst am Ende des 19. Jahrhunderts erlosch das Katholikat von Agthamar, dessen Sitz im Gebiet des Vansees lag und das Edschmiatzin zeitweilig Konkurrenz gemacht hatte.

[54] Edschmiatzin, das nicht im Titel genannt wird, ist im Übrigen ursprünglich kein Ortsname im eigentlichen Sinn, sondern der Name der Katholikatskirche, die als Kathedrale einer zeitweiligen armenischen Königsstadt (Vagharschapat) entstand. Der Kirchenname bedeutet: "Der Einziggeborene [d.h. Christus] stieg herab."

geles, Montreal und Caracas. Im nicht vorranglosen Nebeneinander der beiden Katholikoi spiegelt sich die historische Teilung in Großarmenien und Kleinarmenien. Eine aus dem Nebeneinander zeitweilig hervorgegangene Konkurrenz wurde endgültig beigelegt als 1995 Karekin, der "Katholikos des Hohen Hauses von Kilikien" als "Oberster Katholikos aller Armenier" in Edschmiatzin inthronisiert wurde.[55] Amtssitz des "kilikischen" Katholikos ist – in Kilikien leben auf Grund der Verfolgungen im frühen 20. Jahrhundert kaum noch Armenier – heute Anteleyas bei Beirut.

Dem obersten Katholikos unterstehen zwei Patriarchen, die kein Recht zur eigenen Myronweihe haben, der "Patriarch des Apostolischen Stuhles der heiligen Jakobus von Jerusalem" und der "Armenische Patriarch von Konstantinopel und der ganzen Türkei". Zum Bereich des letzteren gehören nur noch rund dreißigtausend Gläubige, die zum größten Teil in Istanbul leben. Dass es dort ein eigenes Patriarchat gibt, hat seinen Grund darin, dass das alte Osmanische Reich anders als die kemalistische Türkei und ihre ideologischen Vorläufer in der Endphase dieses Reiches nicht aus nationalistischen Motiven armenierfeindlich war.[56] Das Patriarchat von Jerusalem, das sich um 1310 vom Katholikat von Kleinarmenien löste, nachdem dieses 1307 seine (dann später wieder aufgekündigt) Union mit Rom bekräftigte[57], hat heute nur noch insgesamt etwa fünftausend Gläubige. Zu ihm gehörte dennoch ein besonderes Erzbistum in der jordanischen Hauptstadt Amman.

Ohne patriarchalische Zwischeninstanz unmittelbar dem "Obersten Katholikos" untersteht neben der Patriarchaldiözese Ararat der heute als Rest verbliebene Teil des eigentlichen Armenien mit sieben Bistümern, außerdem die Diözesen Georgien, Russland und ein Erzbistum in der Ukraine. Vor allem aber gehören zu seinem besonderen Bereich alle nicht schon genannten armenischen Gemeinden in aller Welt. Besonders genannt seien die Erzbistümer in Bagdad, Kairo, Buenos Aires, São Paulo, Montevideo, Sydney und in Europa Paris (mit Suffraganbistümern in London, Genf, Nizza, Marseille, Lyon), Wien und (mit Zuständigkeit für ganz Deutschland) in Köln.[58] Es ist bezeichnend für die Struktur der Armenisch-Apostolischen Kirche, dass beide Katholikoi und die beiden dem Katholikos in

[55] Der Name des Katholikos Karekin wurde für den kilikischen Stuhl als der Zweite nun in Edschmiatzin als der Erste gezählt.

[56] Zum *Millet* der Armenier wurden im Osmanischen Reich bis ins 19. Jahrhundert zivilrechtlich auch die miaphysitischen Syrer gerechnet.

[57] David D. Bundy: The Council of Sis, 1307. In: After Chalcedon. Studies in Theology and Church History. Festschrift für Albert van Roey. Leuven 1985, S. 47-56.

[58] Das armenische Erzbistum in Köln wurde 1992 formal als Diözese gegründet. Erster Oberhirte wurde Karekin Bekdjian, seit 1998 Erzbischof. (1975-1978 hatte hauptsächlich von Köln aus der spätere "Patriarch und Katholikos Aller Armenier" Karegin II. Nersissian die Armenische Kirche in Deutschland als Archimandrit geleitet.)

Edschmiatzin unterstehenden Patriarchen, d.h. alle vier Kirchenoberhäupter, im Ökumenischen Rat der Kirchen vertreten sind. Größere theologische Ausbildungsstätten der Armenischen Kirche bestehen in der Republik Armenien, im Libanon, in den Vereinigten Staaten und in Jerusalem.

7. Armenisch-Katholische Kirche

Die Kirche der mit Rom unierten Armenier hat weniger als vierhunderttausend Gläubige. D.h. ihre Mitgliederzahl liegt deutlich unter 10 Prozent derjenigen ihrer Mutterkirche. Wie bei dieser leben ihre Gläubigen weltweit zerstreut, und auch ihre Organisationsstruktur ist – wenn auch in anderer Form – eher dezentral. Die katholischen Armenier im Orient unterstehen einem eigenen Patriarchat, das Rechtsnachfolger der im Mittelalter unierten Patriarchen von Kleinarmenien/Kilikien ist, dem heutigen *Patriarchatus Ciliciae Armenorum*. Sitz des Patriarchen ist seit 1928/29 Beirut.[59] Zu ihm gehören Erzbistümer in Aleppo, Bagdad und Istanbul, vor allem aber das "Ordinariat Osteuropa" mit Sitz innerhalb der Republik Armenien in Gjumri. Während zu letzterem mehr als zweihunderttausend Gläubige zählen[60], liegt die Zahl der armenischen Katholiken im sonstigen Patriarchalgebiet, in dem neben den genannten Erzbistümern auch Diözesen in Isfahan[61] und Kairo sowie Patriarchalexarchate in Amman/Jerusalem und Damaskus existieren, wohl um die fünfzigtausend.

Die Diaspora der katholischen Armenier außerhalb des Orients und Osteuropas untersteht nicht dem Patriarchen in Beirut. Sie besteht aus einzelnen Bistümern und Apostolischen Exarchaten, die unmittelbar Rom zugeordnet sind. Das größte dieser Bistümer ist Paris mit etwa dreißigtausend Gläubigen. Nur etwa die Hälfte an Seelen zählt die armenisch-katholische Diözese von Buenos Aires.[62] Während die dem Patriarchat unterstehenden unierten Armenier weitestgehend ihrer ursprünglichen

---

[59] Unter staatlichem Druck der kemalistischen Türkei waren nach dem Ersten Weltkrieg etwa ein Dutzend unierter Bistümer in Kleinasien faktisch untergegangen. 1928 wurde auf Beschluss einer in Rom tagenden Synode der Sitz des Patriarchen von Istanbul, wo er sich seit 1867 befand, nach Beirut verlegt, wo der ursprünglich kilikische Amtssitz schon zuvor gewesen war.

[60] Das osteuropäische unierte Armeniertum hat eine große Geschichte gehabt. Von 1630 an bestand das katholisch-armenische Erzbistum Lemberg, dessen Stuhl seit dem Zweiten Weltkrieg nicht mehr besetzt ist. (Edmond Prekop: 350 Jahre der Union der polnischen Armenier mit der katholischen Kirche. In: Der christliche Osten 35. 1980, S. 81-84.)

[61] Isfahan hatte im 17. Jahrhundert als Hauptstadt des Safawidenreichs einen großen dorthin zwangsumgesiedelten Bevölkerungsanteil.

[62] Buenos Aires ist außerdem Sitz eines armenischen Apostolischen Vikariats für weite außerargentinische Teile Lateinamerikas.

Liturgie folgen, ist die der übrigen meist in sehr unterschiedlichem Ausmaß latinisiert.

Von größter Bedeutung für wohl alle Armenier ist die Mechitaristenkongregation. Sie wurde 1701 durch Mechitar von Sebaste[63] gegründet und 1711 von Papst Clemens XI. approbiert. Mechitar, der 1676 in Sebaste, dem heutigen Siwas, geboren wurde, wurde dort 1691 Mönch. 1696 bekannte er sich in Aleppo zur katholischen Kirche und wirkte dann als Priester und Seelsorger in Konstantinopel. Dort gründete er unter Protektion des französischen Botschafters bei der Hohen Pforte im September 1701 seine Gemeinschaft, die nach der Antoniusregel lebte, die osmanische Hauptstadt 1703 verließ und sich im damals vorübergehend venezianischen Methone im Süden der Peleponnes niederließ. Bei der für die Gemeinschaft in Methone erfolgenden päpstlichen Bestätigung ging diese zur Benediktinerregel über. Nach der Rückeroberung der Peleponnes durch die Osmanen siedelten die Mechitaristen nach Venedig über, wo sie auf der ehemaligen Aussätzigeninsel San Lazaro eine Zuflucht fanden. Der Konvent wurde zu einem herausragenden geistlichen Zentrum und zu einer führenden Pflegestätte armenischer Sprache und Literatur. Dieser Aufgabe sind die Mechitaristen bis heute verpflichtet, und ihre wissenschaftlichen Leistungen haben in drei Jahrhunderten weltweite Bedeutung erlangt. Mechitar starb am 17. April 1749. Unter seinem Nachfolger Abt Stephan Melkonian begannen Spannungen im Konvent, die zu seiner Spaltung führten. 1773 zog ein Teil der Mitglieder ins österreichische Trient, wo er einen eigenen Konvent begründete, der 1810/11 nach Wien übersiedelte. Die 1802 förmlich vollzogene Spaltung der Kongregation[64] wurde erst im Jahre 2000 überwunden. Die Verdienste der lange getrennten Zweige waren gleichermaßen herausragend, beide errichteten Offizinen für den Druck mit armenischen Typen und gründeten zahlreiche armenische Schulen in der Diaspora.[65]

---

[63] Zu Mechitar: Vahan Inglisian und Adolf Innerkoffler: Der Diener Gottes Mechitar von Sebaste, Stifter der Mechitharisten und Kulturapostel des armenischen Volkes. Wien 1929. – Zu den Mechit(h)aristen: Huschardzan. Festschrift aus Anlass des 100jährigen Bestandes der Mechitharisten-Kongregation in Wien (1811-1911) und des 25. Jahrgangs der philologischen Monatsschrift "Handes Amsorya" (1887-1911). Hrsg. von der Mechitharisten-Kongregation. Wien 1911. – Marcus Antonius van den Oudenrijn: Eine armenische Insel im Abendland. Venedig 1940. – Vahan Inglisian: Das wissenschaftliche Leben der Armenier in der Gegenwart. In: Oriens Christianus 39 (1955), S. 102-111. – Ders.: Hundertfünfzig Jahre Mechitaristen in Wien (1811-1911). Wien 1961. – Mari Kristin Arat: Die Wiener Mechitaristen. Armenische Mönche in der Diaspora. Wien, Köln 1990.

[64] In diesem Jahr wählten die Trienter Mechitaristen einen eigenen Abt.

[65] Die Wiener Mechitaristen gaben von 1847 bis 1863 eine armenische Zeitung heraus sowie seit 1887 die wissenschaftliche Monatsschrift "Handes Amsorya".

So ist es besonders das Verdienst der Mechitaristen, deren wissenschaftliche Arbeit auch von der Armenisch-Apostolischen Kirche unterstützt wird, dass das Verhältnis der beiden armenischen Kirchen überaus positiv ist. Im Jahr 2000 besuchte der Katholikos aller Armenier das Armenische Kolleg in Rom und 2001 der Patriarch der katholischen Armenier das Zentrum der Armenisch-Apostolischen Kirche in Edschmiatzin.

8. *Die ehemalige Kirche der (kaukasischen) Albaner*

Während die Kirchen Nubiens (s.o. Abschn. II, 5) in der Neuzeit untergegangen sind, trifft "Untergang" auf die Kirche der Albaner im östlichen Kaukasien eigentlich nicht zu. Nach ihrem Niedergang in Folge der Islamisierung des Landes Albania haben sich ihre Mitglieder der armenischen und (in geringerem Umfang) der georgischen Kirche angeschlossen.[66] Der antiken 'Αλβανοί im östlichen Transkaukasien sind seit dem persischen Achämenidenreich historisch belegt.[67] Ihr Gebiet entsprach etwa der heutigen Republik Aserbeidschan mit Ausnahme von deren nordöstlichem Teil. Sie wurden schon sehr früh von der armenischen Kirche zum Christentum bekehrt, der Überlieferung nach durch einen Enkel Gregors des Erleuchters, des Apostels Armeniens.[68]

Im Mittelalter schwankte die albanische Kirche, die einen eigenen Katholikos hatte, in ihrem Bekenntnis zwischen dem miaphysitischen Armenien und dem (zu-

---

[66] Außerdem hat es zu Beginn des dritten Jahrtausends anscheinend den Versuch gegeben, die Albanische Kirche in der Form einer Nationalkirche der Udinen (Uden) als eigenständig wiederzubeleben. Dem Verfasser ist es nicht gelungen, diese Annahme zu verifizieren oder gar zu spezifizieren. D.h., wenn diese "neue Kirche" wirklich existiert, so bleibt offen, ob es sich um eine orientalische Kirche im vollen Sinne mit Apostolischer Sukzession und in Übereinstimmung mit den ersten drei (oder zumindest zwei) Ökumenischen Konzilien handelt. – Die Udinen sind heute eine im östlichen Transkaukasien lebende Ethnie mit einer lesgischen Sprache, die heute nur noch wenige Tausend Mitglieder hat, von denen nicht wenige muslimischen Glaubens sind. Die Udinen gelten als Nachfahren der antiken und mittelalterlichen Albaner.

[67] Iris von Bredow: [Artikel] Albanoi. In: Der Neue Pauly. Enzyklopädie der Antike. Bd. 1. Stuttgart, Weimar 1996, Sp. 438-439.

[68] Zur Geschichte des kaukasischen Albanien und seiner Kirche: Alexander Nikurdse: Historiographische Betrachtungen über Albanien und seine Nachfolgestaaten (Schirwan – Sheki) vom Altertum bis zum hohen Mittelalter. In: Bedi Kartlisa. Revue de kartvélogie 13/14 (1962), S. 82-97. – Gerayer Koutcharian: Das Katholikat von Albanien bzw. Gandsassar (4. bis 19. Jahrhundert). In: Armenisches Berg-Karabach/Arzach im Überlebenskampf. Christliche Kunst – Kultur – Geschichte. Hrsg. von Manfred Richter. Berlin 1993, S. 90-92.

meist) chalkedonensischen Georgien. Um die Mitte des 10. Jahrhunderts zur Zeit des albanischen Königs Sewada Ischhan soll sich die Kirche des Landes zum Konzil von Chalkedon bekannt haben. Gegen 970 wurde aber der Katholikos der Albaner vom armenischen Katholikos geweiht.[69] 1039 leistete der albanische Katholikos Joseph die armenische Synode in Ani.

Der Einfluss der armenischen Kirche dominierte auf Dauer und im 15. Jahrhundert wurde der Sitz des Katholikos nach Gandsassar im armenischen Berg-Karabach verlegt. 1815 wurde daraus eine einfache armenische Metropolie, die Anfang der Dreißigerjahre des 20. Jahrhunderts unterging. Als partielle Nachfolger der albanischen Kirche heute können zumindest partiell die armenischen Christen im Gebiet von Berg-Karabach gelten.

---

[69] Movsēs Dasxurançi: [Patmut'iwon Aluaniç.] The History of the Caukasian Albanians. Translated and edited by Charles J.F. Dowsett. (London Oriental Series. 8) London 1961, S. 231.

V. Die Thomaschristen

1. Die Christenheit Indiens bis zur Ankunft der Portugiesen

Nach der alten Überzeugung aller der Gruppen indischer Christen, deren Kirchen schon vorneuzeitlichen Ursprungs sind, hat der Apostel Thomas das Evangelium auf dem Subkontinent verkündet und die Kirche Indiens begründet. Für diese Tradition lassen sich drei Überlieferungsstränge angeben: Die apokryphen Thomasakten[1], die *Didache* ("Lehre der Apostel")[2] und die mündliche Tradition der indischen Christen. Die Thomasakten sind zu Anfang des 3. Jahrhunderts im Raum von Edessa entstanden. Die Didache ist möglicherweise noch früher zu datieren und die mündliche Tradition in Indien ist zwar erst seit dem 13. Jahrhundert nachweisbar, aber ganz gewiss erheblich älter.

Die summierte Überlieferung ist, der heilige Thomas begann seine Mission am Indus, also an der Westgrenze Indiens, reiste dann an die Malabarküste, wo seine Verkündigung sehr erfolgreich war, begab sich dann an die Ostküste Südindiens, wo er als Martyrer starb und in Meliapur (heute ein südlicher Vorort von Madras) begraben wurde. Das heute leere Grab[3] entspricht durchaus einer Anlage der Römerzeit. Die Tatsache, dass im Raum von Madras und überhaupt an der Koromandelküste ganz im Gegensatz zur Malabarküste in älterer Zeit nie Christengemeinden existierten, muss historisch-kritisch als Argument für die Echtheit der Überlieferung gewertet werden. Für Traditionsfälscher hätte ein Grab in einem Ort an der Malabarküste insbesondere im südlichen Teil des Gebiets (Kerala) sehr viel näher gelegen.

Ausschließlich auf Überlieferungen der indischen Christen beruht die Nachricht, dass um die Mitte des 4. Jahrhunderts ein Zuzug syrischer und palästinensischer Christen an die Malabarküste erfolgt sei.[4] Eine außerindische Quelle des frühen 6. Jahrhunderts, der *Periplus maris Erythraei* des Cosmas Indicopleustes, belegt die

---

[1] Acta Thomae. Ed. Maximilianus Bonnet. In: Acta Apostolorum Apocrypha. Teil II. Leipzig 1903, S. XV-XXVIII, 91-291.

[2] Didache. Zwölf-Apostel-Lehre. Übersetzt und eingeleitet von Georg Schöllgen. In einem Band mit: Traditio apostolica des Hippolyt. Übersetzt und eingeleitet von Wilhelm Geerlings. (Fontes Christiani. 1.) Freiburg i.Br. 1992.

[3] Dies wird mit einer Translation der Gebeine nach Edessa erklärt. – Edessa ist (s.o.) Entstehungsbereich der Thomasakten.

[4] Vgl. Edouard R. Hambye und Johannes Madey: 1900 Jahre Thomas-Christen in Indien. (Veröffentlichungen der Arbeitsgemeinschaft "Begegnung mit den Kirchen des Ostens". 2.) Freiburg i.Ue. 1972, S. 18-19.

Existenz von Christen in Sri Lanka (*Taprobane*) und Südindien.[5] Der "Indienfahrer" Cosmas bezeugt auch die Verbindung der Thomaschristen mit der Apostolischen Kirche des Ostens im Perserreich. Noch deutlicher wurde diese durch inhaltlich überlieferte Schreiben des Katholikos Timotheos I. (780-822). Die Bischofskirchen Indiens gehörten offenbar zunächst zum Metropolitanverband von Rew Ardashir in Südwestpersien, bildeten aber seit dem 8. Jahrhundert eine eigene Metropolie. Dennoch gibt es in Bezug auf eine ursprüngliche und dann dauerhafte Zugehörigkeit der indischen Christen zur "nestorianischen" Kirche ein Problem: Die heutigen syro-malankarischen Christen, die sich im 17. Jahrhundert der westsyrischen ("jakobitischen") Kirche anschlossen (s.u.) sehen darin nur eine Rückkehr zu ihrer ursprünglichen Tradition.

Obwohl die frühen christlichen Gemeinden Südindiens wohl in ihrem ursprünglichen Kern weitestgehend auf vorderasiatische Einwanderer zurückgingen, hat sich auf Dauer eine gewisse Anpassung der Christen an die kulturellen und gesellschaftlichen Gegebenheiten Indiens durchgesetzt. So waren ihre Gemeinden in die Kastenordnung integriert, innerhalb derer sie einen relativ hohen Rang einnahmen. In diesem Zusammenhang ist die Entstehung endogener Gruppen, also von Personenverbänden, denen die Heirat nur innerhalb der eigenen Gemeinschaft erlaubt war, von besonderer Bedeutung. Eine solche Entwicklung erscheint vom christlichen Standpunkt aus nicht nur auf den ersten Blick sehr fragwürdig. Sie ist zunächst eigentlich nur als Konzession an die Kastengesellschaft zu begreifen.[6] Dennoch sollte der Historiker in seinem Urteil sehr vorsichtig sein. Innerhalb der Thomaschristen hat es schon sehr früh die Unterscheidung zwischen "Südchristen" und "Nordchristen" gegeben, die natürlich keinerlei religiöse Relevanz hatte. Als ursprüngliche Trennlinie galt der Fluss Periyar, der gut 150km südlich von Cochin in den Indischen Ozean mündet. Hauptsächlicher Träger der Tendenz zur gegenseitigen Abschließung waren wohl immer die "Südchristen" (die sich erst seit Ende des 20. Jahrhunderts allgemein als "Knanaiten" bezeichnen). Die Ursprungslegende der "Südchristen" berichtet, ihre Vorfahren seien im 4. Jahrhundert in den südlichsten Teil der Malabarküste eingewanderte Judenchristen. Ihr Anführer sei Thomas von Kana (in südindischer Tradition *Kinayi*) in Galiläa, dem Ort des biblischen Wunders von Kana, gewesen und es seien mit ihm 72 (Zahl der Jünger Jesu) Familien eingewandert.[7]

---

[5] Cosmas Indicopleustes. Topographie Chrétienne. Hrsg. von Wanda Wolska-Conus. T. 1-3. Paris 1968-1973.

[6] Deren Einfluss hat in Indien nicht einmal vor den Juden halt gemacht. Zwischen den so genannten "Weißen Juden" und den so genannten "Schwarzen Juden" besteht kein Konnubium.

[7] Die Südchristen oder Knanaiten leben heute überwiegend im 2005 zur Erzdiözese erhobenen Bistum Kottayam.

Von großer Bedeutung für die wirtschaftlichen Verhältnisse der Thomaschristen war die Tatsache, dass sie sowohl im Pfefferanbau wie im Handel tätig waren. In der Literatur findet sich sogar immer wieder die Aussage, sie hätten im Pfefferanbau ein Monopol besessen.[8] Dabei bleiben allerdings die regionalen und zeitlichen Umstände dieses angeblichen Monopols ungenannt. Jedenfalls waren die Thomaschristen im Bereich der Malabarküste im Mittelalter voll in die südindische Gesellschaft integriert. Wann genau die Thomaschristen genuin indische Meditationsformen in die religiöse Praxis der Lebensführung ihrer Mönche aufnahmen ist nicht zu bestimmen.

Seit der Spätantike haben die Christen Europas wohl ununterbrochen von der Existenz ihrer Mitbrüder in Indien gewusst, wenn auch die Nachrichten über diese sehr ungenau waren.[9] Im 13. Jahrhundert gelangten dann auch lateinische Katholiken nach Indien, sowohl italienische Kaufleute als auch Franziskaner und Dominikaner. 1328 wurde sogar ein lateinisches – zunächst kurzlebiges – Bistum im südindischen Quilon eingerichtet[10], dessen Bischof der Dominikaner Jourdain Cathala(ni) de Sévérac wurde, von dem nicht absolut sicher ist, ob er seine Diözese, die er aus priesterlicher Missionstätigkeit kannte, als Bischof wieder erreichte. Jedenfalls existierte in Quilon 1346 eine katholische, dem hl. Georg geweihte Kirche, und Jourdain hatte einen bischöflichen Nachfolger.[11]

Nach dem frühen 14. Jahrhundert ist das nunmehr konkretere Wissen über die Thomaschristen in Europa nicht mehr untergegangen. Auch der unmittelbare Kontakt scheint nicht völlig abgerissen zu sein. In den achtziger Jahren des 15. Jahrhunderts gelangte der Portugiese Pero Covilhão nach Kalikut und anderen Orten an der indischen Westküste.[12] Es ist absolut sicher, dass unter den zahlreichen (und gewiss teilweise sehr materiellen) Motiven der portugiesischen Suche nach dem Seeweg nach Indien eines die Absicht war, mit den Thomaschristen engere Beziehungen zu knüpfen.

---

[8] Z.B. in: Wolfgang Hage: Das orientalische Christentum. (Die Religionen der Menschheit. 29,2.) Stuttgart 2007, S. 321.

[9] Dies belegen u.a. seit dem Hochmittelalter phantastische Nachrichten über christliche Königreiche in Indien im Zusammenhang mit den Dreikönigslegenden. (Auch ein nur kleines christliches Königreich *Villarvattam*, von dessen einstiger Existenz die ersten Portugiesen in Indien gehört haben wollten, hat es vermutlich nie gegeben. Die Möglichkeit seiner Existenz wurde allerdings vertreten in: T. K: Joseph: Malabar Christians and their ancient documents. Trivandrum 1929, S. 8.)

[10] Anthony Mathias Mundadan: History of Christianity in India. Vol. 1. Bangalore 1984, S. 130-137.

[11] In den ersten Jahren des 15. Jahrhunderts war aber die lateinische Diözese in Quilon allerdings wohl schon nicht mehr existent (ebenda, S. 141).

[12] Freilich kehrte Covilhão, der später bis nach Äthiopien vordrang, nie nach Europa zurück.

2. Der portugiesische Patronat, die römische Kurie und die einheimischen Christen

1498 erreichte die kleine Flotte Vasco da Gamas die Malabarküste. 1500 erschien Pedro Alvares Cabral und nahm unmittelbaren Kontakt mit den Thomaschristen auf. Zunächst war die allgemeine Begeisterung und die Freundschaft zu den neu kennengelernten Glaubensbrüdern auf beiden Seiten sehr groß. Bald begann man aber Einiges bei den Christen aus dem jeweils anderen Kulturbereich befremdlich zu finden. Es ist sicher, dass die Portugiesen als der Eindringling und der grundlos sich überlegen gebärdende Teil in den Verwicklungen der nächsten Jahrhunderte die größere Schuld an den Querelen auf sich luden, aber nicht alle Missverständnisse beruhten auf deren Bosheit. Bemerkenswert ist auch, dass bei den kommenden kirchlichen Auseinandersetzungen fast immer eine kleine Minderheit der einheimischen Christen auf Seiten der portugiesischen Priester stand. Dies gilt gerade auch für die vom portugiesischen Klerus angestrebte Latinisierung in Liturgie und Kirchendisziplin.

Generell aber zeigten die Vertreter der lateinischen Kirche viel zu wenig Respekt vor der Tradition der indischen Christen. Außerdem haben auf beiden Seiten nicht wenige außerkirchliche Motive in den bald notorischen Streit hineingespielt. Tragisch ist, dass oft gerade die eifrigsten und fähigsten europäischen Missionare auch die intolerantesten waren. Dies gilt nicht vom heiligen Franziskus Xavererius. Es ist aber bemerkenswert, dass er bei seiner aufopfernden Missionsarbeit von den Thomaschristen sehr wenig Notiz nahm. Der wahrscheinlich einzige wirklich engere Kontakt, den er mit ihnen hatte, führte lediglich dazu, dass er sich mit großem Recht brieflich beim portugiesischen König Johann IV. beschwerte, die portugiesischen Beamten würden einen einheimischen Bischof mit zu wenig Hochachtung behandeln.[13] Tatsächlich wurde der indische Bischof Jacob von Cranganore trotz seiner großen Bereitschaft zur Kooperation – er war sogar bereit für die Portugiesen die Hl. Messe nach lateinischem Ritus zu lesen – von den königlichen Behörden weitestgehend aus dem Amt gedrängt.[14]

Der allergrößte Fehler der katholischen Missionare des lateinischen Ritus lag wohl darin, dass sie in späterer Zeit teilweise dazu tendierten, in den Thomaschristen eine zwar – im Falle der Anerkennung des päpstlichen Primats – legitime, aber letztlich doch praktisch zweitrangige Form von Katholiken zu sehen. Es wäre allerdings falsch, bereits dem heiligen Franz Xaver eine solche Einstellung zu unter-

[13] Brief aus Cochin vom 8. Februar 1545 an König Johann III. von Portugal. (Die Briefe des Francisco de Xavier. Ausgewählt, übertragen und kommentiert von Elisabeth Gräfin Vitzthum. 3. Aufl. München 1950, S. 69-74.)

[14] Hage, a.a.O. (wie Anm. 8), S. 323-324.

stellen. Von den schlimmsten Konsequenzen dieser Denkweise bewahrte die Thomaschristen schließlich auch später ihre Bedeutung und ihre relativ große Anzahl. Die Konflikte waren insgesamt schon in den ersten Dezennien der portugiesischen Präsenz programmiert.

Schon lange vor der Entdeckung des Seeweges nach Indien besaß die Krone Portugals den ihr vom Papst verliehenen Missionspatronat (*padroado*). Er war zwar kirchenrechtlich nicht dem König, sondern dem Großmeister des portugiesischen Christusordens verliehen worden[15], aber dieses Amt war faktisch der Krone inkorporiert. Letzter Grund für die Entstehung des Missionspatronats im 15. Jahrhundert war die Tatsache gewesen, dass dem Papst unmittelbar nicht genug Missionare zur Verfügung standen. Eine Bevormundung bereits vorhandener Christen in den außereuropäischen Ländern war selbstverständlich bei der Patronatsbegründung nicht intendiert.

In Indien lag die oberste Kirchenleitung im Rahmen des Patronats seit 1558 in den Händen des lateinischen Erzbischofs von Goa. Dieser residierte in Goa als der Stadt, die auch Amtssitz des portugiesischen Vizekönigs (*visorei*) war. Der Erzbischof beanspruchte die oberste Jurisdiktion über alle Christen Indiens.[16] Nachdem die Portugiesen schrittweise im 17. Jahrhundert ihre Machtstellung an den Küsten mit Ausnahme von Goa und einigen anderen Plätzen an die Niederländer, später auch an England und Frankreich verloren[17], hielten sie um so eiserner an ihrem Patronatsrecht fest. Vor allem verteidigten sie ihren Anspruch gegenüber der 1622 gegründeten päpstlichen *Congregatio de propaganda fide*.

In der zweiten Hälfte des 16. Jahrhunderts gelang es trotz aller Gefahren der Reise einigen unierten Bischöfen der ostsyrischen Kirche Indien zu erreichen. Sie hatten die päpstliche Amtsbestätigung, aber die Vertreter des portugiesischen *Padroado* machten ihnen das Leben so schwer als möglich. 1575 konnten die Jesuiten mit Unterstützung des ostsyrischen Metropoliten Mar Abraham ihre Missionsarbeit auf die Thomaschristen ausdehnen. 1578 begründeten sie nach einer schon 1541 errichteten Vorstufe ein Priesterseminar, in dem der zukünftige Klerus der einheimi-

---

[15] Die Verleihung erfolgte 1456. Im Jahr zuvor hatte Papst Nikolaus V. mit der Bulle "Romanus Pontifex" (8. Januar 1455) durch die Übertragung von Vollmachten an König Alfonso (Affonso) V. und den Infanten Heinrich ("den Seefahrer") schon Grundlagen für diesen Patronat gelegt. – Allgemein zu diesem Patronat: Ino Godinho: The Padroado of Portugal in the Orient, 1454-1860. Bombay 1924.

[16] Die frühere Bedeutung des Erzbistums Goa belegt auch die Tatsache, dass der Erzbischof von Goa, nachdem die Bedeutung seiner Kirchenprovinz längst extrem gemindert war, 1886 den Titel "Primas und Patriarch Ostindiens" erhielt.

[17] Sie bewahrten nach 1700 neben Goa (mit weiterer und auch schwankend großer) Umgebung nur Diu, Damão und Bassein. Letzteres verloren sie 1739, das übrige behielt Portugal bis 1961(!).

schen Christen zwar gewissenhaft ausgebildet, aber ungebührlich latinisiert wurde. 1585 fand in Goa ein Provinzialkonzil statt, das die Latinisierung ganz allgemein vorantrieb.

1597 starb der katholische ostsyrische Bischof Abraham, und damit schien für die portugiesische Patronatskirche das letzte Hindernis für die Angliederung der Thomaschristen beseitigt. 1599 veranstaltete der Erzbischof von Goa Alexis de Menezes die so genannte Synode von Diamper[18], auf der nichts beraten wurde, sondern nur unterzeichnet, was der Metropolit vorlegte. Die rein formale äußere Rechtsform einer Synode wurde aber gewahrt.[19] Nun aber war der Bogen überspannt, die Thomaschristen wehrten sich. Dennoch wurden sie von 1600 bis 1652 von Jesuitenbischöfen (also Lateinern) regiert. Ähnlich wie Äthiopien erscheinen die Mitglieder der Gesellschaft Jesu als die Hauptverantwortlichen für die Eskalation in der Auseinandersetzung zwischen den uniert-orientalischen und den lateinischen Christen innerhalb der katholischen Kirche. Es wäre historisch unsinnig und innerkirchlich ungerecht, daraus eine Negativbewertung der Jesuiten zu entwickeln, die über ein nur die besondere Situation berücksichtigendes Urteil hinausgeht. Als der um die tridentinische Reform am meisten positiv verdiente Orden war die Gesellschaft Jesu – so könnte man vielleicht sagen – für ein verfehltes Verhalten gegenüber den orientalischen Kirchen auf Grund von Übereifer geradezu prädestiniert.

3. Die Entwicklung seit der Mitte des 17. Jahrhunderts

1653 kam es dann zu einer Erhebung der Thomaschristen, die die ungerechtfertigte Bevormundung beenden wollten, zu dem "Eid am *Kunen kurisu*", dem "Schwur am gekrümmten Kreuz". Vorgang und Vorgeschichte stellen sich so dar: 1652 erschien in Indien ein Metropolit der westsyrischen (!) Kirche mit Namen Ahatallah ('Atallah'), der sich zur Kirchengemeinschaft mit Rom bekannte und beanspruchte unter päpstlicher Autorität Patriarch von Indien zu sein. Die durch die jesuitische Kirchenleitung und ihre Latinisierungsbestrebungen äußerst verbitterten einheimischen Christen der Malabarküste sahen seiner Ankunft mit Freude entgegen. Nun gelang es den portugiesischen Behörden, die um die Patronatsrechte der Krone fürchteten, Bischof Ahatallah auf der Weiterreise abzufangen und nach Goa, dem Sitz des portugiesischen Vizekönigs zu verschleppen. Er wurde später

[18] Die Akten sind ediert in: Bullarium Patronatus Portugalliae. Appendix I. Lissabon 1868, S. 147-368. – Übersetzung: Die Synode von Diamper (Udayamperur), Malabar. Übers. und mit Kurzkommentaren versehen von Johannes Hutter. Aachen 2011.

[19] Der Apostolische Stuhl hat allerdings die Beschlüsse dieser Synode nie offiziell bestätigt.

sogar nach Europa deportiert. Bei den Thomaschristen verbreitete sich das Gerücht, ihr neuer Patriarch[20] sei ermordet worden. Die einheimischen Christen im Erzbistum von Cranganore, zu dem Lateiner wie Malabaren gehörten, waren durch den Hochmut ihres Oberhirten, des Jesuiten Francisco Garcia, zusätzlich in besonderer Weise verärgert.

Im Januar 1653 zog eine sehr große Menge der indischen Christen von Cranganore zum großen Kreuz des nahe gelegenen Mattancherry und leistete den gemeinsamen Eid, niemals mehr den Anweisungen der Jesuiten zu folgen. Dabei wurde ein langes Seil, das alle mit den Händen erfassten, an das Kreuz gebunden. (Durch den Seilzug soll sich das Kreuz gebogen haben, daher die Bezeichnung: Eid vom "gekrümmten" oder "schiefen" Kreuz.) Dem Eid schloss sich die Mehrheit aller Thomaschristen an, die bis dahin alle in einer Kirchengemeinschaft lebten. Dieser Eid, eines der bedeutendsten Ereignisse der indischen Kirchengeschichte, war, was unbedingt zu betonen ist, keineswegs eine Absage an Rom, sondern nur an die Jesuiten und implizit an den portugiesischen Patronat. Dennoch begann hiermit eine Reihe von Spaltungen innerhalb der Thomaschristen, die sich bis ins 20. Jahrhundert fortsetzte.

Zunächst wählte die große Mehrheit der Thomaschristen, die sich durch den "Eid vom gekrümmten Kreuz" verbunden hatten, Thomas Parampil, der zuvor Archidiakon des Erzbischofs von Cranganore gewesen war, aber sich mit diesem – unter anderem durch selbstständige Korrespondenz mit der Römischen Kurie – zerstritten hatte, zum Bischof. Parampil (portugiesisch "de Campo" genannt) sah sich zunächst durchaus als in Gemeinschaft mit dem Papst stehend. Erst, als er nach einem Jahrzehnt 1663 durch den vom Papst 1655 nach Indien entsandten Apostolischen Administrator Joseph Maria Sebastiani exkommuniziert wurde, kam es zu seinem Bruch mit der katholischen Kirche.

In diesen zehn Jahren war es zu einer grundlegenden Parteiung innerhalb der Thomaschristen gekommen. Rom wusste seit langem, dass der *padroado* Portugals (genau wie der *patronado* Spaniens in der Neuen Welt) zu einem Hindernis für die katholische Kirche geworden war, hatte aber größte Probleme, die alten Vereinbarungen und die daraus folgenden gültigen Rechte zu beseitigen. Eine (Not-)Lösung war im Falle Indiens, den Patronat mit Hilfe von nun durch die 1622 gegründete *Congregatio de propaganda fide* entsandten Karmeliten zu unterlaufen. Nachdem Rom neue Missionare geschickt hatte, wurde deren Stellung gegenüber Portugal faktisch dadurch politisch abgesichert, dass die Niederländer die Portugiesen weitgehend von der Malabarküste vertrieben. Zwar war die niederländische Ost-Indien-Kompagnie dem reformierten Bekenntnis eng verbunden und vertrieb zunächst alle

[20] Bis zu seinem Tod 1597 (s.o.) hatte der ostsyrische Bischof Abraham zumindest teilweise faktisch patriarchenähnliche Funktionen wahrgenommen.

katholischen Priester aus ihren Eroberungen. Schließlich fand sie sich aber doch bereit, die Karmeliten unter Auflagen zu dulden, sicher nicht Rom zu Gefallen, sondern um die Zusammenarbeit mit den einheimischen Christen nicht zu gefährden (vielleicht auch um zusätzlich Portugal zu schaden).

Die Karmeliten, die an die Stelle der Jesuiten getreten waren, wirkten natürlich dahin, die Romverbundenheit zu stärken. Sie hatten damit bei der Mehrheit Erfolg. Aber da auch sie, wenn auch sehr viel einfühlsamer als ihre Vorgänger, weiterhin latinisierten, war dieser Erfolg nicht vollständig. Unter den Thomaschristen bildete sich die größere so genannte "alte Partei" (*pazhayakuttukar*) und die kleinere so genannte "neue Partei" (*puthankuttukar*). Letztere trennte sich 1663 von Rom und schloss sich, um die für die Apostolische Sukzession wichtigen Weihen zu erhalten, der westsyrischen (!) Kirche an, nach der sie dann auch ihre Liturgie ausrichtete.[21] Die Rom treu bleibende "alte Partei" blieb natürlich bei der ererbten ostsyrischen Liturgie.

Aus der "alten Partei" entwickelte sich die *malabarische*, aus der "neuen Partei" die *malankarische* Kirche. Aus letzterer spaltete sich – ausgelöst durch einen Jurisdiktionsstreit – nach der Mitte des 18. Jahrhunderts die kleine unabhängige Kirche von Thozhiyur ab, die sich – für Außenstehende verwirrend – am Ende aber "malabarisch" nannte. In der zweiten Hälfte des 19. Jahrhunderts entstand in der Kirche der Malankaren unter anglikanischem Einfluss eine reformatorische Bewegung, die zur Gründung einer eigenen "Mar-Thoma-Kirche" führte.[22] Im zweiten Viertel des 20. Jahrhunderts schloss sich ein (zunächst kleiner) Teil der Malankaren der Union mit der katholischen Kirche an.

Die größte Gruppe innerhalb der Thomaschristen bildeten seit dem 17. Jahrhundert die Rom treu gebliebenen "Malabaren". Auch sie blieben nicht vor den Spaltungen bewahrt. An der Wende zum 20. Jahrhundert lösten sich von ihnen die so genannten "Mellusianer", benannt nach Bischof Eliya Yochannan Mellos, die eine Kirche mit dem Zentrum in Trichur bildeten, die weiterhin dem ostsyrischen Ritus folgte.[23] (Zu dieser Kirche s.u. Abschn. V,5.)

---

[21] Jahre zuvor hatte eine so genannte "Notweihe" des Thomas Parampil zum Bischof durch zwölf malabarische Priester stattgefunden, die aber auch die Malabaren selbst nicht für wirklich gültig ansahen.

[22] Von dieser löste sich 1961 ein evangelikaler Zweig, die "*St. Thomas Evangelical Church of India*", die man trotz ihres Namens theologisch und historisch nur mit Vorbehalt zu den eigentlichen Thomaschristen rechnen wird. – Zu ihrer Entstehung: Yuhanon Mar Thoma: Eine Abspaltung von der Syrischen Mar-Thoma-Kirche und die Gründung der Evangelischen St. Thomas Kirche in Indien. In: Die syrischen Kirche in Indien. Hrsg. von Paul Verghese. (Die Kirchen der Welt. 13.) Stuttgart 1974, S. 138-143.

[23] Die "Mellusianer", wenig glücklich früher auch "Neunestorianer" genannt, machten nach dem Schisma die Latinisierungen in ihrer Liturgie rückgängig. (Paul Wiertz: Die Tho-

4. Katholische Syro-Malabarische Kirche

Die Katholiken des *Ritus Syrorum Malabarensium* bilden die größte unierte orientalische Kirche überhaupt. Unter den mit Rom unierten Kirchen insgesamt nimmt ihre Kirche nach der Mitgliederzahl den zweiten Platz nach der Ukrainischen Katholischen Kirche ein. Sie hat ca. 3,7 Millionen Gläubige, von denen die weitaus meisten im indischen Bundesstaat Kerala leben, etwa 200.000 leben in anderen Teilen Indiens, etwa 100.000 in Nordamerika. Ihre eigenständige Hierarchie ist auf Kerala beschränkt. Die Gläubigen der indischen Diaspora verteilen sich auf elf syro-malabarische Bistümer (Eparchien), die lateinischen Kirchenprovinzen zugeordnet sind.[24] Die Kirchenmitglieder der amerikanischen Diaspora gehören zur unmittelbar dem Apostolischen Stuhl unterstellten Eparchie in Chicago. In Kerala bilden die katholischen Malabaren etwa 10% der Bevölkerung, die Christen insgesamt stellen eine etwa doppelt so große Anzahl, also etwa ein Fünftel (nach anderen Angaben sogar ein Viertel) der Einwohnerzahl dar.

Oberster Bischof der Malabaren in Kerala ist seit 1992 der Großerzbischof von Ernakulam-Angamali mit Sitz in Cochin-Ernakulam. (Die drei bisher amtierenden Großerzbischöfe waren bzw. sind Mitglieder des Kardinalkollegiums.[25]) Außerdem gibt es vier weitere Erzbischöfe, und zwar in Changanacherry, in Kottayam, in Tellicherry und Trichur. Die Zahl der keralischen Bistümer dieser Kirche insgesamt beträgt vierzehn.[26] Sehr hoch ist die Zahl der Priester und Ordensberufungen. Zahlreich Säkular- und Ordenspriester sind in katholischen indischen Diözesen anderer Riten tätig. Etwa 70% der katholischen indischen Missionspriester und Missionsschwestern, die im eigenen Land arbeiten, kommen aus der Syro-Malabrischen Kirche.[27] Die Syro-Malabaren unterhalten Hochschulen und mehrere hundert Schulen. Es dürfte daher nicht zuletzt ihr Verdienst sein, wenn im Bundesstaat die Kerala die sonst in Indien sehr hohe Analphabetenquote extrem niedrig ist.

---

maschristen Indiens. In: Handbuch der Ostkirchenkunde. Bd. 1., 2. Aufl. Düsseldorf 1984, S. 249-268, hier S. 262.)

[24] Davon entstanden zehn in der zweiten Hälfte des 20. Jahrhunderts: Adilabad, Bijnor, Chanda, Gorakpur, Jagdalpur, Kalyon, Rajikot, Sagar, Satna und Ujjain. Die Eparchie von Faridabad wurde erst 2012 gegründet.

[25] Antony Kardinal Padiyara (1992-1996), Varkey Kardinal Vithayathil (1999-2011), George Kardinal Alencherry (seit 2011). Von November 1996 bis Dezember 1999 war das Amt des Großerzbischofs vakant.

[26] Zur Kirchenprovinz von Changanacherry gehören die Eparchien Kanjirapally, Pala und Thuckalay, zur Provinz von Tellicherry die Eparchien Belthangady, Mananthavady und Thamarassery, zu der von Trichur gehören Irinjalakuda und Palakkad. Dem Großerzbischof als Metropoliten unterstehen Kothamangalam und Idukki. Das Erzbistum der "Südchristen" Kottayam hat keine Suffraganbistümer.

[27] Andreas Heinz: Licht aus dem Osten. (Sophia. 35.) Trier 2008, S. 60.

Seit 1998 hat die Syro-Malabarische Kirche bei liturgischen Fragen das Recht absolut eigenständiger Entscheidungen. Seit 2004 ist sie faktisch auch autonom bei der Erhebung der Bischöfe und Errichtung von Eparchien. Natürlich werden auch weiterhin die Namen der erwählten Bischöfe dem Papst zur Bestätigung vorgelegt.

Die eigentlich ostsyrische Liturgie war in einem jahrhundertelangen Prozess in höchstem Maße latinisiert worden. Dabei hatte die Latinisierung auch durchaus einheimische Befürworter (s.o.). Seit 1934 begannen – wesentlich auf Initiative Papst Pius XI. – die Bemühungen, die Liturgie wieder auf ihre syrischen Ursprünge zurückzuführen. Diese Bestrebungen schritten aber nur langsam voran. 1962 erst wurde eine im ursprünglichsten Sinne des Wortes "re-formierte", also auf die alte Form zurückgebrachte Liturgie (von Rom bereits 1957 approbiert) offiziell eingeführt, aber noch keineswegs überall durchgesetzt ist. Seit 1968 ersetzt das zu den drawidischen Sprachen gehörende *Malayalam* das ostsyrische *Swadaya* weitgehend. Vor allem bei besonderen Gottesdiensten behalten einzelne Gesänge in syrischer Sprache ihre Bedeutung. Bei der in der feierlichen Form durch sehr zahlreiche Gebete und Riten ausgezeichneten Eucharistiefeier sind im Bedarfsfall vorgegebene Kürzungen erlaubt.[28]

5. **Chaldäisch-Syrische Kirche des Ostens**

Diese Kirche, eigentlich die *Metropolie von Malabar und ganz Indien* der *Assyrischen Kirche,* wird von den nicht mit Rom unierten Malabaren gebildet. Sie sind identisch mit den oben (im Abschn. V,3) genannten Mellusianern. 1964 spalteten sie sich in eine Gruppe, die am Julianischen Kalender festhielt und eine anderen, die den Gregorianischen Kalender übernahm. Dieses Schisma entsprach einem entsprechenden in der Assyrischen Kirche. Anders als bislang bei der Mutterkirche gelang in Indien 1994 eine Versöhnung der beiden Parteien.

6. **Malankarisch-Syrische Kirche** und **Indische Orthodoxe Kirche**

Die sich aus den Thomaschristen der "Neuen Partei" (s.o. Abschn. V,3) entwickelnde Malankarische Kirche war zunächst fest mit der "Kirche des syrischen Patriarchats" (den so genannten "Jakobiten") verbunden, deren westsyrische Liturgie sie ja auch übernommen hatte. 1912 kam es auf Grund vorhergehender Spannungen zwischen dem in Indien amtierenden Patriarchen Abdullah II. und dem indischen Metropoliten Dionysios VI. zu einem Schisma, das 1958 beigelegt wer-

[28] Varghese Pathikulangara: Indo-Chaldean Liturgy. Kottayam 1979, S. 95.

den konnte, aber 1975 in veränderter Form auflebte.[29] Wie beim älteren Schisma ist ein Teil weiterhin in voller Gemeinschaft mit dem westsyrischen Patriarchen von Antiochien, der andere nicht.

Letztere Kirche stellt sich heute als *Autokephale Malankara Orthodox-Syrische Kirche* dar. Sie wird auch als "Indische Orthodoxe Kirche" bezeichnet.[30] Sie hat weit über drei Millionen Mitglieder, neunzehn Diözesen in Indien (davon acht in Kerala) sowie je eine Diözese in Europa, in Kanada und in den Vereinigten Staaten. Liturgiesprache ist sowohl das Syrisch-Aramäische wie zunehmend das südindische (dravidische) Malayalam. – Die weiterhin mit dem antiochenischen Patriarchat verbundenen Malankaren nennen sich *Malankara Syrisch-Orthodoxe Kirche* und bilden das "Katholikat von Indien" der westsyrischen Kirche.[31]

7. Katholische Syro-Malankarische Kirche[32]

1930 trat eine zunächst nur kleine Gruppe aus dem (durch das Schisma von 1912 getrennten) dem westsyrischen Patriarchen von Antiochien treu geblieben Teil der Malankaren in Union zur katholischen Kirche. Erster Metropolit mit Sitz in Trivandrum wurde 1932 Bischof Ivanios, zuvor Gründer der ersten Ordensgemeinschaft der Malankaren ("Order of the Imitation of Christ"). Diese neue mit Rom unierte malankarische Kirche erhielt bald sehr starken Zulauf aus den beiden getrennten Fraktionen ihrer Mutterkirche. 1977 schloss sich ihr auch der Metropolit der kleinen *Malabarischen Unabhängigen Syrischen Kirche* (s. Abschn. V,8) an, die dadurch in eine vorübergehende Krise geriet.

In der neuen Kirche hat der von Bischof Ivanios gegründete Orden, dessen Mitglieder ihm zum großen Teil in die katholische Kirche folgten, stets große Bedeutung behalten. Auch ein Zweig des Zisterzienserordens, der 1998 in diesen förmlich eingegliedert wurde, spielt in dieser Kirche eine bedeutende Rolle. Seit 1983 besitzt sie am Metropolitansitz Trivandrum ein eigenes Priesterseminar. Innerhalb der Thomaschristen gehören die katholischen Malankaren zu denjenigen, die besonders bemüht sind, die genuin indische Spiritualität zu integrieren.

---

[29] John Maley: Background and History of the Present Schism in the Malankara Church. In: Oriens Christianus 60 (1976), S. 95-112.

[30] Paulos Mar Gregorios: The Indian Orthodox Church. An Overview. Delhi, Kottayam 1982.

[31] Daniel Babu Paul: The Syrian Orthodox Christians of St. Thomas. Ernakulam 1986.

[32] Cyril Malancharuvil: The Syro-Malankara Church. (The Syrian Church Series. 7.) Ernaculam 1974. – Geevarghese Chediath: The Malankara Catholic Church. Kottayam 2003.

Heute hat die *Katholische Syro-Malankarische Kirche* mehr als 400.000 Gläubige. Sie ist unter der großen nicht-christlichen Mehrheit der Inder missionarisch sehr aktiv. Organisiert ist sie in zwei Erzdiözesen mit insgesamt 3 Suffraganbistümer (Eparchien). 1985 gründete sie in Kottayam das "Saint Ephrem Ecumenical Research Institute".

8. **Malabarische Syrische Kirche**

Trotz der Bezeichnung "malabarisch" gehört diese Kirche nicht dem ostsyrischen Ritus wie die katholischen Malabaren, sondern dem westsyrischen Ritus wie die Malankaren an, aus deren Kirche sie sich in der zweiten Hälfte des 18. Jahrhunderts löste (s.o. Abschn. V,3). Ihr Metropolitansitz befindet sich in Thozhiyur, dessen Kathedrale 1794 geweiht wurde. Diese Kirche hat etwa 10.000 Mitglieder, die ganz überwiegend am Metropolitansitz und in dessen dörflicher Umgebung leben. Bemerkenswert ist der große Einfluss, den die Gemeinschaft ausübt. Sie unterhält sowohl enge Beziehungen zu den Malankaren, aus deren Kreis sie hervorgegangen ist wie auch zur anglikanisch geprägten *Mar-Thoma-Kirche*. Bekannt wurde sie weltweit durch ihre ökumenischen Kontakte. Ihr Metropolit Joseph Mar Koorilose IX. reiste 1988 zum westsyrischen Patriarchen von Antiochia, 1989 zum anglikanischen Erzbischof von Canterbury und im selben Jahr zum Papst.[33] Populär unter den indischen Christen wurde sie in jüngerer Zeit durch ihre Glaubensheilungsgottesdienste, die eine bis zum 18. Jahrhundert zurückreichende Tradition haben.

9. Die Sonderstellung der Thomaschristen unter den orientalischen Kirchen

Die Situation der Thomaschristen unterscheidet sich in mehreren Punkten sehr deutlich von der der anderen orientalischen Christen. Ein sehr bedeutender Unterschied liegt natürlich bereits darin, dass sie in ihrem südasiatischen Heimatland im Gegensatz zum überwiegenden Teil der im eigentlichen Orient lebenden Christen nicht generell unterdrückt oder gar verfolgt werden, auch wenn sich in Indien einzelne Übergriffe gegenüber christlichen Gemeinden neuerlich häufen. Außerdem schützt einen großen Teil der Thomaschristen wie der anderen Christen Indiens ihre Siedlungskonzentration auf den Bundesstaat Kerala, in dem sie mehr als eine nur kleine Minderheit bilden.

---

[33] Hage, a.a.O. (wie Anm. 8), S. 359, Anm. 205.

Eine zweite Besonderheit der Thomaschristen, die bis zur Mitte des 17. Jahrhunderts eine einzige kirchliche Gemeinschaft bildeten, liegt in ihrer extremen konfessionellen Zersplitterung, die selbst die der Christen im Libanon um vieles übertrifft. Die Gründe für die Aufspaltung sind dabei außerordentlich multikausal. Zu Grunde liegen Unterschiede im Dogma und im Ritus, aber vor allem auch bloße Jurisdiktionsstreitigkeiten. Letztere sind aber oft dadurch sehr tiefgehend, da sie fallweise emotional in höchstem Maße aufgeladen sind. Im Hintergrund steht die Tatsache, dass, obwohl das Christentum Indiens in apostolische Zeiten zurückreicht, alle Kirchen der Thomaschristen in ihrer Vergangenheit irgendwann Teil einer außerindischen orientalischen Kirche waren, so sehr sie heute überwiegend ein durchaus indisches Gesicht haben. Letzteres gilt auch für diejenigen kirchlichen Gemeinschaften, die noch heute orientalische Teilkirchen sind.

Mit größter Vorsicht kann daher vielleicht die These aufgestellt werden, dass ein großer Unterschied zwischen den Kirchen der Thomaschristen einerseits und den wohl aller anderen orientalischen Christen andererseits darin liegt, dass in Indien eine größere Differenz zwischen der religiösen Tradition und der kulturellen Identität der Kirchenmitglieder besteht. Während das tägliche Leben der Thomaschristen selbstverständlich in der indischen Kultur integriert ist, sind ihre ost- oder westsyrische Liturgie und weitere Komponenten des kirchlichen Lebens in ihrer Formensprache ursprünglich eindeutig orientalischer Herkunft im engeren Sinne. Das bedingt keineswegs eine im weltkirchlichen Rahmen gesehen ungewöhnliche Situation. Dies ist vielmehr eher der Normalfall. Dasselbe gilt schließlich auch für die vielen Millionen von Christen in Mittel- und Nordeuropa, deren Vorfahren ja das Christentum zusammen mit einer kulturellen Begleitung hellenistisch-römischen Gepräges übernommen haben. Aber für orientalische (und byzantinisch-orthodoxe) Christen ist eine solche Voraussetzung eher ungewöhnlich. Die Christen der koptischen, syrischen, armenischen oder chaldäischen Kirche sind den historisch-kulturellen Grundlagen ihrer Wohnländer über ihre Religion nämlich letztlich sogar tiefer verbunden als ihre Mitbürger mit anderer Religionszugehörigkeit.

Die Thomaschristen sind also Inder christlichen Glaubens, die einerseits als Christen – anders als die anderen christlichen Konfessionen ihres Landes – eine sehr lange indische Geschichte haben, darüber hinaus aber den Christen im Orient, im Ursprungsgebiet des Christentums, besonders eng verbunden sind. Wie die äthiopische Kirche, die den Orient mit Afrika verbindet, haben auch sie für die Weltkirche eine besondere Brückenfunktion.

Konkordanz der Namensformen der altorientalischen Kirchen

Nach der im Text des Überblicks gebrauchten, meist prägnant verkürzten Namensform (in Kapitälchen) folgt die offizielle Bezeichnung (in Fettdruck bzw. bei den nicht autokephalen Kirchen kursiv).

ARMENISCHE KIRCHE

Armenische Apostolische Kirche (Hay arakelakan ekeghetzi)
Gelegentlich findet sich vor allem in der älteren Literatur die Bezeichnung "Gregorianische Kirche".

ARMENISCH-KATHOLISCHE KIRCHE

Patriachatus Ciliciae Armenorum

ASSYRISCHE KIRCHE

Heilige und Apostolische Katholische Kirche des Ostens der Assyrer (ʻEdtā qaddīschtā wa-schlīchāytā qatōlīkē d'madnchā d'atōrāyē)

ÄTHIOPISCHE KIRCHE

Äthiopische Orthodoxe Täwahedo-Kirche (Yä-Ityopeya ortodoks täwahedo betä krestiyan)

ÄTHIOPISCH-KATHOLISCHE KIRCHE

Zugehörigkeit zur Kirchenprovinz des *Erzbistums Addis Abeba "der Äthiopier"*, der auch die Lateiner in Äthiopien und Eritrea unterstehen.

CHALDÄISCH-KATHOLISCHE KIRCHE

Patriarchatus Babylonensis Chaldaeorum

CHALDÄISCH-SYRISCHE KIRCHE DES OSTENS

Metropolie von Malabar und ganz Indien der Assyrischen Kirche

INDISCHE ORTHODOXE KIRCHE

Malankara Orthodox-Syrische Kirche

KATHOLISCH SYRO-MALABARISCHE KIRCHE

Archiepiscopatus maior Syrorum Malabarensium

KATHOLISCHE SYRO-MALANKARISCHE KIRCHE

Catholicatus / Archiepiscopatus maior Syrorum Malacarensium

KIRCHE ERITREAS

Eritreische Orthodoxe Täwahedo-Kirche (Nay Ertera ortodoks täwahedo betä krestiyan)

KOPTISCHE KIRCHE

Koptisch-Orthodoxe Kirche

KOPTISCH-KATHOLISCHE KIRCHE

Patriarchatus Alexandrinus Coptorum

MALABARISCHE SYRISCHE KIRCHE

Malabarische Unabhängige Syrische Kirche
Um Verwechslungen wegen der ähnlichen Namen der zahlreichen thomaschristlichen Kirchen zu vermeiden, wird nicht selten die Bezeichnung "Kirche von Thozhiyur" gebraucht.

MALANKARISCH-SYRISCHE KIRCHE

Malankarische Syrische Orthodoxe Kirche

MARONITISCH-KATHOLISCHE KIRCHE

Patriarchatus Antiochenus Maronitarum

SYRISCH-KATHOLISCHE KIRCHE

Patriarchatus Antiochenus Syrorum

SYRISCH-ORTHODOXE KIRCHE (sog. "Jakobiten")

Syrisch-Orthodoxe Kirche von Antiochia (ʻIdtō sūryōytō artōduksōytō d-Antiyōk)

Die orientalischen Christen heute

Die Chaldäische Kirche

von

Matthias Vogt

Wie ein Schwalbennest schmiegen sich die Gebäude des Rabban Hormizd-Klosters in die felsigen Berge. Hat man einmal den steilen Aufstieg über den serpentinenförmigen Weg geschafft, bietet sich ein herrlicher Blick über die Niniveh-Ebene des Nordirak. In den Bergen öffnen sich die Höhlen, die einst die mönchischen Einsiedler bewohnten. Heute leben nur noch wenige Mönche in dem Kloster, dessen älteste Teile auf das 7. Jahrhundert zurückgehen. Und dennoch bildet sich in dem Kloster viel von der bewegten Geschichte der chaldäischen Kirche und der Christen im Irak ab.

Wir schreiben das Jahr 410. In Seleukia-Ktesiphon am Tigris, nicht weit vom heutigen Bagdad, treffen sich 40 Bischöfe des Persischen Reiches zu einer Synode. Die politischen Verhältnisse – das Perserreich liefert sich immer wieder Krieg mit dem rivalisierenden Römischen Reich, im dem das Christentum seit 380 Staatsreligion ist – hatten die Teilnahme persischer Kirchenvertreter an den gesamtkirchlichen Synoden nicht erlaubt. Die Synodenväter bestätigen offiziell die Anerkennung des Glaubensbekenntnisses des Ökumenischen Konzils von Nizäa (325) für die ostsyrische Kirche bzw. "Kirche des Ostens", wie sie sich selbst nennt. Die Kirche des Ostens steht mit dieser Synode an einem Wendepunkt: Christen gab es in Mesopotamien seit frühesten Zeiten; der Apostel Thomas soll es ins Zweistromland gebracht haben, und nach den gescheiterten jüdischen Aufständen gegen die römische Herrschaft in den Jahren 70 und 132/133 sind wohl nicht wenige Judenchristen aus Palästina in das Land zwischen Euphrat und Tigris gekommen, wo es seit der Zeit des Babylonischen Exils jüdische Gemeinden gab.

Von Anfang an war die Kirche im Persischen Reich heftigen Verfolgungen ausgeliefert. Immer wieder versuchten die Perserkönige und ihre Statthalter die zoroastrische Staatsreligion mit Gewalt durchzusetzen, und seit der Nähe des römischen Kaisers Konstantin zum Christentum stehen Christen im Perserreich unter dem Generalverdacht, mit dem Erzfeind Rom zu kollaborieren. Die Kirche des Ostens überliefert die Geschichte von Hunderten Märtyrern aus dieser Zeit, und bis heute ziehen Christen der Region ihre Kraft und Hoffnung aus dem Beispiel der Märtyrer. Das 5. Jahrhundert ist für die Kirche des Ostens eine entscheidende Phase, in der es keine größeren Verfolgungen gibt und in der sie sich neu organisieren kann. Der Bischof von Seleukia-Ktesiphon, der Hauptstadt des Perserreichs, trägt seither den Titel "Katholikos-Patriarch". Das ostsyrische Christentum verbreitet sich sowohl unter nomadischen Stämmen der arabischen Halbinsel als auch in Zentralasien. Mönche und Einsiedler sind zahlreich im Zweistromland, v.a. im bergigen Norden. Einer davon war im 7. Jahrhundert der heilige Hormizd, Gründer des später nach ihm benannten Klosters.

Das 7. Jahrhundert bringt dann mit dem Zusammenbruch des Persischen Reiches unter dem Ansturm der muslimischen Araber eine völlige Veränderung der politischen und religiösen Verhältnisse mit sich. Der Irak wird schnell zum Zentrum des islamischen Reichs und Christen spielen in der neu gegründeten Hauptstadt Bagdad als Vermittler der antiken Wissenschaften und der griechischen Philosophie an islamische Gelehrte eine wichtige Rolle. In den folgenden Jahrhunderten breiten Missionare der ostsyrischen Kirche den christlichen Glauben bis nach Indien und China aus und errichten zahlreiche Bistümer. Am Hofe der Mongolen genießen sie im 13. und frühen 14. Jahrhundert großen Einfluss. Es ist die Blütezeit der Kirche des Ostens! Doch die grausamen Feldzüge des Eroberers Tamerlan (1336-1405) löschen die ostsyrische Kirche im Nahen Osten fast aus, und als die mongolische Herrschaft in China zusammenbricht, geht die Kirche auch dort unter. Nur im Süden Indiens überleben christliche Gemeinschaften ostsyrischer Tradition, allerdings als unabhängige Kirchen. Im Nahen Osten ziehen sich Christen, um zu überleben, in die bergigen und schwer zugänglichen Regionen im Südosten der heutigen Türkei, des Nordirak sowie des nordwestlichen Iran zurück. Im 16. und 17. Jahrhundert residieren auch die Patriarchen in dieser Region: im gut zu verteidigenden Felsenkloster von Rabban Hormizd.

Aus der Zeit der Mongolen datieren die ersten Kontakte der Kirche des Ostens mit der lateinischen Christenheit des Westens. 1340 stellen sich ostsyrische Christen, die auf Zypern leben, unter die Leitung der katholischen Kirche. Man nennt sie "Chaldäer". Die Geschichte der Union zwischen katholischer Kirche und der Kirche des Ostens ist sehr bewegt. 1553 erhält erstmals ein ostsyrischer Patriarch die Bestätigung durch den Papst; er vertritt aber nur einen Teil der ostsyrischen Christen und die Union zerbricht im 17. Jahrhundert wieder. Nach verschiedenen Wirren erkennt Rom 1830 Johannes Hormizd als "Patriarch von Babylon" an und schafft damit eine dauerhafte Grundlage für die Union zwischen der chaldäischen und der katholischen Kirche. Heute gehört der ganz überwiegende Teil der ostsyrischen Christen der chaldäisch-katholischen Kirche an.

Die Chaldäer stellen heute mit 67,5% die größte Gruppe der Christen im Irak, weitere 13% gehören den beiden Fraktionen der Assyrischen Kirche des Ostens an, die aus der gleichen, ostsyrischen Tradition stammen. Chaldäer leben auch in den Nachbarländern des Irak: Iran, Syrien, Türkei, Jordanien sowie im Libanon. Große Exilgemeinden gibt es in den USA und Kanada, Australien, Neuseeland und Europa. Weltweit zählt die chaldäisch-katholische Kirche rund 750.000 Gläubige, von denen heute nur noch knapp die Hälfte im Irak lebt. Die Sicherheitslage im Irak hat seit dem Sturz Saddam Husseins im Jahr 2003 dazu geführt, dass beinah die Hälfte der Christen das Land verlassen hat, die meisten davon Chaldäer. Die Auswanderung ist heute das größte Problem nicht nur der chaldäischen Kirche im Irak: Die Existenz des Christentums im Zentrum des Landes, v.a. in der Hauptstadt Bagdad, wo vor dem Krieg mehr als Dreiviertel der irakischen Christen lebte, ist konkret bedroht. Fast alle haben bereits Familienangehörige im Ausland und Auswanderung ist das alles beherrschende Thema. Nach jedem Anschlag auf Christen oder Kirchen gibt es eine neue Emigrationswelle, und die trüben wirtschaftlichen und politischen Aussichten in Bagdad tun ihr Übriges, um vor allem junge Menschen zum Verlassen ihrer Heimat zu bewegen.

Ziel der Auswanderung ist aber nicht nur das Ausland. Auch die stabile Lage in der Autonomen Region Kurdistan im Nordirak bietet eine sichere Zuflucht. Viele Familien sind aus den Bergdörfern des Nordens seit den 1970er Jahren in die Städte Bagdad, Mossul und Basra ausgewandert – teils wegen der besseren wirtschaftlichen Möglichkeiten, teils wegen des Kriegs, mit dem das Saddam-Regime die Gebiete im kurdischen Norden überzog. Viele Familien kehren jetzt in ihre alten Häuser im Nordirak zurück und versuchen dort wieder Fuß zu fassen. Kein einfaches Unterfangen, denn als Auskommen bietet sich dort fast nur die Landwirtschaft an, und davon verstehen die meisten Übersiedler aus den Städten, wo sie als Lehrer, Verwaltungsangestellte, Ärzte oder Techniker tätig waren, nichts. Außerdem ist die Verkehrssprache im Norden inzwischen das Kurdische und das beherrschen die arabisch sozialisierten Christen aus dem Zentral- und Südirak nicht. Viele sprechen dagegen noch die alte Sprache der Christen: das Syrische (*sureth*), ein aramäischer Dialekt, der vor allem in den christlichen Dörfern des Nordens noch lebendig ist. Die Schriftform dieser Sprache wird auch in der Liturgie benutzt.

Die Liturgie der chaldäische Kirche gehört zu den ältesten christlichen Liturgien und geht auf das 3. Jahrhundert zurück. Das Hochgebet (Anaphora) wird den Heiligen Mari und Addai zugeschrieben. Der chaldäische Gottesdienst hat viele Traditionen des jüdischen Tempelgebets übernommen. So entspricht auch der Aufbau der Kirchen dem Tempel von Jerusalem: das Podest (*Bema*) zur Verkündigung der Schriftlesungen und des Evangeliums, der Vorhang, der das Allerheiligste abgrenzt und eine Atmosphäre der Ehrfurcht vor dem Mysterium schaffen soll, und dahinter der Altar, an dem der Priester die eucharistischen Gaben darbringt.

Die chaldäische Kirche sieht sich in der Tradition der antiochenischen Theologie. Diese "aufsteigende" Theologie – Aufstieg vom Menschen zu Gott – soll die Gläubigen dazu ermutigen, im Leben als Kinder Gottes zu wachsen, indem sie dem vollkommenen Vorbild Jesus Christus folgen. Eine wichtige Rolle in der Spiritualität spielt der Blick auf das Kreuz. Das klassische chaldäische Kreuz – stets ohne Darstellung des Gekreuzigten – enthält stattdessen im Kreuzungspunkt der beiden Balken einen großen Kreis als Symbol für den auferstandenen Christus. Darum gruppieren sich vier kleinere Kreise für die Evangelisten. An jedem Ende der Kreuzbalken finden sich drei Kreise als Symbol für die Dreifaltigkeit; die vier Enden mit den jeweils drei, zusammen also zwölf Kreisen stehen für die zwölf Apostel. Diese Form des Kreuzes soll die Aufmerksamkeit des Betrachters von den Leiden Christi auf die Auferstehung und den endgültigen Sieg über Leiden und Tod lenken. Für die leidenden Christen im Irak ist es eine große Hoffnung und Ermutigung standzuhalten, denn das Kreuz führt zum Leben. "Wir gehören zu einer Märtyrerkirche – das ist unser Charisma." schreibt der aktuelle chaldäische Patriarch, Mar Louis Raphael I. Sako. Das Gedenken an die Märtyrer der persischen Zeit, aber auch der folgenden Jahrhunderte sowie die Erinnerung an die Verfolgungen im 20. Jahrhundert, so die großen Massaker in Südostanatolien während des Ersten Weltkriegs, sind ein zentrales Element der chaldäischen Frömmigkeit. An fast jedem Ort findet man eine Kirche, die einem lokalen Märtyrer geweiht ist. In den Gebeten werden sie immer wieder um Fürsprache angerufen. In der Zeit des Leidens und der Bedrängnis sind sie für die Gläubigen ein Zeichen des Trostes: sie haben auch schlimme Verfolgungen durchgemacht, aber sie haben standgehalten und dafür von Christus die Krone der Herrlichkeit gereicht bekommen.

Neben der Liturgie bildet die Katechese für Kinder und Jugendliche ein zentrales Element des kirchlichen Lebens. Einmal in der Woche, in der Regel am Freitag, dem arbeitsfreien Tag im Irak, finden sich die unterschiedlichen Altersgruppen ein, um in den christlichen Glauben eingeführt zu werden bzw. eine Vertiefung ihres Glaubenswissens zu erhalten. Die ehrenamtlichen Katechetinnen und Katecheten werden in ihrer Aufgabe von Laien und Ordensschwestern unterstützt, die eine fundierte Ausbildung am Katechetischen Institut des Babel College, der philosophisch-theologischen Fakultät der irakischen Kirche, erhalten haben.

Eine zentrale Frage für die chaldäisch-katholische Kirche ist die der Ökumene mit den anderen beiden Kirchen ostsyrischer Tradition im Irak. Die Trennung der Kirche des Ostens von der Gesamtkirche war wesentlich eine Frage verschiedener Ausdrucksweisen in der Christologie. Wegen der Übernahme der Theologie des Nestorius wurde die Kirche des Ostens auch oft "nestorianische Kirche" genannt. Für die mit Rom unierten Christen wurde das gemeinsame Glaubensbekenntnis jeweils bei der Bestätigung ihres Oberhaupts durch den Papst anerkannt, im Falle der Assyrischen Kirche des Ostens kam es 1994 zu einer gemeinsamen christologischen Erklärung, die von katholischer Seite von Papst Johannes Paul II. unterzeichnet wurde und in der es heißt: "Was immer unsere christologischen Meinungsverschiedenheiten gewesen sein mögen, heute sind wir im Bekenntnis desselben Glaubens an den Sohn Gottes vereint." Über diese ökumenische Erklärung hinaus, strebt der chaldäische Patriarch, Louis Raphael I. Sako, Schritte zur vollständigen Einheit der beiden Kirche an, um die besondere Verletzlichkeit, die den

Christen im Irak aus der Spaltung in mehrere Kirchen entstanden ist, zu überwinden.

Wie sieht die Zukunft der chaldäischen Kirche aus? Viel hängt von der Sicherheitslage im Irak ab. Nur wenn Christen im Irak sicher leben können ohne Furcht vor Anschlägen oder Entführungen, werden sie in ihrer Heimat bleiben. Der kurdische Nordirak ist für viele nur eine Durchgangsstation auf dem Weg nach Europa, Amerika oder Australien. Über wie viele Generationen die Emigranten ihrer chaldäischen Tradition treu bleiben werden, lässt sich nicht absehen. Die Garantie für das Fortbestehen der chaldäischen Tradition bildet nur eine stabile Gemeinschaft in der Ursprungsregion der Kirche: Irak sowie Teile des Irans, der Türkei und Syriens. Mit Bildungsprogrammen für die Jugend, sorgfältiger Ausbildung der Priester und Ordensleute, der Bereitstellung von Sozialfürsorge- und Gesundheitseinrichtungen, kulturellen Veranstaltungen, einer moderaten Anpassung der Liturgie an die Erfordernisse der heutigen Zeit, Bemühungen um den interreligiösen Dialog mit den Muslimen und politischer Lobbyarbeit bei Regierung und Parlament bemüht sich die Kirche, die Rahmenbedingungen für das Verbleiben von Christen im Irak zu verbessern. All dies wird jedoch nur Erfolg haben, wenn gleichzeitig ihr Bemühen und ihr Gebet um Frieden Frucht bringen.

Und die Mönche von Rabban Hormizd? Ihr Kloster wird gerade renoviert und sie sind provisorisch in ein nahegelegenes Kloster in der Ebene umgezogen. Hoffen wir, dass die Erneuerung ihres Klosters auch symbolisch für die Erneuerung der chaldäischen Kirche im Irak steht, so dass christliches Leben nach den Entbehrungen des Umbruchs in neuer Frische möglich wird.

Die Kopten, eine der ältesten Kirchen der Christenheit

von

Nadim K. Ammann

Es ist Sonntag, die Glocken läuten. Langsam füllt sich die St. Georgs-Kirche, links die Männer, rechts die Frauen. Mit nasalem Gesang beginnt der Gottesdienst. Weihrauch liegt in der Luft und die Diakone begleiten die Lieder mit ihren Zimbeln. Anders als man es bei uns gewöhnt ist, liegen keine Gotteslobe aus, sondern Messbücher, so dass man der Messe lesend folgen kann. Ungewohnt ist auch, dass die Jugend vor der Kirche bleibt. Überhaupt ist es ein Kommen und Gehen während der Messe, es stört niemanden, dass man zwischendurch auf die Toilette geht oder sich mit einem Bekannten kurz unterhält. Dafür dauert die Messe aber auch über drei Stunden. Viele kommen auch erst kurz vor der Kommunion. Erst erhalten die Männer die Kommunion, dann die Frauen, grundsätzlich in beiderlei Gestalten (Brot und Wein). Die Frauen legen sich dabei ein Kopftuch an, und alle ziehen sich die Schuhe vorher aus, weil der Altarraum als heilig verehrt wird. Nach der Kommunion halten sich die Gläubigen ein Tuch vor den Mund, um zu vermeiden, dass etwas vom Leib Christi verloren geht. Es ist schon nach 12 Uhr, aber keiner hat vorher gegessen. Unvorstellbar, vor der Messe etwas zu sich zu nehmen! Das Glas Wasser nach der Kommunion erfrischt und stellt sicher, dass der Leib und das Blut Christi nicht mehr im Mund sind. Nach dem Segen geht der Pfarrer noch mit Weihwasser durch die Bank und es kann schon sein, dass man eine ordentliche Dusche abbekommt.

Lebendig, spirituell, ergreifend, chaotisch. All das kann ein koptisch-orthodoxer Gottesdienst in Ägypten sein. Für mich ist es aber immer wieder beeindruckend, wenn ich begreife, dass ich einem der ältesten Rituale der Christenheit in einer der ältesten christlichen Kirchen des Orients beiwohne.

Christen im Orient können auf eine lange Tradition ihres Glaubens zurückblicken, wird die Entstehung der orientalischen Kirchen doch auf die Mission der Apostel Petrus, Markus, Jakobus und Thomas zurückgeführt. Die Evangelisation in Ägypten begann demnach schon im ersten Jahrhundert nach Christus, als der Evangelist Markus die Frohe Botschaft nach Ägypten gebracht haben soll.

Die Kopten sind weitgehend Urchristen geblieben, d.h. sie haben ihren "Glauben" praktisch von Anfang bis heute unversehrt erhalten. Sie sind dem Erbe des Markus treu geblieben, und man darf die koptische Kirche mit Recht als lebendige Fortsetzung der frühen Kirche erkennen.

Die Bezeichnung Kopten für ägyptische Christen leitet sich von dem griechischen "aegyptos" ab und bedeutet nichts anderes als "Ägypter". Für die Kopten ist das mehr als eine Religionsbezeichnung. Die Kopten verstehen sich als Bürger gleichen Rechts, als die "eigentlichen" Ägypter, als die Nachfahren der Pharaonen. Dadurch hat die koptische Kirche auch heute noch einen unübersehbar nationalen Charakter. Auch 600 Jahre nach der islamischen Eroberung war Ägypten noch mehrheitlich christlich. Die religiöse Identität ist mit ihrer nationalen und ethnischen Identität eng verbunden. Viele koptische Christen lassen sich ein kleines Kreuz auf die Pulsschlagader am Handgelenk tätowieren, um ihrer christlichen Überzeugung Ausdruck zu verleihen. Die Kopten stellen mit ihrem Bildungsgrad ein aktives und qualifiziertes Element des ägyptischen Volkes dar, das loyal am Aufbau des Landes mitarbeitet, solange seine Rechte nicht angegriffen werden.

Die christlichen Kirchen im Westen verdanken den Kopten entscheidende Impulse, insbesondere im Mönchtum. Die monastische Bewegung in Ägypten entsteht im dritten nachchristlichen Jahrhundert durch Eremiten in der Wüste oder kleine Gemeinschaften von Einsiedlern. Wichtige Mönchsväter sind der heilige Antonius, Paulus von Theben, Pachomius und Makarius. Der Begründer des benediktinischen Mönchstums, Benedikt von Nursia, hat beispielsweise die koptischen Mönchsregeln in seiner Regel verarbeitet. Ägypten gilt neben Syrien daher als Wiege des christlichen Mönchtums.

Die Liturgie feiern die Kopten am häufigsten nach der Anaphora (Hochgebet) des Heiligen Basilius nach Basilius von Kaisareia († 379); Die liturgische Sprache ist das Koptische und das Arabische. Die koptische Sprache hat sich aus dem Altägyptischen entwickelt. Mit dem Christentum kam das griechische Alphabet, das um einige Buchstaben für besondere Laute ergänzt wurde. Die koptischen Kirchen sind, wie die griechischen Kirchen, mit einer Ikonostase versehen. Diese sind meist aus Holz kunstvoll geschnitzt, mit Elfenbein und koptischen Kreuzen geschmückt. Koptische Ikonen sind nach byzantinischen Vorbildern mit eigenen koptischen Stilelementen versehen. Die häufigste Ikone ist die der Heiligen Familie, denn viele Legenden schildern die Flucht und den sechsmonatigen Aufenthalt der hl. Familie in Ägypten nahe der Stadt Assiut. Dieses Ereignis ist ganz wesentlich für die koptische Frömmigkeit.

Ich bleibe nach dem Gottesdienst noch etwas in der Kirche. Da geht eine junge Familie nach vorne, bis an die Ikonostase, jeder berührt den Vorhang und geht dann auf die Knie und legt die Stirn auf den Boden um zu beten. Man ist an einem heiligen Ort und verneigt sich vor dem Herrn aufs Tiefste. Ergreifend, wie vertieft gerade die Kinder beten. Und wie ähnlich es doch die Muslime in der Moschee machen: barfuß in den heiligen Raum gehen und die Verbeugung bis auf den Boden. Dieser alte biblische Brauch wird in der koptischen Kirche nach wie vor praktiziert.

Die Kultur in Ägypten ist eine gemeinsame Kultur, Christen und Muslime sind Ägypter und teilen sie sich. Bestimmte Rituale sind identisch. Wenn man heiraten will, treffen sich die Familien der Braut und des Bräutigams und handeln aus, wie die Hochzeit gefeiert werden soll, welche Familie was finanziert, was die Braut in die Ehe mitbringen muss und was der Bräutigam seiner Braut schenken wird. Vor der Hochzeit findet eine Art Junggesellenabschied statt. Eine religiöse Zeremonie findet sowohl bei den Christen als auch bei den Muslimen statt.

Traditionen und Rituale sind sehr wichtig und verbinden. Daher besucht man sich an Festtagen gegenseitig. Selbstverständlich grüßt man seine muslimischen Nachbarn zum Ende des Ramadans. Es kommt auch oft vor, dass christliche Nachbarn während des Ramadans zum Iftar einladen, also die muslimischen Nachbarn und Freunde zum Fastenbrechen einladen. Umgekehrt erhält man als Christ auch Grüße zu Weihnachten und Ostern von seinen muslimischen Bekannten.

Am Ostermontag wird in Ägypten das Frühlingsfest Sham en Nessim gefeiert. Es hat zwar mit Ostern nichts zu tun, ist aber traditionell an Ostern gebunden. Es ein nationaler Feiertag, überall sieht man Familien picknicken und viele essen zusammen geräucherten Fisch. Traditionen verbinden Christen und Muslime. Und sie haben sehr viele Gemeinsamkeiten, weil sie alle Ägypter sind.

Die äthiopische Kirche – eine Ur-Kirche

von

Nadim K. Ammann

Wohin man schaut, alles ist weiß. Durch die vielen Menschen in ihren weißen Kleidern wird die Nacht beinahe erhellt. Es ist der Vorabend von "Timket" (Epiphanie), die Äthiopische Kirche feiert die Taufe Christi. Es ist eines von vielen Festen dieser Ur-Kirche, die sich und ihrer Geschichte treu geblieben ist. Die Zeremonie beginnt mit Prozessionen von den Pfarrkirchen zur Taufstelle. Dabei tragen die Priester Nachbildungen der Bundeslade in bunten Tüchern gewickelt auf dem Kopf. Unterwegs treffen sich mehrere Prozessionen von verschiedenen Kirchen. Die Priester begrüßen sich durch eine Kniebeuge, dann gehen alle weiter, bis zur Stelle, wo die Bundesladen bis zum kommenden Morgen aufbewahrt werden. Die eigentliche Feier beginnt in der Nacht.

Äthiopien ist eines der ältesten christlich geprägten Länder und hält streng an den Traditionen fest. Der Übertritt des Königs Ezana im 4. Jhdt. zum Christentum ist historisch belegt. Seither waren die äthiopischen Herrscher und das Christentum eng verbunden. Während sich in den Nachbarländern später der Islam ausbreitete, blieb Äthiopien christlich. Mit über 30 Mio. Christen ist es das Land mit der größten orientalisch-orthodoxen Kirche und, in Schwarzafrika, dasjenige mit der längsten christlichen Tradition. Für viele schwarzafrikanische Christen hat das Christentum in Äthiopien deshalb auch eine hohe symbolische Bedeutung.

Die Legende besagt, dass die Königin von Saba, König Salomon einen gemeinsamen Sohn gebar: Menelik. Im jungen Alter wurde dieser zu seinem Vater in die Ausbildung geschickt. Nach einigen Jahren wollte Menelik zurück zu seiner Mutter. Salomon veranlasste, dass er von den Söhnen der Ältesten begleitet werden sollte. Der Levitensohn soll dann die Bundeslade mitgenommen haben, sicherheitshalber wurde eine Replik in Jerusalem hinterlassen. So soll das Judentum in Äthiopien entstanden sein. Die Bundeslade wird seither in Axum aufbewahrt. Axum ist für die Orthodoxe Kirche das religiöse Zentrum. In der Stadt dürfen keine Moscheen gebaut werden, und andere Denominationen dürfen keine Gottesdienste feiern. In einer Kapelle neben der Kathedrale wird die Heilige Bundeslade, also die Tafeln mit den 10 Geboten, aufbewahrt. Der Tradition nach darf niemand das Heiligtum sehen, weder die Bischöfe noch der Orthodoxe Patriarch. Nur ein Mönch bewacht das Heiligtum und wohnt auch in der Kapelle. Auf seinem Sterbebett ernennt er seinen Nachfolger. Deshalb gibt es in jeder Kirche ein Heiligtum, ähnlich wie in den lateinischen Kirchen der Tabernakel, wo eine Nachahmung der Bundeslade aufbewahrt wird.

Zu Epiphanie wird die Tauferneuerung gefeiert. Die ganze Nacht bleibt die Bundeslade in einem Zelt in der Nähe des Flusses. Die Frauen tragen weiße Gewänder und auch die Männer haben weiße Anzüge an, viele auch weiße Schuhe. Die Frauen haben sich ihr Haar kunstvoll geflochten. Bei vielen sieht man vorne auf der Stirn ein eintätowiertes Kreuz. Sie singen religiöse Lieder, die meisten werden nur den Sinn der Lieder kennen, nicht jedoch die Sprache, weil die liturgische Sprache Ge'ez keine lebende Sprache mehr ist, so ähnlich wie das Latein bei uns.

Am folgenden Morgen versammeln sich die Menschen um die Taufstelle. Die religiöse Zeremonie beginnt, es werden Gebete gesprochen und gesungen. Wenn der Bischof dann das Wasser segnet, ist die Menge nicht mehr zu halten. Jeder will etwas von dem gesegneten Wasser abbekommen. Gruppen aus den Gemeinden führen religiöse Tänze auf. Dann werden die Bundesladen wieder in ihre Pfarrkirchen zurückgebracht. Junge Leute achten dabei darauf, dass der Priester nur auf Teppichen oder Stroh geht.

Es ist ein Festtag, den es so nur in der Äthiopischen Kirche gibt. Viele Dinge gibt es in dieser christlichen Tradition, die wir Christen der lateinischen Weltkirche nicht kennen. So sind die Kirchen oft rund gebaut. In der Mitte befindet sich das Allerheiligste – die Bundeslade. Immer wieder fällt auf, dass Menschen auf der Straße knien oder sich bekreuzigen, ein Zeichen dafür, dass sich in der Nähe eine Kirche befinden muss. Wenn in der Kirche ein Gottesdienst stattfindet, sieht man die Menschen vor der Kirche stehen. Nur Priester dürfen in das Innere der Kirchen, wo sich die Bundeslade befindet. Und zur Kommunion gehen auch nur wenige. Denn sie verstehen sich als Sünder. Kinder und Senioren sind die einzigen, die regelmäßig an der Kommunion teilnehmen. Kinder kennen die Sünde noch nicht, und Greise können nicht mehr sündigen, so die landläufige Erklärung. Dennoch ist der Besuch des Gottesdienstes wichtig. Wer sich unrein fühlt, bleibt vor den Kirchenmauern stehen und folgt dem Gottesdienst von dort. Wer zur Kommunion geht, muss sich an die strikte Geschlechtertrennung halten. Eine Tür ist den Frauen reserviert, sie dürfen nur durch diese Tür in die Kirche.

Auf den Straßen laufen viele Männer mit Turbanen. Ob das muslimische Gelehrte sind? Verheiratete Priester tragen einen Turban, während die Mönche eine Art Fez (Kopfbedeckung in Form eines stumpfen Kegels) tragen. So kann man sie unterscheiden. Wie in allen orientalischen Kirchen müssen die Priester vor ihrer Priesterweihe geheiratet haben. Nur die Mönche leben zölibatär. Es gibt keine Orden wie in der lateinischen Kirche. Wer Mönch werden will, tritt einem Kloster bei und unterstellt sich dem Abt und der Tradition dieses Klosters.

Auch das Verbot des Konsums von Schweinefleisch wird in Äthiopien praktiziert. Wie diese stammen viele Traditionen noch aus dem Judentum. Die Rundkirchen mit dem Heiligtum sind dem jüdischen Tempel nachempfunden. Auch damals durften nur die Priester in das Heiligtum, unreine Menschen mussten vor der Kirche bleiben. Das gilt bis heute z.B. für menstruierende Frauen. Die Beschneidung der Jungen und verschiedene Reinheits- und Speisegebote aus dem Judentum werden bis heute praktiziert

Äthiopien hat auch einen eigenen Kalender. Der Äthiopische Kalender läuft dem gregorianischen Kalender um 7 Jahre und etwa 9 Monate hinterher. So beginnt das Jahr am 11. September, bzw. in einem Schaltjahr am 12. September. Am 12. September 2007 feierte Äthiopien das Milleniumsjahr 2000. Auch hat das Jahr 13 Monate, wobei jeder Monat 30 Tage hat und der 13. Monat 5 Tage. Das äthiopische Neujahr ist, wie im Westen, ein Feiertag.

Als wir im Herbst durch die Dörfer fahren, fällt mir auf, dass vor den Häusern kleine Scheiterhaufen aufgebaut werden. Wofür die sind, frage ich meine Begleiter. Man bereitet sich auf "Meskel" vor. An diesem besonderen Festtag erinnert man sich daran, wie Kaiserin Helena das wahre Kreuz Jesu Christi gefunden hat. In einem Traum soll ihr geraten worden sein, einen Scheiterhaufen zu errichten und ihn mit Weihrauch anzufachen. Der aufsteigende Rauch neigte sich und zeigte ihr die Stelle auf einem Abfallhügel, wo sich das Kreuz befunden haben soll. Entsprechend entfachen die Menschen am 26. September ein Feuer auf einem zentralen Platz, es wird von den Priestern gesegnet und die Menschen führen religiöse Tänze auf. Manche tunken ihre Finger in die Asche, um sich dann ein Kreuz auf die Stirn zu zeichnen. Schüler spielen die Findung des Kreuzes nach. Später werden die kleineren Scheiterhaufen vor den eigenen Häusern angezündet, z.T. wird die Zeremonie von Feuerwerk begleitet.

Vor den Festtagen wird gefastet. Das gilt für die große Fastenzeit vor Ostern, inkl. Kar-und Ostertage, also insgesamt 55 Tage, als auch vor Weihnachten, Maria Himmelfahrt, Allerheiligen, etc. Mit den fleischlosen Wochentagen Mittwoch und Freitag fastet der Äthiopier über die Hälfte des Jahres. Aber wie fastet ein orthodoxer Äthiopier? Wenn man fastet, verzichtet man auf Fleisch und tierische Produkte. Für den normal praktizierenden Getauften beschränkt sich das eigentliche Fasten auf die Nichteinnahme jeglicher Nahrung ab Mitternacht vor der heiligen Kommunion, wie in unserer vorkonziliaren Zeit. Zum Fasten gehört, dass man bis drei Uhr nachmittags keine Nahrung zu sich nimmt. Drei Uhr ist die neunte Stunde nach biblischer und heute noch in Äthiopien aktueller Zeitbestimmung, zu der Jesus am Kreuze gestorben ist. In Äthiopien zeigt der Stundenzeiger um drei Uhr also auf neun. Weil die meisten Äthiopier sich an diese Regel halten, ist es für sie auch einfacher, gemeinsam zu fasten, weil der gesellschaftliche Alltag sich daran orientiert.

Die Äthiopier sind stolze Afrikaner. Sie haben eine alte Kultur und die Traditionen dieses uralten christlichen Landes zeigen, wie tief das Christentum von alters her hier verwurzelt ist. Das religiöse Leben prägt den Alltag und strahlt über die Grenzen Äthiopiens, bis in die Exilgemeinden im Westen, hinaus.

Die Kirchen syrischer Tradition

von

Harald Suermann

Die Apostolische (Assyrische) Kirche des Ostens, die Alte Kirche des Ostens, die Chaldäische oder Malabarisch-orthodoxe Kirche in Indien (alle vorephesinischer Tradition), sowie die Syrisch-orthodoxe Kirche, die Malankarisch-orthodoxe Kirche (beide miaphysitischer Tradition), die Mar-Thoma-Kirche (anglikanisch), die Maronitische Kirche, die Syrisch-Katholische Kirche, die Syro-Malankarische Kirche, die Syro-Malabarische Kirche, die Chaldäische Kirche (alle katholisch) sind syrischer Tradition. Es gibt darüber hinaus auch einige kleinere protestantische Kirchen, deren Mitglieder aus den Kirchen syrischer Tradition kommen. Die Kirchen syrischer Tradition sind somit eine große Familie mit sehr unterschiedlichen Theologien. Gemeinsam ist ihnen, dass sie die Liturgiesprache Syrisch und die syrische Theologie als ihr Erbe ansehen.

Die Apostolische Kirche des Ostens hat heute ihr Patriarchat in Chicago. Die etwa 200.000 Mitglieder verteilen sich über folgende Länder: Irak, Syrien, Iran, Libanon, Indien, Australien, Neuseeland, Europa und Nordamerika. 1964 hat sich diese Kirche geteilt in: die "Heilige Apostolische und Katholische Assyrische Kirche des Ostens" und die "Alte Apostolische und Katholische Kirche des Ostens". Letztere hat ihr Patriarchat in Bagdad. Die Kirche bewahrt älteste christliche Traditionen. Sie hat sich früh von der römischen Reichskirche getrennt, da sie vor allem in Persien gewachsen war. Sie breitete sich über ganz Asien aus und hatte zur Zeit der islamischen Eroberungen Diözese in ganz Asien bis nach Peking. Im 8. Jh. war sie im arabischen Reich der wichtigste Vermittler von Wissenschaft und Philosophie an die Araber. Nach dem Mongolensturm schrumpfte sie zu einer kleinen Kirche, deren Siedlungsgebiet in der heutigen Osttürkei und Nordirak/-iran lag. In den Bergregionen nahm sie die Struktur einer Stammeskirche an. Am Ende des Osmanischen Reiches, zu Beginn des 20. Jahrhunderts wurde sie wie die Armenische Kirche verfolgt und hatte viele Märtyrer. Auch nach der Gründung der arabischen Nationalstaaten fand die Kirche keine Ruhe vor politischer Verfolgung, und so sind viele der Mitglieder in die Neue Welt und nach Europa ausgewandert. Die Kirche ist im persischen Reich entstanden und hat sich in der Folge auch theologisch von der römischen Reichskirche abgesetzt. Sie hat das Konzil von Ephesus nicht anerkannt und die Theologie des Nestorius angenommen. Sie ist in den letzten Jahrhunderten nicht mehr mit besonderen theologischen Schriften hervorgetreten.

Die malabarisch-orthodoxe Kirche: sie ist die assyrische Kirche des Ostens und hat verschiedene Namen. Sie ist mit der Apostolischen Kirche des Ostens verbunden. Sie entstand am Ende des 19. Jahrhunderts aus Ablehnung der katholischen Kirche unter portugiesischer Leitung. Ihr Oberhaupt residiert in Indien in der Stadt Thrissur. Sie hat etwa 30.000 Mitglieder.

Die syrisch-orthodoxe Kirche ist auf dem römischen Reichsgebiet nach dem Konzil von Chalzedon (451) in der Region des Patriarchats von Antiochien entstanden. Sie lehnt das Konzil ab. Bis zur islamischen Eroberung wurden ihre Anhänger durch die römische Reichskirche verfolgt, wenn es auch Herrscher gab, die ihr wohlgesonnen waren. Spirituell war sie bis in 13. Jahrhundert durch zahlreiche Klöster und viele Asketen in den heutigen Gebieten Nordsyriens und der Osttürkei geprägt. Sie hat zahlreiche bedeutende theologische Werke geschaffen und hatte große Theologen. Ihr Niedergang beginnt auch für sie mit dem Mongolensturm. Im 17. Jahrhundert schlossen sich ihr viele Christen Indiens an, die eigentlich ostsyrischer Tradition waren an. Mit der Christenverfolgung am Ende des Osmanischen Reiches und im ersten Weltkrieg verlagerten sich die Siedlungsgebiete. Viele Syrisch-Orthodoxe wanderten aus, so dass heute die Mehrzahl der etwa 300.000-350.000 Anhänger in Europa und der Neuen Welt lebt. Das Oberhaupt der Kirche, der syrisch-orthodoxe Patriarch, residiert heute in Damaskus. Sie hat etwa 1,3 Mill. Mitglieder, davon leben etwa eine Mill. in Indien. Das Oberhaupt der in Indien lebenden syrisch-orthodoxen Gläubigen, die Mitglieder der autonomen Malankarisch-orthodoxen Kirche, hat den Titel des Katholikos-Maphrian des Orients und residiert in Puthencuriz. Die Mar-Thoma-Kirche in Indien steht in vollkommener Union mit der anglikanischen Kirche. Ihr Oberhaupt, ein Metropolit, residiert in Thiruvalla. Sie hat etwa 900.000 Mitglieder, die überwiegend in Kerala leben, aber auch in Nordamerika, Europa, dem Mittleren Osten, Malaysia, Südafrika und Australien. Die maronitische Kirche wird hier an anderer Stelle beschrieben.

Die syrisch-katholische Kirche zählt heute etwa 130.000 Mitglieder und ist im Irak, Syrien und Libanon präsent. Ihr Oberhaupt, der Patriarch, residiert in Beirut im Libanon. Sie ist aus der syrisch-orthodoxen Kirche entstanden, als im 18. Jh. ein mit Rom unierter Bischof zum Patriarchen geweiht wurde. Schon seit dem 13. Jh. gab es Bischöfe, die sich zum katholischen Glauben bekannten. Die Liturgie der syrisch-katholischen Kirche entspricht der der syrisch-orthodoxen Schwesterkirche. Die syrisch-katholische Kirche war allerdings immer wieder Latinisierungstendenzen ausgesetzt. Ihre Mitglieder leben im Libanon, im Heiligen Land, in der Türkei, Kuwait, Irak, Ägypten, Syrien, USA, Kanada, Venezuela, Frankreich, Schweden und Australien.

Die syro-malankarische Kirche ist eine katholische Kirche orientalischer Tradition. Ihr Oberhaupt, Großerzbischof von Trivandrum, steht etwa 403.000 Gläubigen vor. Sie entstand 1932 nach Unionsgesprächen aus der malankarisch-orthodoxen Kirche. Ein Teil der Gläubigen, Priester und Bischof Ivanios traten zum Katholischen Glauben über.

Die syro-malabarische Kirche ist die größte und älteste katholische Kirche orientalischer Tradition in Indien. Ihr Oberhaupt ist der Großerzbischof von Ernakulam-Angamaly. Sie hat etwa 3,7 Mill. Gläubige, hauptsächlich aus den oberen Kasten. Entstanden ist sie im 16./17. Jh., in der Zeit, als die Portugiesen in Indien herrschten. Zunächst glaubten sich die Thomaschristen, die "Urchristen" in Indien, mit den Lateinern in Kommunion. Man feierte zusammen die Messe. Als jedoch lateinische Jesuiten zu ihren Bischöfen ernannt wurden und die Kirche mehr und mehr latinisierten, kam es zu großen Spannungen, die schließlich zum Bruch führten. Ein Teil der Gläubigen blieb mit Rom verbunden, ein anderer Teil näherte sich dem syrisch-orthodoxen Patriarchat von Antiochien.

Die chaldäische Kirche, eine katholische Kirche, hat ihr Oberhaupt, den Patriarchen, in Bagdad. Sie zählt heute etwa 600.000 Gläubige, die im Irak, Iran, Frankreich und den USA leben. Sie entstand aus der assyrischen Kirche, als Mitte des 16. Jh. ein Oberhaupt gewählt wurde, welches das katholische Glaubensbekenntnis ablegte. Mit ihm wechselte ein Teil der Gläubigen zur katholischen Kirche. Ihre Liturgie entspricht der der assyrischen Schwesterkirche, ist aber Latinisierungstendenzen unterworfen worden.

Jede Kirche hat ihre eigene Geschichte und Eigenheiten. Es gibt eigentlich keine gemeinsame Geschichte, selbst nicht unter den katholischen Kirchen. Aber sie entwickeln in neuester Zeit durch gemeinsame Institutionen einen Sinn für das gemeinsame Erbe. Dies ist stärker bei den katholischen Kirchen entwickelt als unter den anderen Kirchen.

Gemeinsame Institutionen

Zu den gemeinsamen Institutionen gehört an erster Stelle der Mittelöstliche Rat der Kirchen (Middle East Council of Churches / MECC). Die ökumenische Bewegung begann in den 30er Jahren, als die protestantischen Kirchen den Christlichen Rat des Nahen Ostens gründeten. Nach der Gründung des Weltkirchenrates 1961 schloss sich die syrisch-orthodoxe Kirche von Antiochien dem Rat an, und er wechselte den Namen in Nahöstlicher Rat der Kirchen. 1974 traten die meisten orthodoxen Kirchen dem Rat bei, und er erhielt nun den Namen Mittelöstlicher Rat der Kirchen. Es ist eine interkirchliche Institution, durch die die Kirchen sich gegenseitig in der koinonia, der diakonia und der martyria unterstützen. Schon in der ersten Sitzung des neuen Rates wurde der Beitritt der katholischen Kirchen empfohlen. Diese wurden dann auch 1990 aufgenommen, so dass seit dieser Zeit der Rat vier Familien hat: die orientalisch-orthodoxe, die chalzedonensisch-orthodoxe, die protestantische und die katholische. Seit dem Beginn der ökumenischen Bewegung mussten die Kirchen lernen, den Konfessionalismus zu überwinden und die anderen als lebendige Kirchen wahrzunehmen. Der juridisch-religiöse Aspekt verdeckte die tiefere Dimension der Kirche. Dies haben die katholischen Patriarchen auch in einem gemeinsamen Brief nach dem Beitritt zum Mittelöstlichen Rat der Kirchen benannt.

Die Katholischen Kirchen haben sich gemäß den Vorgaben des Zweiten Vatikanischen Konzils auf Landesebene zusammen geschlossen, so dass es eine Versammlung der katholischen Patriarchen und Bischöfe im Libanon, eine Versammlung der katholischen Hierarchie in Ägypten, eine Versammlung der katholischen Ordinarien im Heiligen Land, einen Rat der katholischen Kirchen in Syrien, eine Bischofskonferenz im Irak und eine Bischofskonferenz im Iran gibt. Nach dem zweiten Golfkrieg haben sich die katholischen Patriarchen auf Einladung von Papst Johannes Paul II. versammelt. Ein Resultat war die Einberufung der Sonderversammlung der Bischofssynode für den Libanon 1991. Nach einem zweiten Treffen entschieden die Patriarchen, sich regelmäßig zu treffen. Damit war der Rat der Katholischen Patriarchen im Orient geboren. Während der Sitzung im Februar 1997 wurde der Wunsch geäußert, einen Kongress aller katholischen Bischöfe und Patriarchen zu organisieren. Dieser fand dann auch 1999 im Libanon statt.

Die ökumenische Begegnung der syrischen Kirchen

1964 fand in Aarhaus das erste Treffen des inoffiziellen Dialogs der chalzedonensisch-orthodoxen und der orientalisch-orthodoxen Kirchen statt. Das Resultat war die Feststellung, dass die Kirchen in den christologischen Dogmen wesentlich übereinstimmen. Dies wurde in den Folgetreffen bestätigt und vertieft. In den offiziellen gemischten Kommissionen wurden 1989 und 1990 gemeinsame Erklärungen zur Christologie ausgearbeitet und es wurde vorgeschlagen, die gegenseitigen Verurteilungen aufzuheben. 1993 kam man zur Ansicht, dass die anderen Kirchen in jeder Hinsicht orthodox sind und deshalb die volle Kommunion zu realisieren sei, was aber bis heute nicht geschah.

Der inoffizielle Dialog zwischen der katholischen Kirche und den orientalisch-orthodoxen Kirchen wurde 1971 von Pro Oriente in Wien initiiert. Schon nach dem ersten Treffen wurde eine gemeinsame christologische Erklärung ausgearbeitet. In weiteren inoffiziellen Begegnungen wurden die Themen Primat, Konzile und Konziliarität, Ekklesiologie und Autorität besprochen. Nach den inoffiziellen Dialogen folgten die offiziellen, in deren Folge es auch zur Begegnung des syrisch-orthodoxen Patriarchen mit dem Papst kam. Die Apostolische Kirche des Ostens war in den 60er und 70er Jahren von dem ökumenischen Dialog ausgeschlossen.

Nach einer Begegnung des Katholikos-Patriarchen Mar Dinkha IV. und Papst Johannes Paul II. im Jahre 1985, bat der Katholikos-Patriarch um die Aufnahme seiner Kirche in den MECC. 1994 kam es anlässlich einer Dialogveranstaltung von Pro Oriente zur Begegnung zwischen der Apostolischen Kirche des Osten und der syrisch-orthodoxen Kirche, bei der viele Missverständnisse ausgeräumt wurden. Es kam anschließend erneut zu einer Begegnung des Katholikos-Patriarchen Mar Dinkha und Papst Johannes Paul II. Im selben Jahr sollte die Apostolische Kirche des Ostens in den MECC aufgenommen werden, und zwar in die katholische Familie. Die Aufnahme verhinderte allerdings die koptisch-orthodoxe Kirche, die der Apostolischen Kirche Häresie vorwarf. 1997 erklärte Mar Dinkha, dass die Synode seiner Kirche alle Anathemata gegen Kyrill von Alexandrien und Severus von Antiochien in den liturgischen Büchern streicht. Die beiden Personen werden in den orientalisch-orthodoxen Kirchen als heilig angesehen. Ein Programm zur vollen Kommunion mit der chaldäischen Kirche und eins für die Annäherung an die syrisch-orthodoxe Kirche wurde aufgelegt. Die Durchführung des letzteren Programms wurde ebenso erfolgreich von der koptisch-orthodoxen Kirche verhindert.

Die Kirchen syrischer Tradition in den einzelnen Ländern:

- IRAK

Etwa 92% der Iraker sind Muslime. Die Christen repräsentieren etwa 2% der Bevölkerung. 65% der Christen gehören der chaldäischen Kirche an. Ihr Patriarch residiert in Bagdad. Vor der amerikanischen Invasion lebte die Mehrheit in Bagdad. Seitdem ist ein großer Teil ausgewandert oder in den kurdischen Norden gezogen. Es leben noch etwa 170.000 bis 200.000 Chaldäer im Land. Genauere Zahlen sind unbekannt. Es gibt auch deutlich höhere Schätzungen. Zur Apostolischen Kirche des Osten gehören etwa 90.000 Christen. Die syrisch-katholische Kirche zählt vielleicht noch 60.000 Mitglieder, wären die syrisch-orthodoxe vielleicht 40.000 Gläubige hat. Zwischen 1843 und 1846 kam es zu Massakern an den assyrischen Christen mit 20.000 Toten. Dies war das Ende der traditionellen kurdisch-assyrischen Entente, in der man sich gleich behandelt hatte. Der russisch-türkische Krieg 1877/78 traf die Christen hart. Im ersten Weltkrieg brachten die Engländer und Russen die Assyrer gegen die Türken auf und versprachen ihnen einen unabhängigen Staat. Darauf antworteten die Türken und Kurden mit Massakern und Deportationen. 1915 suchten der Katholikos und die assyrischen Oberhäupter zusammen mit dem Volk Schutz hinter den russischen Linien in der Nähe des Urmiah-Sees. Doch mit der Revolution ließen die Russen die Assyrer genauso wie die Armenier alleine gegen die Türken. Schließlich konnten sie die englischen Truppen erreichen, wo sie 1918 in Flüchtlingscamps unterkamen. In dieser Zeit verlor die assyrische Kirche zwei Drittel ihrer Mitglieder, gleichzeitig verlor die chaldäische Kirche 70.000 Gläubige. Nach dem Krieg entstand aber entgegen den Versprechen der Alliierten kein assyrischer Staat, und die Christen, die aus der Region Hakkari geflohen waren, konnten nicht in ihre Heimat zurückkehren, da der neue türkische Staat dies verwehrte. Während der englischen Mandatszeit gab es assyrische Hilfstruppen. Seitdem wurden die Assyrer von den irakischen Regierungen als Separatisten angesehen. Als 1925 die erste irakische Verfassung in Kraft trat, wurde Religions- und Gewissensfreiheit garantiert. Nichtmuslimische Minderheiten waren im Parlament vertreten. Der Patriarch vertrat die Chaldäer im Senat, jedoch waren die Assyrer nicht vertreten. 1933 kam es erneut zu einem Massaker an den Assyrern, diesmal durch die Iraker. Der chaldäische Patriarch distanzierte sich von den assyrischen "Separatisten" und plädierte für die Integration der Chaldäer in den irakischen Staat. Dies brachte der Gemeinschaft einige politische Vorteile. 1950 verlegte der chaldäische Patriarch wegen der Konflikte mit den Kurden seinen Sitz von Mossul nach Bagdad. Das war der Beginn des großen Auszugs der Christen aus dem ländlichen Norden nach Bagdad. 1968 kam die Baath-Partei durch einen Putsch an die Macht. Danach wurde der Kult, vor allem die Predigt überwacht, und die pastoralen und sozialen Aktivitäten benötigten eine staatliche Erlaubnis. Religiöse Bücher unterstanden der Zensur. Die Bewegungsfreiheit wurde eingeschränkt. Bischöfe benötigten eine formelle Zustimmung des Staates, bevor sie ihr Amt ausübten durften. 1969 wurden die Schulen nationalisiert. Die religiöse Unterweisung musste nun in der Pfarrei erfolgen, wozu aber Katechisten fehlten. Im Krieg gegen den Iran (1980-1988) fielen viele Christen an der Front, aber auch der kurdische Befreiungskampf forderte viele Tote unter den Christen. Im Norden wurden ganze christliche Dörfer ausgelöscht. 1991 wurde die Schutzzone im Norden des Iraks eingerichtet, in der die Kurden eine autonome Verwaltung errichteten. Im gleichen Jahr begann eine Periode, die für die Christen relativ friedlich war: sie erhielten Sitze im Parlament, konnten Kirchen bauen und profitierten von der Religionsfreiheit. Sie pflegten ihre Sprache in den Schulen. Dem dritten Golfkrieg und der Invasion der Amerikaner (2003) folgte schnell eine Periode der allgemeinen Unsicherheit, die bis heute andauert und in der es zur Verfolgung von religiösen Gruppen, auch der Christen, kommt. Die Christen sind Opfer von Entführungen, Anschlägen auf Geschäfte und Kirchen. Viele flohen in den kurdischen Norden, wo es Sicherheit gibt. Auch eine neue irakische Verfassung, nach der Religionsfreiheit garantiert wird, kann die Christen nicht vor Verfolgung und Anschlägen schützen. Der letzte große Anschlag fand am 31. Oktober 2010 gegen die syrisch-katholische Kathedrale in Bagdad statt.

• SYRIEN

85-95% der Syrer sind Muslime, meist Sunniten. 6-15% Christen unterschiedlicher Konfession, darunter 50-80.000 syrisch-orthodoxe, 20-30.000 syrisch-katholische, 20.000 Maroniten, 7-10.000 Assyrer und 5.-7.000 Chaldäer. Die meisten Christen gehören aber der griechisch-orthodoxen Kirche an. Die Christen in Damaskus und Aleppo entstammen weitgehend der Mittelschicht. Die Christen in Qamishli und Hassake teilen das Leben der Kurden in einer unterentwickelten Region. Der syrische Staat war eine laizistische Republik, die von der Baath-Partei regiert wurde. Die Verfassung garantierte Glaubens- und Kultfreiheit. Die Kirchen hatten genügend Freiheit, um die eigenen Angelegenheit zu regeln. Kam jedoch der geringste Verdacht einer subversiven Aktion auf, reagierte der Staat mit drastischen Maßnahmen. Finanzen und Versammlungen wurden vom Regime überwacht und Veröffentlichungen zensiert. Das Zusammenleben zwischen Christen und Muslimen war bis zum Ausbruch des Bürgerkriegs weitgehend friedlich. 1967 wurden die Schulen der Kirchen nationalisiert. Nach dem Massaker an den Chaldäern und Assyrern 1933 im Irak verließen viele in den Folgejahren das Land und ließen sich in Syrien nieder. Es folgten Glaubensbrüder aus der Türkei. Sie ließen sich zunächst im Nordosten Syrien nieder und später in den Städten Djezireh, Deir ez-Zor, Aleppo und Damaskus. Die amerikanische Invasion 2003 brachte in den Folgejahren weitere Flüchtlinge nach Syrien. Der Ausbruch des Bürgerkriegs in Syrien 2011 hat zur Verfolgung von Christen durch islamistische Gruppen geführt.

• IRAN

98% der Iraner sind Muslime, 90% davon Schiiten. Es gibt etwa 200-280.000 orientalische Christen, darunter 10-15.000 Assyrer und 4.500-15.000 Chaldäer. Die größte Kirche ist die armenisch-orthodoxe Kirche. Viele Christen haben nach der Revolution 1979 das Land verlassen. Die Region, in der die meisten Christen im 19. Jh. lebten, war Kriegsgebiet zwischen dem Osmanischen Reich, dem Russischen Reich und Persien. In der Region um den Urmiah-See gab es Kämpfe während des Ersten Weltkriegs. Als die Türken die Region 1914 besetzten, kam es zu den Massakern an den Assyro-Chaldäern. Viele emigrierten 1920 nach Urmiah, Qazvin und Teheran. Mit dem Ölboom verließen viele Christen ihre Region, um im iranischen Kurdistan oder in Teheran zu wohnen. Heute wohnen die meisten Christen in Teheran, das auch mehrere Kathedralen besitzt. Die Regierung des Schah war den Christen wohlgesonnen. Unter ihm galt Religionsfreiheit, Religionsneutralität des Staates und die Gleichheit der Bürger. 1974 wurden die kirchlichen Schulen nationalisiert. Den katholischen Kirchen fehlten in der Zeit einheimische Priester, fast alle waren Ausländer. So war das Engagement der Laien gefordert. Die chaldäische Kirche in Teheran bemühte sich um Priester der syro-malabarischen

Kirche in Indien. Mit der iranischen Revolution wurde die Religionsfreiheit und die Gleichheit der Bürger aufgehoben. Die Christen erhielten den alten Dhimmi-Status. Sie können aber frei ihren Kult üben und das Personenstandsrecht selbst regeln, soweit sie zu einer traditionellen Kirche gehören und nicht Konvertiten aus neuerer Zeit sind. 85% der Priester mussten mit der Revolution das Land verlassen. Der Klerus im Iran ist heute völlig überaltert. In den letzten Jahren, vor allem unter dem Präsidenten Rafsanschani, verschlechterte sich die Lage der Christen.

- LIBANON

Die Christen im Libanon bilden heute nur noch 30% bis 40% der Bevölkerung. Etwa 700.000 bis 750.000 sind Maroniten, 200-250.00 griechisch-orthodoxe, 150-200.000 griechisch-katholische und 120-175.000 armenische (orthodoxe und katholische) Christen. Hinzu kommen noch an die 20.000 syrisch-orthodoxe, 20.000 syrisch-katholische sowie je 5-10.000 chaldäische und assyrische Christen. Im ersten Weltkrieg fanden viele Libanesen den Tod. In der darauf folgenden Zeit trat ein Großteil der christlichen Elite und der maronitische Patriarch für einen unabhängigen Libanon ein. Sie erreichten schließlich auch ihr Ziel, als der Libanon 1941 unabhängig wurde. Bei der Staatsgründung kam es zu einem nationalen Pakt, der unter anderem die Verteilung der Macht unter den verschiedenen Religions- und Konfessionsgruppen regelt. Danach ist der Staatspräsident immer ein Maronit. Aufgrund der Verteilung der oberen Ämter und wegen des politischen Prestiges des maronitischen Patriarchen spielen die Maroniten bis heute eine bestimmende Rolle in der Politik des Libanon. Ihre gesellschaftliche Bedeutung gründet auf der Vielzahl ihrer Schulen und Universitäten. Im libanesischen Bürgerkrieg (1975-1990) hatten die Christen eigene Milizen. Vor allem die Maroniten waren an den Kämpfen beteiligt. Zeitweise nahm diese Auseinandersetzung den Anschein eines Krieges zwischen Christen und Muslimen an. Mit dem Ende des Bürgerkriegs gab es auch eine Neuverteilung der Macht, bei welcher der maronitische Präsident Macht abgeben musste. Syrisch-orthodoxe und syrisch-katholische Christen wanderten Anfang des 20. Jh. aus der Türkei in den Libanon ein. Die Chaldäer kamen 1958 aus dem Irak. Mit den Kriegen im Irak und nun in Syrien sind viele Flüchtlinge auch in den Libanon geflohen. 1995 gab es eine Sondersitzung der Bischofssynode für den Libanon, die den Christen und allen Bewohnern des Landes Mut für ein friedliches Zusammenleben und für den Aufbau einer neuen Gesellschaft machen sollte.

- JORDANIEN, ISRAEL, PALÄSTINA

In Jordanien gibt es nur eine sehr kleine Zahl Christen syrischer Tradition. Sie sind erst in neuester Zeit dort eingewandert. Einige maronitische Familien leben in

Amman und Zarqa, die zu dem maronitischen Patriarchalvikariat Jerusalem gehören. Etwa hundert syrisch-orthodoxe und syrisch-katholische Christen leben ebenso in den beiden Orten Amman und Zarqa. Seit dem zweiten Golfkrieg sind einige Hundert irakische Flüchtlinge aus der chaldäischen und assyrischen Kirche hinzugekommen, die alle auf ein Visum für Europa oder Amerika warten. In Palästina leben etwa 1000 syrisch-orthodoxe Christen, vor allem in Bethlehem und weniger in Jerusalem. Dort ist auch der Sitz eines syrisch-orthodoxen Bistums seit 1471, heute im Kloster des Hl. Markus. Die ersten syrisch-orthodoxen Christen waren allerdings erst 1838 nach Bethlehem gekommen, die überwiegende Zahl floh nach den Massakern im Tur Abdin während des Ersten Weltkrieges dorthin. 1922 begannen sie in Bethlehem ihre Kirche zu bauen. Es gibt nicht mehr als 600 syrisch-katholische Gläubige, auf Jerusalem, Bethlehem und Israel verteilt. Sie haben einen Patriarchalvikar in Jerusalem. Ein chaldäischer Patriarchalvikar lebt ebenso in Jerusalem, hat aber praktisch keine Gläubigen. Es gibt fast keine Maroniten in Palästina. Seit dem 17. Jh. siedeln allerdings Maroniten in Galiläa, die aus dem Südlibanon kommen. Ihr Bischof sitzt in Haifa, sie haben aber einen Generalvikar in Jaffa. In Jerusalem kümmert er sich zugleich als Patriarchalvikar um eine kleine Zahl Maroniten. Mit dem Rückzug der israelischen Armee aus dem Südlibanon sind weitere libanesische Maroniten nach Israel geflohen.

- TÜRKEI

In der der Türkei gibt es heute drei syrisch-orthodoxe Diözesen: das Patriarchalvikariat Istanbul, die Erzdiözese Tur Abdin, das Patriarchalvikariat Mardin mit den beiden berühmten Klöstern Mor Gabriel und Deir Zafaran. Eine sehr kleine Minderheit syrisch-katholischer Christen unter der Leitung eines Patriarchalvikars lebt hauptsächlich in Istanbul. Nur wenige Assyrer und Chaldäer haben die Massaker in der Region Hakkari von 1915 überlebt. Sie leben ohne die Betreuung eines Priesters und wandern allmählich nach Europa aus. Eine chaldäische Gemeinde hat in Istanbul überlebt. Sie wird von einem Patriarchalvikar pastoral versorgt. Seit den Irakkriegen hat sie viele Flüchtlinge aufgenommen, die meisten sind nach Europa und Amerika weiter geflohen.

- INDIEN

Die meisten Christen syrischer Tradition leben in Indien. Im Laufe der Geschichte haben die so genannten Thomaschristen für ihre Unabhängigkeit und die Anerkennung ihrer Tradition gekämpft. Das Resultat war allerdings eine Vielzahl von Kirchen, die aus unterschiedlichen Schismen hervorgingen. Die verschiedenen Kirchen wurden bereits eingangs beschrieben.

Christen im Libanon – Nachfahren der Jünger Christi

von

Karl A. Ammann

1. Christus und die Apostel waren im Libanon

Die Libanesen sind überzeugt, dass das Wunder der Verwandlung des Wassers in Wein bei der Hochzeit von Kana im Ort Qana 10 km südöstlich von Tyros stattfand.[1] Von dort aus wirkte er ein zweites Wunder, die Heilung eines königlichen Beamten.[2] War Jesus nicht im Libanon, so kamen die Libanesen aus Sidon und Tyros zu ihm um ihn zu hören.[3] Jesus wirkte ein anderes Wunder in der Nähe dieser beiden Städte: er heilte die Tochter einer nichtjüdischen Kanaaniterin.[4] Jesus war auch in Caesarea Philippi am Banyas-Fluss.[5] Von Tyros machte er einen Umweg erst nach Norden über Sidon an das Meer von Galiläa mitten hin durch das Gebiet der zehn Städte.[6] Die Jünger, die nach dem Martyrium des heiligen Stefan zerstreut waren, gingen umher bis gen Phönizien, d.h. die Libanonküste.[7] Der Apostel Paulus machte auf dem Weg nach Jerusalem Zwischenhalt in Tyros und betete mit der Christengemeinde dort.[8] Das Christentum erreichte in diesen frühen Jahren alle Küstenorte des Libanon[9], während die Bergbewohner noch lange Zeit Heiden blieben.

Das Bewusstsein der libanesischen Christen, dass die eigenen Vorfahren mit Jesus und den Jüngern gefeiert und gebetet haben oder zu den ersten Christen gehörten, ist nicht zu unterschätzen. Sie sind stolz darauf. Bis noch vor vierhundert Jahren sprachen die einheimischen Libanesen und Syrer noch Aramäisch, die Sprache Christi. Inzwischen ist sie vor dem Arabischen zurückgewichen, wie auch das Koptische in Ägypten. Nur in drei Dörfern in Syrien ist die Sprache noch lebendig.

Ja, in den nicht-hellenisierten Dörfern des Libanon wurde vor 2000 Jahren das Evangelium in der Sprache Christi verkündet und eine eigene Liturgie in dieser

---

[1] Johannes 2,1-11.
[2] Johannes 4,46-54.
[3] Markus 3,7; Lukas 6,17.
[4] Matt 15,22-28; Markus 7,24-31.
[5] Matt 16:13.
[6] Markus 7,31-37.
[7] APG 11,19.
[8] APG 21,4-10.
[9] Tyros, Sidon, Beirut, Byblos, Batrun, Tripoli.

Sprache entstand. Im Libanon wird diese Liturgie vom maronitischen und syrischen Ritus verwendet. Seit dem Zweiten Vatikanischen Konzil 1962 wird die arabische Sprache in der Liturgie verwendet. Aber wenn beim Gottesdienst an das letzte Abendmahl erinnert wird, spricht der Priester Jesu Worte im O-Ton.

2. Libanon, Land der Minderheiten und Symbol

Einerseits hat die libanesische Küste immer wieder Eroberer[10] angelockt, andererseits bot das gebirgige Land verfolgten Gruppen immer wieder Zuflucht und Schutz. Der Libanon in seinen heutigen Grenzen wurde erst nach dem Ersten Weltkrieg unter französischem Mandat geschaffen. Während der Mandatszeit wurde die Konfessionszugehörigkeit zum wichtigsten politischen Merkmal. Religiöse Minderheiten, die vorher im osmanischen Reich nicht anerkannt waren, erhielten nun Anerkennung. Heute gibt es 18 anerkannte Religionsgemeinschaften, 13 christliche, von denen zwei, die armenisch orthodoxen und armenisch katholischen Christen, auch eine ethnische Minderheit sind, und 5 islamische.[11]

Für Christen im Nahen Osten hat Libanon eine Bedeutung, fast wie Israel für Juden. Was gibt es dort, das es in anderen arabischen Staaten nicht gibt?

- Der Symbolwert eines Christen als Staatspräsident, der mehr Befugnisse hat als der deutsche Bundespräsident.
- Die politische Gleichberechtigung der Christen mit den Muslims im Parlament. Es gibt die gleiche Anzahl christlicher wie muslimischer Abgeordneter.

---

[10] Ägypter, Hethiter, Assyrer, Perser, Griechen, Römer, Araber, Kreuzfahrer, Türken, Engländer, Franzosen.

[11] Christen: Armenisch Apostolisch, Armenisch Katholisch, Assyrische Kirche des Ostens, Chaldäer, Griechisch Katholische Melkiten, Griechisch Orthodoxe, Katholiken des lateinischen Ritus (römisch katholisch), Koptisch Orthodox, Maroniten, Protestanten, Syrisch Katholisch, Syrisch Orthodox, Juden. – Muslims: Alawiten, Ismailis, Schiiten, Sunniten, Drusen. Juden werden den Christen zugeschlagen, Drusen den Muslims. Manche sind schon lange dort, wie die Juden, die Maroniten, die syrisch Orthodoxen und die Griechisch Orthodoxen; mit der islamischen Eroberung kamen Sunniten, dann suchten Schiiten, Ismailis, Alawiten und Drusen dort Zuflucht. Die verschiedenen katholischen Riten kamen ab dem 17. Jahrhundert durch die Wiedervereinigung mit Rom hinzu, sind aber letztlich Abspaltungen von den alten Kirchen. Im 18. Jahrhundert kamen die Protestanten und die Lateinischen Katholiken, meist konvertierte vom Orthodoxen Christentum, und zuletzt die Armenier im Ersten Weltkrieg. Die Chaldäer und Assyrer flohen aus dem Irak, besonders seit 2004, während die Kopten durch die zahlreichen Gastarbeiter aus Ägypten präsent sind. Die meisten Iraker und Ägypter besitzen nicht die libanesische Staatsangehörigkeit, aber genug haben sie bekommen, so dass die Gemeinschaften offiziellen Status erhielten. Alle haben ihre eigene Identität, ihre eigenen Traditionen. Deshalb ist es nicht einfach einen Libanesen zu definieren oder die Geschichte des Libanon in den Schulbüchern darzustellen.

- Eine religionsfreie Gesetzgebung, keine Staatsreligion.
- Eine einmalige Presse- und Medienfreiheit, ohne Zensur.
- Libanesen dürfen ihre Religion frei ausüben und auch für sie werben.
- Im Libanon kann man zwar nicht aus der Kirche austreten, man muss zu einer Religionsgemeinschaft gehören, aber man kann wechseln und, anders als in den umliegenden Ländern, in beide Richtungen, also darf ein Muslim auch Christ werden. Es gibt kein Gesetz dagegen.

3. Wer sind die Maroniten?

Die meisten Christen im Libanon sind Maroniten. Mit etwa einer Million stellen sie ein Viertel der Bevölkerung. Der Präsident und der Armeechef des Libanon sind immer Maroniten. Daneben leben etwa 424.000 Maroniten in Syrien. Kleinere Gruppen gibt es in Nord-Israel und Zypern. Auf Zypern sind die Maroniten, neben Griechen und Türken, die dritte offiziell anerkannte Volksgruppe. Weltweit gibt es über 10 Millionen Menschen libanesischer Abstammung; die meisten sind Maroniten. Nach den konfessionsbetonten Konflikten in den 60er Jahren des 19. Jahrhunderts wanderten Tausende von Christen aus Libanon und Syrien aus, besonders nach Lateinamerika. Damals Staatsbürger des osmanischen Reiches, sind sie dort noch heute als Turcos bekannt.

Die Maroniten leiten ihren Ursprung von einer Gemeinschaft her, die der wunderwirkende Mönch Maron im vierten Jahrhundert in der Diözese Kyrrhos in Antiochien, heute auf der Grenze zur Türkei in Nordwestsyrien, gründete. Er wird als Heiliger verehrt. Er lebte asketisch und betete am Orontes-Fluss in der Tradition von Antonius und Pachomius. Nach seinem Tode ca. 410 wurde auf seinem Grab ein Kloster zu seinem Gedächtnis erbaut. Es wurde der Kern der maronitischen Kirche.

Seine Mitbrüder waren missionarisch im gesamten Nahen Osten aktiv und kamen auch in den Libanon, wo sie die noch weitgehend heidnische, aramäisch-sprachige Bevölkerung vom 5. Jahrhundert an bekehrten. Die Maroniten waren die einheimischen, aramäisch-sprachigen Vertreter der katholisch-orthodoxen Glaubensrichtung nach dem Konzil von Chalzedon 451. Sie gerieten in die blutigen Auseinandersetzungen, bei denen 350 Mönche getötet wurden. Im frühen 6. Jahrhundert wurde vom Papst ihre Orthodoxie im Sinne des Konzils von Chalzedon bestätigt. Der erste maronitische Patriarch, Sankt Johannes Maron, wurde 686 gewählt, zu einer Zeit, als das Patriarchat von Antiochien vakant war.

Nach der arabisch-islamischen Eroberung im 7. Jahrhundert gelang es den Maroniten, sich militärisch sowohl gegenüber den Muslims wie auch Byzanz zu behaupten. 938 wurde im Konflikt mit den Muslims das Kloster in Antiochien zerstört und das Patriarchat in den Libanon verlegt. Die Maroniten und andere Christen wurden teils zum Islam konvertiert oder wanderten in den Libanon; einige blieben in Syrien. Die Mönche fanden besonders Zuflucht in den Höhlen und Grotten des später sogenannten Qadischa-Tals oder Tals der Heiligen. Mönche hatten sich dort schon im 4. Jahrhundert niedergelassen. Zwischen 700 und 1350 konsolidierten die Maroniten ihre Präsenz im Libanon zu ihrer Heimat.

Danach gerieten sie etwas in Vergessenheit. Aber während der Kreuzzüge im 12. Jahrhundert halfen sie den Kreuzfahrern und bestätigten ihre Papsttreue. Aus Sicht der Maroniten sind sie die einzige Orientkirche, die immer mit Rom vereint war. Sie ist keine nachträglich unierte Kirche. 1584 wurde das maronitische Kolleg für Seminaristen und Priester der maronitischen Kirche in Rom eröffnet und seither gibt es auch eine Maronitenstraße in Rom.

Sitz des maronitischen Patriarchen war vom 15.-19. Jahrhundert das Kloster Qannubin im Qadischa-Tal. Die Mönchszellen, Unterkünfte für Reisende sowie die Kirche wurden in den Felsen geschlagen. 1786 wurde ein Zweitsitz des Patriarchats in Bkerki eröffnet und später ganz dorthin verlegt. 1899 wurde am Qadischa-Tal in Diman eine Sommerresidenz gebaut und Qannubin als Patriarchensitz aufgegeben. Seit 2011 ist Patriarch Bischara Butros Raï Kirchenoberhaupt mit dem Titel Maronitischer Patriarch von Antiochien und des ganzen Orients. Die maronitischen Patriarchen tragen seit dem Mittelalter immer den Beinamen Butros (Petrus) als Reverenz an Petrus, dem Gründer der Kirche von Antiochien. Die Bezeichnung Patriarch von Antiochien wird ebenfalls von vier anderen Kirchen beansprucht.[12] Die Patriarchen waren nicht nur die religiösen Oberhäupter, sondern auch die Volksführer.

Priester dürfen verheiratet sein und dann der Gemeinde vorstehen; der Zölibat wird nur von Priestern verlangt, die bei der Weihe noch ledig sind. Mönche, dagegen, sind zum Zölibat verpflichtet, wie auch Bischöfe, die meist Mönche sind. Die Maroniten machen aber heute weniger Gebrauch von der Möglichkeit, verheiratete Männer zu Priestern zu weihen, als andere orientalische Riten. Jedenfalls zeugt der sehr häufige Familienname "Khuri" (Pfarrer) von der Existenz dieses alten Brauchs. Typisch für die orientalischen Riten ist, dass mit der Taufe gleichzeitig die Firmung stattfindet.

Stark ausgeprägt ist die Marienverehrung, Kirchen sind oft ihr gewidmet. Anfang des 20. Jahrhunderts wurde anlässlich des 50. Jahrestags der Erklärung des Dogmas der Jungfräulichkeit Mariens eine große Marienstatue in Harissa errichtet und entwickelte sich zum beliebten Wallfahrtsort für alle Religionen im Libanon. Diese Verehrung der Jungfrau Maria führte 2010 zu einer gemeinsamen Initiative von

[12] Griechisch Orthodoxe, Melkitisch Griechisch-Katholische, Syrisch-Katholische, Syrisch-Orthodoxe.

Muslims und Christen, den 25 März, Mariä Verkündigung, zu einem nationalen, nicht religiösen Feiertag zu erklären. Auch die Muslime glauben an die Jungfräulichkeit Mariens bei der Geburt Jesu.

Die Maroniten haben auch vier eigene Heilige.[13] Ein besonderer Heiliger ist Mar Elias, der Heilige Elias. Er wird sehr blutrünstig dargestellt, manchmal mit einem Schwert in einer Hand und einem abgeschnittenen bluttiefenden Kopf in der anderen. Zu seinen Füßen liegen viele Tote. Das ist wohl in Erinnerung an seine Bekämpfung des Baalskults, der mit der Tötung von 450 Baalspriestern endete.[14] Während des stark konfessionalisierten Bürgerkriegs 1975-1990 wurde er wohl zum Symbol als Verteidiger der Christen.

Die Maroniten kannten keine Ordensgemeinschaften. Es gab zahlreiche maronitische Einzelklöster und Einsiedeleien, die die alten monastischen und eremitischen Traditionen pflegten. Im 17. Jahrhundert hatten sich im Libanon Kapuziner, Karmeliten und Jesuiten angesiedelt und einzelne Maroniten hatten sich den lateinischen Ordensgemeinschaften angegliedert. So kam es auch zu Ordensgründungen nach dem westlichen Muster der katholischen Ordensinstitute. Zum Ende des 17. Jahrhunderts gründeten drei Maroniten aus Aleppo die erste "Libanesische Kongregation".[15]

4. Lebendige Kirche

Es ist Sonntag und wir wollen in dem Dorf in der Nähe von Byblos, wo wir wohnen, in den Gottesdienst. Es ist die maronitische Kirche Unserer Lieben Frau, die Hauptkirche im Dorf. Zwei Ministranten hängen an dem Glockenseil und lassen sich mit jedem Glockenschlag nach oben ziehen.

---

[13] Scharbel Machluf (1828-1898), 1977 heiliggesprochen, Rebekka Ar Rayès (1832-1914), 2001 heiliggesprochen, Nimatullah al-Hardini (1808-1858), 2004 heiliggesprochen, Jakob von Ghazir (1875-1954), 2008 seliggesprochen.

[14] 1. Könige 18,40.

[15] Seit 1706 bestand sie unter dem Namen "Libanesischer Maronitischer Orden – Baladiten", die Mitglieder legten sich eigene Statuten zu und wirkten nach den Antoniusregeln. 1747 bildete sich hieraus die Kongregation der aleppinischen Antonianer, die seit 1969 die Bezeichnung "Maronitischer Orden der Seligen Jungfrau Maria" führte und heute unter dem Namen "Mariamitischer Maroniten-Orden der seligen Jungfrau Maria" bekannt ist. Hieraus hatte sich 1736 auch ein weiblicher Zweig gebildet. Aus der um 1765 gegründeten Libanesischen Kongregation war eine weitere Gruppe hervorgegangen, die zunächst als "Antonianer vom Kloster Mar Ischaya (Jesaja)" und später als "Maronitische Antonianer" bekannt wurde. Eine weitere Ordensgemeinschaft entstand im 19. Jahrhundert, die heute als "Kongregation der libanesisch-maronitischen Missionare" bekannt ist.

Es ist schon die zweite Messe, die Kirche ist voll, alle Altersgruppen sind vertreten, Männer so viele wie Frauen. Wir finden Platz in den Bänken, man rückt einfach enger zusammen. Und für die, die nach uns kommen, stehen Stühle vor der Kirche, wo sie über Lautsprecher dem Gottesdienst folgen können. Die Maroniten im Libanon sind sehr stark vom lateinischen Ritus beeinflusst und weniger traditionell. So wird hier keine Geschlechtertrennung praktiziert wie bei anderen Riten, rechts Frauen, links Männer.

Abgesehen von neueren Kathedralen waren und sind maronitischen Kirchen bis heute klein im Viereck gebaut, mit Platz für maximal 100 Personen. Ursprünglich war die östliche Tradition gegen bildliche Darstellung und das Kruzifix. Aber als Beweis für die chalzedonische Treue erschienen Darstellungen des Gekreuzigten bei den Maroniten im späten 6. Jahrhundert.

Die Liturgie ist ein Wechselgesang zwischen Zelebrant und Gläubigen. Knien ist unüblich, dagegen wird eine tiefe Verbeugung gemacht. Aber altorientalisch ist der allgegenwärtige Weihrauch und die wiederholte Segnung, bei der alle das Kreuzzeichen machen. Der Friedensgruß wird nicht vom Altar aus verkündet, sondern wird vom Priester einem Diakon gegeben, der ihn an Messdiener weiterreicht. Diese gehen dann zu den Gläubigen, die wiederum von ihm den Gruß entgegennehmen und an ihre Nachbarn weitergeben. Der westlich-lateinische Einfluss ist bemerkbar: die Kommunion wird als Hostie verabreicht. Viele Gläubige bevorzugen die Mundkommunion. Wir sind die melkitische griechisch-katholische Liturgie gewöhnt, wo bei der Kommunion der Leib Christi wie richtiges Brot aussieht, der in den gewandelten Wein getunkt, gespendet wird.

Obwohl die meisten Teilnehmer die Gesänge auswendig können, gibt es den traditionellen Chor, der sicherstellt, dass der richtige Gesang immer da ist. Kirchenlieder in unserem Sinn gibt es nicht. Es sind alte gesungene Bestandteile der aramäischen Liturgie, jetzt meist auf Arabisch, aber unter Beibehalt des uralten Rhythmus. Modern sind die Maroniten aber auch. Die Texte werden projiziert und das jeweils zu singende oder sprechende Wort wird grau untermalt, wie bei Karaoke. Das macht es uns einfach, dem Gottesdienst zu folgen und auch mit zu singen.

Alles ist Arabisch, außer wenn an das letzte Abendmahl erinnert wird. Dann spricht der Priester feierlich Jesu Worte auf Aramäisch. Die Wandlung findet erst danach statt, wenn der Priester in der Konsekrationsepiklese den Heiligen Geist auf die Gaben Brot und Wein herabruft.

Das Evangelium ist nach Lukas 6,28: "Liebt eure Feinde; tut denen Gutes, die euch hassen. Segnet die, die euch verfluchen; betet für die, die euch misshandeln [...]. Richtet nicht, dann werdet auch ihr nicht gerichtet werden. Verurteilt nicht, dann werdet auch ihr nicht verurteilt werden."[16] Der Pfarrer predigt einfach und erinnert uns daran, dass wir wie Christus geduldig unser Kreuz tragen sollen. Wir sollen anderen vergeben. Einem Freund oder Verwandten zu verzeihen ist einfach, aber einem Unbekannten oder gar einem Widersacher? In einer Gesellschaft, wo viele noch dem alten Stammesgesetz von "Auge um Auge und Zahn um Zahn" anhängen, kann diese Botschaft nicht oft genug wiederholt werden. Während die Lesungen und das Evangelium auf Hocharabisch gelesen werden, predigt Pfarrer Mansur (Vinzenz) im libanesischen Dialekt, ähnlich wie in der Schweiz. Dadurch wirkt die Predigt warm und volksnah.

Die Messe dauert nicht länger als in Deutschland. Manche gehen vor oder nach dem Gottesdienst zu Heiligenstatuen oder -bildern um zu beten oder sie einfach zu verehren. Dabei wird erst das Bild geküsst und dann mit der Stirn berührt. Ebenso wird ein Priester begrüßt; man küsst seine Hand und führt diese dann an die Stirn.

Nach dem Gottesdienst legt Pfarrer Mansur Wert darauf, mit so vielen Besuchern, wie möglich, zu sprechen. Er erkennt uns als Auswärtige und frägt gleich, wer wir sind und woher wir kommen. Natürlich hat er auch Verwandte in Deutschland. Es leben mehr Libanesen im Ausland als im Libanon. Er freut sich, dass wir, obwohl nicht Maroniten, zu seinem Gottesdienst kommen.

5. Fasten

Im Orient werden die Traditionen etwas mehr gepflegt, obwohl auch hier vieles nicht mehr so genau genommen wird. Gefastet wird 2 Tage länger als bei uns. Die Fastenzeit beginnt bei den Maroniten am Aschermontag. Er wird auch Mönchmontag genannt, wegen der Mönche, die während der Fastenzeit dort predigen und die Beichten hören sollten. Die Maroniten machen das Aschenkreuz, die anderen katholischen und orthodoxen Riten nicht.

Besonders die Maroniten haben am Donnerstag in der Woche davor, (analog zum schmotzige Dunschtig im Alemannischen) den Säuferdonnerstag. Der Karnevalsonntag, der letzte Fleischtag, ist ein beliebter Termin für Hochzeiten von Leuten, die nicht bis Ostern warten können. Da wird auch das Evangelium von der Hochzeit zu Kana gelesen. In Großfamilien wird ein Lamm geschlachtet. Danach kein Fleisch (und auch kein Fisch) bis zum Osterlamm. Traditionell: Montag bis Freitag, kein Fleisch und Milchprodukte oder Eier. Gefastet wird nicht Samstag & Sonntag, an bestimmten Festtagen.[17] Modern: von Mitternacht bis Mittag, nur Wasser & Medizin. Danach nur eine normale Mahlzeit ohne Fleisch. Traditionell

[16] Lukas 6,27-42.

[17] St Maron, 9. Februar, 40 Märtyrer, 9. März, St Josef, 19. März.

wird auch liturgisch gefastet, die Liturgie findet während der Wochentage nicht statt.

6. Pater Jihad

Wie bitte? Pater heiliger islamischer Krieg? Kann das sein? Ja, es gibt sie, Hunderte von Christen, darunter auch Geistliche, die den Namen Jihad tragen. "Die unwissenden islamistischen Gewaltfanatiker haben unseren Namen in ihrem fehlgeleiteten Sinne vereinnahmt."

"Jihad" bedeutet eigentlich "Bemühung", "Anstrengung" und in diesem Sinne auch "Kampf". Was unter diesem Kampf zu verstehen ist, lesen wir in mehreren Paulusbriefen: "Kämpfe den guten Kampf des Glaubens" [18], "Ich habe den guten Kampf gekämpft" [19], "Denn ihr habt den gleichen Kampf zu bestehen" [20], "Kämpft für den überlieferten Glauben" [21] In der arabischen Bibel steht hier "Jihad" für "Kampf" und das davon abgeleitete Verb für kämpfen. Vom Kontext her ist klar, dass kein bewaffneter Kampf gemeint ist, sondern ein innerer Gewissenskampf. In diesem Sinne sprechen auch Muslime vom "großen Jihad". Das Wort "Jihad" wird auch mit der Bedeutung "Kampagne" verwendet. Pater Jihad sieht seinen Namen als Auftrag. Er möchte zu einem Jihad der Liebe aufrufen.

---

[18] 1. Timotheus 6,12 Kämpfe den guten Kampf des Glaubens, ergreife das ewige Leben, zu dem du berufen worden bist und für das du vor vielen Zeugen das gute Bekenntnis abgelegt hast.

[19] 2. Timotheus 4,7: Ich habe den guten Kampf gekämpft, den Lauf vollendet, die Treue gehalten.

[20] 1. Paulusbrief an Philipper 1,29-30: Denn euch wurde die Gnade zuteil, für Christus da zu sein, also nicht nur an ihn zu glauben, sondern auch seinetwegen zu leiden. Denn ihr habt den gleichen Kampf zu bestehen, den ihr früher an mir gesehen habt und von dem ihr auch jetzt hört.

[21] Judas 1,3: Kämpft für den überlieferten Glauben, der den Heiligen ein für allemal anvertraut ist.

Thomaschristen Südindiens

In Südindien beeindrucken die Thomaschristen auch nach fast zweitausend Jahren durch ihr lebendiges Gemeindeleben

von

Klemens Ludwig

Zur Begrüßung empfängt den Besucher eine überdimensionale Abraham-Statue. Mit über zehn Meter Höhe überragt sie die gesamte Umgebung. Sie weist den Weg zum Anugraha Renewal Centre (Zentrum für Heilung und Erneuerung). Dort werden Spiritualität und Ökumene großgeschrieben. Katholische Priesteramtskandidaten bereiten sich auf ihre Weihe vor, Muslime suchen mit Christen nach einer gemeinsamen Basis, Laien kommen zu Exerzitien, beten und meditieren. Dazu gehört auch ein geschmackvoller Garten, der Franz von Assisi geweiht ist.

All das ist an sich nichts Besonderes, doch dieses Zentrum befindet sich in Indien, einem Land mit etwa achtzig Prozent Hindus, die Brahma und Shiva folgen, nicht den Nachkommen Abrahams. Initiator ist Professor Joseph Pathrapankal, einer der intellektuellen Köpfe der Thomaschristen. Die Gemeinschaft geht auf den Apostel Thomas zurück, der der Überlieferung zufolge 52 n.Chr. in der südindischen Küstenstadt Kodungallur gelandet und zwanzig Jahre lang einer intensiven Missionstätigkeit nachgegangen ist.

Das größte Heiligtum des Pilgerortes Kodungallur ist ein reich verzierter Schrein, in dem sich der rechte Unterarm des Heiligen befinden soll. Auf dem Vorplatz stehen große Säulen in einem Halbkreis mit den zwölf Aposteln und wichtigen Kirchenlehrern, die wie steinerne Wärter über den Schrein wachen.

Ob Thomas wirklich in Indien war, lässt sich nicht mit letzter Sicherheit beweisen, es spricht jedoch einiges dafür, wie Professor Joseph Pathrapankal ausführt: "Bereits im fünften vorchristlichen Jahrhundert gab es im Süden Indiens jüdische Gemeinden. Sie standen im regen Austausch mit der Heimat. Es liegt nahe, dass Thomas von ihnen wusste und vor der Verfolgung durch Kaiser Claudius ins sichere Indien geflohen ist."

Was immer Mythos und was Wirklichkeit sein mag, eines ist unbestritten: Die Thomaschristen zählen zu den ältesten christlichen Gemeinschaften der Welt. Während jedoch von den frühchristlichen Gemeinden im Nahen Osten und der Türkei fast nur noch stumme Ruinen zeugen, beeindrucken die Thomaschristen auch nach fast zweitausend Jahren durch ihr lebendiges Gemeindeleben.

Vieles deutet darauf hin, dass die Thomaschristen in den ersten Jahrhunderten von den Brahmanen, der indischen Priesterklasse, beeinflusst wurden. Es waren zahlreiche Brahmanen, die das Christentum angenommen haben; eine zunächst überraschende Entwicklung, denn sie sind die Privilegierten innerhalb der Hindu-Gesellschaft. Heute verzeichnen christliche Missionare Bekehrungserfolge bei den sozialen Randgruppen, den Unberührbaren und Stammesvölkern.

David Selvaraj, ein Theologe der protestantischen Kirche von Südindien und Leiter eines großen sozialen Projekts in der Metropole Bangalore, betrachtet die Thomaschristen sogar als die Brahmanen unter den Christen, eine gebildete, aber gleichzeitig abgeschottete Elite. Und er erläutert die Gründe, warum viele Brahmanen konvertiert sind: "Man sollte den Übertritt zum Christentum nicht nur auf materielle Aspekte oder einen Mangel an Identität zurückführen. Alte Überlieferungen sagen, dass die Brahmanen intellektuell von der Botschaft Jesu überzeugt worden sind. Auch wenn sie Hindus waren, so waren sie eben doch Brahmanen, Priester. Sie haben die Bibel übersetzt, und am Ende der Übersetzung waren sie überzeugt davon und wurden Christen."

In den Gottesdiensten und den Gemeinden spürt man bis heute etwas von ihrem besonderen Flair. Selbst an einfachen Werktagen wirken die Menschen wie im Sonntagsstaat. Die Hemden der Männer sind tadellos gebügelt, die Kleider der Frauen zeigen keinerlei Flecken. Der Boden der Kirchen ist so sauber, dass man ohne Leinentuch davon essen könnte; all das ist keine Selbstverständlichkeit in Indien. Offensichtlich ist es den Gläubigen wichtig, sehr gepflegt vor dem Angesicht Gottes zu erscheinen. Kaum jemand in den vollen Kirchen erweckt den Eindruck, aus Pflichterfüllung oder aufgrund sozialen Drucks den Gottesdienst aufzusuchen. Männer wie Frauen singen und beten inbrünstig in einer Intensität, um die viele christliche Würdenträger in anderen Teilen der Welt die Thomaschristen beneiden.

Doch die Thomaschristen erlebten auch Zeiten der Verfolgung, ausgelöst durch christliche Glaubensbrüder. Sie verstehen sich als Katholiken, unterscheiden sich aber vom römisch-katholischen Ritus. Beeinflusst wurden sie von der ostsyrischen Kirche, die bis zur islamischen Eroberung ihren Schwerpunkt in Persien hatte. Sie entwickelten ihre eigene, syrischsprachige Liturgie und ihre eigenen Zeremonien. Mit Gesängen und Gebeten werden die Gläubigen weit mehr in den Gottesdienst eingebunden, als es Rom vorgibt.

Die portugiesischen Kolonisatoren, die im späten 15. Jahrhundert vor der indischen Westküste auftauchten, waren überrascht, dort Christen anzutreffen. Die Überraschung schlug jedoch in Befremden um, als sie bemerkten, dass die Einheimischen ihrem eigenen Ritus folgten. Legitimiert von der Kurie, setzten sie alles daran, diesen Ritus zu latinisieren. Sie entführten einheimische Bischöfe und unterstellten die Gemeinden der römischen Hierarchie. Die Thomaschristen jedoch waren keinesfalls gewillt, ihre Unabhängigkeit aufzugeben. 1653 brachen sie mit Rom, besiegelt durch eine geheime Zeremonie, die als "Schwur vom Schiefen Kreuz" bezeichnet wird. Erst nach erheblichen Konzessionen des Vatikans kehrte die Mehrheit der Thomaschristen Jahrzehnte später in Roms Schoß zurück. Sie nennt sich die syro-malabarische Kirche, ist mit dem Vatikan uniert und zählt etwa vier Millionen Mitglieder. Malabar ist der alte Name für die indische Südküste. Sie folgt weiterhin dem ostsyrischen Ritus, der von Rom akzeptiert wird, feiert die Liturgie seit dem Zweiten Vatikanum aber in der eigenen Sprache Malayalam.

Eine Minderheit der Thomaschristen wollte den Weg der Aussöhnung mit Rom zunächst nicht gehen und sammelte sich in der syro-malankarischen Kirche. Ihr gehören etwa 400.000 Gläubige an. Daneben gibt es die römisch-katholische Kirche mit ihrem Oberhaupt im Mumbai, dem früheren Bombay. Die Spaltung der Thomaschristen ging noch weiter: Unter der britischen Kolonialzeit schloss sich ein Teil den Anglikanern an. Sie wird als Mar-Thomas-Kirche bezeichnet, und ihr folgen knapp eine Millionen Gläubige. Dazu kommen noch einige orthodoxe Gemeinden.

Katalogteil

Von

Werner Wessel

Diejenigen Exponate, die nur mit einer Signatur – ohne direkte Besitzangabe – gekennzeichnet sind, stammen aus der Erzbischöflichen Diözesan- und Dombibliothek.

A) Die "Orientalen" in der Frühzeit des Christentums

(A 1) **Patriarchatus Alexandrini** Geographica descriptio.

Paris: Tavernier 1640.

Leihgabe aus Privatbesitz

Der Überlieferung nach wurde das Patriarchat von Alexandrien mit seinem Vorrang über die ägyptischen Bistümer entlang des Nils im Jahre 42 vom Evangelisten Markus gegründet. Vier Geistliche tragen aktuell den Titel "Patriarch von Alexandrien":

- der koptisch-orthodoxe Patriarch von Alexandrien, seit 2012 Papst Tawadros II. (*1952). Er residiert in Kairo.
- der griechisch-orthodoxe Patriarch von Alexandrien, seit 2004 der Grieche Theodoros II. (*1954, auch er Träger des Titels "Papst"). Er residiert nach wie vor in Alexandrien.
- der koptisch-katholische Patriarch von Alexandrien, seit 2013 Ibrahim Isaac Sidrak (*1955), residiert auch in Kairo.
- Gregor III. Laham (*1933), das Oberhaupt der katholischen Melkiten, ist Patriarch von Antiochien und dem ganzen Orient, von Alexandrien und von Jerusalem. Er residiert in Damaskus.

(A 2) **Patriarchatus Antiocheni** Geographica descriptio.

Paris: Tavernier 1640.

Leihgabe aus Privatbesitz

Das Patriarchat Antiochien führt seine Gründung auf den Apostel Petrus etwa im Jahre 34 zurück, sein Gebiet umfasste entsprechend der diokletianischen Verwaltungsreform das des römischen Ostens bis an die persische Grenze. Wohl der bedeutendste Bischof nach dem Apostelfürsten war der heilige Ignatius von Antiochien, der im frühen zweiten Jahrhundert wirkte und das Martyrium erlitt.

Den Titel Patriarch von Antiochien tragen heute folgende Personen:

- Seit 1980 Ignatius Zakka I. Iwas (*1933 im Irak) für die altorientalische syrisch-orthodoxe Kirche; seit der Mitte des 15. Jahrhunderts tragen alle ihre Patriarchen auch den Namen Ignatius.
- Seit 2012 Johannes X. (*1955 in Syrien) für die rum-orthodoxe Kirche, die das Konzil von Chalcedon anerkennt.

Die Oberhäupter dreier mit Rom unierter Ostkirchen tragen ebenfalls (mindestens) den Titel eines Patriarchen von Antiochien. Dabei handelt es sich um die syrisch-maronitische, die melkitische griechisch-katholische und die syrisch-katholische Kirche. Die Patriarchen haben ihre Sitze aktuell in Damaskus oder in Beirut; im antiken Antiochien (heute Antakya in der Türkei) residiert kein Bischof mehr.

Patriarchatus Antiocheni. Paris 1640.

(A 3) **Patriarchatus Constantinopolitani** Geographica descriptio.

Paris: Tavernier 1640.

Leihgabe aus Privatbesitz

Der ökumenische (hier intrakonfessionell und nicht interkonfessionell verstanden) Patriarch von Konstantinopel ist seit 1991 Bartholomäus I. (*1940) als 270. Nachfolger des Apostels und Petrusbruders Andreas, der dieses Patriarchat der Überlieferung nach gegründet hat. Der *Erzbischof vom Neuen Rom Konstantinopel* (so sein weiterer Titel) Bartholomäus I., dessen Bischofssitz sich im heutigen Istanbul befindet, steht als primus inter pares der Bischöfe der orthodoxen Christenheit mehr als 300 Millionen Gläubigen vor; das eigentliche Patriarchat umfasst etwa 3,5 Millionen Christen. Die alte Landkarte führt etwas in die Irre; im Gebiet der heutigen Türkei leben nur noch sehr wenige Christen, die hier eingezeichneten vielen Ortschaften sind als Bischofsstädte im kleinasiatischen Gebiet des byzantinischen Reichs nicht mehr existent. Die überwiegende Anzahl von orthodoxen Christen leben heutzutage in Russland, wodurch der Patriarch von Moskau und ganz Russland – ein solches Patriarchat gibt es erst seit 1590 – naturgemäß stark an Einfluss gewinnen konnte.

Wenig bekannt ist es, dass auch ein Patriarchat von Konstantinopel der armenisch-apostolischen Kirche mit ca. 70.000 Gläubigen existiert, vor dem Genozid an dem armenischen Volk unterstanden diesem Patriarchen 1914 noch knapp 1,4 Millionen Christen.

(A 4) **Patriarchatus Romanus**.

Paris: Tavernier 1640.

Leihgabe aus Privatbesitz

Benedikt XVI. legte 2006 den Titel Patriarch des Abendlandes ab, den die Päpste als Oberhaupt der lateinischen Kirche im westlichen und größten Teil des römischen Reichs bis dahin trugen. Die Ehrenrangfolge unter den alten Patriarchaten war: Rom, Konstantinopel, Alexandrien, Antiochien und Jerusalem, was etwas später hinzukam. Ursprünglich waren die Patriarchen entsprechend der Metropolitanverfassung des Konzils von Nicäa von 325 in ihren Jurisdiktionsbezirken gleichgestellt. Dort heißt es nämlich:

Die alte Sitte soll in Ägypten, Libyen und Pentapolis Bestand halten, dass der Bischof von Alexandria über dies alles die Obergewalt inne hat, da auch dem Bischof von Rom dies in seinem Gebiet zukommt. Auf gleiche Weise sollen sowohl der Kirche von Antiochien als auch den anderen Eparchien ihre Vorrechte gewahrt bleiben.

Patriarchatus Romanus. Paris 1640.

Wie die weiteren Karten, die die alten Patriarchate zeigen, wurde auch diese von Melchior Tavernier (1564?-1641) aus Antwerpen entworfen, der als Kartograph in Paris wirkte. Sein Sohn Jean-Baptist Tavernier (1605-1689) machte sich einen Namen als Diamantenexperte und -händler, der auf seinen (Forschungs-)Reisen in Europa und Asien bis nach Indien auf das umfangreiche und qualitativ hochstehende geographische Werk seines Vaters zurückgreifen konnte. Für das Gebiet des auf Petrus und Paulus zurückgehenden römischen Patriachats gestaltete Melchior Tavernier noch zusätzliche Karten mit den genauer ausgeführten Teilbereichen, so auch eine mit dem bis zu islamischen Eroberungszügen so wichtigen hauptsächlich römisch-katholischen Nordafrika; Griechenland gehörte ebenfalls zum Patriachat von Rom (nur ein kleiner Teil gehörte zum Patriarchat von Konstantinopel).

(A 5) Johann Adam Lonicer und Jost Amman: Ständ und Orden Der H. Römischen Catholischen Kirchen, darinn aller Geistlichen Personen, H. Ritter und dero verwandten Herkommen, Constitution, Regeln, Habit und Kleidung, beneben schönen und künstlichen Figurn fleissig beschrieben.

Frankfurt am Main: Feyrabend 1585.

Sign.: Ab 860

Der Züricher Jost Amman lebte von 1539 bis 1591. Zu seiner Zeit waren seine Werke überaus beliebt; ihre kulturgeschichtliche Bedeutung ist auch heute noch unbestritten, der künstlerische Rang Ammans aber wird indessen nicht mehr so hoch eingeschätzt.

Jost Amman: Patriarchen. Frankurt a.M. 1585.

Das imaginierte Aussehen von römisch-katholischen Patriarchen zeigt dieser Holzschnitt Ammans, der das Buch von Johann Adam Lonicer (1557-1599, konvertierte zum Katholizismus) mit 102 Holzschnitten illustrierte. Unter jeder einzelnen Beschreibung kirchlicher Würdenträger ist wie auch hier ein kurzes beschreibendes – manchmal etwas holpriges – Gedicht zu lesen:

Patriarchen.

Der Patriarchen Stand fieng an Anno 400. waren genennt Metropolitae, und Erzbischoff, zu unser zeit ist es sondere Wirden. Clemens I. gab inen Ius Pallii. und ordenet daß man in ein Crucifix fürtrüge, haben ein Weissen Habit.

Im Alten Testament man hat
Drey Patriarchen, an die statt
Ist kommen jetzt zu unser zeit
Durch die Päpstliche Heiligkeit
Dergleichen auch ein hoher Stand,
So Patriarchen werden genannt.
Die stehn der Kirchen Gottes für
Und leben Christlich nach gebür.

(A 6) **Patriarchatus Hierosolymitani** Geographica descriptio.

Paris: Tavernier 1640.

Leihgabe aus Privatbesitz

Jerusalem kam erst durch das Konzil von Chalcedon 451 in den Rang eines Patriarchats, eines Metropolitensitzes, dessen Gründung auf alle zwölf Apostel zurückgeführt wurde; erster Bischof soll der Apostel Jakobus gewesen sein. Durch die Ablehnung der Beschlüsse des Konzils durch die altorientalischen Kirchen erlangte Jerusalem mit seinem Jurisdiktionsvorrang über Judäa, Samaria und Galiläa nie den gleichen Status wie die anderen vier alten Patriarchate.

Fouad Twal (*1940 in Jordanien) ist seit 2008 lateinischer Patriarch, Theophilos III. (*in Griechenland) seit 2005 griechischer Patriarch und Nourhan Manougian (*1948 in Aleppo, Syrien) seit 2013 armenischer Patriarch von Jerusalem.

(A 7) S. Symeon Hierosolymitanus. (Kupferstich)

England: um 1800.

Leihgabe aus Privatbesitz

S. Symeon Hierosolymitanus. England um 1800.

Weniger verworren als heute war die Sachlage bezüglich des Patriachats von Jerusalem zu Zeiten Simeons von Jerusalem, nach der Überlieferung seit 62 oder 63 zweiter Bischof von Jerusalem und damit eben auch Patriarch. Er – wohl ein Verwandter Jesu und, wie es heißt, Glaubensbote im gesamten nordafrikanischen Raum und auch in Britannien – war bis zu seinem Martyrertod 107 der einzige

Bischof in der Stadt; heute gibt es drei Patriarchen von Jerusalem und einen Patriarchen auch von Jerusalem. Daneben gibt es auch einen anglikanischen Bischof von Jerusalem, deren erster der konvertierte preußische Jude Michael Solmon Alexander (1841-1845) war; Alexanders Einsetzung war keine geringe Provokation der damals in Jerusalem ansässigen jüdischen Bevölkerung. Nie hingegen führte ein anglikanischer Bischof von Jerusalem den Titel eines Patriarchen.

(A 8) **Wilhelm Herchenbach**: Die thebäische Legion.

Regensburg: Habbel 1910.

Sign.: Da 1379

Unter den mehr als 300 veröffentlichten zumeist volkstümlichen Büchern und Schriften von Wilhelm Herchenbach (1818-1889), dem ersten Vorsitzenden des Düsseldorfer Geschichtsvereins, befindet sich auch eine historische Erzählung über die thebäische Legion. Sie endet mit den Worten:

> *Sonderbare Fügung des Himmels! Römische Soldaten waren es, welche den ersten Samen des Christentums am Rheine ausstreuten, braune Söhne Afrikas die ersten, welche für diesen Glauben ihr Blut vergossen und den Reigen der ungeheuren Scharen, die ihnen in den Tod folgen sollten, eröffneten.*

(A 9) **Adolph Thomas**: Geschichte der Pfarrei St. Mauritius zu Köln.

Köln: Bachem 1878.

Sign.: Cb 1350

Bis auf den heutigen Tag sehr verehrt von den koptischen Christen werden die Martyrer der thebäischen Legion, die in der oberägyptischen Thebäis – also in dem Bereich des Patriarchats von Alexandria – ausgehoben wurde. Der Überlieferung nach waren alle 6.600 Soldaten unter ihrem Anführer Mauritius Christen. Mauritius, der "Mohr", erlitt mit einer großen Menge seiner Untergebenen im Wallis bei Agaunum an der Rhône (dem heutigen Saint-Maurice) unter Diokletians Mitkaiser Maximianus (um 240-310) möglicherweise auf einem Feldzug gegen die Bagauden zwischen 280 und 300 den Martyrertod, da sich die Männer weigerten, an einem heidnischen Opferfest und Christenverfolgungen teilzunehmen. Kaiser Otto der Große (912-973) war maßgeblich an der Einführung des Mauritiuskults in

Deutschland beteiligt. Dessen Bruder Bruno der Große, heiliger Erzbischof von Köln (953-965), gründete das Kloster Sankt Pantaleon vor den römischen Stadtmauern von Köln. Die Kirche der Pfarrei Sankt Mauritius wurde nahe dem Kloster 1141 eingeweiht. Die Pfarrei wurde errichtet für die gewöhnlichen Gläubigen der Pantaleonsvorstadt auch deswegen, weil sich die Mönche durch deren wachsenden Andrang zu den klösterlichen Gottesdiensten in ihrer Andacht beeinträchtigt fühlten.

(A 10) **Gilbert Bouchard**: L'histoire de la Haute-Savoie en BD.

Grenoble: Glénat 2002.

Leihgabe aus Privatbesitz

Die Vorkommnisse um die Befehlsverweigerung aus Glaubensgründen des Mauritius und seiner ägyptischen Landsleute – den ersten Martyrern der Alpen – schildert der französische Comic zur Geschichte Obersavoyens von der Vorgeschichte bis zur heutigen Zeit recht ausführlich. Auch die Rekatholisierung der Region über ein Jahrtausend später durch den so friedvollen wie überzeugenden Franz von Sales (1567-1622) wird in diesem Erzeugnis der in Frankreich sehr angesehenen Neunten Kunst nicht vergessen.

(A 11) **Hieronymus Richter**: Sig-prangender Triumph-Wagen Der Glorreichen Thebäischen Amazonin, Das ist: Leben und Lehren Der uralten Hochheiligen Jungfrauen, Martyrin und Himmlischen Lehr-Meisterin Verenae. Bluts-Verwandtin des H. Martyrers Mauritii von Thebäa.

Augsburg u.a.: Strötter, Gastel und Ilgers 1736.

Leihgabe aus Privatbesitz

Eine Ägypterin in der Schweiz? Verena, Patronin des Bistums Basel, Cousine des heiligen Mauritius und Verlobte des heiligen Victors kam mit der thebäischen Legion ins Alpenland und lebte nach dem Martyrertod ihrer Landsleute zuerst als Einsiedlerin bei Solothurn. Danach führte sie des Pfarrers von Zurzach (Kanton Aargau) Haushalt und kümmerte sich aufopferungsvoll um Kranke und Aussätzige, die sie ohne Ängste kämmte und wusch. Die von den Kopten als eine der ihren verehrte

Verena, auch Patronin der Pfarrhaushälterinnen, hat daher als ikonographische Attribute Kamm und Wasserkrug; 344 soll sie gestorben sein.

Das Leben Verenas, möglichst exotisch als Amazonin bezeichnet, wird in diesem Buch erzählt, die vielen Stiche dazu sind alle hier reproduziert.

S. Verena. Augsburg 1736.

(A 12) **Domenico Quaglio**: Ansicht der Stiftskirche St. Gereon in Köln.

München: Cotta 1831.

Sign.: Qc 11

Für Köln bedeutsamer noch ist ein Unterführer der thebäischen Legion aus Ägypten. Gereon, einer der Kölner Stadtpatrone, erlitt in Köln mit seiner Vorausabteilung von 318 Mann – die Zahl der Soldaten differiert allerdings stark – den Martyrertod, wie es heißt im Jahre 304. Die Leiber eines Teils der Enthaupteten wurden dann in einen Brunnen geworfen; darüber ließ Kaiserin Helena zu Ehren der Thebäer die Kirche Sankt Gereon erbauen.

Gregor von Tours berichtet in der wohl bekanntesten Geschichte aus dem Leben des heiligen Kölner Bischofs Evergislus (um 590), in der aber eigentlich nicht sein Kölner Amtskollege, sondern der Ruhm des heiligen Gereon und seiner Gefährten im Vordergrund steht, das folgende wundersame Geschehnis:

Stiftskirche Sankt Gereon. Lithographie, München 1831.

In Köln befindet sich eine Kirche, bei der die fünfzig Männer der heiligen thebäischen Legion ihr Martyrium für Christus erlitten. Und weil die Kirche mit ihrer herrlichen Konstruktion und den Mosaiken leuchtet wie vergoldet, nennen die Einwohner der Stadt sie auch die Kirche der goldenen Heiligen. Einst war der Bischof von Köln Evergislus gepeinigt von heftigen Kopfschmerzen. Er hielt sich gerade in einem Landgut nahe der Stadt auf, von wo er ernsthaft geschwächt durch die Pein seinen Diakon zur Kirche der goldenen Heiligen schickte. In deren Mitte befand sich – so sagt man – der Brunnen, in den die Körper der Heiligen nach ihrem Opfertod geworfen worden waren. Daraus sammelte der Diakon etwas Staub und brachte ihn zum Bischof. Als nun des Evergislus Kopf mit dem Staub berührt wurde, verschwand der große Schmerz sofort.

Die Lithographie der Stiftskirche Sankt Gereon, des Patrons der Soldaten und gegen Kopfschmerzen, stammt von Domenico Quaglio (1787-1837) aus der bekannten Münchener Künsterfamilie. Sein älterer Bruder Angelo (1778-1815) hatte schon für Sulpiz Boisserée an dessen epochalen Werk über den Kölner Dom mitgearbeitet.

(A 13) **Johann Jakob Ketteler**: Aurei Martyres, Das ist: New-Vergüldter S. Gereon Mit seiner H. Gesellschaft, Deren Lebens und Marter-Platz Beschreibung: Wie selbiger von der H. Helena, Deß grossen Constantini Mutter herrlich erbawt, und deren HH. Martyrer Corporen erfunden, sampt dieser beyden Leben und vieler mercklicher Sachen Underricht.

Köln: Aldenkirchen 1714.

Sign.: Aa 1897

Johann Jakob Ketteler (ca. 1640 - ca. 1718) war Pfarrvikar an mehreren Kölner Kirchen, so auch an Sankt Gereon. Als solcher schrieb er neben einem Handbuch für Seelsorger auch dieses kleine Buch über Leben und Sterben des Pfarrpatrons und seiner Gefährten sowie die Erbauung der ihnen geweihten Kirche. Darin gibt er auch den Traum des heiligen Kölner Erzbischofs Anno (1056-1075) wieder, in dem diesem "Mohren" aus der thebäischen Legion erschienen und ihn nicht nur mit Worten ermahnten, sondern auch so verdroschen, dass man am nächsten Morgen Blutergüsse und Prellungen an seinem Körper feststellen konnte. Grund für den Unmut der Martyrer war die Vernachlässigung der Kirche durch den Erzbischof, der dann aber schleunigst Versäumtes nachholte und das Gotteshaus stark erweiterte und verschönerte.

(A 14) Die St. Victorskirche oder der Dom zu Xanten. Geschichtliches und Beschreibendes.

Xanten: Theurer, 2 Aufl. 1868.

Sign.: Ca 4023

Auf den Gräbern einer weiteren Unterabteilung der thebäischen Legion unter Führung des heiligen Victor wurden auf dem Gebiet der alten Römerstadt Colonia Ulpia Traiana Kirche und Stift *ad sanctos,* also bei den Heiligen, gegründet, woraus dann die Stadt Xanten entstand. Der heilige Kölner Bischof Evergislus soll in der Nähe um 590 die Gebeine des heiligen Mallosus aufgefunden, einem Angehörigen der Legion, über den nichts Weiteres bekannt ist. Seine Verehrung trat dann durch die des heiligen Victor in den Hintergrund, dessen Gebeine neben anderen im Gräberfeld unter dem heutigen Xantener Dom Sankt Victor ruhten. Wie auch Gereon soll Victor ein Führer einer Vorhut der Legion gewesen sein, deren 331 Angehörige dem Massaker in der heutigen Schweiz entgingen, aber ihren Martyrertod dann am Niederrhein fanden.

Dom zu Xanten. 1868.

(A 15) Johann Josef Martini: Andachtsbüchlein zur Verehrung der heiligen Martyrer Cassius, Florentius und deren Genossen.

Bonn: Hauptmann 1902.

Sign.: Da 757

Zwei weitere Soldaten aus der thebäischen Legion, Cassius und Florentius, werden als Stadtpatrone von Bonn verehrt, da sie auf dessen Gebiet zusammen mit sieben (es werden auch zwölf genannt) anderen Männern aus Ägypten für ihren Glauben starben.

Die beigelegte Lithographie von 1820 nach Domenico Quaglio zeigt das Bonner Münster, die Kirche des Stifts Sankt Cassius, das über ihren Gräbern errichtet wurde.

(A 16) Die heilige Katharina: Stahlstich nach Hubert van Eyck von William French.

Payne: Leipzig und Dresden, um 1850.

Leihgabe aus Privatbesitz

Die bei den Christen Ägyptens als eine der ihren ganz besonders verehrte heilige Katharina von Alexandria – eine der 14 Nothelfer – wird hier im typischen Stil der niederländischen Tafelmalerei dargestellt. Die zyprische Prinzessin Katharina soll im Jahre 306 oder 307 in Alexandria den Martyrertod gestorben sein, weil sie ihrem Glauben nicht abschwören wollte, obwohl Kaiser Maxentius der hochgebildeten Frau in diesem Falle sogar die Ehe angeboten hatte. Der Stich des Engländers William French (1815-1898) zeigt vor einer Flusslandschaft die Heilige mit ihren Attributen, dem Henkersschwert, der Martyrerkrone und einem Teil des Rads, auf dem sie zuerst den Tod erleiden sollte, welches aber auf ihr Gebet hin zerbrach. Trotz der erst relativ späten Entwicklung ihrer Verehrung wurde Katharina eine der beliebtesten Heiligen mit einer Vielzahl von Patronaten, unter anderem ist *die Reine*, so die Übersetzung ihres Namens, die Schutzherrin der Bibliotheken. Der Sarkophag mit ihrem Leichnam befindet sich im berühmten Katharinenkloster auf dem Sinai. Der große Jesuit Friedrich Spee verfasste folgendes Gedicht zu ihren Ehren:

S. Catharina

Es war S. Catharina
Von Keyserlichem blut,
Voll weißheit und doctrina,
Sehr reich an ehr und gut.

Sie war schön auserlesen
Doch hoch den Schöpffer acht,
Der solch gestalt und wesen
Auß Leym und Erd gemacht.

Als sie von achtzehn Jahren
Sprach sie dem Keyser zu,
Was er die höllsche scharen
Für Götter ehren thu.

Zum Kercker sie verstossen
Die Keyserin gewan:
Die bald ihr Blut vergossen
Mit dreymal hundert Man.

Die fünfftzig hochgelehrten
Durch ihr wolredenheit
Zu Christo sich bekehrten,
Zu sterben wol bereit.

Die spitz und scharpffe Räder
Ihr brachten gar kein leyd:
Die ander Ubelthäter
Ihn selbsten zu bereit.

Als sie nach vielem streitten
Empfieng den letzten streich,
Die Jungfrawschaft zu deuten
Floß Milch und Blut zugleich.

Die Chör der Engel haben
Mit grosser ehren pracht
Auff Sion sie begraben
Und sehr berühmbt gemacht.

Vor Christo sie gestritten
Und Ritterlich gekämpfft:
Im Himmel durch ihr bitten
Der Kirchen Feind sie dämpfft.

Hl. Katharina. Stahlstich um 1850.

Vierzehn heilige Nothelfer. Nachdruck eines Holzschnitts um 1500.

(A 17) **Vierzehn heilige Nothelfer**. (Nachdruck eines Holzschnitts um 1500)

Leihgabe aus Privatbesitz

Seit dem neunten Jahrhundert belegt ist die Verehrung dieser Gruppe von Heiligen, die Zahl 14 enstand durch die Verdoppelung der heiligen Zahl 7. Nahezu alle starben den Martyrertod, die meisten stammten aus den Gebieten der heutigen orientalischen Kirchen und werden dort noch stark verehrt, wenn auch die Gruppe der vierzehn Helfer in der Not als solche dort keine Bedeutung hat. Bei allen lässt sich kaum Reales von Legendärem bis zum überlieferten Zeitpunkt ihres Todes für den Glauben trennen.

- Achatius (obere Reihe links, †303/304) und Blasius (obere Reihe 2. von links, †316) werden auch von den Armeniern verehrt.
- Christophorus (obere Reihe 2. von rechts, †250), Eustachius (mittlere Reihe Mitte, †118) und Katharina (untere Reihe 2. von rechts, †306/307) werden auch von den Armeniern und Kopten verehrt.
- Georg (mittlere Reihe 2. von rechts, †305), Pantaleon (untere Reihe links, †305), Barbara (untere Reihe Mitte, †306) und Margareta (untere Reihe rechts, †305) werden auch von den Armeniern, Kopten und Syrisch-Orthodoxen verehrt.

Nicht zufällig sind die eng beieinanderliegenden Todesjahre vieler Heiliger. Unter den Kaisern Diokletian und Galerius wurden die Christen in den Jahren 303 bis 311 vor allem im Ostteil des Römischen Reiches blutig verfolgt.

(A 18) **Die schwarze Sara aus Ägypten**. Opferkerze und Fotos aus Saintes-Maries-de-la Mer.

Leihgabe aus Privatbesitz

Mit denen der heiligen Marien, den Apostelmüttern, werden auch die Reliquien der heiligen Sara in der Wehrkirche der kleinen Ortschaft Saintes-Maries-de-la Mer in der Camargue verehrt. Der Legende nach soll sie – in den Apokryphen wird auch sie als Zeugin der Auferstehung bezeichnet – schon im ersten Jahrhundert (40 n.Chr.?) mit einer Gruppe von Jüngern und Jüngerinnen Jesu Christi an die südfranzösische Küste verschlagen worden sein. Zur Gruppe sollen auch Maria Magdalena und Lazarus von Bethanien gehört haben. Die verfolgten Marien wollten ihre Freundin und Dienerin nicht auf eine ungewisse Flucht zur See mitnehmen und planten, sie in Palästina zurückzulassen. Sara aber jammerte so sehr, dass eine der Marien, obwohl das Boot schon weit vom Ufer entfernt war, ihren Mantel warf, auf dem Sara trockenen Fußes doch noch zu ihnen gelangen konnte. Sara, gebürtige Ägypterin, gehörte später dann zu den ersten Glaubensboten in Europa.

Sara ist hochverehrt als Schutzpatronin bei den Roma und Sinti, jährlich im Mai findet eine große Wallfahrt mit vielen Kindertaufen zu ihrem Grab in der Krypta der Kirche statt. Der Ursprung des Volkes der Roma wurde in Ägypten gesehen, der französische Ausdruck *Gitanes* und deutlicher noch der englische *Gypsies* für Angehörige dieses Volkes lassen den Bezug zum Land am Nil erkennen.

(A 19) **Goethe**'s sämmtliche Werke.

Stuttgart und Augsburg: Cotta 1840-1857.

Sign.: Ca 1204

Siebenschläfer, das ist nicht nur ein nettes, scheues Nagetier mit ausgiebigem Schlafbedarf; die Großwetterlage am Siebenschläfertag gibt nicht nur Auskunft über den voraussichtlichen Verlauf des Sommers. Die Sieben Schläfer von Ephesus werden – an unterschiedlichen Tagen – von allen alten christlichen Kirchen als Heilige verehrt. Auch im Islam genießen sie hohe Wertschätzung. Als erster berichtet der syrisch-orthodoxe Bischof und Dichter Jakob von Sarug (451-521) die auf alte indische Vorbilder zurückgehende Legende von den Sieben Schläfern, deren Anführer den Namen Jamblicus trug. Später wurde in anderen Überlieferungen über Acht Schläfer oder auch Sieben Schläfer und einen Hund erzählt. Die Patrone gegen Fieber und Schlaflosigkeit sollen in ihr Versteck, einer Höhle bei Ephesus, vor der Christenverfolgung unter Kaiser Decius (251) geflohen sein und dort bis 437 geschlafen haben; der Kaiser hatte den Befehl gegeben, den Eingang zur Höhle zuzumauern. Goethe dichtete im west-östlichen Divan eine Ballade in vierhebigen reimlosen Trochäen über die Geschehnisse, wobei er offensichtlich einmal mehr eher die islamische als die christliche Erzähltradition berücksichtigte:

Siebenschläfer

Sechs Begünstigte des Hofes
Fliehen vor des Kaisers Grimme,
Der als Gott sich läßt verehren,
Doch als Gott sich nicht bewähret:
Denn ihn hindert eine Fliege
Guter Bissen sich zu freuen.
Seine Diener scheuchen wedelnd,

Nicht verjagen sie die Fliege.
Sie umschwärmt ihn, sticht und irret
Und verwirrt die ganze Tafel,
Kehret wieder wie des hämischen
Fliegengottes Abgesandter.

Nun – so sagen sich die Knaben –
Sollt' ein Flieglein Gott verhindern?
Sollt' ein Gott auch trinken, speisen,
Wie wir andern? Nein, der Eine,
Der die Sonn' erschuf, den Mond auch,
Und der Sterne Gluth uns wölbte,
Dieser ist's, wir fliehn! – Die zarten
Leicht beschuht, beputzten Knaben
Nimmt ein Schäfer auf, verbirgt sie,
Und sich selbst in Felsenhöhle.

Schäferhund er will nicht weichen,
Weggescheucht, den Fuß zerschmettert,
Drängt er sich an seinen Herren,
Und gesellt sich zum Verborgnen,
Zu den Lieblingen des Schlafes.

Und der Fürst, dem sie entflohen,
Liebentrüstet, sinnt auf Strafen,
Weiset ab so Schwert als Feuer,
In die Höhle sie mit Ziegeln
Und mit Kalk sie läßt vermauern.

Aber jene schlafen immer
Und der Engel, ihr Beschützer,
Sagt vor Gottes Thron berichtend:
So zur Rechten, so zur Linken
Hab' ich immer sie gewendet,
Daß die schönen jungen Glieder
Nicht des Moders Qualm verletzte.
Spalten riß ich in die Felsen
Daß die Sonne steigend, sinkend,
Junge Wangen frisch erneute:
Und so liegen sie beseligt. –
Auch, auf heilen Vorderpfoten,
Schläft das Hündlein süßen Schlummers.

Jahre fliehen, Jahre kommen,
Wachen endlich auf die Knaben,
Und die Mauer, die vermorschte,
Altershalben ist gefallen.
Und Jamblika sagt, der Schöne
Ausgebildete vor allen,
Als der Schäfer fürchtend zaudert:
Lauf' ich hin! und hol' euch Speise,
Leben wag' ich und das Goldstück! –
Ephesus, gar manches Jahr schon,
Ehrt die Lehre des Propheten
Jesus. (Friede sey dem Guten!)

Und er lief, da war der Thore
Wart' und Thurn und alles anders.
Doch zum nächsten Bäckerladen
Wandt' er sich nach Brod in Eile. –
Schelm! so rief der Bäcker, hast du,
Jüngling, einen Schatz gefunden!
Gieb mir, dich verräth das Goldstück,
Mir die Hälfte zum Versöhnen!

Und sie hadern. – Vor den König
Kommt der Handel; auch der König
Will nur theilen wie der Bäcker.

Nun bethätigt sich das Wunder
Nach und nach aus hundert Zeichen.
An dem selbsterbauten Pallast
Weiß er sich sein Recht zu sichern.
Denn ein Pfeiler durchgegraben
Führt zu scharfbenams'ten Schätzen.
Gleich versammeln sich Geschlechter
Ihre Sippschaft zu beweisen.
Und als Ururvater prangend
Steht Jamblika's Jugendfülle.
Wie von Ahnherrn hört er sprechen
Hier von seinem Sohn und Enkeln.
Der Urenkel Schaar umgiebt ihn,
Als ein Volk von tapfern Männern,
Ihn den jüngsten zu verehren.
Und ein Merkmal übers andre

Dringt sich auf, Beweis vollendend;
Sich und den Gefährten hat er
Die Persönlichkeit bestätigt.

Nun zur Höhle kehrt er wieder,
Volk und König ihn geleiten. –
Nicht zum König, nicht zum Volke
Kehrt der Auserwählte wieder;
Denn die Sieben, die von lang' her,
Achte waren's mit dem Hunde,
Sich von aller Welt gesondert,
Gabriels geheim Vermögen
Hat, gemäß dem Willen Gottes,
Sie dem Paradies geeignet,
Und die Höhle schien vermauert.

(A 20) **Gebett zu dem H. Bischof und grossen Nothhelfern Servatio**, von denen mit allerhand Krankheiten, absonderlich hitzig- und kalten Fiebern behafteten Menschen fruchtbarlich zu sprechen.

Köln: 1752.

Diözesan- und Dombibliothek Köln

Vom zweiten namentlich bekannten Kölner Bischof, von Euphrates, ist weder das erste noch das letzte Jahr seiner Amtszeit bekannt. Unbekannt ist auch, ob er der erste Nachfolger des heiligen Maternus war oder ob zwischen diesem und ihm ein oder gar zwei unbekannte Oberhirten die Kirche von Köln leiteten. Sein Name deutet darauf hin, dass er aus dem Osten des römischen Reiches – vielleicht vom Euphrat – nach Köln kam. Was seine Person "auszeichnet" ist die Tatsache, dass er als einziger Bischof Kölns in der Überlieferung als irrgläubig bezeichnet wird.

Genau wissen wir von Euphrates nur, dass er im Herbst 343 an der Synode von Sardica in Dacien – heute Sofia in Bulgarien – teilnahm und dass er sich 344 als Mitglied einer anti-arianischen Gesandtschaft an Kaiser Constantius II. im syrischen Antiochien aufhielt. Dort war er dann wohl der erste Kölner Bischof, der mit orientalischen Amtskollegen zusammentraf. Im Zusammenhang mit seinem Aufenthalt in Antiochien ist eine Anekdote überliefert, die seine asketische Alterswürde betont. Dort waren seine arianischen Gegner Anhänger des bedeutendensten Irrglaubens des 4. Jahrhunderts, die die wahre Gottheit Jesu leugneten. Dieser wurde dann besonders bei germanischen Völkern beliebt. Die Arianer nun wollten ihn dadurch diskreditieren, dass sie eine Dirne vor seinem Eintreffen in sein Quartier einschmuggelten. Als der heiligmäßige und greisenhafte Bischof seine Unterkunft betrat, sei diese aber laut schreiend herausgerannt. Vor der Synode von Sardica ist nichts über ihn bekannt und die Akten einer angeblichen Synode in Köln im Jahre 346, bei der er als Ketzer abgesetzt worden sein soll, sind eindeutig gefälscht. Der Vorwurf der arianischen Ketzerei gegen Euphrates wurde erst im achten Jahrhundert von der Trierer Kirche im Rahmen der üblichen Rangstreitigkeiten mit Köln erhoben und ist mit großer Sicherheit nicht zu halten; als Arianer wäre er wohl kaum gegen seine Irrglaubensgenossen ins Feld geschickt worden. Trotzdem war der Ruf des Euphrates seither zerstört wie auch dieser Gebetszettel zeigt. Der heilige Bischof Servatius von Tongern soll auf der fraglichen Synode in Köln 346 eben den Arianismus des Kölner Amtskollegen erfolgreich bekämpft haben.

Auf dem Stich mit kleinem Kölner Stadtpanorama liegt *Euphrates Arianus* von den Argumenten des Servatius über die Wesensgleichheit von Gott-Vater und Gott-Sohn besiegt am Boden. Der Gebetszettel hat die Armreliquie des Servatius berührt, die sich damals in der Servatius-Kapelle bei der Stiftskirche Sankt Kunibert befand. Der heilige Severin soll die Gründung dieses kleinen Gotteshauses betrieben haben und sie als *Porta C[o]eli*, als Tor zum Himmel, bezeichnet haben. Seit dem Abbruch der Kapelle in der Franzosenzeit befindet sich die Armreliquie des Servatius in der Schatzkammer von Sankt Kunibert.

Gebet zum Hl. Servatio. Köln 1752.

B) Wichtige Konzile

(B 1) Collectio canonum.

Südfrankreich, Lyon?: 590-604.

Sign.: Dom Hs. 212

Das Nizänische Glaubensbekenntnis lautet in der Übersetzung nach Denziger/ Hünermann:

> *Wir glauben an den einen Gott, den allmächtigen Vater, den Schöpfer alles Sichtbaren und Unsichtbaren.*
> *Und an unseren einen Herrn Jesus Christus, den Sohn Gottes, als Einziggeborenen aus dem Vater geboren, das heißt aus der Substanz des Vaters, Gott aus Gott, Licht aus Licht, wahrer Gott aus wahrem Gott, geboren, nicht geschaffen, von einer Substanz mit dem Vater, durch den alles geworden ist, was im Himmel und auf Erden ist, der um unseres Heiles willen herabgestiegen und Fleisch und Mensch geworden ist, gelitten hat und auferstanden ist am dritten Tage, hinaufgestiegen ist in die Himmel und kommen wird, Lebende und Tote zu richten.*
> *Und an den Heiligen Geist.*
> *Die aber sagen: "Es gab einmal eine Zeit, als er nicht war" und "Bevor er geboren wurde, war er nicht", und "Er ist aus nichts geworden", oder die sagen, der Sohn Gottes sei aus einer anderen Substanz oder Wesenheit, oder er sei wandelbar oder veränderlich, diese belegt die katholische Kirche mit dem Anathema.*

Der Text des Glaubensbekenntnisses des ersten ökumenischen Konzils von Nizäa (heute İsnik bei Istanbul) im Jahre 325 wurde als Abwehr des Arianismus mit seiner Leugnung der Gottheit Jesu Christi verfasst. Gerufen nach Nizäa hatte Kaiser Konstantin der Große (306-337) alle Bischöfe seines Reiches; obwohl bis heute ungeklärt ist, wie weit seine christliche Überzeugung zumindest in praktischer Hinsicht ging, hielt der Kaiser auch die Eröffnungsrede. Etwa 300 von 1800 Bischöfen nahmen tatsächlich teil. Aus dem lateinischen Teil aber erschienen trotz Übernahme der Reisekosten durch den Kaiser nur sieben Würdenträger. Dieses grundlegende Glaubensbekenntnis wird von allen christlichen Kirchen, also auch den altorientalischen, anerkannt, Ablehnende sind mit dem Kirchenbann belegt und letzlich keine Christen.

Auch in der weniger als 300 Jahre später geschriebenen ältesten Handschrift der Dombibliothek Köln mit kirchenrechtlichen Festlegungen – genannt "Collectio Coloniensis", der merowingischen Kirche als Richtschnur dienend – ist der Text

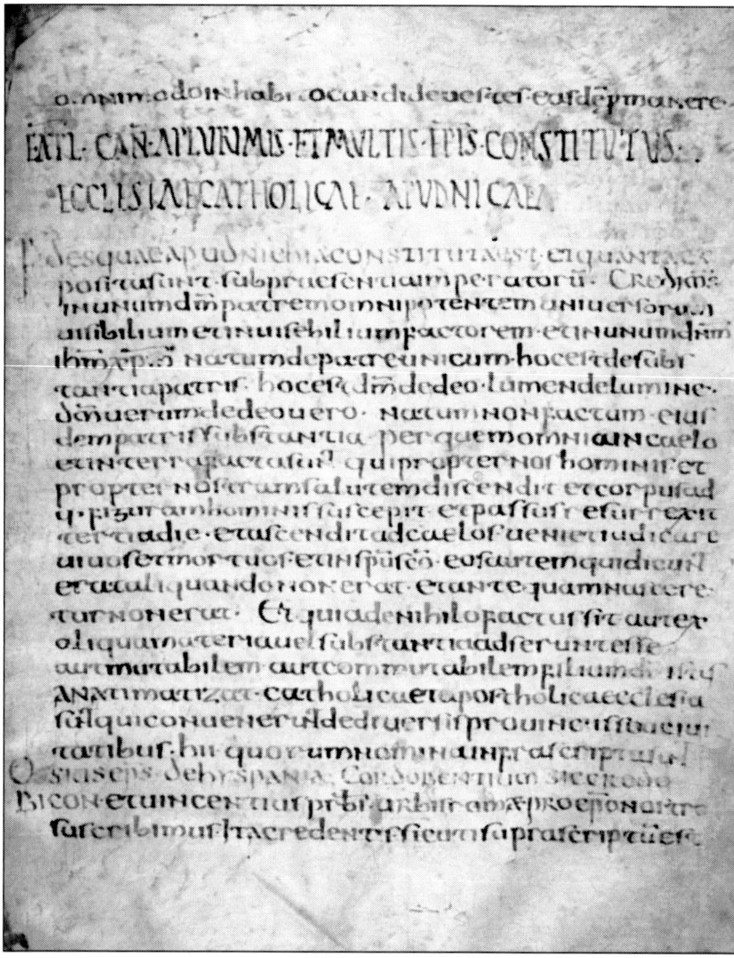

Collectio canonum. Dom Hs. 212, Fol. 12^r^.

des Nicänums auf fol. 12^r^ zum Teil leicht umgestellt zu finden. In dieser Handschrift ist auf fol. 30^r^ übrigens der erste Kölner Bischof Maternus als unterzeichnender Teilnehmer des Konzils von Arles 314 zusammen mit einem Diakon Macrinus verzeichnet: ***Ex civitate Agripinensium Maternus episcopus Macrinus diaconus***. Diese Versammlung wurde ebenfalls durch Kaiser Konstantin einberufen, um die donatistischen Wirren und den damit verbundenen extremen moralischen Rigorismus vor allem in Nordafrika einzudämmen.

(B 2) Collectio canonum Dionysio-Hadriana.

um 800.

Sign.: Dom Hs. 115

Das zweite ökumenische Konzil fand unter Kaiser Theodosius dem Großen (347-395) als erstes Konzil von Konstantinopel im Jahre 381 statt. 150 Konzilsväter verurteilten erneut den Arianismus und auch die erstarkten Pneumatomachen, die "*Bekämpfer des Heiligen Geistes*", die die Wesensgleichheit von Gottvater und Gottsohn akzeptierten,

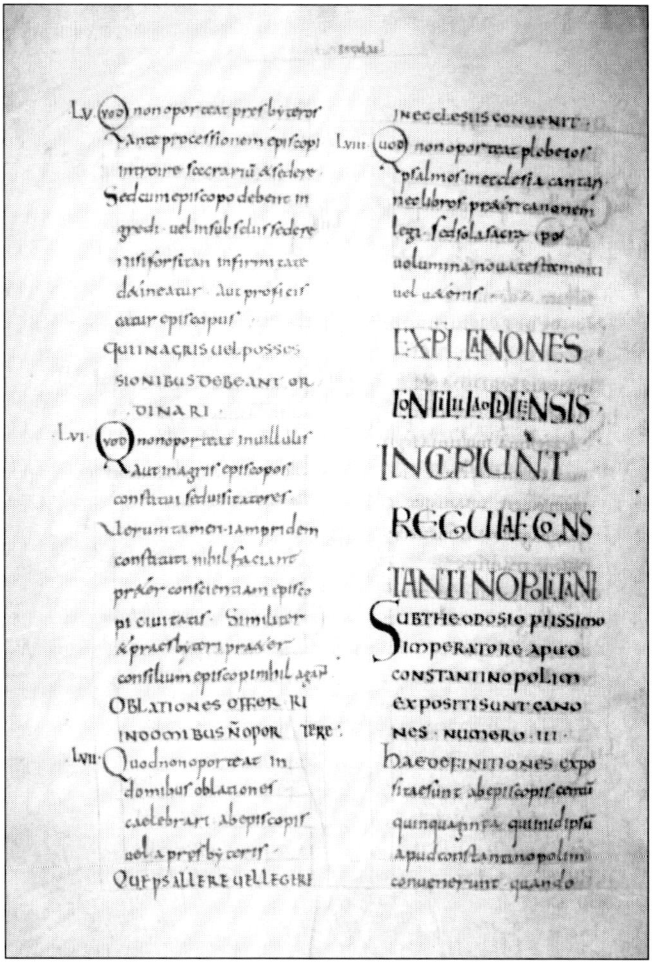

Collectio canonum Dionysio-Hadriana.
Dom Hs. 115, Fol. 52^v^.

diese aber nicht auf den Heiligen Geist ausgedehnt wissen wollten. Die Konzilsbeschlüsse wurden von allen Kirchen angenommen. Das möglicherweise gar nicht auf diesem Konzil sondern schon etwas früher abgefasste Konstantinopolitanische Glaubensbekenntnis (auch Nicaeno-Konstantinopolitanisches Glaubensbekenntnis) ist als das Große Glaubensbekenntnis in der Katholischen Kirche bekannt.

Der Text des wichtigsten Glaubensbekenntnisses der Christenheit beginnt in dieser kirchenrechtlichen Sammelhandschrift – geschrieben unter Erzbischof Hildebald (799-818) für die Dombibliothek von Köln – auf fol. 52^{v}. Solche Sammlungen wurden unter Papst Hadrian I. (772-795) zurückgreifend auf die des in Rom wirkenden skythischen Mönchs Dyonisius Exiguus (um 470- um 540) erstellt; Dyonisius Exiguus gilt auch als Begründer der christlichen Zeitrechnung.

(B 3) **Concilia Generalia, Et Provincialia**, Quotquot Reperiri Potuerunt.

Köln: Hierat 1606.

Sign.: Ag 2

431 folgten dem Ruf von Kaiser Theodosius II. (401-450) zum dritten ökumenischen Konzil nach Ephesus (ca. 70km südlich von İzmir an der türkischen Ägeis) fast 200 Bischöfe. Auch dieses Konzil wird noch von allen christlichen Kirchen anerkannt. Verurteilt wurden der Nestorianismus mit seiner Ansicht über die getrennte göttliche und menschliche Natur in Christus und der Pelagianismus, der die prinzipiell mögliche Sündenlosigkeit des Menschen lehrte. Allerdings übernahm die assyrische Kirche des Ostens etwa 50 Jahre später die duophysitische Lehre des Nestorius, nach welcher Maria Christusgebärerin und nicht Gottesgebärerin war.

Kaum übertrieben fasste Severin Binius alles, was man zu seiner Zeit über die vorangegangenen Konzilien wissen konnte in diesem historischen Monumentalwerk zusammen und verwies früher Erschienenes auf die Plätze. Binius (1573-1641) aus Randerath bei Jülich lernte und lehrte am Laurentianergymnsium zu Köln und wurde 1631 Generalvikar von Erzbischof Ferdinand von Bayern (1612-1650). Der Titelkupfer zeigt unten die rechtgläubigen Bischöfe und Kirchenlehrer, die die Häretiker (in der Mitte auch Nestorius) am Boden halten.

Concilia Generalia, Et Provincialia [...]. Köln 1606.

(B 4) Collectio canonum Sanblasiana.

1. Hälfte des 8. Jh.

Sign.: Cod. 213

Dieser Typ einer kirchenrechtlichen Textsammlung bekam seinen Namen nach dem Kloster Sankt Blasien im Schwarzwald, wohin die Haupthandschrift aus dem Italischen gelangte. Während früher ihre Entstehungsregion in Northumbrien vermutet wurde, geht die neuere Forschung von einem kontinentalen Enstehungsort aus. Der Buchschmuck und die unteren drei Zeilen fast jeder Seite zeigen aber deutlich, dass der Schreiber mit dem insularen Stil sehr vertraut gewesen sein muss. Vermutet wird bezüglich der drei unteren Zeilen mit ihrer deutlich differierenden Schrift auch eine versteckte Glaubensaussage zur Trinität: *Ehre sei dem **Vater**, dem **Sohn** und dem **Heiligen Geist**.*

Auf fol 135^r beginnt der Text mit den Beschlüssen des Konzils von Chalcedon (heutiger Istanbuler Stadtteil Kadıköy). Einberufen 451 von Kaiser Markian (um 390-457) hatte dieses vierte ökumenische Konzil etwa 500 Teilnehmer. Als Miaphysiten mit der Ansicht, Christus habe nur eine göttliche Natur, konnten die altorientalischen Kirchen das Konzilsergebnis nicht mittragen und spalteten sich von den Patriarchaten von Rom und Konstantinopel, die die unvermischte göttliche und menschliche Natur Christi behaupteten, ab. Der Bruch zwischen der "Reichskirche" und den beiden anderen altehrwürdigen Patriarchaten von Alexandria und Antiochien (die assyrische Kirche des Ostens hatte schon seit dem Konzil von Ephesus 431 ihren eigenen Weg begonnen) hatte bis heute andauernde Folgen.

C) Allgemeines zu den orientalischen Kirchen

(C 1) **Nikolaus Liesel/Heinrich Kunkel**: Die Liturgien der Ostkirche. Die Eucharistiefeier der orientalischen Katholiken.

Fulda: Familienverlag 1956.

Sign.: LVk 25

Zwar sind die Bücher von Nikolaus Liesel schon einige Jahrzehnte alt, aber aufgrund ihrer Fülle an Abbildungen mit den dazugehörigen Erläuterungen zu Ablauf und Besonderheiten der Liturgien der katholischen orientalischen Kirchen immer noch überaus nützlich. Auch Informationen über die weitgehend gleichen liturgischen Formen des Gottesdienstes der nicht unierten orientalischen Kirchen lassen sich hier finden. Wechselweise werden mit Liesels Werken in der Ausstellung die einzelnen Riten vorgestellt.

Einen Teil der äthiopischen Liturgie stellt die Prozession um den Altar mit Kreuz und Hostienkorb dar.

(C 2) **Filippo Bonanni**: Della Gerarchia Ecclesiastica.

Rom: Placho 1720.

Sign.: 1978.471

Filippo Bonanni (1638-1725), ähnlich wie sein Lehrer Athanasius Kircher ein echtes jesuitisches Multitalent, berichtet in diesem Buch hauptsächlich über die Hierarchie der katholischen Kirche. Aber auch die orthodoxen und orientalischen Kirchen werden ausführlich gewürdigt und sogar summarisch nichtchristliche Religionen. Die Abbildungen zum Klerus der orientalischen Kirchen dürften in dieser Fülle und Qualität in früheren Werken kaum zu finden sein. Zu sehen sind syrische, armenische, koptische und chaldäische Geistliche.

**Armenischer Bischof.
Rom 1720.**

(C 3) **Marco Polo**: Le livre des merveilles. (Faksimile)

Luzern: Faksimile Verlag 1995.

Sign.: HCp 111

Die Schilderungen des Venezianers Marco Polo (1254-1324) über die Reise mit seinen Brüdern 1271 bis 1295 nach China sind als *Buch der Wunder* Teil einer äußerst prächtigen Handschrift mit Beschreibungen des Orients, die 1410 in Paris in Auftrag gegeben wurde und über die Bibliothek des Duc de Berry in die französische Nationalbibliothek gelangte. Marco Polo geht auch zuweilen direkt oder indirekt auf das orientalische Christentum in Asien ein, wobei sich Fakten und Phantasie vermischen. Die dazugehörigen Illuminationen, die nicht anders als stark europäisierend sein konnten, werden alle hier gezeigt. Die Bilderläuterungen stammen alle aus dem Begleittext zur Faksimileausgabe von Anton von Euw (1934-2009), dem langjährigen Freund und Förderer der Diözesan- und Dombibliothek Köln.

(C 4) **Franz Hülskamp und Wilhelm Molitor**: Piusbuch. Papst Pius IX. in seinem Leben und Wirken.

Münster: Russell, 3. Aufl., fortgeführt bis zur Gegenwart 1873.

Sign.: Cc 1458

In den Blick einer breiteren katholischen Öffentlichkeit kamen die mit Rom unierten Ostkirchen wohl mit dem Ersten Vatikanischen Konzil (1869-1870). Von 1089 Teilnahmeberechtigten nahmen anfänglich 774 Würdenträger teil, darunter 61 aus den Ostkirchen. Ähnlich wie große Teile des deutsch-österreichischen und französischen Episkopats hatten diese Vorbehalte gegen das Dogma über die päpstliche Unfehlbarkeit, weniger aus theologischen denn aus Gründen der politischen Opportunität. Auf der hier gezeigten Auswahl finden sich überproportional viele Vertreter der mit Rom unierten Kirchen: Armenier, Chaldäer, Maroniten und Melkiten. Neben dem Aufzeigen der wirklichen Katholizität der Kirche mag dabei auch das exotische Aussehen dieser Würdenträger eine Rolle gespielt haben, wirken dagegen doch zum Beispiel der Erzbischof von Köln oder der Jesuitengeneral nicht ungewohnt.

Öffentliche Sitzung des Konzils in der Konzils-Aula in St. Peter. Stich um 1873.

(C 5) Polykarp von Leyser: Eine wichtige und in diesen gefährlichen Zeiten sehr nützliche Frag: Ob, wie und warumb man lieber mit den Papisten gemeinschafft haben und gleichsam mehr vertrawen zu ihnen tragen solle, denn mit und zu den Calvinisten.

Leipzig: Lamberg und Kloseman 1620.

Sign.: Aa 2416

Von dem überzeugten Lutheraner Polykarp von Leyser (1552-1610) stammt dieser posthum veröffenlichte wilde Traktat gegen die Calvinisten und Kryptocalvinisten, der vor allem aufgrund seiner unbedingten Unterstützung für die damalige kaiser- und reichsfreundliche Politik von Kursachsen verständlich wird. Für ihn gibt es zwei Antichristen; im Occident den Papst – gerade noch erträglich und in nicht wenigen Belangen den Lutherischen näher als die verdammten ungläubigen Calvinisten (S. 15) – und im Orient Mohammed und seine Religion. Zur Entstehung des orientalischen Antichristen haben nun seiner Meinung nach beigetragen: die Arianer,

Eunomianer, Antitrinitarier, Nestorianer, Eutychianer, Monotheliten, Patrispassianer, Agnoeten und dergleichen. Vereinfacht gesagt:

- die Arianer leugnen die Gottheit Jesu
- die Eunomianer vertreten einen rationalistischen Arianismus
- die Antitrinitarier leugnen die Dreifaltigkeit Gottes
- die Nestorianer erkennen in Jesus Christus zwei unabhängige Naturen, eine göttliche und eine menschliche
- die Eutychianer lassen die menschliche Natur Jesu Christi in der göttlichen Natur untergehen
- die Monotheleten behaupten, in der Person Jesus Christus sei nur der göttliche Wille wirksam
- die Patrispassianer erklären, dass Gott-Vater selbst Mensch geworden ist und am Kreuz gestorben sei
- die Agnoeten denken, Jesus Christus habe nicht alles gewusst

Mohammed habe nun – so Leyser – all diese Irrlehren, von denen einiges den altorientalischen Kirchen oft fälschlich vorgeworfen wird, in seinem *teufelischen Alcoran* schlicht vermischt und darauf das Reich des Antichristen gegründet. Eindeutig ist es aber für ihn, dass die Calvinisten viel schlimmer als Papst und Mohammed sind.

(C 6) Zur Geschichte der Kostüme.

München: Braun & Schneider ca. 1880.

Leihgabe aus Privatbesitz

Die graphisch durchaus herausragenden Münchener Bilderbögen erschienen als Einblattdrucke zu verschiedensten Themen in großer Zahl hauptsächlich in der zweiten Hälfte des 19. Jahrhunderts. Einige davon mit Darstellungen von Kostümen werden hier gezeigt, die den Autoren mancher in der Ausstellung vorgestellten Reiseberichte in ihrer Heimat oder auf der Reise begegnet sein könnten – zumindest lässt sich bei aller anzusetzenden Phantasterei eine gewisse Ähnlichkeit vermuten.

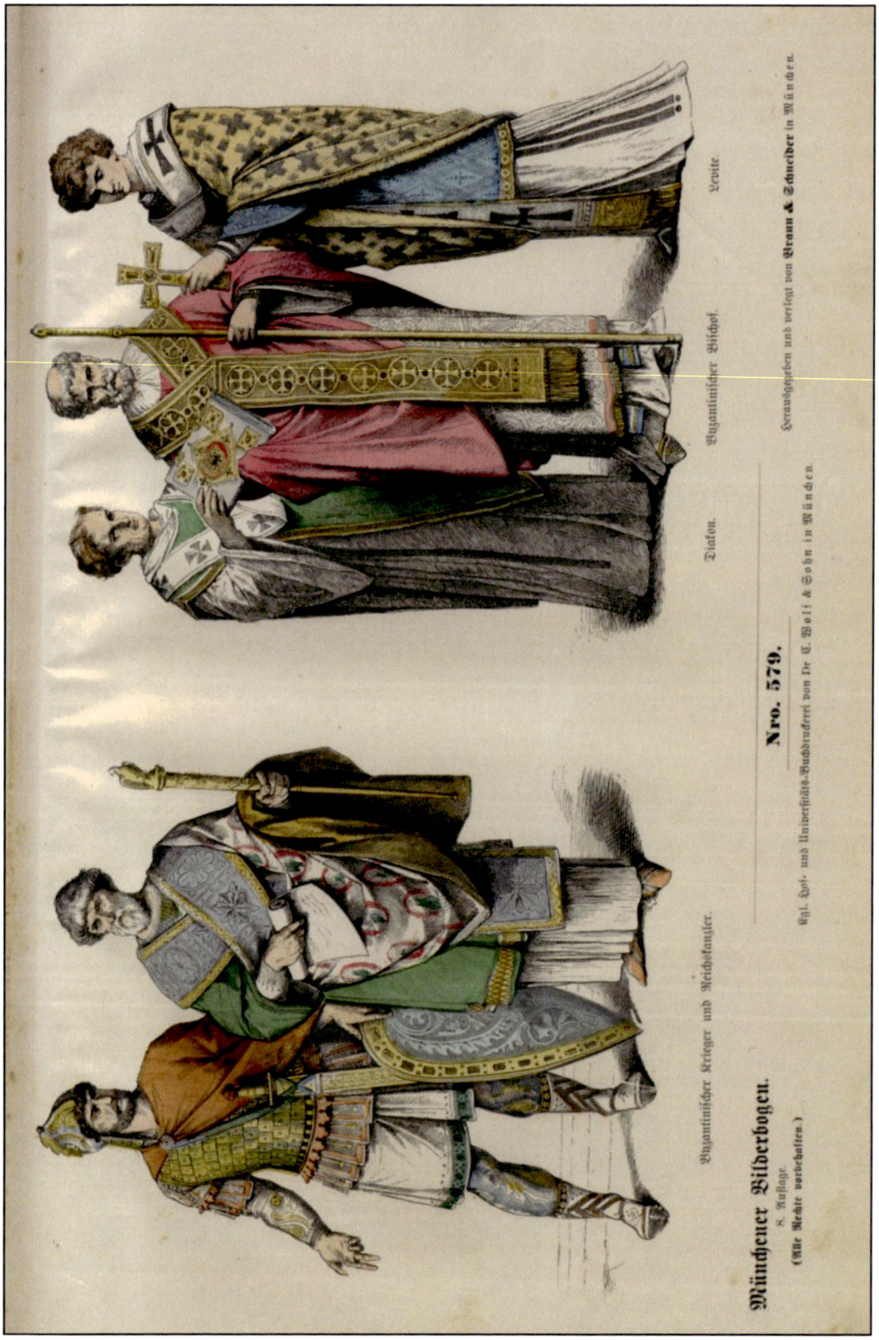

Zur Geschichte der Kostüme. München um 1880.

(C 7) **Johann Peter Gerlach**: Fides oder die Religionen und Culte der bekanntesten Völker der Erde alter und neuer Zeit.

Erlangen: Palm und Enke 1830.

Sign.: XI 282 b

Zu den verschiedensten Themen verfasste der evangelische Geistliche und bayerische Distriktschulinspektor Johann Peter Gerlach eher volkstümliche Sachbücher. Darunter auch das hier vorliegende zweibändige Werk über die Religionen der Menschheit, an dessen Genauigkeit nach des Verfassers eigenen Worten nicht extrem hohe Anspüche gestellt werden sollten. Dem orientalischen Christentum – auch für ihn wiederum griechische Sekten – begegnet er zwar nicht gänzlich unwohlwollend, aber doch mit einer merklichen Überheblichkeit, die bei protestantischen Gelehrten früherer Zeiten bezüglich dieses Themas doch nicht selten fühlbar ist:

> *Die sämmtlichen christlichen Kirchen Asiens* [Gerlach rechnet auch die Kopten und die äthiopischen Christen hierzu] [...] *leben in Unwissenheit und sittlicher Verwilderung (wenn auch hie und da noch eine gewisse dem Christenthum eigenthümliche Unverdorbenheit angetroffen wird). Priester und Laien sind in einem Schlamm von Aberglauben versunken, den sie Religion nennen. Die Türken selber erscheinen dadgegen oft edler, gebildeter und religiöser. Von diesen werden sie in der Regel auf das tieffste verachtet, wozu ihre Sitten und Gebräuche nicht wenig beitragen.*

(C 8) **Los Beatos**.

Madrid: Biblioteca Nacional 1985.

Sign.: Ed 4029

Die geostete Weltkarte aus einer der Handschriften des Kommentars zur Apokalypse des heiligen Beatus von Liébana († nach 798) aus Spanien ist die früheste Karte, die direkten Bezug zur Bibel hat und die Ausbreitung des Christentums durch die Apostel gemäß der Apostelgeschichte darstellt. Kopfbilder aller zwölf Apostel markieren ihr Wirken an den traditionell überlieferten Orten und Regionen.

Petrus und Paulus sind Rom zugeordnet, Andreas ist in Griechenland dargestellt, Jakobus in Spanien, Johannes in Assyrien, Simon der Zelot in Ägypten, Jakobus der Jüngere in Jerusalem, Matthias in Judäa, Matthäus in Mazedonien, Philippus in Gallien, Bartholomäus in Kleinasien und Thomas in Indien. Aus dieser Zuordnung resultiert das Selbstverständnis nicht nur der orientalischen Kirchen als wahrhaft apostolische Kirchen.

Geostete Weltkarte nach Beatus von Liébana.

(C 9) Hippolyt Hélyot: Ausführliche Geschichte aller geistlichen und weltlichen Kloster- und Ritterorden für beyderley Geschlecht, in welcher deren Ursprung, Stiftung, Regeln, Anwachs, und merkwürdigste Begebenheiten, die aus ihnen entstandenen oder auch nach ihren Mustern gebildeten Brüderschaften und Congregationen, imgleichen der Verfall und die Aufhebung einiger, nebst der Vergrößerung anderer, durch die mit ihnen vorgenommenen Verbesserungen, wie auch die Lebensbeschreibungen der Stifter und Verbesserer hinlänglich vorgestellt und die besondern Kleidungen eines jeden Ordens nebst den Ordenszeichen der Ritter in vielen Kupfern nach dem Leben abgebildet werden.

Leipzig: Arkstee und Merkus 1753-1756.

Sign.: 206/9.1 (Bibliothek St. Albertus Magnus)

811 Kupfertafeln mit Ordenstrachten illustrieren das großangelegte und gelehrte Werk des Franziskaners Hippolyt Hélyot (1660-1716) aus Paris zur Geschichte der Orden. Es stieß allgemein auf großes Interesse und wurde dann auch von Lutheranern ins Deutsche übersetzt; deren Leistung wird von einem handschriftlichen Eintrag in diesem Exemplar aus der Bibliothek St. Albertus Magnus durchaus gewürdigt, allerdings wird im Eintrag aufgrund der Konfessionszugehörigkeit der Übersetzer und fehlender kirchlicher Approbation auch zur Vorsicht bei der Benutzung des Werks gemahnt.

Zu Beginn des ersten Bandes stellt Hélyot recht ausführlich die morgenländischen Kirchen und ihr Mönchswesen sowie dessen Stifter St. Paulus von Theben (228?-341?) und den "Vater der Mönche" St. Antonius (251?-356) vor. Es folgen – uniert und nicht uniert – die Maroniten, Armenier, Nestorianer, Jacobiten, Kopten und Aethiopier. Alle Illustrationen dazu sind hier wiedergegeben. In den Texten findet sich vieles Richtige, auch wenn Hélyot zuweilen nach eigenem Eingeständnis phantastisch wird; er beschreibt zum Beispiel den fabelhaften Ritterorden des heiligen Antons in Äthiopien. Unvoreingenommen ist er auch nicht immer. Zur georgischen Kirche schreibt er unter anderem:

> *Die Georgieer folgen zum Theile der Secte der Armenier, zum Theile auch der Griechen. Der Fürst, wenn er gleich ein Muhammedaner ist, ernennet die Personen zu den geistlichen Würden, und erhebt gemeiniglich seine Anverwandten dazu* [...] *sie führen nur den Namen der Christen, indem eine große Partey unter ihnen ist, die aus Unwissenheit der Bischöfe und Priester nicht einmal getaufet sind, als welche meistenteils nicht wissen, wie sie die Taufe verrichten sollen. Es ist sehr viel, wenn der* ***Katholikos****, welcher das Haupt der Pfaffheit ist, lesen kann; wie*

denn auch die Bischöfe keine Seelsorge haben, ihre Kirchen und Sprengel nicht besuchen, und sich gemeiniglich mit nichts weiter beschäfftigen, als daß sie in beständigen Lustbarkeiten leben, und sich fast alle Tage vollsaufen. Ihre vornehmsten Einkünfte bestehen in dem, was sie von den Frauenspersonen und Kindern ihrer Vasallen ziehen, welche sie den Türken verkaufen.

Nestorianischer Mönch. Leipzig 1753-56.

(C 10) Album ou Collection complète et historique des costumes de la cour de Rome des ordres monastiques, religieux et militaires et de congrégations séculières des deux sexes.

Paris: Camerlinck, 2. édition 1862.

Sign.: Cd 538

Die erläuternden Texte zu diesen farbigen Lithographien von Personen am päpstlichen Hof im 19. Jahrhundert sind aus Hélyots Werk exzerpiert. Ein syrisch-katholischer und ein armenisch-katholischer Bischof sowie ein Maronit sind zu sehen.

(C 11) Bernard Picart: Heilige Ceremonien u. Kirchen-Gebräuche der Christen In der gantzen Welt [...] Begreift die Ceremonien der Griechen, der Armenier, der Moscowiter der Rußen etc.

Zürich: Herrliberger 1745.

Sign.: Be 410

Der "Picart", wie dieses mehrteilige Werk – lange Zeit einflussreich und die Weltsicht verändernd – nur genannt wurde, kann mit Fug und Recht als eine der ersten Arbeiten zur vergleichenden Religionswissenschaft im modernen Sinne bezeichnet werden. Seine mehr als 1.300 sehr genauen und fast alle Aspekte des religiösen Lebens umfassenden Illustrationen und auch die auf Quellen zurückgehenden Erläuterungen wurden von dem Franzosen Bernard Picart (1673-1733) angefertigt; er erschien mehrfach in allen wichtigen Sprachen und bestimmte das Bild der christlichen Kirchen und vor allem das der nicht-christlichen Religionen der Welt.

Am Anfang des Gesamtwerks zeigt ein Kupferstich die monotheistischen Religionen im Vordergrund, wesentlich kleiner rechts oben mit Pagode die asiatischen, oben in der Mitte und links mit Sonnentempel und Opferung eines Hirsches an die Sonne die amerikanischen. Ein wenig versteckt sind dort auch einige Sticheleien gegen die katholische Kirche, deren Gebräuche und Traditionen ansonsten ziemlich treffend geschildert sind, zu finden: ein Jesuit und ein Bischof streiten über die antijansenistische Bulle "Unigenitus" von 1713, Mutter Kirche hält den Friedenzweig in der Hand, an dem sich die Schlange der Falschheit emporringelt und an dem unten eiserne Fesseln befestigt sind. Picart, der Europa nie verlassen hatte, konvertierte in seiner Wahlheimat Amsterdam (seit 1711) zum Protestantismus.

Die orientalischen Kirchen werden im Werk als Parteien oder Sekten der griechischen Orthodoxie subsumiert. Texte sind zu ihnen allen verfasst, allein Illustrationen finden sich – wie zu sehen – nur zu den Armeniern und deren Kirche; möglicherweise waren diese Christen als gute Kaufleute und durch ihre Gemeinde in Amsterdam Picart besser bekannt.

Bernhard Picart: Heilige Ceremonien u. Kirchen-Gebräuche [...]. Zürich 1745.

(C 12) Holzschnitte aus: **Evangelium sanctum Domini Nostri Iesu Christi.**

Rom: Typographia Medicea 1619.

Sign.: Ae 638,14

1591 erschien in Rom die erste gedruckte Ausgabe der Evangelien in Arabisch, 1619 erfolgte eine zweite Auflage, diesmal mit lateinischer Version als Interlinearglosse. Die gezeigten Holzschnitte daraus sind nach Vorlagen von Antonio Tempesta (ca. 1555-1630) gearbeitet, von dessen umfangreichem Werk sich u.a. Rubens, Rembrandt und Velázquez inspirieren ließen.

Die Ausgabe von 1591 war die erste Edition der von Ferdinando I. de' Medici (1549-1609), Großherzog der Toskana und seit 1562 Kardinal (ohne Priesterweihe), im päpstlichen Auftrag gegründeten Typographia Medicea. Sie sollte durch solche Drucke die Missionsarbeit unter den Muslimen, aber auch unter den Anhängern der altorientalischen Kirchen voranbringen. Eine illustrierte Version der Evangelien mag allerdings insbesondere für die Mission in Gebieten des Islam mit seiner Abneigung gegen Bilder im religiösen Bereich nicht der Weisheit letzter Schluss gewesen sein. Die Aufgaben der Typographia Medicea übernahm später die Typographia Polyglotta der Kongregation zur Verbreitung des Glaubens.

(C 13) **Orientalisch- und Occidentalischer Sprachmeister**, Welcher nicht allein hundert Alphabete nebst ihrer Aussprache, So bey denen meisten Europäisch- Asiatisch- Africanisch- und Amerikanischen Völckern und Nationen gebräuchlich sind, [...] Sondern auch das gebet des HErrn, In 200 Sprachen und Mund-Arten mit derselben Characteren und Lesung, nach einer Geographischen Ordnung mittheilet.

Leipzig: Geßnern 1784.

Sign.: Ba 1841

Das Grundgebet der Christenheit, das Vater Unser, ist in diesem *Sprachmeister* auch in allen Sprachen der orientalischen Christenheit wiedergegeben. Meisterlich wurden die vielen Schriftzeichen und Alphabete, aber auch Zahlen, gedruckt. Neben dem Gebet des Herrn in immerhin acht Sprachen der amerikanischen Ureinwohner findet sich hier auch dessen Version von John Wilkins (1614-1672), Bischof von Chester. Der auch naturwissenschaftlich interessierte Bischof – er dachte über die Möglichkeit einer Reise zum als bewohnt gedachten Mond nach – entwickelte eine universale Kunstsprache mit eigner Schrift, hier Philosophica genannt. Diese Sprache sollte Ungenauigkeiten und Schwächen der lebenden Sprachen ausschließen um den Fortschritt der Wissenschaften zu garantieren.

(C 14) **Robert Bellarmin**: Doctrina Christiana.

Rom: Savary 1613.

Sign.: Aa 2409

Wegen ihrer Überzeugungskraft wurden die kontroverstheologischen Schriften des Jesuiten Robert Bellarmin aus Montepulciano (1542-1621) von protestantischer Seite zeitweilig geradezu indiziert; sogar eigene Lehrstühle wurden zu deren Bekämpfung und Wiederlegung errichtet. Bei Benediktinern, Dominikanern und Franziskanern sowie weiteren Altorden beklagte Bellarmin den allgemeinen Niedergang von kirchlicher Disziplin und Ordnung. Sein unbedingtes Beharren auf der päpstlichen Suprematie brachte ihn in Gegnerschaft zu weiteren innerkirchlichen Gruppierungen. Gegen seinen Willen wurde er 1599 zum Kardinal erhoben und wäre statt Paul V. 1605 beinahe selbst aus dem Konklave als Papst hervorgegangen. Pius XI. sprach Robert Bellarmin 1930 heilig und erklärte ihn ein Jahr später zum Kirchenlehrer.

Sein kleiner Katechismus wurde ca. 400mal aufgelegt und in 60 Sprachen übersetzt, darunter in diverse, die auch vom orientalischen Christentum benutzt werden. Hier wird die seltene Ausgabe in Latein und

Illustration aus der englischen Übersetzung von 1614.

Arabisch vorgestellt, berühmt wegen ihrer schönen arabischen Typen. Die Übersetzung erfolgte mit Hilfe befreundeter Maroniten. 1614 erschien auch eine Übersetzung ins Englische, die zur Unterstützung des Auswendiglernens reich illustriert war. Einige Illustrationen daraus werden hier ebenfalls gezeigt.

(C 15) Robert Bellarmin: Doctrina Christiana.

Rom: Typis Sacrae Congregationis de Propaganda Fidei 1786.

Sign.: Bd 151

Die lateinisch-arabische Ausgabe des kleinen Katechismus von Bellarmin wurde hier um die äthiopische Version in Ge'ez – sicher auch zu Missionszwecken – ergänzt. Neben einigen Textholzschnitten ist darin auch ein äthiopisch-hebräisches Alphabet zu finden.

(C 16) Agostino Giustiniani: Psalterium, Hebreum, Grecum, Arabicum, & Chaldeum, cum tribus latinis interpretationibus & glossis.

Genua: Porrus 1516.

Sign.: P.I. 302 (Bibliothek St. Albertus Magnus)

Eine bibliophile Kostbarkeit ersten Ranges ist diese Ausgabe der Psalmen Davids auf Hebräisch, Griechisch, Arabisch und Chaldäisch – so wurde die Sprache der syrischen, der aramäischen Christen bezeichnet – sowie lateinischer Übersetzungen und Kommentare. Nie zuvor wurde ein polyglotter Psalter und damit Teil der Bibel gedruckt. Abgesehen davon ist es das erste im Genua des 16. Jahrhunderts gedruckte Werk, dessen Drucker auf Veranlassung des Verfassers – dieser übernahm auch die Druckkosten, die nie gedeckt werden konnten – in die Stadt zog. Obwohl der Papst Leo X. gewidmete Druck erst 1516 erschien, war die Genehmigung dazu schon zehn Jahre früher erteilt worden.

Der hochgelehrte Agostino Giustiniani wurde 1470 in Genua geboren und trat 1487 in den Dominikanerorden ein. 1514 wurde er Bischof von Nebbio auf Korsika, vor dessen Küste kam er bei einem Schiffsunglück 1536 ums Leben. Giustiniani übrigens setzte hier einem weiteren berühmten Genuesen – Christoph Columbus – im Kommentar zu Psalm 19 ein erstes gedrucktes biographisches Denkmal. Auf vier Seiten beschreibt er Leben und Entdeckungen von Columbus als Erfüllung des

Bibelwortes, dass die Wahrheit des Christentums bis an die Enden der Erde getragen werde.

Beim Betrachten des Titelblatts des Buches überkommt einen das Gefühl, dass der Kölner Drucker Johannes Soter sich für seine schöne erstmals auch bei einem Psalter verwendete Titeleinfassung hier hat inspirieren lassen. Schlichter gesagt, hier hat er "abgekupfert".

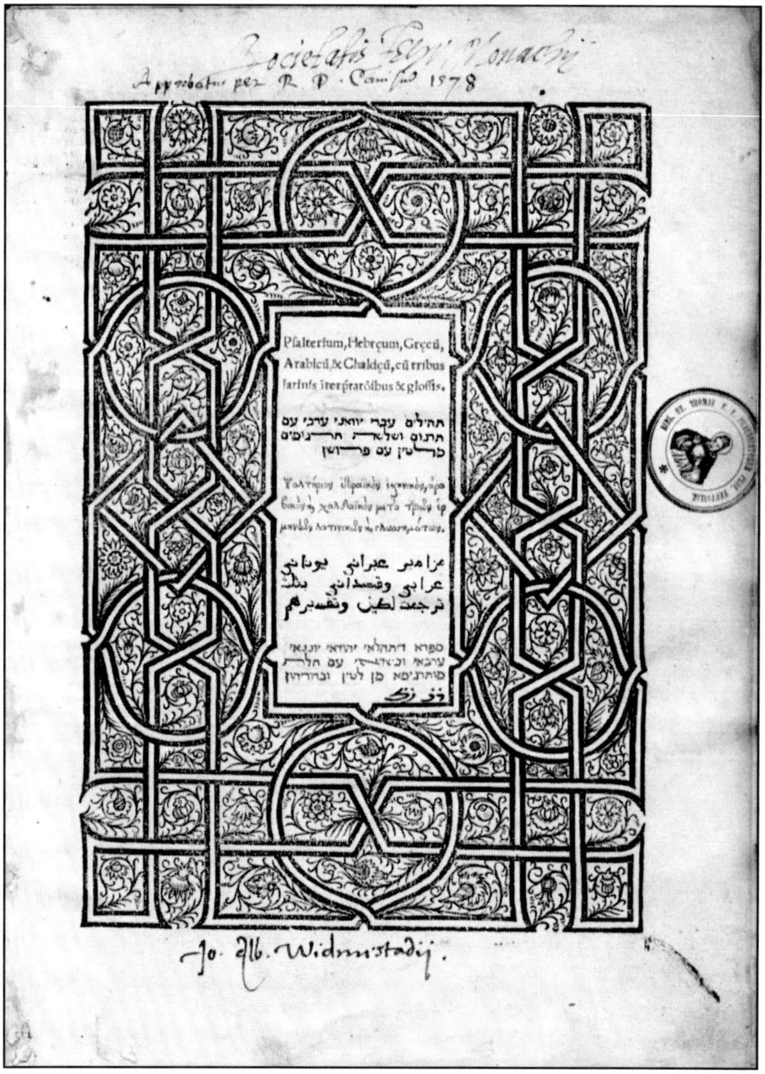

Agostino Giustiniani: Psalterium, Hebreum, Grecum, Arabicum [...]. Genua 1516.

(C 17) Solitudo Sive Vitae Patrum Eremicolarum.

S. l.: ca. 1600.

Sign.: Rb 21

Auf den Schriften des heiligen Hieronymus über das Leben der Väter fußt diese Kupferstichfolge mit Darstellungen berühmter heiliger Anachoreten. Verantwortlich für Vorlagen und Ausführung der Stiche sind der niederländische Manierist Marten de Vos (1532-1603) und Mitglieder der aus Flamen stammenden Familie Sadeler, die unter die bedeutendsten Kupferstecherfamilien des 16. und 17. Jahrhunderts zu rechnen ist.

Die ersten Christen, die ein Leben in der Zurückgezogenheit – sei es als Eremiten, sei es in frühen klösterlichen Gemeinschaften – wählten, stammten aus den Gebieten der Patriarchate von Alexandrien und Antiochien. Zu sehen sind:

- Hilarion von Gaza (291-371), Begründer des palästinensischen Mönchstums.
- Paulus von Theben (228?-341), erster ägyptischer Einsiedler.
- Antonius der Große aus Ägypten (251?-356), der Vater der Mönche.
- Evagrius Bischof von Antiochien (†392/93).
- Symeon Stylites (389-459), der erste Säulenheilige der Kirchengeschichte.
- Pachomios der Große aus Ägypten (292?-346), der dort die ersten Klöster gründete.

(C 18) Heinrich Goussen: Aphorismen über die Verehrung der heiligen Jungfrau in den altorientalischen Kirchen.

Paderborn: Jungfermann 1903.

Sign.: 100/9.11 (Bibliothek St. Albertus Magnus)

Der Kölner Diözesanpriester Heinrich Goussen (1863-1927) lehrte christlich-orientalische Kirchenkunde und orientalische Sprachen an der Universität Bonn. Aus seiner Aphorismensammlung zur so bedeutsamen Marienverehrung im Bereich der orientalischen Kirchen – unabhängig von dogmatischen Nuancen – sind hier einige willkürlich ausgesucht, die in Klammern stehenden Bezeichnungen für die Kirchen stammen von Goussen selbst.

Ein Schatzhaus jeglicher Hülfe für uns ist dein reiner Leib, o Maria, der durch seine vielfache Hülfe uns reich macht in unserer Not. Ehre sei dem Herrn, der dich erhöht und zu einem Schatzhaus des Lebens gemacht hat für die Elenden und Betrübten: Zu die nehmen sie ihre Zuflucht, durch dich werden sie gerettet. (nestorianisch)

O Jungfrau Maria, deine Person ist erhaben über Menschenworte, weil du Mutter geworden des Herren aller Geschöpfe. Einen Vergleich mit dir hält nicht aus jener Cherubim-Wagen, o heilige Jungfrau, Gottesgebärerin. Mein Mund ist zu schwach, um die Reihe deiner Lobsprüche zu erzählen, o heilige Jungfrau, Gottesgebärerin. Jene Lade, die Moeses ersann nach deiner Schönheit, sie war dein Vorbild, o Maria, Gottesgebärerin. (syrisch-monophysitisch)

Säule des Lichtes und beschattende Wolke, heilige Jungfrau, die auf uns den tau des Himmels herabgeträufelt hat; dich preisen wir, gottgebärende Jungfrau. Unverbrennlicher Dornbusch und irdischer Seraph, heilige Jungfrau, weil von dir uns die Frucht des Lebens geschenkt ward; dich preisen wir, gottgebärende Jungfrau. Vernichterin des Fluches und Austilgerin der Sünden, heilige Jungfrau, die den auf ihren Armen getragen, den keine Kreatur erfassen kann; dich preisen wir, gottgebärende Jungfrau. (armenisch)

Du bist grösser als alle Weiber, die Gnade und Ehre empfangen haben, o Maria Gottesgebärerin, du geistliche Stadt, wo Gott, der Höchste gewohnt hat; denn den, der über Cherubim und Seraphim thront, hast du in deiner hand gehalten, und der alles Fleisch in seiner grossen Barmherzigkeit ernährt, hat deine Brüste gefasst, und Milch gesogen hat der, der unser Gott und aller Heiland ist. Er wird unser Hirt sein immerdar. Ihn wollen wir anbeten und lobpreisen; denn er hat uns geschaffen. (koptisch-äthiopisch)

D) Jerusalem und Betlehem

(D 1) Iglesia Del Sto. Sepulcro. (Stahlstich)

Paris: Arouy, ca. 1850.

Leihgabe aus Privatbesitz

An keinem Ort der Welt begegne(te)n sich so viele christliche Konfessionen so nahe wie in der Grabeskirche in Jerusalem. In der Kirche sind vertreten: die Griechisch-Orthodoxe, die Römisch-Katholische, die Armenisch Apostolische, die Syrisch-Orthodoxe Kirche von Antiochien, die Kopten und die Äthiopisch-Orthodoxe Kirche. Friedfertigkeit ist hier nicht immer üblich: beispielsweise ist auf dem Stich aus dem 19. Jahrhundert über dem Hauptportal eine auch schon damals längst überflüssige Leiter zu erkennen, die ehemals den Zutritt zur Kirche nach dem Schließen der Haupttore ermöglichte. Ihre Entfernung scheitert an Kompetenzrangeleien.

Iglesia Del Sto. Sepulcro. Paris ca. 1850.

(D 2) Christian van Adrichem: Theatrum Terra Sancta Et Biblicarum Historiarum cum tabulis geographicis aere expressis.

Köln: Mylius 1528.

Sign.: Ae 229

Christian van Adrichem wurde 1533 Delft geboren und starb in Köln 1585, wo er als Rektor des Augustinerinnenklosters "Nazareth" wirkte. In seinem Werk zur Geschichte und Geographie des Heiligen Landes findet sich auch dieser sehr verbreitete Plan der Stadt Jerusalem mit ihrer so wichtigen Bedeutung für alle Christen und lange Zeit **der** Ort der Begegnung der morgen- und abendländischen Konfessionen, deren dort ansässigen und dorthin pilgernden Mitgliedern ein gewisses Maß an Kontakt untereinander ermöglicht wurde.

Adrichem stellt die Stadt mit ihren Vierteln, Gebäuden, Mauern und Toren sowie lebendigen Szenen aus dem Leben Christi und der frühen Kirche dar. Als erster bildete er die vierzehn Stationen des Kreuzwegs vom Palast des Pilatus bis zum Grab in seinem Stadtplan ab, die auch heute noch von den Pilgern aufgesucht werden.

(D 3) Heinrich Bünting: Itinerarium Sacrae Scripturae. Das ist ein Reisebuch über die gantze heilige Schrifft in zwey Bücher getheilet.

Leipzig: Beyer 1585 und Magdeburg: Donat 1589.

Sign.: 1/10 (Bibliothek St. Albertus Magnus) und Ae 365

Der protestantische Theologe Heinrich Bünting (1545-1606) erstellte mit diesem Iinerarium einen "Reiseführer" mit interessantem Kartenmaterial aufgrund der biblischen Angaben über den Weltkreis und durch das Heilige Land. Aufgeschlagen ist die bekannte Weltkarte mit den drei alten Kontinenten geordnet in Form des Kleeblatts und Jerusalem als Mittelpunkt. Amerika, die neue Welt ist unten links zumindest angedeutet. Zumeist wurde die Dreiteilung der Welt in Bezug auf die drei Söhne Noahs gesetzt, Bünting aber stellt die Verbindung zum Wappen seiner Heimatstadt Hannover her, in deren unterem Teil ebenfalls ein Kleeblatt zu sehen ist. Die folgende Karte stellt dann das stilisierte Jerusalem vor. In verkleinerter Kopie beigelegt sind die allegorischen Darstellungen von Europa als Jungfrau und Asien als Pegasus.

Bünting beschreibt aus evangelischer Sicht die orientalischen Kirchen in Jerusalem und der Grabeskirche recht negativ; seine Aussagen zu Katholiken und Orthodoxen

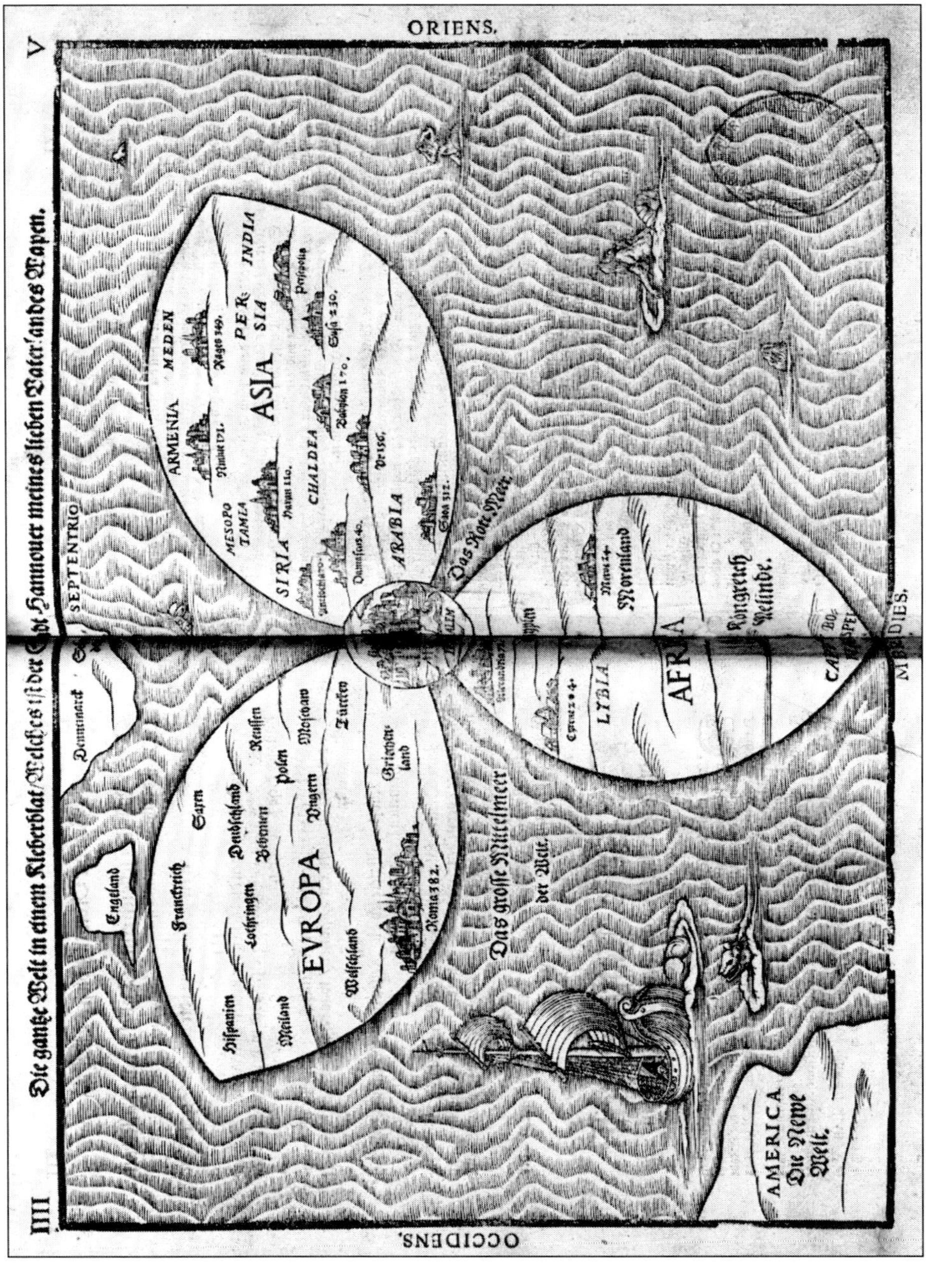

Heinrich Bünting: Itinerarium Sacrae Scripturae. Leipzig 1585.

sind im Folgenden gar nicht erst wiedergegeben. Gnade finden vor seinen Augen die Orientalen, wenn sie den Evangelischen ähneln. Gut bei ihnen ist die Priesterehe, besser noch Sakramentenempfang in beiderlei Gestalt, am besten Ablehnung des Papsttums.

Die Abyssini haben ire ankunft aus Priester Johans lande, sein dunckelbraun von Farben und haben ir wesen im Tempel des Berges Calvariae gleich bey der Kirchpfort zur Linckenhand, diese wollen auch den Pabst für ir Heupt nicht erkennen, lassen die Priester Ehe zu, reichen das Sacrament in beyderley gestalt. Neben diesem behalten sie doch gleichwol viel Irrthumb, denn sie essen nicht die Speise so im alten Testament verbotten. Sie beschneiden nicht allein die Kneblein, sondern auch die Megdlein, welches doch die Juden nicht thun. Die Kinder teuffen sie, aber nicht mit Wasser, sondern mit Fewer [...].

Die Armenier sind des Glaubens wie die Christen in Armenia, von denen sie auch gen Jerusalem gekommen sein, da sie insonderheit ir wesen haben nahe bey der Schedelstedt in einer Capellen [...]. *Sie wollen auch nicht den Pabst für das Heupt der Kirchen erkennen, reichen das Sacrament in beyderley gestalt, ire Priester haben Eheweiber, doch essen sie nicht die Speise soim alten Testament verboten und haben ein sehr Abergleubiges geheul bey iren todten Gräbern* [...]. *Sie predigen, singen und vorrichten iren Gottesdienst in irer gemeinen Armenischen sprache, von den Ablas und Fegefewer halten sie weniger denn nichts. Sie tragen umb ihre Hüte blawe binden.*

Georgianer sind Christen bey der herrlichen stadt Trapezunta am Eurinischen Meer wonhafftig, iren Priestern wird die Ehe wol zugelassen, aber wenn beyder eins mit tode abgehet, dürffen sie nicht zu der andern Ehe greiffen, wie sie denn auch sonsten mehresteils der Lehr und den Irrthumb der Griechen folgen. Zu Jerusalem haben sie auch ire sondere örter inne, insonderheit aber das ort des Tempels Calvariae [...].

Nestorianer Ketzer, die zu Ninive itzt Mossel genent und in den umbligenden landschafft daselbst heuffig gefunden werden, behalten noch heutiges tages die Ketzerey Nestorii ires Meisters und lehren, wie der Herr Christus zwo Naturen habe also hebe er auch zwo Personen und sein Mutter Maria sey nicht Gottes Gebererin, sondern habe allein Christum einen Menschen geboren. Diese tragen Leibfarbe binden umb die Hüte und man findet irer Priester auch etliche im Tempel des berges Calvariae zu Jerusalem.

Die Surianer folgen in der Religion mehres theils den Griechischen Christen, geben doch nicht fast viel auff ire Religion, weil sie sich wegen irer armuth als Tagelöner zu Wasser und zu Lande von den Türcken gebrauchen lassen und denselbigen sehr viel zu der hand geben. Zu Jerusalem wonen irer ein theil in dem Kirchlein S. Marci, da vorzeiten der heilige Apostel Petrus als in der Engel aus dem gefengnis geführet hatte an das haus der Mutter Johannes Marci geklopffet. Die Suriani lassen sich bisweilen sehen im Tempel des heiligen Grabes.

Der Jacobiten Secte wird gefunden im Tempel des heiligen Grabes in einer Capellen so hinden an der Begräbnis Christi ist. Diese nennen sich Jacobitas nach Jacobo dem Ketzer, welcher ein Jünger gewesen ist des Patriarchen zu Alexandria und sind unter sich selbst hin und wieder in Judea, Egypten und Morenlandt in viel Secten zerteilet. Denn etliche haltens mit Eutiche und Machario, die nur eine Natur in Christo setzen, nemlich die Göttliche, und die Menschliche Natur verleugnen sie. Ihrer ein theil lassen ire Kneblein beschneiden, Etliche aber und der mehreteil lassen ire Kindlein mit Fewer teuffen und inen an der stirnen oder Schlaff ein Kreutzlein machen [...]. *Aus diesem allen siehet man nun klärlich, wie der Tempel des heiligen Grabes zu Jerusalem mit so vieler hand Rotten und Secten verunreiniget, die alle dem Türckischem Keyser tribut geben müssen, daraus wol erscheinet, das der Herr Christus nicht mehr am selbigen ort im Grabe, sondern in seinem heiligen seligmachenden Wort wil gesucht sein.*

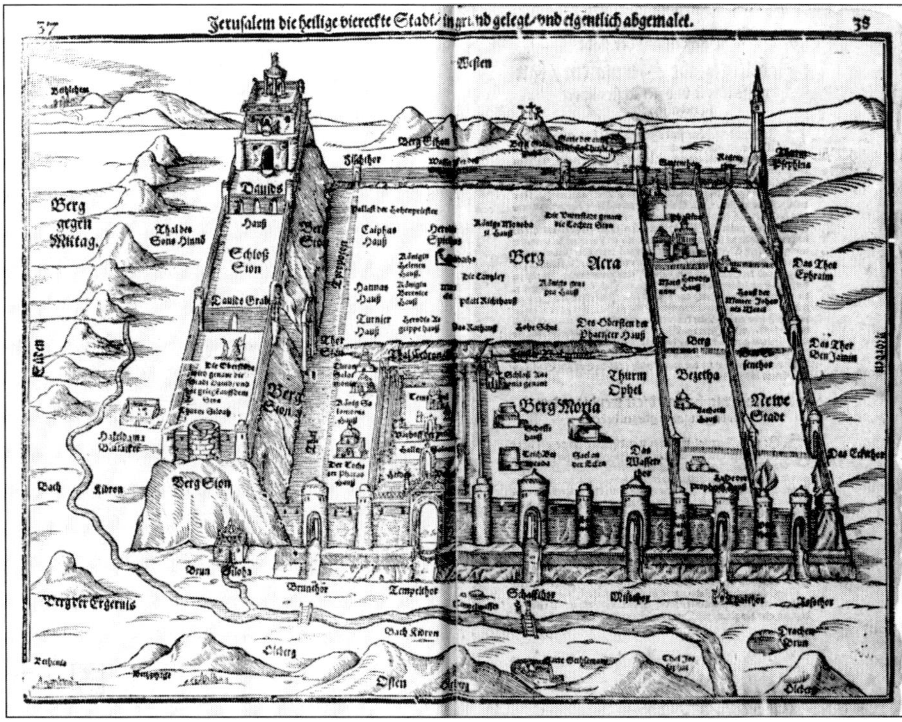

Heinrich Bünting: Itinerarium Sacrae Scripturae. Magdeburg 1589.

(D 4) **Gustave Duray**: La Terre-Sainte.

Tournai: Casterman 1871.

Sign.: Cd 317

Auch in der Geburtskirche zu Bethlehem ist das Verhältnis der dort vertretenen christlichen Konfessionen – Katholiken, Griechisch-Orthodoxe und Armenier – untereinander bis heute nicht immer von Brüderlichkeit geprägt. Wie in der Jerusalemer Grabeskirche musste in der Geschichte die osmanische Obrigkeit häufiger eingreifen, um die Ordnung wiederherzustellen. Streitigkeiten wegen der Finanzierung von Renovierungen und interklerikale Schlägereien wegen vermeintlichen Regelüberschreitungen sind auch zu Beginn des dritten Jahrtausends nach Christus schon vorgekommen.

Geburtskirche zu Bethlehem.

E) Begegnung mit orientalischen Christen

(E 1) Vollständige Völkergallerie in getreuen Abbildungen aller Nationen mit ausführlicher Beschreibung derselben.

Meißen: Goedsche 1830-1835.

Sign.: Cc 2952

Die randständigen – wohl wegen der fehlenden Exotik – Darstellungen von orientalischen Christen in diesem Werk sind in unseren Augen oftmals unfreiwillig komisch. Nur Armenier und Syrer werden im Teilband über Asien erwähnt. Immerhin werden die Grabeskirche in Jerusalem als Treffpunkt der Konfessionen und der Ararat als "heiliger" Berg der Armenier beschrieben.

Im Band über die europäischen Völkerschaften findet sich die Abbildung des Papstes im Fest-Ornat auf einer Seite mit italienischen Mädchen in typischen Trachten oder Berufskleidungen.

Vollständige Völkergallerie [...]. Meißen 1830-35.

(E 2) **Reyßbuch deß heyligen Lands**, Das ist Ein gründtliche beschreibung aller und jeder Meer und Bilgerfahrten zum heyligen Lande, so bißhero, in zeit dasselbig von den Ungläubigen erobert und inn gehabt, beyde mit bewehrter Hand und Kriegßmacht zu wider eroberung deren Land denn auch auß andacht und Christlicher anmutung zu den heyligen Orten von vielen Fürsten, Graffen, Freyen, Rittern, vom Adel und andern fürtrefflichen Ehr und Tugendliebenden geistlichs und weltlich Stands Herren zu Wasser und Land vorgenommen, ins Werck gericht und durch wunderbarlich Abentheuwr, auch ungläublich grosse gefahr Leibs und Guts vollbracht.

Frankfurt am Main: Feyerabendt 1584.

Sign.: Ae 346

So geschäftstüchtig wie bedeutend als Drucker und Verleger war der Frankfurter Sigmund Feyerabend (1528-1590). Erfolgreich war auch dieses Buch mit 18 Berichten von Reisen in das Heilige Land und dessen nahe und weite Umgebung, das er herausgab; darin finden sich Berichte von Teilnehmern an den Kreuzzügen wie denn auch von Pilgerfahrten. In einigen wird – wenn auch wenig ausführlich – über die nicht römisch-katholischen Christen in der Region erzählt. In Anbetracht der mageren Informationen, die damals in Europa über das orientalische Christentum bekannt waren, war dies allerdings nicht zu unterschätzen. Interessantes findet sich schon im Register, wo es mit Seitenverweisen heißt:

Abyssiner brauchen Trummen bey ihrem Gottesdienst; sind bescheiden Leut
Armenier sind fromb und gutthätig; gebrauchen deß Chrysostomi und Nazianzeni Schrifften
Chaldeer Sitten und Trachten; Chalddeische Sprach
Georgianen Christen in Orient; sind einfeltig aber dapffere Leut

Erwähnt werden auch die untergegangenen Kirchen in Nubien und im kaukasischen Albanien. Daneben wird auch viel Wunderbares, Kurioses und Phantastisches geschildert, konnten doch die damaligen Pilger die Schule besichtigen, in der Maria als kleines Mädchen gelernt hatte; ein Besuch der Schule hatte sieben Jahre Ablass zur Folge.

(E 3) Die Pilgerfahrt des Ritters Arnold von Harff von Cöln durch Italien, Syrien, Aegypten, Arabien, Aethiopien, Nubien, Palästina, die Türkei, Frankreich und Spanien, wie er sie in den Jahren 1496 bis 1499 vollendet, beschrieben und durch Zeichnungen erläutert hat.

Köln: Heberle 1860.

Sign.: Cc 1258

Einer der bekanntesten frühen Heilig-Land-Fahrer aus der Umgebung von Köln, der über seine strapaziöse und gefährliche Pilgerfahrt von Köln über Rom nach Jerusalem und weiter über Santiago de Compostella zurück in die Heimat berichtete, war der Ritter Arnold von Harff. Er wurde auf Schloss Harff zu Bedburg 1471 geboren, wo er 1505 auch starb. Dass ihn seine dreijährige Reise auch nach Indien und ins tiefe Afrika führte, entspricht kaum der Wahrheit, die Passagen zu diesen exotischen Plätzen sind von anderen Autoren abgeschrieben. Natürlich lag des

Ritter Arnold von Harff als Pilger auf einem Kamel.

Ritters Hauptinteresse auf den heiligen Stätten, indes gibt er auch Beobachtungen zu Flora und Fauna sowie zu den Sitten und Gebräuchen der Menschen wieder – gar nicht so selten auch zu den nicht-abendländischen Kirchen. Manches illustrierte er sogar recht ansprechend, darunter finden sich auch Abbildungen einiger orientalischer Christen in typischer Gewandung. Seine kolorierten Zeichnungen (entnommen der Handschrift 268 der Abtei Maria Laach) finden sich in einer neuen Ausgabe seines Itinerariums in modernem Deutsch mit Kommentar, herausgegeben von Helmut Brall-Tuchel und Folker Reichert. Harff betrieb auch Sprach- und Schriftstudien, so gibt er diverse Alphabete wieder und zeichnet einige Floskeln auf. Deren Auswahl legt die Vermutung nahe, dass Ritter Arnold nicht nur auf der Suche nach spiritueller Erleuchtung war, sondern auch andere Untersuchungen eher weltlicher Art durchführte mit freundlicher Hilfe der einheimischen weiblichen Bevölkerung.

(E 4) **Electus Zwinner**: Blumen-Buch Deß Heiligen Lands Palestine.

München: Schell 1661.

Sign.: Ab 717

Seit 1342 waren die Franziskaner für die lateinische Kirche im Heiligen Land die "Statthalter". Viele von ihnen gaben Berichte über Pilgerfahrten nach Palästina und umliegende Gebiete ab wie auch Electus Zwinner aus Böhmen, der mehrfach dorthin reiste. Für seine Darstellung stützte er sich gewiss auf das Archiv der Franziskaner, unterlegte sie aber auch mit eigenständigen Beobachtungen. Ausführlich beschreibt er die heiligen Stätten, streift aber auch Ägypten etwa mit Alexandria und Kairo sowie Syrien mit Damaskus. Sein besonderes Augenmerk liegt auf dem Wirken der Custodie – der Wacht – über das heilige Land, die ja sein Orden innehatte. Nur weniges weiß er über die orthodoxen und orientalischen Christen zu erzählen, prinzipiell ist diesen seiner Meinung nach entschieden weniger zu trauen als den Mohammedanern. Die feinen Unterschiede zwischen den Konfessionen interessieren ihn nicht, sind sie doch sowieso alle Abtrünnige. So findet man zu den *Griechen*, also den griechisch-orthodoxen Christen – im Register des Blumenbuchs diese Verweise:

> *Seynd heyllose Leuth.*
> *Den Catholischen sehr zuwider.*
> *Seynd falsch und trewloß, wollen auch lieber den Türcken als dem Römischen Stul underworffen seyn.*
> *Ihren Schiffen soll man nicht trawen.*
> und zu den *Armeniern* nur
> *Stehlen den Franciscanern ein großes Particul deß H. Creutz.*

Auf Zwinners Grundriss des Mariengrabeskirche im Kidrontal oder, wie er es nennt, im Tal Josaphat am Ölberg sind erstaunlich genau die Altäre der christlichen Konfessionen und der Gebetsort der Muslime eingezeichnet; auch in Bezug auf diese Kirche beschwert er sich über die in seinen Augen ungerechtfertigte Behandlung der Franziskaner.

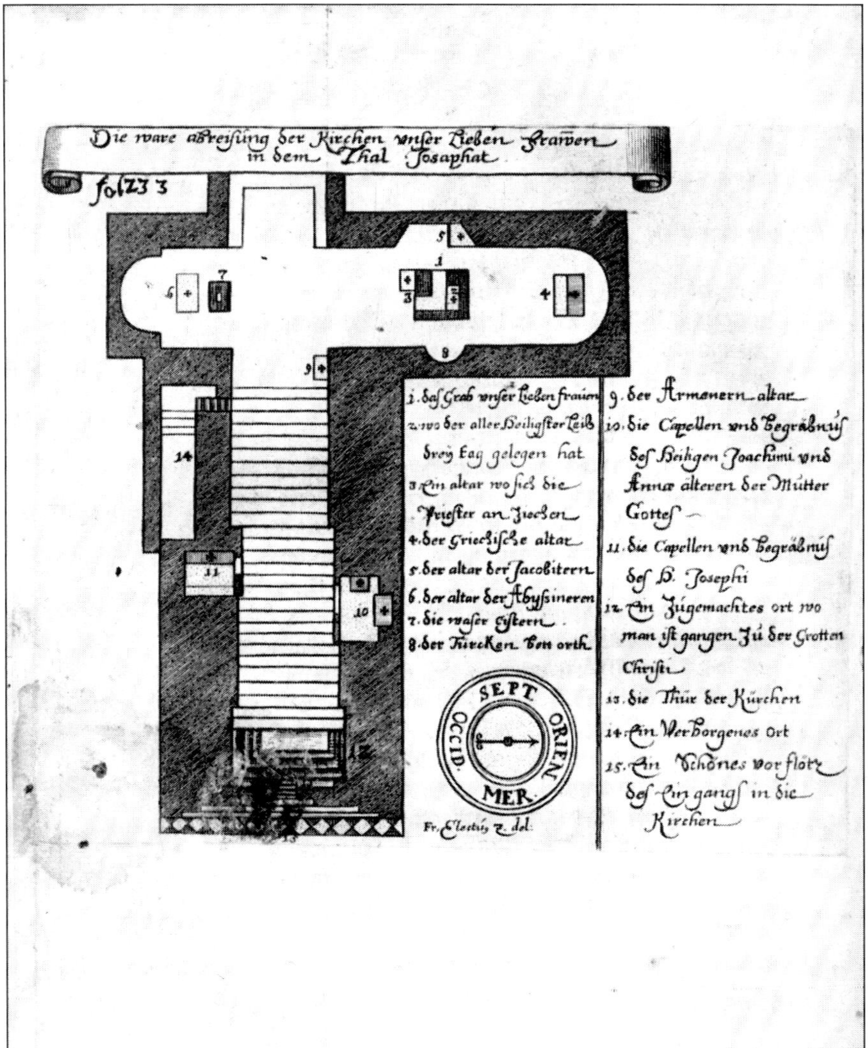

Electus Zwinner: Grundriss Mariengrabeskirche. München 1661.

(E 5) Richard Pococke: Beschreibung des Morgenlandes und einiger anderer Länder. Der erste Theil von Egypten.

Erlangen: Stiftshaus/Leipzig: Teschner 1754.

Sign.: Bd 160

Eher als Reisender denn als Seelsorger auf Erden unterwegs war Ricard Pococke (1704-1765). In Southampton zur Welt gekommen wurde er 1756 anglikanischer Bischof von Ossory in Irland und in seinem Todesjahr noch Bischof von Meath. Unstrittig sind die Verdienste des Bischofs aus einer begüterten Gelehrtenfamilie als Forschungsreisender, seine Beschreibungen fremder Völker und Sitten sind aber keineswegs frei von Dünkel. Immerhin legt er einen guten Kupferstich mit Illustrationen zu koptischen Kirchen vor. Er schreibt über die ägyptischen Christen:

> *Die Copten scheinen unter allen Morgenländern am kaltsinnigsten, und nachläßigsten in ihrem Gottesdienste zu seyn. Die Nacht vor den Sonn- und Festtagen bringen sie in ihren Kirchen zu; den heiligen Tag aber selbst faullenzen sie: im Winter sitzen sie in ihren Stuben, und im Sommer unter schattichten Bäumen. Es scheinet, als glaubten sie, ihr ganzer Gottesdienst bestehe darinnen, wenn sie ihre lange Liturgien, wiewohl ohne die geringste Andacht wiederholen und ihre zahlreiche Fasten sehr genau beobachten* [...]. *Alle, sowohl die Priester, als das Volk, sind in der größten Unwissenheit. Jene halten das Amt auswendig in der Coptischen Sprache, von welcher sie durchgängig sehr wenig verstehen; doch haben sie ihre Kirchenbücher mit der Arabischen Auslegung.*

Solchen Ansichten trat schon der lutheranische Kirchenhistoriker Johann Lorenz von Mosheim (1693-1755) in seiner Vorrede (!) zu Pocockes Beschreibung des Morgenlandes ziemlich entschieden oder zumindest entschuldigend entgegen:

> *Er thut den armen Leuten unrecht.*

(E 6) Richard Pococke: Beschreibung des Morgenlandes und einiger anderer Länder. Der zweite Theil von Palästina, Syrien, Mesopotamien, Cypern und Candien.

Erlangen: Stiftshaus/Leipzig: Teschner 1754.

Sign.: Bd 160

> *Die Christen von Damaskus sind von sehr schlechter Gemüthsart, und man hält davor, daß sie alle Laster der Türken, besitzen, nur mit dem Unterscheide, daß sie*

sich derselben mehr schämen, und an vielen siehet man das betrübte Beispiel, daß sie nur dem Nahmen nach Christen sind, und entweder, den Mahomedanischen Glauben, eine Strafe zu vermeiden, angenommen, oder die Gelegenheit zu haben, sich an Christen zu rächen, die ihnen einige Beleidigung zugefüget [...].

Auch den syrischen Christen begegnet Bischof Pococke von Meath offensichtlich nicht ohne Vorurteile.

Aufgeschlagen ist der Grundriss der Umayyaden-Moschee, der ehemaligen Kirche des heiligen Johannes des Täufers, deren Vorgängerbau wiederum ein Tempel des Jupiters war.

(E 7) **John Carne**: Leben und Sitte im Morgenlande, auf einer Reise von Konstantinopel durch das griechische Inselmeer, Aegypten, Syrien und Palästina geschildert.

Dresden und Leipzig: Arnold 1826.

Sign.: XI 132

Nicht ohne Witz und einfühlsam ist die Beschreibung des kornischen Reiseschriftstellers John Carne (1789-1844) seiner Reise 1821 zu den heiligen Orten und deren weitere Umgebung, die er nach seiner Rückkehr nach England in Fortsetzungen in einer Monatszeitschrift veröffentlichte. Die Qualität des Gesangs etwa in der Grabeskirche zu Jerusalem setzt er in direkte Disproportion zur Kostbarkeit der Gewänder der Mönche; die Pracht der Armenier wurde durch deren *abscheuliche Nasentöne* relativiert. *Der schöne und feierliche Gesang der Franciskaner kam zuletzt, und man vergaß dabei ihre schmutzigen Kutten, ihre groben Gürtelstricke, und ihre geschorenen Glatzen.* Die Griechen stehen irgendwo in der Mitte.

Zur Gastfreundschaft in den vielen Klöstern auch gegen Christen anderer Konfessionen schreibt er:

> *Ein Ketzer* [er sieht sich wohl selbst als solchen] *würde zehnfachen Tadel verdienen, wenn er die griechischen und katholischen Mönche strenge richten wollte; denn obgleich sie ihm für das künftige Leben alle Hoffnung nehmen, so sind doch ihre Klöster die größte Segnung und Erquickung, welche die Erde ihm in vielen Gegenden darbieten kann, wo er sonst nichts finden würde, als eine heiße und dürre Wüste.*

(E 8) **Charles William Meredith van de Velde**: Reise durch Syrien und Palästina in den Jahren 1851 und 1852.

Gotha: Perthes 1861.

Sign.: Cc 2964

Während des Deutsch-Dänischen Krieges (1864) war der Niederländer Van de Velde einer der zwei ersten Kriegsbeobachter im Auftrag des Internationalen Komitees der Hilfsgesellschaften für die Verwundetenpflege, des späteren Roten Kreuzes. Als Karthograph und Landschaftsmaler bereiste er zwei Jahre lang Syrien und Palästina und berichtete in Briefform aus Sicht eines überzeugten Protestanten – in späteren Jahren wirkte er in der Schweiz und Frankreich als Missionar seiner evangelischen Freikirche – doch sehr kritisch über die nicht-evangelischen Christen in der Region. Er sagt zum Beispiel über die Bevölkerung Jaffas: *Eine Mischung von Moslems (etwa 4.000), Griechen (2.000), Armenier (1.000) und ohngefähr 500 Maroniten, Lateiner, griechische Katholiken und Juden. Arme Bevölkerung ohne Licht, ohne Kenntnis des Evangeliums.* Die Grabeskirche in Jerusalem ist ihm als Ort der Abgötterei ein Götzentempel mit für ihn völlig fremden, unverständlichen und widerwärtigen Formen der Frömmigkeit. Missionare seiner Konfession sind es, die das vermeintlich echte Christentum allen Un- und Falschgläubigen verkünden müssen.

(E 9) **Konrad Furrer**: Wanderungen durch das heilige Land.

Zürich: Orell Füßli, 2. verm. u. verb. Aufl. 1891.

Sign.: Cc 2816

Konrad Furrer, reformierter Züricher Pfarrer (1838-1908), berichtet von seiner Heilig-Land-Fahrt 1863 exakt und wohlwollend über das ihm doch fremde orientalische, orthodoxe und katholische Pilgerwesen. Er beobachtet tiefe, echte Frömmigkeit und beklagenswerte Missbräuchen. Zur Grabeskirche schreibt er:

> *Griechen, Lateiner, Armenier und Kopten teilen sich in das weitläufige, verwirrte Gebäude. Aber gerade weil der Besitzer so viele, genießt das Ganze einer sehr schlechten Pflege. Vor einer Reihe von Jahren wurde die Verbesserung der Kuppel ob der Grabeskirche ein Vorwand zum Kriege zwischen Rußland und den mit dem Sultan verbündeten Westmächten. Viele Tausende mußten ihre Leben lassen und Milliarden wurden verschwendet für das Recht, die Ausbesserung übernehmen zu dürfen. Trotzdem ist viele Jahre für die Kuppel nichts geschehen. Reichlich strömt*

der Regen durch die immer größer werdenden Lücken und rasch geht das schöne Gewölbe seinem gänzlichen Verfall entgegen.

Konrad Furrer: Wanderungen durch das heilige Land. Zürich 1891.

Furrer geht hier auf den Krimkrieg (1853-1856) ein mit schätzungsweise 500.000 Toten auf seiten Russlands und der gegnerischen türkisch-französisch-englischen Allianz. Vordergründig ging es dabei um den Schutz aller Christen und den der heiligen Stätten in Palästina durch das russische Reich; die Zaren (sie fühlten sich in gewisser Weise als Nachfolger der byzantinischen Herrscher) beanspruchten das Protektorat. Insbesondere Frankreich lehnte dies aber als "katholische Macht" ab und verbündete sich mit England und dem "kranken Mann am Bosporus", dem osmanischen Reich, um dessen Zerlegung es eigentlich ging. Osmanische Repressionen und die traurigen permanenten oft so kleinlichen Streitereien unter den Christen waren Anlass genug für den ersten modernen Stellungskrieg.

(E 10) **Philippe Avril**: Reize Door verscheidene Staten van Europa en Asia.

Utrecht: Schouten 1694.

Sign.: Ab 845

Der Jesuit Philippe Avril wurde 1654 in der Charente geboren. Im Auftrag seines Königs Ludwig XIV. von Frankreich unternahm er mit einigen Ordensbrüdern in den Jahren 1685 bis 1692 den letztlich vergeblichen Versuch einen neuen Landweg nach China zu finden, da seine Bemühungen von Russland unterbunden wurden. Er gelangte schließlich ins Reich der Mitte doch nur mittels Schiff über Indien. Avril – Lehrer für Philosophie und Mathematik – starb bei einem Schiffsunglück 1698 vor der Küste Taiwans.

Auf seiner siebenjährigen Reise kreuz und quer durch Asien machte er immer wieder Beobachtungen zum orientalischen Christentum und seiner Ausbreitung, wobei er zum Teil auch solche von anderen Jesuiten wie etwa Johann Adam Schall von Bell bezüglich Chinas und Zentralasiens kolportierte. Insbesondere über die Armenier und die Thomaschristen berichtet er ausführlicher, das syrische und das chaldäische Christentum werden nur am Rande erwähnt. Den Antagonismus zwischen Sunniten und Schiiten, bei ihm Türken und Perser, und die damit verbundenen Schwierigkeiten und Chancen für Christen schildert er recht zutreffend. Fasziniert ist er – wie andere aus seinem Orden auch – vom theokratischen System des Lamaismus mit seinen kirchenähnlichen Strukturen in Tibet. Den Dalai Lama betrachtet er in gewisser Weise als depravierten Nachfolger des legendären Priesterkönigs Johannes.

Der aufgeschlagene Stich zeigt einen Unfall des Reisenden bei der Überquerung des Tigris, wo ihm – darauf weist er ausdrücklich hin – von Christen **und** Türken geholfen wurde.

Unfall des Reisenden bei der Überquerung des Tigris.

(E 11) **Jacques d'Amiens**: Synopsis Primi Saeculi Societatis Iesu.

Tournai: Quinqué 1641.

Sign.: Ad 116

Diese Zusammenschau der Geschichte des ersten Jahrhunderts der Gesellschaft Jesu ist eines der wenigen Werke des Jesuiten Jacques d'Amiens aus Arras (1599-1650). Das Buch stellt eine echte Rarität dar, da der allergrößte Teil der Auflage bei einem Brand 1641 vernichtet wurde. Auffallend ist, dass den asiatischen Missionsgebieten des jungen Ordens insbesondere in Japan weit größere Aufmerksamkeit gewidmet ist als etwa den afrikanischen oder amerikanischen. Vielleicht gibt es dafür zwei Hauptgründe: Asien mag als zivilisatorisch hochstehender und damit für die Mission wertvoller betrachtet worden sein; außerdem wandte sich der heilige Franz Xaver nach Osten, an ihm orientierten sich gewiss viele Ordensmitglieder, war er doch neben Ignatius von Loyola das zweite große Vorbild. Abgesehen davon ging die Missionsdoktrin der Jesuiten dahin, möglichst vor Soldaten und Händlern aus Europa am Ort zu sein, was in Afrika und vor allem Amerika so nicht mehr möglich war. Zu den orientalischen Christen in Indien und Vorderasien findet sich hier nur weniges, sie werden vornehmlich als Objekte der Belehrung angesehen. Ihre eigenen Traditionen werden ziemlich gering geschätzt, es ließ sich zwar daran anknüpfen, aber von einem echten Dialog kann nicht die Rede sein.

Der interessante Titelkupferstich zeigt *unter der Führung und dem Schutz Jesu* den Jesuitenorden durch Waffen und Rüstungen symbolisiert, auf all diesen ist das Christusmonogramm IHS zu sehen, von der Societas Jesu oft als *Iesum Habemus Socium* (Wir haben Jesus zum Gefährten) interpretiert. Darunter symbolisieren zwei alte Weiber die vom Orden bekämpften Kräfte. Links die medusenhäuptige Häresie, rechts im amerikanischen Federschmuck über einem zerstörten Idol mit Jaguarkopf der heidnische Unglaube.

F) Die koptische Kirche

(F 1) **Franz Christian Gau**: Neu entdekte Denkmäler von Nubien, an den Ufern des Nils, von der ersten bis zur zweiten Katarakte, gezeichnet und vermessen im Jahre 1819.

Stuttgart und Paris: Cotta und Didot 1822.

Sign.: Cf 15

Sicherlich ging es dem gebürtigen Kölner Franz Christian Gau (1790-1853) auf seiner Ägypten- und Nubienreise nicht um die Erforschung des antiken Christentums im dortigen Gebiet. Ihn interessierte – wie auch heute die Mehrzahl der Menschen – das Land der Pharaonen, weniger schon das hellenistische und römische

Blumen werden dem Apostelfürsten geopfert. Relief aus dem 5. Jh.

Ägypten, das christliche und islamische nur marginal. Gau stellte aber nicht selten fest, dass altägyptische Tempelanlagen als Gotteshäuser von den Kopten weiterbenutzt wurden, was gewiss Zerstörungen mit sich brachte, aber womöglich kompletten Zerfall verhinderte. Ihm gelang es auch, Reliefs mit christlichem Inhalt inmitten altägyptischer Abbildungen etwa in Essabua, dem berühmten Felsentempel erbaut unter Ramses II. (1279-1213 v.Chr.), aufzufinden und freizulegen; seit dem fünften Jahrhundert wurde der alte Amuntempel als Kirche genutzt. Auf einem veränderten Relief werden nun Blumen dem Apostelfürsten geopfert, nicht mehr altägyptischen Gottheiten. Den schon damals recht verfallenen römischen Isis- und Serapistempel von Maharaga erforschte Gau ebenfalls, auch aus ihm wurde schließlich eine christliche Kultsstätte mit einer echten Besonderheit für alte Tempel in Nubien: einer Wendeltreppe in der Ecke des Portikus.

Franz Christian Gau wurde unter dem Titel Köln/Nil eine große Ausstellung im Kölnischen Stadtmuseum gewidmet.

(F 2) **Johann Michael Wansleben**: Histoire De L'Eglise D'Alexandrie, fondée par S. Marc, Que nous appelons celle Des Jacobites-Coptes D'Egypte.

Paris: Clousier und Promé 1677.

Sign.: 207/2.4 (Bibliothek St. Albertus Magnus)

> *Er war ein Mann von bedeutenden Geistesgaben und ausdauernder Arbeitskraft und hätte in geordneten Verhältnissen wahrhaft Großes leisten können, doch zerrütteten seine Leidenschaften, namentlich sein Hang zur Trunksucht seinen Körper, sodaß er in seinem späteren Leben nirgends die gehoffte Anerkennung und Unterstützung fand, sondern überall auf Mißtrauen und Kälte stieß und darum an sich selbst und an seiner wissenschaftlichen Lebensaufgabe verzweifelte.*

So urteilt die Allgemeine Deutsche Bibliographie 1896 über den Erfurter Johann Michael Wansleben (1635-1679). Noch als Protestant beschäftigte er sich intensiv mit Ägypten und Äthiopien. Im Auftrag seines Landesherrn Herzog Ernst der Fromme von Gotha (1601-1675) und finanziert von diesem unternahm der Paradiesvogel 1663 bis 1665 seine erste Reise nach Ägypten, um vor Ort Nachforschungen über die koptische Kirche anzustellen und für das Luthertum zu missionieren. In Grenzen tat er dies auch und berichtete brieflich davon in die Heimat, brachte aber vor allem des Herzogs Geld durch. Auf seiner Rückkehr nach Deutschland 1665 konvertierte er in Rom zum Katholizismus und trat in den Dominikanerorden ein. 1670 reiste er wiederum nach Ägypten, diesmal im Auftrag des französischen Hofes um alte Handschriften zu erwerben. Insgesamt sammelte er während seines sechsjährigen Aufenthalts in ganz Ägypten (bis nach Äthiopien kam er allerdings nicht) 334 Manuskripte ein und sandte sie an die königliche Bibliothek. Eine weitere Frucht seiner Bemühungen ist dieser große Bericht über den Zustand der koptischen Kirche im letzten Drittel des 17. Jahrhunderts. Wohlwollend und sehr genau schildert er Hierarchie, Liturgie und Alltagsleben der Kleriker und Laien, Kirchenbauten und Klöster im Patriarchat von Alexandria.

(F 3) Sammlung der merkwürdigsten Reisen in den Orient.

Jena: Cuno 1794.

Sign.: 207/6.15 (Bibliothek St. Albertus Magnus)

Der evangelische Theologe und Orientalist Heinrich Eberhard Paulus (1761-1851) gab 130 Jahre später den Bericht von Johann Michael Wansleben über dessen erste Reise nach Ägypten auf Deutsch heraus, die ja noch vor der Konversion erfolgt war; dafür nahm Paulus auch Einsicht in die gothaischen Archive. Auf Italienisch und Französisch war dieser bereits erschienen, aber Paulus vermutete, dass Kritisches darin über die katholische Kirche von den dominikanischen Ordensbrüdern Wanslebens ausgelassen oder verändert worden sei. Auch in diesem Werk findet sich schon vieles zur koptischen Kirche wie die aufgeschlagene Liste mit koptischen Marienfesten zeigt. Wansleben zählt 32 Feste, darunter nicht wenige uns völlig unbekannte.

(F 4) **Pietro Martire d'Anghiera**: De Rebus Oceanicis Et Novo Orbe, Decades Tres [...] Item De Babylonica Legatione, Libri III.

Köln: Calenius & Quentel 1574.

Sign.: Aa 1535

Seit 1487 hochgeschätzt von den spanischen Königen war der Italiener Pietro Martire d'Anghiera (1457-1526) auch gut bekannt mit Columbus, Vespucci und Cortés und der erste Chronist der Anfangszeit der Entdeckung Amerikas. Der ernannte Bischof von Jamaica betrat niemals den Boden seines Sprengels in der Karibik. In diesem Werk berichtet er unter anderem über die Diskussion der Spanier über die Freiheit und Würde der Indianer, die Bedeutung des Golfstroms und der Gummipflanze.

Dem Kölner Druck angefügt ist auch der Bericht über seine Reise 1501 als spanischer Botschafter nach Babylonien, gemeint ist aber der Hof des Mamluken-Sultans von Ägypten. Erfolgreich verwandte er sich dort für die Christen in Ägypten und im Heiligen Land. Befürchtet wurde, dass die Muslime wegen der Vertreibung der Mauren von der iberischen Halbinsel an ihnen Rache nehmen würden.

(F 5) **Carsten Niebuhr**: Reisebeschreibung nach Arabien und andern umliegenden Ländern.

Kopenhagen: Möller 1774-1778.

Sign.: XI 58

Der Verfasser dieser Reisebeschreibung, der Dithmarscher Carsten Niebuhr (1733-1815), war der einzige Überlebende einer wissenschaftlich hochrangigen dänischen Expedition nach Arabien in den Jahren 1761 bis 1767, an der er als Mathematiker und Kartograph teilnahm. Sie führte über Konstantinopel, Ägypten, die arabische Halbinsel, Indien, Persien und die Türkei schließlich zurück nach Kopenhagen. Die Forschungsergebnisse waren außerordentlich auf allen Gebieten, insbesondere Niebuhrs karthographische Arbeiten blieben sehr lange Zeit Referenzmaterial. Niebuhr berichtet auch immer wieder über die orientalischen Christen; er macht ihre ausgeprägte Uneinigkeit für ihre doch recht schwache Stellung unter den Mohammedanern verantwortlich. Bei den mit Rom unierten Kirchen stellt er immer wieder fest, dass für diese der Papst doch weit weg sei und nicht sehr interessiere. Bezüglich der Reliquien des heiligen Markus zu Alexandria berichtet er:

> *Nicht weit* [...] *ist die Kirche des Evangelisten Marcus, den Copten gehörig. Hier zeigt man noch die Grabstätte des erwähnten Evangelisten. Die Copten öffnen das Grab nicht mehr, weil ihnen, ihrer Sage nach, der Kopf des Evangelisten von den Venetianern entwendet worden ist. Die Römischcatolischen hergegen wollen behaupten, daß sie die Geschicklichkeit gehabt haben den ganzen Körper aus der Gefangenschaft der Ketzer zu erretten, und daß die Copten ihnen Unrecht thun, wenn sie sagen, daß die Geistlichen von der römischen Parthey nur bloß den Kopf des Heiligen hätten stehlen können. Ihnen sind noch die klugen Maasregeln, nach welchen ihre Brüder diese große Unternehmung ausgeführt haben, bekannt. Sie sollen den Körper in Stücke zerschnitten, wohl eingepackt, und für Schweinefleisch ausgegeben haben, um zu verhüten daß dieser große Schatz nicht von den Mohammedanern und Juden auf dem Zollhause entdeckt, und ihnen wieder genommen werden möchte.*

Niebuhr versah sein Werk mit vielen Illustrationen, darunter mehrere Tafeln mit morgenländischen Kopfbedeckungen, auch solchen der dortigen Christen. Manche davon waren nur farblich von denen der Mohammedaner unterschieden, gedacht als Hilfe für die Steuereintreiber, die so schon auf den ersten Blick die unterschiedlichen Steuersätze – Christen hatten mehr zu zahlen – ansetzen konnten. Als stolzer Abkömmling freier Dithmarscher Bauern verzichtete Niebuhr übrigens im späteren Leben auf eine Erhebung in den Adelsstand.

Morgenländische Kopfbedeckungen nach Niebuhr. Kopenhagen 1774-78.

(F 6) **Robert Curzon**: Visits to monasteries in the Levant.

London: Murray, 3. Aufl. 1850.

Sign.: Cb 5048

In "Visits to the Monasteries in the Levant", *one of the most charming books of travel ever written,* wie es im Dictionary of National Biography heißt, schildert der britische Diplomat Robert Curzon, 14. Baron Zouche (1810-1873), seine Reisen zwischen 1834 und 1837 in die Levante, womit hier alle Länder im östlichen Mittelmeerraum gemeint sind, also auch Griechenland. Er besuchte koptische Klöster in Ägypten und orthodoxe in Griechenland und auf dem Berg Athos. Seine Beschreibungen des Mönchslebens sind oft humorvoll, aber nicht bissig. Besonderes Interesse hat er an den Bibliotheken der Klöster, aus denen er so manches Manuskript akquirierte – zum Teil die Unkenntnis der Äbte und Bibliothekare in seltsamer Manier ausnutzend – und in sein Heimatland schaffte. In einem koptischen Kloster zum Beispiel versteckte er eine wertvolle Handschrift, die ihm die Mönche nicht überlassen wollten, und ließ sie sich Jahre später von einem über das Versteck informierten Freund nach England schicken, der sie im Kloster heimlich an sich genommen hatte. Curzon ließ die Handschrift allerdings in Kairo für den Gebrauch der Kopten vorher kopieren.

Aufgeschlagen ist eine der seltenen Abbildungen einer koptisch-abessinischen Klosterbibliothek in der Wüste mit Büchern, die in dazugehörenden Reisetaschen an der Wand hängen.

(F 7) **Maria Cramer**: Koptische Buchmalerei. Illuminationen in Manuskripten des christlich-koptischen Ägypten vom 4. bis 19. Jahrhundert.

Recklinghausen: Bongers 1964.

Sign.: Ed 1030

Interessante Einblicke in die hochentwickelte koptische Buchmalerei lassen sich durch dieses Buch gewinnen. Ein beliebtes Motiv stellen die Heiligen Drei Könige dar, aufgeschlagen ist eine Darstellung der Begegnung der Könige mit Herodes aus dem Jahre 1663. Zur Translation der Gebeine der Drei Könige von Mailand nach Köln, die sich 2014 zum 750mal jährt, wird eine weitere Ausstellung noch in diesem Jahr in der Erzbischöflichen Diözesan- und Dombibliothek zu sehen sein.

(F 8) **De Lacy O'Leary**: The Saints of Egypt in the Coptic calendar.

Amsterdam: Philo Press 1974.

Sign.: Ecb 1777

So wenig erfolgreich De Lacy O'Leary (1872-1957) als anglikanischer Seelsorger auch war – wegen der Art seiner Leitung einer Pfarre in Bristol wurden sogar Anfragen an das Oberhaus in London gestellt –, so wertvoll bleiben seine Arbeiten zur Orientalistik, insbesondere zur Frühgeschichte der Kopten. Sein Heiligenkalender der koptischen Kirche verdeutlicht die große Menge an herausragenden Christen, die die ägyptische Kirche für sich in Anspruch nimmt, von denen aber auch eine Vielzahl von anderen Konfessionen verehrt wird. Eine Besonderheit dürfte aber die Verehrung des heiligen Eudaemon durch die Kopten am 11. August sein. Die fiktive Gestalt gilt als erster ägyptischer Martyrer für das Christentum. Auf ihrer Flucht vor Herodes nach Ägypten soll die Heilige Familie Unterschlupf in Oberägypten gefunden haben; Eudaemon wurde durch einen Engel zu ihr geführt. Nach seiner Anbetung des Jesuskindes wollte er nicht mehr zur Verehrung der alten, falschen Götter zurückkehren und wurde deshalb von seinen Mitbürgern lange vor Christi Kreuzestod umgebracht.

(F 9) **Athanasius der Große**: Opera omnia.

Paris: Nivell 1581.

Sign.: Af 87

Von allen Kirchen hochverehrt wird der heilige Athanasius, der 20. Patriarch von Alexandria; seit 1568 ist er Lehrer der katholischen Kirche. Hauptsächlich bedingt durch seinen Kampf gegen den Arianismus musste er während seiner Amtszeit (328-373) fünfmal ins Exil, das erste verbrachte er unter Kaiser Konstantin von 335 bis 337 in Trier. Dort gewährte ihm der heilige Trierer Bischof Maximin (329-346) Asyl. Die Kopten betrachten den *Vater der Orthodoxie*, die *Säule der Kirche und Arzt ihrer Wunden* als einen der ihren; sein Grab befindet sich heute in der Kirche San Zaccaria in Venedig, Papst Paul VI. überreichte 1973 dem koptischen Papst Shenouda III. auf dessen Romreise eine Reliquie eines der größten Theologen aller Zeiten.

Die eindrucksvolle Druckermarke von Nivell auf dem Titel dieser frühen Pariser Werkausgabe illustriert das vierte Gebot, die Eltern zu ehren.

(F 10) **Gerhard Johannes Vossius**: Historiae De Controversiis, Quas Pelagius Eiusgue reliquiae moverunt, Libri Septem.

Leiden: Patius 1618.

Sign.: He. 173

1642 wies der Polyhistor Gerhard Johannes Vossius (1577-1649) – ein echter Studentenmagnet unter den Professoren der Leidener Universität – endgültig nach, dass das so genannte "athanasische Glaubensbekenntnis", eines der großen Bekenntnisse des christlichen Glaubens, nicht von Athanasius dem Großen persönlich verfasst worden ist. Athanasius schrieb Griechisch, die Ursprungsform des Glaubensbekenntnisses ist definitiv in Latein. Der oder die Kompilatoren des Textes bleiben unbekannt, erst in Handschriften aus dem achten Jahrhundert findet er sich häufiger.

Vossius versuchte sich aus den innerprotestantischen Streitereien seiner Zeit herauszuhalten; dabei war er nicht immer erfolgreich. Sein Werk über den Pelagianismus brachte ihn Konflikt mit den strengen Calvinisten. Wie es heißt, starb er durch einen Sturz von der Leiter vor seinem Bücherregal.

(F 11) **Rituale coptice et arabice.**

Rom: 1763.

Sign.: Bd 98

Nach seinem Übertritt von der koptisch-orthodoxen zur mit Rom unierten koptischen Kirche gab der nachmalige Titularerzbischof von Arsinoë auf Zypern Raphael Tuki († 1787) in Rom die liturgischen Bücher für seine unierten Glaubensgeschwister heraus. Der schöne zweispaltige Druck in Rot und Schwarz mit den Texten in Koptisch und Arabisch ist orientiert an dem entsprechenden Buch der lateinischen Kirche, dem Rituale für den Sakramentendienst, für den Begräbnisritus etc.

G) Die syrisch-orthodoxe Kirche

(G 1) **Marcellinus Molkenbuhr**: Ueber die Ankunft des h. Apostels Petrus nach Rom und Antiochia und einige vorgebliche alte Streitigkeiten mehrerer Bischöfe wider die Päpste.

Paderborn: Schlegel 1816.

Sign.: Cb 3186

Die Tatsache der Errichtung eines Bischofssitzes, eines Patriarchats, durch den Apostel Petrus in Antiochia noch vor der in Rom konnte bei – allerdings nur sehr wenigen – katholischen Gelehrten Bauchgrimmen verursachen. Dadurch wurde doch der unbedingte Primat des römischen Papstes scheinbar etwas in Frage gestellt, sehen sich doch mindestens drei Patriarchen in dieser Nachfolge des Apostelfürsten. Zu diesen Gelehrten gehörte auch der Franziskaner Marcellinus Molkenbuhr aus Rheine (1741-1825), der schreibt:

> *Und da Petrus nie Bischof zu Antiochien gewesen ist, so ist auch die römische Kirche die älteste unter allen bischöflichen Kirchen in der ganzen Christenheit.*

Molkenbuhr vertrat auch einige andere seltsame Ansichten, so sei Kephas, dem Paulus in Antiochia widerstand, nicht mit Petrus identisch. Mit dem bedeutenden Düsseldorfer Kirchenhistoriker Anton Josef Binterim war er freundschaftlich verbunden und von diesem durchaus als Gelehrter geschätzt. Aber auch Binterim wendete sich gegen eine weitere von Molkenbuhrs kuriosen Ansichten, nämlich dass das Lateinische die Originalsprache der weit überwiegenden Zahl der Schriften des Neuen Testaments sei, darüber hinaus sei das Lateinische sogar die Umgangssprache im Palästina jener Zeit gewesen. Binterim meinte dagegen die Auffassung vertreten zu können, dass die Umgangssprache von Jesus und den Aposteln ein lokal koloriertes Griechisch (!) war.

(G 2) Olfert Dapper: Delitiae Orientales; Das ist Die Ergötzlich- und Merkwürdigkeiten des Morgenlandes nach dessen vornehmsten Landschafften, Insonderheit Syriens [...]

Nürnberg: Hoffmann und Streck 1712.

Sign.: Be 412

Olfert Dapper (1636-1689) aus Amsterdam war ein Arzt, Historiker und Geograph. Wegen der guten Illustrierung waren und sind alle Werke des Mannes, der sein Heimatland nie verlassen hatte, sehr gesucht. Zur Bedeutung des orientalischen Patriarchats von Antiochia, einer in seiner Zeit schon wüsten Ortschaft, schreibt er als Kompilator vieler früherer Autoren:

Stadtansicht von Damaskus. Nürnberg 1712.

Nach Ausweisung der Historien waren vor Zeiten in Antiochia drey hundert und sechzig prächtige Kirchen der Christen. Der Patriarch daselbst hatte fünff und zwantzig Landschafften unter seinem Gebiet davon vierzehen eine jede ihren Metropolitan [...] und die übrige unter zweyen Primaten oder Obersten standen. Uber dieses waren ihnen hundert und drey und fünffzig Bischöffe unterworffen [...]. Nach Verwüstung der Stadt Antiochia ist der Stuhl des Patriarchen, womit sie vormals prangete, nach Damaskus übergebracht, wiewol der jenige, so sich einen Patriarchen zu Antiochia nennen lässet, kaum so viel als ein Einwohner daselbst zu sagen hat.

Die prächtige Stadtansicht von Damaskus zeigt drei ehemalige Kirchen, die in Moscheen umgewandelt wurden.

(G 3) **Herzog Johann Georg von Sachsen**: Monumentale Reste frühen Christentums in Syrien.

Aachen: Xaverius-Verlag 1920.

Sign.: Db 4959

Syrien kann man nach Palästina als die zweite Heimat des Christentums bezeichnen. Entstand doch auch in Antiochia der Name Christen, mit dem wir uns seitdem mit Stolz bezeichnen. Feiern wir doch seit Jahrhunderten das Fest Petri Stuhlfeier in Antiochia. Durch lange Zeiten blühten hier christlicher Glaube und christliches Leben [...]. Von hier sind in alten Zeiten Missionare nach Indien und sogar nach dem fernen China gezogen. Hier fand christliche Kunst eine ihrer ersten Heimstätten. Manche Darstellungen, die uns im Mittelalter auftauchen, gehen direkt auf syrischen Ursprung zurück.

Und dann kam der Islam. Freilich hat er in den ersten Jahrhunderten nicht alles geistige Leben zertreten. Ja, man kann sagen, daß das christliche Syrien ihm seine reiche Kultur übergab. Erst später, als die Seldschuken Herrscher wurden, ist alles vernichtet worden. Wie viele Kirchen sind später verschwunden, wie viele liegen in Trümmern und ragen ohne Dach zum Himmel empor. Von dem Christentum selbst hat sich ja noch so manches und zum Teil Blühendes, wie die Maroniten in Libanon, erhalten. Aber leider ist es in viele einzelne Kirchengemeinschaften gespaltet. Wie herrlich könnte es wieder emporblühen, wenn e i n Hirt und e i n e Herde wären.

Herzog Johann Georg von Sachsen (1869-1938) leitet mit diesen Worten sein Heft über Relikte des syrischen Christentums ein. Er unternahm diverse Reisen in den östlichen Mittelmeerraum und trug dazu bei mit Kleinschriften wie dieser, das orientalische – auch das orthodoxe – Christentum einer breiteren katholischen Öffentlichkeit in Deutschland bekannt zu machen, wozu nicht zuletzt die von ihm selbst gemachten Photographien beitrugen.

Allzu abenteuerlich – für Komfort war gesorgt – sollte man sich des Herzogs Reisen nicht vorstellen, im Vorwort zum Bericht über eine Reise nach Nordsyrien schreibt er:

> *Im Herbste 1910 unternahmen meine Frau, meine Schwester Mathilde und ich eine Orientreise, die uns nach dem Sinai, Palästina, Syrien und Ägypten führte. In unserer Begleitung befanden sich die beiden Hofdamen von Schönberg-Rothschönberg, mein Adjutant Hauptmann von Elterlein, mein Hofkaplan Feßler, drei Kammerfrauen und zwei Lakaien.*

(G 4) Syrisches Lektionar.

S.l.: spätes 16. Jahrhundert.

Sign.: Diöz. Hs. 1604

In Garschuni – einer Schrift, die aus der christlich-syrischen Tradition stammend für die Schreibung des Arabischen verwendet wird und hier mit Vokalpunkten versehen ist – wurde dieses Lektionar mit Lesungen aus dem Alten und Neuen Testament für die Sonn- und Feiertage des ganzen Kirchenjahres angefertigt. Im Gebrauch war es bei der syrischen Kirche, von der sich Teile sehr stark an der katholischen Kirche orientierten. 1774 wurde offiziell eine syrisch-katholische Kirche wiedererrichtet.

Die Handschrift stammt aus dem Vorbesitz des englischen Bibliomanen Sir Thomas Phillipps (1792-1872), erster Baronet von Middle Hill. Der Baronet soll schon im zarten Alter von sechs Jahren 120 Bücher sein eigen genannt haben und brachte das nicht unbeträchtliche Familienvermögen durch den Erwerb ebensolcher durch. Allerdings hinterließ er eine Bibliothek von höchstem Wert mit vielen Handschriften, die – wie er in seinem Testament bestimmte – nie von einem Katholiken, insbesondere nicht von seinem Schwiegersohn, besichtigt werden sollte.

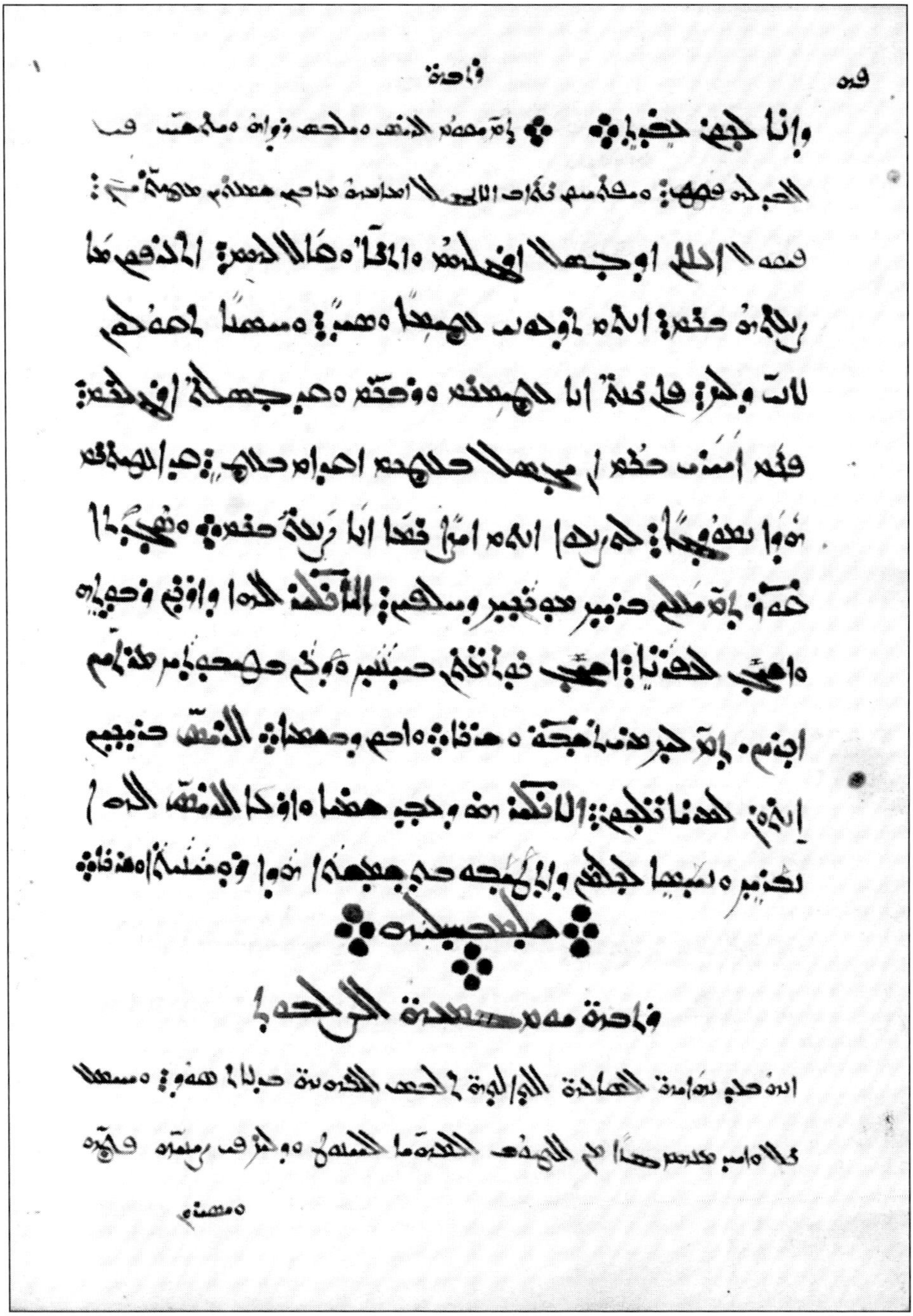

Syrisches Lektionar. Diöz. Hs. 1604, spätes 16. Jh.

(G 5) **La Santa Missa De Los Caldeos Y De Los Maronitas**, Del Monte Libano.

Bayonne: Favuet 1679.

Sign.: Ab 719

Für fromme und demütige Seelen wie die des spanischen Königs Karl II. (1661-1700, er trug den Beinamen "der Verhexte" und das markante Habsburgerkinn) und seiner Schwester Maria Theresia, der französischen Königin, übersetzte ein maronitischer Priester namens Hissa die Messtexte aus dem syrischen Aramäisch ins Spanische. Auf aramäisch seien sie ja durch Unseren Herrn Jesus Christus selbst eingesetzt worden. Hissa, der etwas weit gefasst Asien als sein Vaterland bezeichnet, versichert dem König im Vorwort, dass nichts von diesen Texten der römisch-katholischen Liturgie essentiell entgegensteht und den Vorschriften des Papstes, des Generalvikars Jesu Christi, widerspricht.

(G 6) **The Rabbula Gospels**.

Olten u. Lausanne: Graf 1959.

Sign.: Ef 5

Ein Mönch aus einem Kloster im Zweistromland namens Rabbulas vollendete 586 dieses syrische Evangeliar, welches sich seit 1497 in der Biblioteca Laurentiana zu Florenz befindet. Neben reich verzierten Kanontafeln finden sich sechs Vollbilder. Die Darstellung der Kreuzigung und des Pfingstereignisses gehören zu den frühesten ihrer Art. Das Bild zu Christi Himmelfahrt zeigt unten Maria umgeben von den Aposteln und zwei Engel, die die Wiederkunft des Herrn ankündigen. Oben ist Christus in einer Mandorla zu sehen, unter ihm die Evangelistensymbole. Deren Darstellung – die Flügel sind mit vielen Augen versehen – ist in dieser Form sehr selten, obwohl recht genau der Offenbarung (4,6-8) entsprechend:

> *Und vor dem Thron war etwas wie ein gläsernes Meer, gleich Kristall. Und in der Mitte, rings um den Thron, waren vier Lebewesen voller Augen, vorn und hinten. Das erste Lebewesen glich einem Löwen, das zweite einem Stier, das dritte sah aus wie ein Mensch, das vierte glich einem fliegenden Adler. Und jedes der vier Lebewesen hatte sechs Flügel,* ***außen und innen voller Augen****.*

The Rabbula Gospels – Christi Himmelfahrt. Darstellung um 586.

(G 7) Chronique de Michel le Syrien, patriarche jacobite d'Antioche (1166-1199).

Brüssel: Cultur et Civilisation 1963.

Sign.: Ed 1912

In schwieriger Zeit musste Michael I. der Große das Patriarchenamt der syrisch-orthodoxen Kirche übernehmen. Michael hatte für seine Christen zu lavieren zwischen den Kreuzfahrern, dem byzantinischen und dem armenischen Reich sowie dem Seldschuken-Sultan, da sich sein Patriarchat in all deren Gebiete erstreckte. Von Papst Alexander III. (1159-1181) wurde er 1179 zum Dritten Laterankonzil eingeladen, nahm aber nicht teil; indes gab er eine schriftliche Stellungnahme zu den Albigensern ab, deren Bekämpfung auch auf der Agenda des Konzils stand. Innerkirchlich führte sein Leitungsstil – er ging energisch gegen die Simonie vor – nicht selten zu Zerwürfnissen. Seine Weltchronik – hier der Nachdruck der ersten Ausgabe aufgrund des Originaltexts – stellt den Patriarchen in eine Reihe mit den bedeutendsten Kirchenhistorikern des Mittelalters. Von hohem Wert sind seine detaillierten Ausführungen zur Geschichte der orientalischen Kirchen seit dem sechsten Jahrhundert und zur Geschichte der Kreuzzüge, die er zum Teil als Augenzeuge miterlebte. Ausdrücklich lobt er das korrekte und freigebige Verhalten der Kreuzritter nicht nur gegenüber Angehörigen seiner Kirche.

(G 8) Ephraem der Syrer: Handtbüchlein, Darinnen viel sprüch und schöner Christlicher lehr des H. Ephrems Diacons der kirchen zu Edessa in Syrien zusamen getragen, welche beynahe vor 1200. Jarn auf Syrischer Sprach in Griechische kommen, Jetzt newlich in Lateinische gebracht und letztlich in unsere Teutsche verendert.

Mainz: Behem 1565.

Sign.: Aa 2407

Der wohl größte syrische Theologe Ephraem wird von der gesamten Christenheit als Heiliger verehrt und hochgeschätzt. Aufgrund seiner Lebenszeit zwischen 306 (?) und 373 – also vor dem Konzil von Chalcedon von 451 mit dessen von den orientalischen Christen nicht mitgetragenen Ergebnissen – gab und gibt es über ihn und seine Lehre keine dogmatischen Differenzen. 1920 wurde er offiziell mit der Enzyklika *Principi apostolorum Petro* durch Papst Benedikt XV. (1914-1922) zum

Kirchenlehrer erklärt. Das Motto dieser alten Anthologie aus Ephraims Werken lautet denn auch:

> *Einem jeden Christen sein leben zu Gottes ehr und fürderung seiner seligkeit recht anzustellen, notwendig zu wissen.*

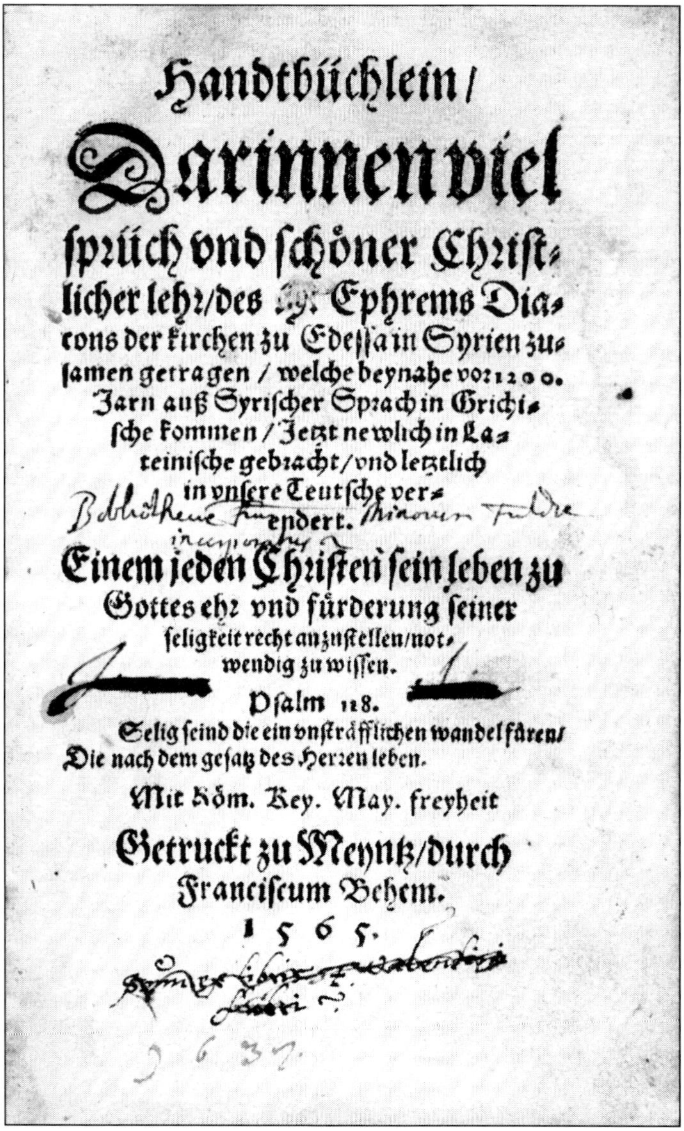
Handtbüchlein/
Darinnen viel
sprüch vnd schöner Christ-
licher lehr/des H. Ephrems Dia-
cons der kirchen zu Edessa in Syrien zu-
samen getragen / welche beynahe vor 1200.
Jarn auß Syrischer Sprach in Grichi-
sche kommen / Jetzt newlich in La-
teinische gebracht/vnd letztlich
in vnsere Teutsche ver-
endert.
Einem jeden Christen sein leben zu
Gottes ehr vnd fürderung seiner
seligkeit recht anzustellen/not-
wendig zu wissen.
Psalm 118.
Selig seind die ein vnsträfflichen wandel füren/
Die nach dem gesatz des Herren leben.
Mit Röm. Key. May. freyheit
Getruckt zu Meyntz/durch
Franciscum Behem.
1565.

Ephraem der Syrer: Handtbüchlein [...]. Mainz 1565.

(G 9) Sermones Ingeniosissini ac sanctissimi patris Ephrem Edissene ecclesie dyaconi Per fratrem Ambrosium Camaldulensem de greco in latinum Conversi.

Paris: Petit 1505.

Sign.: Ab 465

> *Er war der bedeutendste Vertreter des Christentums syrischer Sprache, und es gelang ihm, auf einzigartige Weise die Berufung des Theologen mit jener des Dichters zu verbinden. Er bildete sich und wuchs heran an der Seite des Bischofs Jakobus von Nisibis (303-338); mit ihm gemeinsam gründete er die theologische Schule seiner Stadt. nach seiner Diakonweihe nahm er intensiv am Leben der christlichen Ortsgemeinde teil, bis Nisibis im Jahr 363 in die Hände der Perser fiel. Ephräm emigrierte nun nach Edessa, wo er seine Tätigkeit als Prediger fortsetzte. In dieser Stadt starb er 373 als Opfer der Pest, mit der er sich bei der Pflege der Pestkranken angesteckt hatte. Man weiß nicht mit Sicherheit, ob er er Mönch war, aber gewiss ist jedenfalls, dass er sein ganzes Leben lang Diakon blieb und sich an das Gebot der Jungfräulichkeit und der Armut gehalten hat. So kommt in der Besonderheit seiner kulturellen Ausdrucksweise die gemeinsame und grundlegende christliche Identität zum Vorschein: der Glaube, die Hoffnung – diese Hoffnung, die ihn arm und keusch in dieser Welt leben lässt, indem er alle Erwartung auf den Herrn setzt – und schließlich die Liebe bis zur Selbsthingabe in der Pflege der Pestkranken.*

So äußert sich Papst Benedikt XVI. in seinem Buch über die Kirchenväter aus dem Jahre 2008 zu Ephraem dem Syrer. Die vorgelegte frühe lateinische Ausgabe von dessen Predigten orientierte sich an deren Übersetzung aus dem Griechischen durch den Humanisten Ambrosius den Kamalduenser (1386-1439); dieser scharfe Kritiker kirchlicher Missstände war einer der fähigsten Gräzisten seiner Zeit und bemühte sich sehr um eine Annäherung zwischen West- und Ostkirche.

(G 10) Ausgewählte Schriften der syrischen Kirchenväter **Aphraates, Rabulas und Isaak v. Ninive**.

Kempten: Kösel 1874.

Sign.: Ca 2551 (38)

In diesem Band aus der *Bibliothek der Kirchenväter*, die so viele Schriften der christlichen Theologie aus Ost und West erstmals einem breiten Publikum in deutscher Sprache zugänglich machte, sind Texte dreier weiterer bedeutender Theologen der syrischen Kirche versammelt.

- Aphraates (gräzisiert aus dem syrischen Afrahat) – der persische Weise – gilt als ältester syrischer Kirchenvater. Als Mönch und möglicherweise auch Bischof schrieb er 23 Abhandlungen über nahezu die gesamte christliche Lehre, woraus sich durchaus auch Rückschlüsse auf das Christentum im antiken Persien ziehen lassen. Aphraates wurde zwischen 260 und 275 geboren und starb nach 345; auch ihm widmete Papst Benedikt XVI. eine Katechese.
- Rabulas (ca. 350 - 435/36) war seit 412 Bischof des so bedeutenden Edessa; zum Christ soll er erst mit etwa 50 Jahren geworden sein. Er wandte sich in Schriften gegen Arianer, Manichäer sowie Nestorianer und versuchte auch schon, eine Verbesserung des kirchlichen Lebens zu erreichen.
- Isaak von Ninive oder auch Isaak der Syrer wurde ca. 640 an der Westseite des persischen Golfes geboren. Sein Bischofsamt von Ninive legte er nach nur fünf Monaten nieder, um fortan ein Leben als Einsiedler im Gebirge der Susiana (heute Chuzestan im Iran) bis zu seinem Tod im Alter von etwa 60 Jahren zu führen. Seine aszetischen Schriften sind von höchster Bedeutung für das gesamte orientalische Mönchtum.

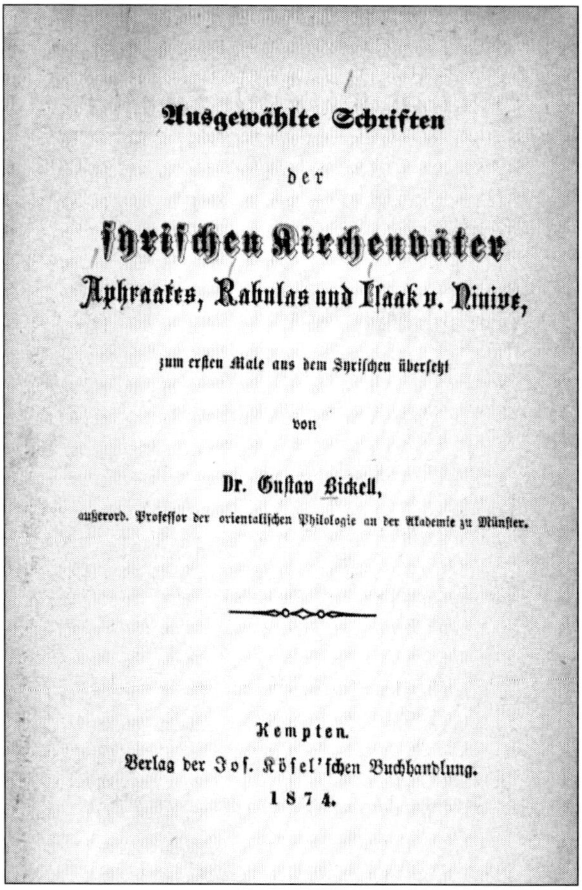

Ausgewählte Schriften

der

syrischen Kirchenväter

Aphraates, Rabulas und Isaak v. Ninive,

zum ersten Male aus dem Syrischen übersetzt

von

Dr. Gustav Bickell,

außerord. Professor der orientalischen Philologie an der Akademie zu Münster.

Kempten.

Verlag der Jos. Kösel'schen Buchhandlung.

1874.

Ausgewählte Schriften der syrischen Kirchenväter [...]. Kempten 1874.

(G 11) **Simon Konrad Landersdorfer**: Die Götterliste des Mar Jacob von Sarug in seiner Homilie über den Fall der Götzenbilder. Ein religionsgeschichtliches Dokument aus der Zeit des untergehenden Heidentums.

München: Straub 1914.

Sign.: Db 7349

Ein auch im religionswissenschaftlichen und kulturgeschichtlichen Sinne erstrangiges Dokument stellt die Unterweisung des Jakob von Sarug über den Fall der Götzenbilder dar, hier gezeigt in einer von dem Ettaler Benediktiner Landersdorfer (1880-1971) kommentierten und übersetzten Fassung. Eine solche Liste der vorchristlichen Pantheons des vorderasiatischen Raums dürfte in dieser Vollständigkeit nicht ihresgleichen haben.

In Deutschland wurde übrigens der ehemalige Dominikanerkonvent in Warburg, Kreis Höxter, von syrisch-orthodoxen Christen übernommen und in die Abtei Sankt Jakob von Sarug umgewandelt.

(G 12) **Figur eines syrischen Mönches.**

Leihgabe aus Privatbesitz

Bei der Holzfigur in typischer Gewandung könnte es sich um eine Darstellung von Charbel Makhlūf (1828-1898) handeln, dieser maronitische Mönch aus dem Libanon wurde 1977 von Papst Paul VI. heiliggesprochen. Seit 1875 führte er ein strenges Eremitendasein und soll viele Wunder vollbracht haben, die sich an dem Grab des von Christen wie von Muslimen Verehrten weiter ereigneten.

H) Die assyrischen Christen

(H 1) **Ricoldus de Monte Crucis**: Confutatio legis late Sarrhacenis a maledicto Mahometo.

Rom: Guilleretus 1506.

Sign.: P.I. 100 (Bibliothek St. Albertus Magnus)

Der Florentiner Ricoldus de Monte Crucis (1243-1320) war einer von vier Brüdern, die in den Dominikanerorden eintraten. Er trat mit Erlaubnis der Ordensoberen und des Papstes seine Pilger- und Missionsreise 1288 nach Palästina und dem vorderen Orient an, von der er spätestens 1301 zurückkehrte. Stolz konnte er von sich behaupten, aufgrund der angeeigneten Sprachkenntnisse, den Koran im arabischen Original lesen zu können; seine Kritik am Islam – auf die sich etwa Nicolaus von Cues und Martin Luther stützen – gewann dadurch an Überzeugungskraft. Die heftige Ablehnung des Islam, den er an besten Schulen wie in Bagdad studierte, verleitete ihn jedoch nie dazu, die persönlichen Qualitäten der Muslime – Rechtschaffenheit, Gastfreundschaft, ehrliche Frömmigkeit – zu übersehen oder gar zu leugnen.

Auf seiner Reise begegnete er auch höchsten Geistlichen der west- und ostsyrischen Kirchen, von denen er einige zur Akzeptierung allerdings ohne Nachhaltigkeit des päpstlichen Primats bewegen konnte. In Bagdad geriet er mit den christlichen Autoritäten in Konflikt, da er dort gegen die Irrtümer des Nestorius in nestorianischen Kirchen predigte. Der Beherrscher des mongolischen Teilreichs Arghun Khan (1284-1291) – er selbst war Buddhist, seine Mutter Christin – erteilte ihm die Erlaubnis in Bagdad eine Kirche zu errichten, untersagte aber die Predigt in aller Öffentlichkeit. Ricoldus bezeichnete Arghun Kahn als einen Schurken der übelsten Sorte, er sei aber immerhin ein Freund der Christen. In Bagdad begegnete er auch einem "Monster", einer riesigen Schlange auf vier Füßen mit furchterregender Zunge, vermutlich hat Bruder Ricoldus hier einen dressierten Riesenwaran kennengelernt.

In der hier gezeigten sehr frühen Ausgabe seiner Widerlegung des Islam in Dialogform fehlen die geplanten illumierten Großbuchstaben, auf der rechten Seite hätte ein verziertes **Q** eingefügt werden sollen, was nie geschah. Als Hinweis für den Buchmaler wurde schlicht ein kleines **q** an den Platz gedruckt.

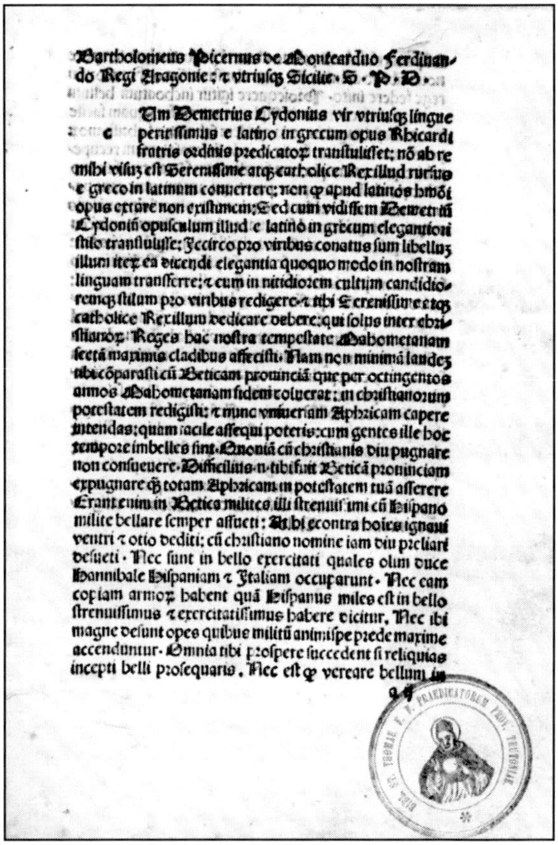

Bartholomeus Picernus de Montearduo Ferdinando Regi Aragonie: & utriusq; Sicilie. S. P. D.

c Um Demetrius Cydonius vir utriusq; lingue peritissimus e latino in grecum opus Rhicardi fratris ordinis predicatorum transtulisset: nõ ab re mihi visum est Serenissime atq; catholice Rex illud rursus e greco in latinum convertere: non q apud latinos huiusmodi opus extare non existimem: Sed cum vidissem Demetrium Cydoniũ opusculum illud e latino in grecum elegantiori stilo transtulisse: Iccirco pro viribus conatus sum libellum illum iterum ea dicendi elegantia quoquo modo in nostram linguam transferre: & cum in nitidiorem cultum candidioremq; stilum pro viribus redigero. & tibi Serenissime atq; catholice Rex illum dedicare debere: qui solus inter christianorum Reges hac nostra tempestate Mahometanam sectã maximis cladibus affecisti. Nam non minimã laudem tibi cõparasti cũ Beticam provinciã que per octingentos annos Mahometanam fidem coluerat: in christianorum potestatem redigisti: & nunc universam Aphricam capere intendas: quam facile assequi poteris: cum gentes ille hoc tempore imbelles sint. Quoniã cũ christianis diu pugnare non consuevere. Difficilius n. tibi fuit Beticã provinciam expugnare q totam Aphricam in potestatem tuã asserere Erant enim in Betica milites illi strenuissimi cũ Hispano milite bellare semper assueti: At ibi econtra hoies ignaui ventri & otio dediti: cũ christiano nomine iam diu preliari desueti. Nec sunt in bello exercitati quales olim duce Hannibale Hispaniam & Italiam occuparunt. Nec eam copiam armorum habent quã Hispanus miles est in bello strenuissimus & exercitatissimus habere dicitur. Nec ibi magne desunt opes quibus militũ animi spe prede maxime accenduntur. Omnia tibi prospere succedent si reliquias incepti belli prosequaris. Nec est q vereare bellum in

q

Confutatio legis late Sarrhacenis a maledicto Mahometo.
Rom, 1506.

(H 2) **Ricoldus de Monte Crucis**: Confutatio Legis Latae Saracenis a maledicto Mahometo.

Rom: Zanettus 1606.

Sign.: 303/11.9 (Bibliothek St. Albertus Magnus)

Die fehlende Zierinitiale Q wurde in dieser 100 Jahre jüngeren Ausgabe der Widerlegung des Islam von Ricoldus de Monte Crucis dann auch eingedruckt. Sein ursprünglich auf Latein verfasstes Werk wurde als Argumentationshilfe für das bedrängte byzantinische Reich gegen den Islam durch den Demetrios Kydones (1324-1397 oder 1398) ins Griechische übersetzt, einem Theologen und Politiker unter mehreren byzantinischen Kaisern. Kydones setzte sich erfolglos für die Wiedervereinigung von West- und Ostkirche ein; seine echte theologische Überzeugung diesbezüglich wurde von der griechisch-orthodoxen Kirche abgelehnt. Politisch hatte er sich davon eine Stärkung von Byzanz gegen die Türken versprochen. Erst die Rückübersetzung ins Lateinische gab dem Werk den endgültigen Titel.

(H 3) **Antoine Dondaine**: Ricoldiana. Notes sur les Oeuvres de Ricoldo da Montecroce.

Archivum Fratrum Praedicatorum 37, 1967.

Sign.: Zc 683

Aufgrund von Handschriften erfolgte 1967 die Edition des *Libellus Fratris Ricoldi ad nationes orientales*, des Büchleins des Bruders Ricoldus betreffs der orientalischen Völker. Als Hilfe speziell für die katholischen Orientmissionare fasste er darin kurz viele strittige Punkte zusammen zwischen seiner Kirche und den orientalischen und orthodoxen Kirchen sowie dem Judentum und dem ihm bekannten Buddhismus, dem tartarischen nämlich. Unter den orientalischen Kirchen bezeichnet er die ost-syrische oder assyrische Kirche, Nestorianer eben, als am weitesten von den römisch-katholischen Ansichten entfernt. Für die Konfrontation mit dem Islam verweist er nur auf seine Confutatio desselben; er selbst bezeichnet das Werk allerdings anders, er spricht von seinem Traktat *Quot sunt dies servi tui*. Dabei handelt es sich um die Worte aus Psalm 119,84: *Wie viele Tage bleiben noch deinem Knecht? Wann wirst du meine Verfolger richten?*

(H 4) **Olfert Dapper**: Umbständliche und eigentliche Beschreibung von Asia: In sich haltend Die Landschaften Mesopotamien, Babylonien, Assyrien, Anatolien oder Klein-Asien: Nebenst Einer vollkommnen Vorstellung Des Glücklichen, Wüsten und Steinigten Arabiens.

Nürnberg: Hoffmann 1681.

Sign.: Ae 776

Recht ausführlich beschreibt Dapper das damals relativ friedliche, unbehelligte und gute Leben der chaldäischen (ostsyrischen) Christen in Bagdad und Umgebung, ob nun mit Rom uniert oder nicht, und wiederholt die althergebrachten und sehr oberflächlichen Aussagen über deren vermeintlichen Nestorianismus:

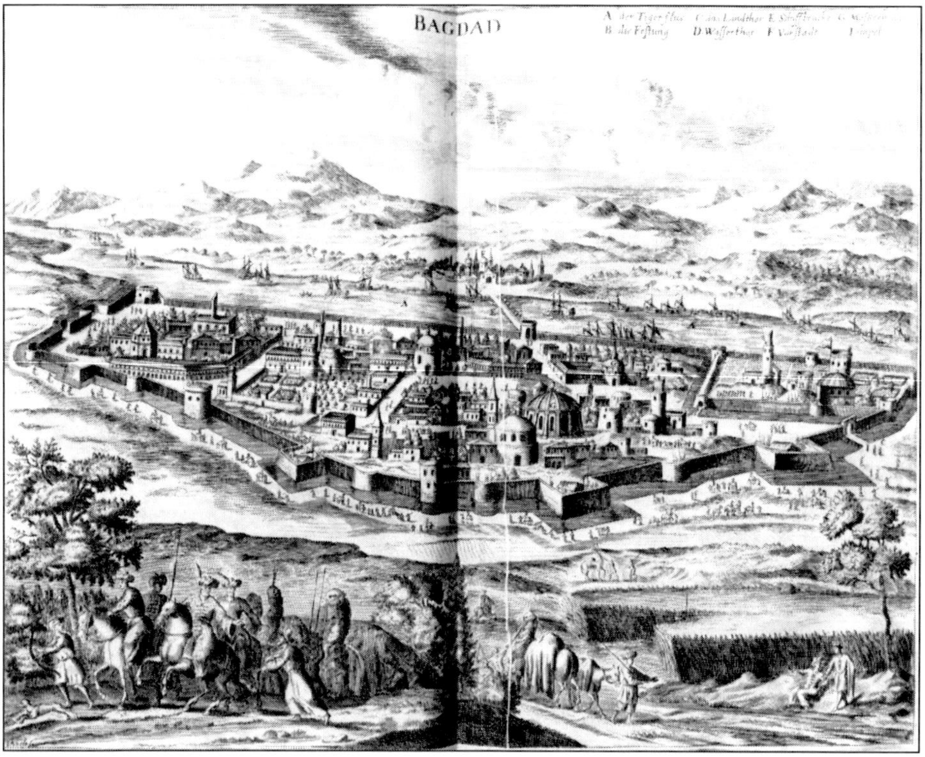

Stadtansicht von Bagdad. Nürnberg 1681.

> [...] *so findet man dennoch sehr viel Chaldeer, die heut zu Tage die nestorianische Lehre vertheidigen. Nemlich sie geben vor, es seyen in Christo zwo unterschiedene Personen, eine Menschliche und eine Göttliche; und glauben vestiglich, das Fleisch seye vom Wort GOTTES in Einheit der Person nicht angenommen worden, sondern seye nur durch die Einwohnung als ein Tempel geheiliget. Dannenhero sagen sie, CHRISTUS seye nur allein ein blosser Mensch und nicht zugleich ein GOtt.*

Zum daraus erfolgenden mariologischen Streit schreibt er:

> *Und aus dieser Ursach wollen sie die Jungfrau Maria nicht eine MutterGOttes oder GOttes-Gebärerin nennen, sondern sie heissen sie eine Mutter Christi und sagen, sie habe einen blossen Menschen gebohren, der nicht allein Menschliche Natur, sondern auch eine Menschliche Person an sich gehabt habe.*

Nach alter, aber falscher Art bezeichnet er die Mandäer oder auch Sabäer im südlichen Irak und ihren synkretistischen Glauben aus Judentum, Christentum und Manichäismus als Sankt-**Johannes**-Christen. Christen sind diese aber gewiss nicht, gilt Jesus Christus ihnen doch als Lügenprophet; **Johannes** der Täufer wird weit höher geschätzt.

(H 5) Thomas von Aquin: Summa contra gentiles.

Venedig: Jenson 1480.

Sign.: Inc. 137 (Bibliothek St. Albertus Magnus)

Der Einfluss der westsyrischen und vor allem der ostsyrischen Christen auf die Theologie und Philosophie (übrigens auch die Medizin) des lateinischen Westens auch nach der Antike darf nicht unterschätzt werden. Der Weg dorthin war allerdings verschlungen, wie Wolfgang Hage deutlich macht:

> *Eine Stätte syrischer-arabischer Kulturbegegnung abseits der theologischen Konfrontation aber schuf Harun ar-Raschids Nachnachfolger al-Ma'mun (813-833) mit seinem "Haus der Weisheit"* [...] *zu Bagdad, in das er christliche, vor allem apostolisch-ostkirchliche Gelehrte zog. Hier trugen sie ihr ganzes Wissen, das sie auf der Basis des antiken griechischen Erbes angesammelt hatten, durch Übersetzungen aus dem Syrischen oder auch direkt aus dem Griechischen in die arabische Welt, machten die Muslime mit der Antike vertraut, schufen ihnen ihre arabisch-philosophische Terminologie und gaben ihnen zumal die aristotelische Philosophie weiter. Nicht ahnen konnten sie freilich, daß sie mit diesem geistesgeschichtlich bedeutsamen Werk eine Brücke schlugen, die schließlich bis in das Abendland reichen sollte. Denn von den Muslimen, die das von den orientalischen Christen Empfangene dann selbständig verarbeitet hatten* [...] *lernten die Europäer, und erst von ihnen empfingen sie den ganzen Aristoteles als Voraussetzung für die abendländische Hochscholastik des 13. Jahrhunderts.*

So ist denn auch neben der Summa Theologiae das zweite bedeutende Werk des heiligen Thomas von Aquin die Summe contra gentiles (die Summe wider die Heiden, oder wie es im Untertitel heißt: das Buch über die Wahrheit des katholischen Glaubens gegen die Irrtümer der Ungläubigen) ohne diese Vermittlungstätigkeit der syrisch-christlichen Gelehrten undenkbar. Auf von ihnen geschaffenen gemeinsamen aristotelischen Grundlagen wird hier die Auseinandersetzung mit der arabischen Philosophie geführt und erst am Ende genuin christliche Wahrheiten wie Inkarnation oder Dreieinigkeit behandelt.

Umrandet von floraler Ornamentik zeigt Blatt 5 der schönen Inkunabel den lehrenden Heiligen Thomas von Aquin mit Magisterhaube in der Initiale **V.**

Primus.

Incipit liber primus de veritate catolice fidei ꝯ errores gentiliū: editus a venerabili fratre Thoma de Aquino ordine fratrum predicatorum doctore egregio.

Quod sit officiū sapiētis. Capitulū primū.

Veritatem meditabitur guttur meū: et labia mea detestabunt impiū: prouerb. viij.

Que sit i hoc opere auctoris intētio. ii.

Inter oia uero stu…

Thomas von Aquin: Summa contra gentiles. Venedig 1480.

(H 6) Justin Perkins: Residence of eight years in Persia among the Nestorian Christians; with notice of the Muhammedans. (Faksimile)

Saarbrücken: Bibliophiler Fines Mundi Verlag 2013.

Sign.: Fbf 2962

Der Presbyterianer-Missionar Justin Perkins aus Massachusetts (1805-1869) war der erste US-Bürger, der in Persien langfristig lebte. Er hielt sich den größten Teil seines Lebens vor allem im Nordwesten des Landes auf und verfasste über seine erste Zeit dort diesen interessanten Bericht über das Leben der assyrischen Christen unter der schiitisch-muslimischen Herrschaft und versah ihn mit vielen Illustrationen nach eigenen Entwürfen. Neben der Errichtung von Bildungsanstalten für die Christen – dabei war er so erfolgreich, dass er auch von den Muslimen um Rat und Tat in solchen Angelegenheiten gebeten wurde – widmete er sich besonders der Linguistik. Perkins hält selbst Ungenauigkeiten in seinem Buch für möglich und führt diese nicht zuletzt auf geringe intellektuelle Disziplin und geringere moralische Prinzipien (als die eines amerikanischen Presbyterianers!?) seiner orientalischen Gewährsleute zurück. Mit Perkins reiste der auch abgebildete Mar Yohannan, Bischof von Urmia, 1841 wohl als erster Vertreter der ostsyrischen Christenheit in die USA. Mar bedeutet soviel wie *Herr* oder *mein Herr*; als Ehrentitel vor dem christlichen Namen tragen ihn Bischöfe und Heilige.

(H 7) George Percy Badger: The Nestorians and their rituals: with a narrative of a mission to Mesopotamia and Coordistan in 1842-1844, and of a late visit to those countries in 1850; also, researches into the present condition of the Syrian Jacobites, Papal Syrians, and Chaldeans, and an inquiry into the religious tenets of the Yezeedes. (Faksimile)

Westmead: Gregg 1969.

Sign.: 1969.1235

Der anglikanische Geistliche George Percy Badger D.C.L. (1815-1888) unternahm im Auftrag des Erzbischofs von Canterbury eine dreijährige Forschungs- und Missionsreise zu den altorientalischen Christen im Zweistromland und Kurdistan. Während seines Aufenthalts lernte er auch mit Rom unierte orientalische Christen kennen. Des Arabischen mächtig war Badger durch seine Jugend auf Malta. Interessant sind seine Aufzeichnungen auch wegen der vielen Illustrationen zum christlichen Leben in der Region, von denen frühere und bessere kaum existieren. Als erste Abbildung erscheint das Brustbild eines Jesidenführers. Die monotheistischen Jesiden, von denen heute noch etwa 800.000 vor allem in Nordkurdistan leben, mögen zwar Einflüsse aus dem nestorianischen Christentum in ihre Religion integriert haben, sind aber keinesfalls als Christen zu bezeichnen.

SHEIKH NÂSIR.
The religious head of the Yeseedees.

George Percy Badger: The Nestorians and their rituals [...]. London 1852.

(H 8) **Edmond Rivière**: Le Nestorianisme renaissant dénoncé à la Sorbonne.

Köln: Sambix 1693.

Sign.: 1967.996

Auch im innerkatholischen Streit wurde der Vorwurf, Ansichten des Heresiarchen Nestorius und seiner Anhänger zu vertreten, als schlagendes Argument vertreten. In diesem Büchlein mit dem fingierten Druckort Köln erhebt ihn der Jesuit Edmond Rivière (1680-1746) gegen den Herausgeber Nicolas Fontaine (1625-1709) einer Neuausgabe der Homilien des heiligen Johannes Chrysostomos. Die Vermutung liegt nahe, dass es keineswegs nur um einen einfachen theologischen Disput ging. Zu dieser Zeit lieferten sich die Jesuiten und die Jansenisten – deren geistiges Zentrum war lange Zeit das Kloster der Zisterzienserinnen von Port-Royal bei

Paris – heftige Kämpfe um die geistige Vorherrschaft in der französischen Kirche. Zum Kreis von Port-Royal gehörten neben solchen Geistesgrößen wie Blaise Pascal, Jean Racine, Madame de La Fayette auch Nicolas Fontaine. Den Jansenisten waren die Jesuiten zu lax und liberal, den Jesuiten wiederum die Jansenisten zu calvinistisch-rigoros.

(H 9) De Communicatione Idiomatum & Titulis Christo compententibus.

Köln: Typographia Universitatis 1785.

Sign.: Be 320

Selten aber immer noch wurde noch im 18. Jahrhundert über die christologischen Ansichten der Nestorianer im akademischen Wettkampf zur Erlangung der Doktorwürde disputiert, wie dieses Thesenblatt belegt. Sie sollten natürlich widerlegt werden.

(H 10) **Athanasius Kircher**: China Monumentis qua Sacris qua Profanis, Nec non variis Naturae et Artis spectaculis, Aliarumque rerum memorabilium Argumentis Illustrata.

Amsterdam: Janssonius a Waesberge et Weyerstraet 1667.

Sign.: Ae 474

Einer der bedeutendsten Universalgelehrten des 17. Jahrhunderts war der Jesuit Athanasius Kircher (1601-1690). Das Titelblatt seines berühmten Werkes "China Illustrata" zeigt unterhalb von Franz Xaver und Ignatius von Loyola rechts Matteo Ricci (1552-1610) und links Johann Adam Schall von Bell (1591-1666) aus Köln. 1658 stieg Schall von Bell in den Rang eines Mandarins der ersten Klasse am chinesischen Hof auf mit dem Titel "Hoher Würdenträger der kaiserlichen Bankette", eine solche Ehre war vor ihm noch nie einem Ausländer in China zuteil geworden. Auf dem Kupferstich trägt der Kölner das Rangquadrat der Mandarine erster Klasse: der weiße Kranich mit gespreizten Flügeln symbolisiert Langlebigkeit.

Erstmals wurde in "China Illustrata" der Text einer Inschrift auf einer Steintafel – in syrisch und chinesisch – wiedergegeben, aus dem hervorgeht, dass spätestens im

Jahre 635 das nestorianische Christentum seinen Weg bis in das Reich der Mitte gefunden hatte.

Athanasius Kircher: China Monumentis [...]. Amsterdam 1667.

(H 11) Abrieb der **Inschrift auf der nestorianischen Stele von Xi'an** in Originalgröße.

Leihgabe des China-Zentrum e.V., Sankt Augustin.

Der Stelenwald in einem der Museen der alten chinesischen Hauptstadt besteht aus über 3.000 Einzelstücken. Die komplette Übersetzung eines der ältesten und wichtigsten Denkmäler des Christentums in China aus dem Jahre 781 ist beigefügt.

In Xi'an befindet sich neben der so wichtigen Stele auch noch das berühmte erst 1974 entdeckte Mausoleum des ersten chinesischen Kaisers Qín Shihuándì (259-210 v.Chr.) mit den Tausenden von lebensgroßen Terrakotta-Soldaten; zwei kleine Repliken werden hier ebenfalls gezeigt.

(H 12) **Johann Lorenz Mosheim**: Historia Tartarorum Ecclesiastica.

Helmstedt: Weygand 1741.

Sign.: IV 393

Unter den protestantischen Gelehrten war die Echtheit der Steintafel mit der nestorianischen Inschrift anfänglich umstritten. Der Theologe Johann Lorenz Mosheim aus Lübeck (1694-1755) war wie Leibniz davon allerdings überzeugt. Mosheim war vielleicht kein sehr originärer, aber ein ungemein aufnahmefähiger und Zusammenhänge betrachtender Denker (es hieß *ubi Moshemius, ibi academia*). Der herausragende Prediger – allen Extremen auch in Konfessionsstreitigkeiten abhold – wird als Begründer der modernen protestantischen Kirchengeschichtsschreibung betrachtet. In seinem Buch über die Kirchengeschichte in China und der Mongolei geht er ausführlich auf die Missionstätigkeit der Franziskaner im Mittelalter in der "Tartarei" und auch die frühere der Nestorianer ein. Deren Stele kommentiert und paraphrasiert er nach der Textausgabe von Kircher. Wiederaufgefunden wurde diese 1625 in der alten Hauptstadt Xi'an am Ende bzw. am Anfang der Seidenstrasse in Mittelchina durch den portugiesischen Jesuiten Álvaro de Semedo (1585 oder 1586-1658). 781 errichtet, berichtet die fast 3 Meter hohe Säule von der 635 erfolgten Anerkennung des Christentums unter dem Tang-Kaiser Taizong (626-649). Sie – keineswegs das einzige Monument des Christentums im alten China – gibt einen Überblick über die wichtigsten Inhalte des christlichen Glaubens in seiner nestorianischen Ausprägung und zählt außerdem die Namen vieler Priester aus Persien auf. Der Textausschnitt über die Anerkennung des Christentums lautet in der Übersetzung von Xu Longfei:

Der Kaiser ließ den Herrn Kanzler Fang Xuanling den Aluoben in der westlichen Vorstadt der Hauptstadt mit einer Ehrengarde empfangen und ihn als Gast freundlich in die innere Stadt begleiten. Der Kaiser ließ die Schriften in der Studienhalle übersetzen und stellte im Verbotenen Innenpalast Fragen nach dem Dao. Er erkannte diese Lehre als gerecht und wahr und erließ den besonderen Befehl, sie zu verbreiten. Der Kaiser, trotz seiner Wertschätzung für den Glauben des nestorianischen Mönchs(?) Aluoben und seiner Diskussion mit ihm über den rechten Weg, das Dao, blieb indes Buddhist.

Die 781 errichtete Säule berichtet über die Anerkennung des Christentums im Jahre 635.

(H 13) **Voltaire**: Oeuvres complètes.

Kehl: Imprimerie de la Société Littéraire Typographique 1785-1789.

Sign.: Bb 467

Voltaire (1694-1778) war der wohl bekannteste Leugner der Echtheit der Stele von Xi'an. Sinophil wie er war, passte ein auch nur ein wenig einflussreiches Christentum nicht in sein Bild von China, das ihm in nahezu jeder Hinsicht – auch durch den Konfuzianismus in religiöser – als so vorbildhaft für den Rest der Welt erschien. Er unterstellte den üblichen Verdächtigen, seinen Lieblingsfeinden aus dem Jesuitenorden, schlicht Betrug, wie dieser ja geradezu in der Natur der Gesellschaft Jesu liege. So mischen sich in seinen Aussagen über die nestorianische Stele – durchaus mit einigen sachlichen Fehlern behaftet – positiv Phantastisches über China mit dem Gegenteil über die Jesuiten.

(H 14) **Jingjiao**. The Church of the East in China and Central Asia.

Sankt Augustin: Institut Monumenta Serica 2006.

Sign.: Fbc 8584

Wer sich über das nestorianische Christentum (chinesisch 景教, transkribiert Jingjiao), dessen Leistungen im Westen noch zu unbekannt sind, informieren will, sollte auf die ausgezeichneten Bücher zum Thema aus dem Institut Monumenta Serica der Steyler Missionare zu Sankt Augustin zurückgreifen. In Serica, einer der antiken Bezeichnungen für China (das Land aus dem die Seide kommt) und auch für die Gebiete, durch die man nach China gelangte, hinterließ das Christentum neben der berühmten nestorianischen Stele doch eine sich durch neue Entdeckungen ständig erweiternde Menge an Spuren aller Art, wie beispielsweise in diesem reich illustrierten Band aufgezeigt wird.

(H 15) **Tibetisches Thangka** aus der zweiten Hälfte des 19. Jahrhunderts.

Leihgabe aus Privatbesitz

Die Nestorianer, die chaldäischen Christen, verbreiteten das Christentum seit dem vierten Jahrhundert von Persien aus über Zentralasien bis nach China und Südostasien, ja wohl auch in Japan. Sie besaßen eine rudimentäre Kirchenorganisation mit gebietsmäßig riesigen Bistümern. Ihre Missionsbemühungen waren wie nicht selten in der Kirchengeschichte an eine vorhandene Infrastruktur gekoppelt, sie – Laien wie christliche Händler und Kleriker – konnten hauptsächlich entlang der Seidenstraße die unendlichen Weiten durchmessen und den Glauben verkünden. Diese Bemühungen – vielleicht nie überaus erfolgreich – endeten erst im 15. Jahrhundert. Besonders der so grausame, auch gegen seine muslimische Glaubensbrüder, wie effektive Timur Lenk (Tamerlan, 1336-1405) beendete alle Bestrebungen; Mongolenherrscher vor ihm waren keineswegs alle christenfeindlich, manche sogar recht christenfreundlich.

Unstrittig ist es, dass sich das Christentum, der sich ebenfalls ausbreitende Manichäismus und der Buddhismus in diesen Jahrhunderten in Asien gegegenseitig beeinflussten. Wie tiefgehend die Beinflussung war, bedarf noch intensiver Forschungsarbeit. Möglicherweise lässt sich besonders im tibetischen Buddhismus ein solcher Einfluss erkennen. Im Gegensatz zum klassischen Buddhismus mit seinem reinem Konzept der Selbsterlösung des Menschen, kann der Mensch – stark vereinfacht gesagt – im Tantrayana-Buddhismus Zentralasiens unter Bedingungen auf Fremderlösung oder doch auf große Unterstützung etwa von gnädigen Buddhas bei der Selbsterlösung hoffen.

In gewisser Weise illustriert das Mandala auf dem ausgestellten Thangka – ein Meditationsbild in der tibetischen Tradition – dieses geänderte Konzept. In dessen Zentrum in der Mitte des stilisierten Himmelpalastes steht in blau eine Yidam-Gottheit, die als höchste Verwirklichung des Menschen die Befreiung von der Ich-Sucht gewährt. Sie gilt es für den Gläubigen meditativ mit Hilfe der Buddhas im äußeren goldenen Ring zu erreichen vorbei an den ängstigenden, dämonischen Gestalten an den vier Eingängen zum Palast.

(H 16) **Hans-Joachim Klimkeit**: Die Begegnung von Christentum, Gnosis und Buddhismus an der Seidenstraße.

Opladen: Westdeutscher Verlag 1986.

Sign.: Fb 455

Hans-Joachim Klimkeit (1939-1999), langjähriger Direktor des Bonner Seminars für vergleichende Religionswissenschaft und Schüler des berühmten Religionswissenschaftlers Gustav Mensching, war ein ausgewiesener Kenner besonders der religiösen Welt an der Seidenstraße. An der Seidenstraße – besser wäre es vielleicht von einem Straßennetz zu reden – begegneten und beeinflussten sich Christentum (in seiner ostsyrischen Variante) und Spielarten des Manichäismus, Buddhismus und der Naturreligionen. Wie Klimkeit auch in diesem Buch aufweist, war es speziell der christliche Glaube an die Auferstehung des Leibes, der zu Schwierigkeiten und Missverständnissen im Dialog der Religionen führte. In Äußerlichkeiten dagegen ließen sich einfach Zugeständnisse machen wie etwa die Darstellung des guten Hirten Jesus Christi als Bodhisattva zeigt, als erleuchtetes Wesen, mit buddhistischer Geste der Lehrdarlegung und Kreuzesschmuck.

Jesus als Bodhisattva.

(H 17) Christoph Baumer: Frühes Christentum zwischen Euphrat und Jangtse. Eine Zeitreise entlang der Seidenstraße zur Kirche des Ostens.

Stuttgart: Verlag Urachhaus 2005.

Sign.: Fc 6280

Die beiden Karten auf den Vorsätzen des Buches zeigen die flächenmäßig gewaltige Ausbreitung des nestorianischen, (ost-)syrischen Christentums von Vorder- bis Ostasien mit Gemeinden und Bischofssitzen. Zur Information über den neuesten Stand der Forschung ist das Werk auch wegen seines aktuellen Bildmaterials bestens geeignet.

(H 18) Missale Chaldaicum.

Rom: Typographia Sacrae Congregationis De Propaganda Fide 1767.

Sign.: Be 169

Für die mit Rom unierten ostsyrischen Christen, die Chaldäer, wurde von der Kongregation zur Verbreitung des Glaubens 1767 dieses Missale in aufwändiger zweifarbiger Drucktechnik herausgegeben. In der früheren Edition von 1633 fehlten noch die hilfreichen Vokalpunkte für die verwendete Garschuni-Schrift.

I) Die armenische Kirche

(I 1) **Gabriella Uluhogian**: Un' antica mappa dell' Armenia. Monasteri e santuari dal I al XVII secolo.

Ravenna: Longo 2000.

Sign.: Fc 3522

Diese handgeschriebene Karte aus dem 17. Jahrhundert im Bestand der Universitätsbibliothek Bologna zeigt sehr detailliert die Vielzahl von Klöstern, Bischofssitzen und Heiligtümern der armenischen Kirche weit über das Gebiet der heutigen Republik Armenien hinaus. Die figürliche Szene im oberen Viertel der Karte zeigt Gregor den Erleuchter bei der Verkündigung des Glaubens neben dem Hauptheiligtum der armenischen Kirche, der Kathedrale von Etschmiadsin. Im Viertel darunter zeigt eine weitere Szene den Heiligen bei der Bekämpfung des Heidentums und Vernichtung von Idolen.

(I 2) Armenisches Holzkreuz in der Art eines Chatschkars.

Leihgabe aus Privatbesitz

Chatschkare – Kreuzsteine – werden seit dem 9. Jahrhundert in Armenien aufgestellt. Es handelt sich dabei um reich ornamental verzierte bis zu drei Meter hohe aus Monolithen geschlagene Steinplatten (hier eine kleine Nachbildung aus Holz), die auf der völlig bearbeiteten Vorderseite über der Sonnenscheibe zentral das Kreuz zeigen und hinten zumeist nur glatt oder mit etwas Text gestaltet sind. Fast immer stehen diese höchst wichtigen Zeugnisse für die armenische-christliche Kultur unter freiem Himmel. Leider wurden in den letzten Jahren etwa in Aserbeidschan viele dieser unwiederbringlichen Denkmäler geradezu planmäßig zerstört.

(I 3) **Armenia Utraque**.

Nürnberg: Weigel 1720.

Sign.: Qb 56

Die Karte zeigt die größte Ausdehnung des antiken armenischen Reichs unter Triganes dem Großen (* um 140 v.Chr. - † um 55 v.Chr.) vom Mittelmeer bis zum Schwarzem Meer und Kaukasus, vom Kaspischen Meer bis in das südliche Persien. Kleinarmenien ist durch den Euphrat von Großarmenien getrennt, Großarmenien wiederum in drei Abschnitte aufgeteilt. Die moderne seit 1991 erneut unabhängige Republik Armenien, letzter Rest des ersten christlichen Königreichs, befindet sich auf der Karte ungefähr im oberen hellgrünen Abschnitt des alten Großarmeniens.

(I 4) **Heide und Helmut Buschhausen**: Das Evangeliar Codex 697 der Mechitharisten-Congregation zu Wien. Eine armenische Prachthandschrift der Jahrtausendwende und ihre spätantiken Vorbilder.

Berlin: Union Verlag 1981.

Sign.: HCw 550

Dieses prächtige Evangeliar, von dem alles Erhaltene hier reproduziert gezeigt wird, entstand um 1000 in Armenien und befindet sich seit 1911 bei den Wiener Mechitharisten, einer Gemeinschaft von armenisch-katholischen Mönchen. Fol. 1^r bis Fol. 2^r gibt einen Brief des Eusebius – Vater der Kirchengeschichte und Bischof von Caesarea (313-339 oder 340) – über sein Ordnungssystem bezüglich des Neuen Testaments wieder. Auf Fol. 2^v bis Fol. 5^v. folgen die Kanontafeln mit der Evangelienkonkordanz. Nach der Darstellung der Opferung Isaaks sind Szenen aus dem Neuen Testament wiedergegeben, auf dem letzten Blatt erscheinen die Evangelisten.

Bei dem Heiligen, der in simpler späterer Zeichnung unten auf Fol. 4^v zu sehen ist, handelt es sich um den Griechen Sargis (Sergius), der besonders in Armenien als heiliger Soldat und Martyrer verehrt wird.

(I 5) **Thomas F. Mathews and Alice Taylor**: The Armenian Gospels of Gladzor. The Life of Christ Illuminated.

Los Angeles: Paul Getty Museum 2001.

Sign.: Fc 3491

In Armenien soll das Christentum 301 erstmals auf der Welt als Staatsreligion unter Trdat III. (†330 oder 317) akzeptiert worden sein. Tiridates der Große, wie der König auch genannt wird, und sein Volk wurden vom Patron des armenischen Volkes, dem heiligen Gregor dem Erleuchter (240?-332) endgültig bekehrt. Gregor wurde zum ersten Katholikos, zum ersten Oberhaupt der Armenischen Kirche. Zu vermuten ist jedoch, dass das Christentum erst etwa 15 Jahre später im ganzen Lande eingeführt wurde.

Darstellung des Evangelisten Johannes. Armenien um 1300.

Anlässlich des 1700jährigen Jubiläums der Armenischen Kirche wurde aus dem Besitz der Universität von Kalifornien dieses Prachtevangeliar in Los Angeles ausgestellt, aus dem eine Auswahl der schönsten Blätter hier repliziert ist. Es entstand um 1300, also in der Zeit der mongolischen Besetzung Armeniens.

(I 6) Armenisches Evangeliar.

Papierhandschrift, 16./17. Jahrhundert(?).

Leihgabe aus Privatbesitz

Leider ist dieses einst prächtige armenische Evangeliar in einem außerordentlich schlechten, irreparablen Zustand. Massiver Wasserschaden führte zu Zersetzung der Papiersubstanz und Schimmelbefall. Schädigungen durch Larven des Holzbockkäfers (Bücherwürmer) sind ebenfalls vorhanden. Aufgeschlagen ist der Beginn des Johannesevangeliums mit ganzseitiger Darstellung von Johannes, der seinem Schüler Prochoros – der "Vortänzer", so die Übersetzung seines Namens, soll einer der sieben Diakone der Jerusalemer Urgemeinde gewesen sein – den Evangelientext diktiert.

(I 7) Verschiedene Prospecte der Vornemsten Städten in Persien.

Nürnberg: Homann, um 1730.

Sign.: Qb 63

Auf dem Blatt sind 14 Ansichten von Städten im persischen Safawidenreich (1501-1736) zu sehen; allerdings war Astrachan an der Wolga (oben links) nie Teil dieses Reiches und auch nie Hauptstadt eines russischen Königreiches gleichen Namens, wie es hier heißt, aber einst Hauptort des gleichnamigen Khanats und dann russische Gouvernementshauptstadt.

Unter der schiitischen Staatsreligion lebten die armenischen Christen relativ unbehelligt und wegen einiger vor allem künstlerischer Fähigkeiten sehr geachtet, so zeigen die Ansichten von Tiflis (heute Georgien) und Jerewan mit dem Ararat im Hintergrund armenische und andere Kirchen, in denen sie selbstverständlich ihren Gottesdienst feiern konnten.

Weitere Ansichten zeigen mit ihren Kirchen die Städte Kars (mit der Kathedrale der Apostel, heute Moschee) und Erzerum in Anatolien, beide Städte hatten bis zum Völkermord von 1915/16 einen hohen Bevölkerungsanteil von armenischen Christen.

Zur Stadt Schiras heißt es: *Die Stadt Schiras ligt sehr luftig, zwischen dem Gebürg an dem fluß Bendemir, daselbst wächst der beste Wein in gantz Persien, so maist an des Königs Hoff verführet wird.* Die Gesetze gegen den Alkohol scheinen wohl noch nicht so streng gewesen zu sein; die hochwertige Rotweintraube Shiraz (auch Syrah) soll ihren Namen nach dieser Stadt erhalten haben.

(I 8) **Richard FitzRalph**: Summa Domini Armacani in quaestionibus Armeniorum.

Paris: Petit & Ponset 1512.

Sign.: Ad 121

Der in seiner Heimat als heiligmäßig verehrte Richard FitzRalph oder mit latinisiertem Namen Richardus Armachanus (1295?-1360) war Erzbischof von Armagh und damit Primas von Irland. Neben seiner Predigttätigkeit machte ihn sein sozialer Einsatz bei allen Bevölkerungsgruppen beliebt. Mehrfach reiste er an den päpstlichen Hof nach Avignon, wo er als gelehrter Scholastiker mit hoher Bibelkenntnis als Unterhändler von Clemens VI. (1342-1352) an den Verhandlungen zwischen römisch-katholischer und armenisch-apostolischer Kirche teilnahm, deren Erfolg aufgrund innerarmenischer Uneinigkeit doch sehr gering war. In scholastischer Manier verfasste er später dann diese apologetisch-polemische Summe in 19 Büchern gegen die Irrtümer der Armenier und auch der Griechisch-Orthodoxen. Gegen Ende seines Lebens geriet er in heftige Auseinandersetzungen mit den Mendikantenorden, bei denen er erste Verfallserscheinungen glaubte feststellen zu müssen.

Dem frühen Druck der Summe mit dem eindrucksvollen königlichen Druckprivileg ist ein Ausschnitt einer Handschrift aus Cambridge beigelegt, die *Richardus Armachanus* zeigt.

(I 9) **Lettera Dell' Amicitia** E Dell' Unione di Constantino gran Cesare e di San Silvestro Sommo Pontifice, e di Tridade Rè dell'Armenia, e di S. Gregorio Illuminatore della Natione Armenia scritta nell' Anno del Signore 316.

Venedig: Barboni 1683.

Sign.: Aa 2418

Der armenische Priester Johannes Agop (1635-1691, tätig auch für die Kongregation zur Verbreitung des Glaubens) gab dieses fiktive, von einem Anonymus verfasste, Freundschafts- und Vereinigungsschreiben in Armenisch und Italienisch heraus. Verhandelt wird darin ein Pakt zwischen Kaiser Konstantin dem Großen (306-337), Papst Silvester I. (314-335), König Trdat III. dem Großen (†330?, als Heiliger verehrter Begründer der armenischen Kirche) und dem heiligen Gregor dem Erleuchter (†332, erster Apostel Armeniens). In ihrer grundlegenden Arbeit dazu schreibt frei übersetzt Zaroui Pogossian:

> *Der Brief über "Freundschaft und Einheit" ist eine einzigartige Quelle, die es uns erlaubt, einen Blick auf die politischen und religiösen Erwartungen der armenisch-kilikischen Führungsschicht am Ende des 12. Jahrhunderts zu werfen. Er bezieht sich auf ihre Hoffnungen gesetzt in die Kreuzzüge und die römische Kirche als auch auf die schwierigen Beziehungen zum byzantinischen Reich.*

(I 10) **Jan Janszoon Struys**: Sehr schwere, wiederwertige und Denckwürdige Reysen, Durch Italien, Griechenland, Lifland, Moscau, Tartarey, Meden, Persien, Türckey, Ost-Indien, Japan und unterschiedliche andere Länder.

Amsterdam: Meurs und von Sommern 1678.

Sign.: Rd 52

Der holländische Segelmacher Jan Janszoon Struys (1630-1694) unternahm bis 1673 drei abenteuerliche Reisen hauptsächlich durch Asien. Seine Beschreibungen erfreuten sich in Europa schnell großer Popularität, war es ihm doch besonders daran gelegen, das einfache Leben der normalen Menschen zu schildern; nicht immer schreckte er vor Übertreibungen zurück, die dann aber sein Publikum besonders fesseln konnten. Beobachtungen zur Religion gibt er hauptsächlich für die russisch-orthodoxe Kirche wieder, allerdings beschreibt er ausführlich das Dreikönigsfest der georgischen und armenischen Christen im persischen Isfahan, die in der Stadt sehr geachtet unbehelligt leben konnten.

Dem Buch von Struys ist ein ähnlich populäres von Johann Jacob Saar nachgebunden. Der Nürnberger (1625-1664) leistete als einfacher Soldat Ostindianische Kriegsdienste für die Holländer, sein Bericht ist eben genau aus dieser Perspektive geschrieben. Im Vorwort erörtert er breit, fundiert und einfühlsam, ob Kolonialismus wie der der Portugiesen, Hollander und Engländern Christenmenschen angemessen sei. Tigerfleisch findet er übrigens auch recht wohlschmeckend und empfiehlt es gegen Atembeschwerden.

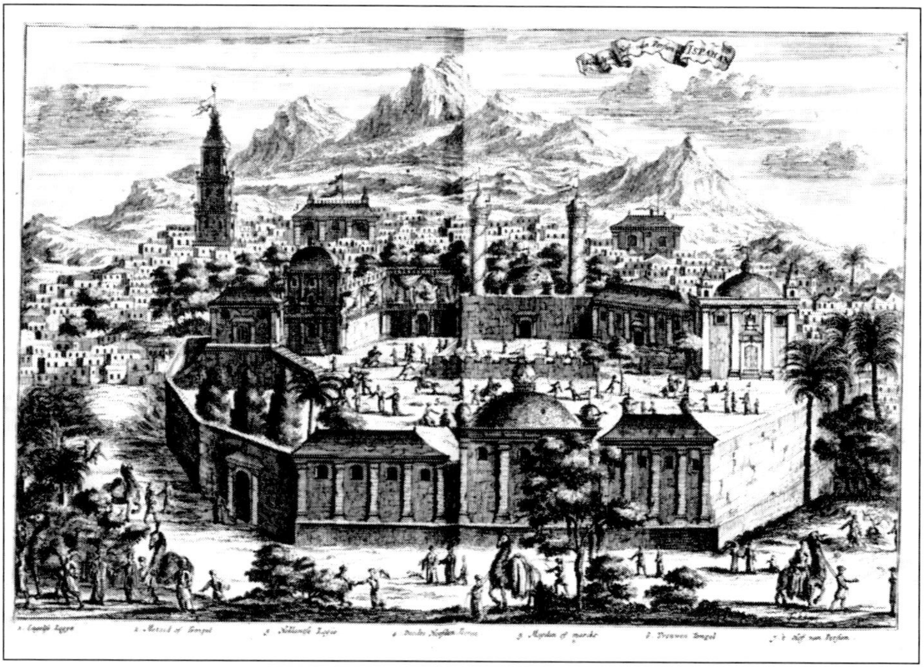

Ansicht der Stadt Isfahan. Amsterdam 1678.

(I 11) **Armenia sacra**. Mémoire chrétienne des Arméniens (IVᵉ-XVIIIᵉ siècle).

Paris: Musée du Louvre Éditions/Somogy Éditions d'Art 2007.

Sign.: Fc 4786

Das Motto des armenischen Jahres (2006-2007) in Frankreich lautete *Arménie mon amie* und brachte so das traditionell enge Verhältnis zwischen den beiden Nationen zum Ausdruck. Zu diesem Anlass fand 2007 im Louvre die wohl bislang größte Ausstellung zum armenischen Christentum und dessen Kunst und Kultur in all seinen Facetten statt. Dazu erschien dieser reich bebilderte exzellente Katalog. Darin zeigt auch eine Karte die Größe des ehemaligen Groß-Armeniens im 7. Jahrhundert und das so viel geringere Gebiet der heutigen Republik Armenien.

In Frankreich leben heute schätzungsweise 600.000 Armenier, davon alleine 100.000 in Paris. Beigelegt ist ein Heft über die Kathedrale Saint-Jean-Baptiste, in der der armenische Erzbischof von Paris und ganz Frankreich seinen Sitz hat.

(I 12) **Ansichten der Kathedrale von Etschmiadsin** auf Postkarten.

Leihgabe aus Privatbesitz

Die Mutterkirche der armenisch-apostolischen Kirche, die Muttergotteskirche des heiligen Etschmiadsin, befindet sich etwa 20km entfernt von der armenischen Hauptstadt Jerewan und ist mit der dazugehörigen Klosteranlage Sitz des Patriachen der armenisch-apostolischen Kirche, des Katholikos des Heiligen Stuhles von Sankt Etschmiadsin und Aller Armenier. Seit 1999 bekleidet Karekin II. Nersissian dieses hohe Amt, der vorher unter anderem die Gemeinde der Armenier in Köln leitete.

Wandgemälde in der Muttergotteskirche.

Nach der Erklärung des Christentums zur armenischen Staatsreligion im Jahre 301 begannen die Gläubigen mit der Errichtung der Kirche, womit sie einer Vision des heiligen Gregors des Erleuchters folgten, des ersten Verkünders des Evangeliums in Armenien. Der Überlieferung nach stieg Jesus Christus selbst vom Himmel herab und schlug mit einem goldenen Hammer auf den Ort, an dem die Kathedrale erbaut werden sollte. Der religiöse und auch nationale Mittelpunkt der Armenier wurde schon 303 dort eingeweiht und ist mit seinem reichen Reliquienschatz seit 2000 Weltkulturerbe.

(I 13) **Giovanni Cristofano Amaduzzi**: Alphabetum Armenum.

Rom: Typographia Sacrae Congregationis De Propaganda Fide 1784.

Sign.: Bb 877

Die Verdienste der römischen Kongregation zur Verbreitung des Glaubens bezüglich der Erforschung von Sprachen und Texten der orientalischen Kirchen sind kaum zu überschätzen. Ein weiteres Beispiel stellt dieses Büchlein mit dem armenischen Alphabet und dem Vaterunser, dem Ave Maria und dem Beginn des Johannesevangeliums dar, herausgegeben von dem Philosophen und Philologen Giovanni Cristofano Amaduzzi (1740-1792). Amaduzzi führte langjährig die Oberaufsicht über die Druckerei der Kongregation und konnte wohl so auch drucktechnisch reizvolle Bücher in den vielen von ihm beherrschten Sprachen veranlassen, was die figürliche Darstellung etwa des armenischen Alphabets noch im Stil des Rokoko belegt. Als Exponent des italienischen Jansenismus war Amaduzzi an der erfolgreichen Kampagne gegen den Jesuitenorden beteiligt.

(I 14) **Vahan Inglisian**: Der Diener Gottes Mechithar von Sebaste. Stifter der Mechitharisten (der armenischen Benediktiner) und Kulturapostel des armenischen Volkes.

Wien: Druck und Verlag der Mechitharisten-Kongregation 1929.

Sign.: Dc 5791

Mechithar (1676-1749) aus Sebaste, heute Siwas in Zentralanantolien, begann seine Studien mit 15 Jahren dort in einem armenisch-orthodoxen Kloster, dessen Ausbildungsqualität ihn aber enttäuschte. Durch Kontakt mit Jesuiten lernte er die

Mechithar von Sebaste (1676-1749).

katholische Kirche kennen, konvertierte und wurde 1696 Seelsorger für die bedrängten armenisch-unierten Katholiken in Konstantinopel. Deren Existenz wurde von der armenisch-orthodoxen Kirchenführung keineswegs mit Wohlwollen betrachtet, obwohl sie alle armenischen Christen bei der Hohen Pforte zu vetreten hatte. 1701 gründete Mechithar die Congregatio monachorum Antoniarum Benedictinorum Armenorum. Mitglieder dieser Kongregation werden nach ihm kurz als Mechitharisten bezeichnet und folgten anfangs den Antoniusregeln, ab 1711 denen des heiligen Benedikt. Der Orden besitzt zwei große Abteien bei Venedig und in Wien, deren interner Zwist im Jahr 2000 endgültig beigelegt wurde. Ganz im Sinne seines Stifters (sein Seligsprechungsprozess wurde 1901 erneut eröffnet) sieht er eine seiner Aufgaben in der Erforschung und Förderung der reichen und alten armenischen Kultur. Dazu beigetragen haben zweifellos die hervorragenden Druckereien des Ordens, in denen lange Zeit die besten Publikationen über Armenien erschienen, aber auch wichtige missionswissenschaftliche Literatur allgemein. Diese Tradition wird bis heute fortgeführt.

(I 15) **Preces Sancti Nersetis Clajensis** Armeniorum Patriarchae.

Venedig: In Insula S. Lazari 1837.

Sign.: Ca 4098

Die Mechitharisten auf der Insel San Lazzaro in der Lagune von Venedig gaben diese Gebete von Nerses IV. für die 24 Stunden des Tages 1837 aufwändig in 24 Sprachen heraus. Die Druckerei der Mönche war berühmt wegen ihrer reichen Vorhaltung von Typenmaterial für östliche Sprachen und benutze es auch für dieses Buch, so unter anderem für die Übersetzung der Gebete ins Äthiopische, Chaldäische, Chinesische und Georgische.

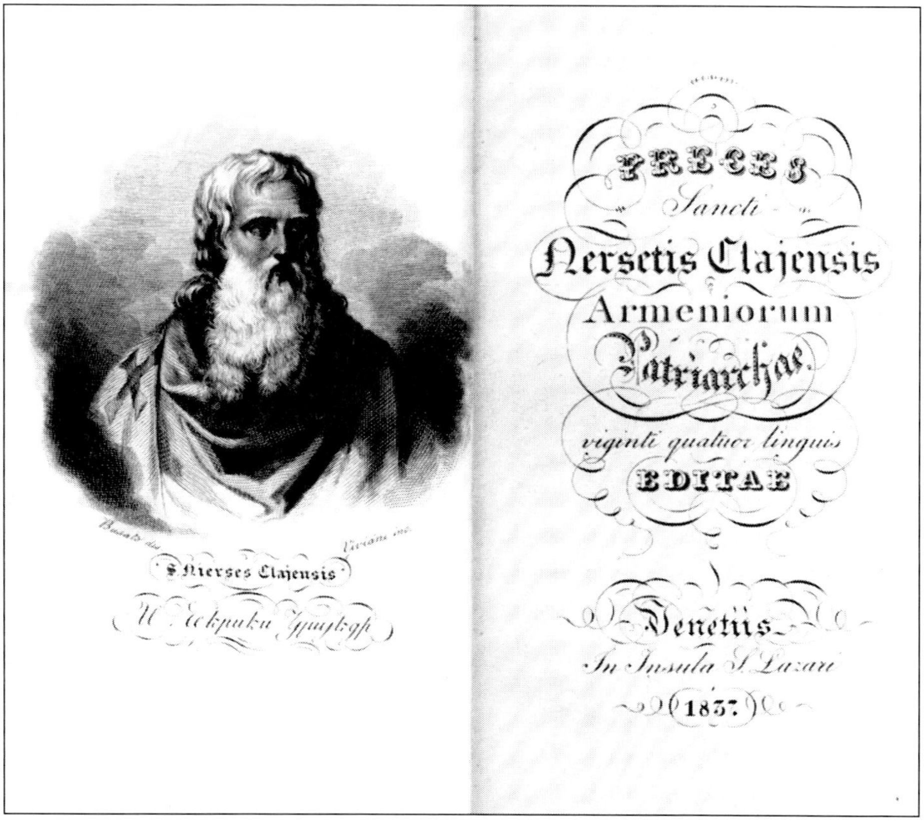

Preces Sancti Nersetis Clajensis [...]. Venedig 1837.

Die Gebete stammen von Nerses IV., Katholikos und damit Führer der armenischen Kirche von 1166 bis 1173. Dieser von seiner Kirche als Heiliger verehrte Bischof war nicht armenischer Patriarch, wie der Titel des Buches nahelegt, der Patriarchenrang ist in der Theorie höherwertig und Nerses führte ihn nicht wie auch sein Bruder und Vorgänger im Amt des Katholikos Gregor III. Nerses bemühte sich intensiv um die Wiedervereinigung aller Christen und stand im Dialog mit Orthodoxen, Syrern und der römischen Kirche. Aufgrund der Qualität seiner religiösen Dichtungen erhielt er den Beinamen Šnorhali, d.h. der Begnadete. Die Bezeichnung Nerses **Cla**jenis – ebenfalls im Titel des Buchs – resultiert daraus, dass sich die Residenz der armenischen Katholikoi in der mächtigen Festung Hrom**kla** am Euphrat befand.

(I 16) **Paul Rycaut**: Histoire de l'etat présent de l'Ègilse Grecque et de l'Ègilse Arménienne.

Amsterdam: Marret 1696.

Sign.: IV 390

Der englische Adlige Paul Rycaut (1628-1700) verbrachte den größten Teil seines Lebens im Ausland; das Familienvermögen war auf Parlamentsorder wegen Unterstützung der Royalisten eingezogen worden, es musste gearbeitet werden. Als langjähriger englischer Botschafter am Sultanshof in Konstantinopel schrieb er dieses Buch über den Zustand der griechisch-orthodoxen und armenischen Kirche im Osmanischen Reich und veröffentlichte damit 1678 einen der ersten englischen Berichte – hier in der französischen Übersetzung – über die armenischen Christen. Widersprüche zwischen den Überzeugungen der Griechisch-Orthodoxen und der Armenier einerseits und andererseits der Anglikaner schienen ihm nicht wirklich von Bedeutung. Eher von ausgleichendem Gemüt, stellt er seelsorgliches und überzeugtes Wirken der Geistlichkeit über theologische Kenntnisse.

(I 17) Johannes Lepsius: Bericht über die Lage des Armenischen Volkes in der Türkei.

Potsdam: Tempelverlag 1916.

Sign.: Db 5680

Als Handschrift gedruckt! Streng vertraulich!
Abdruck und Benutzung in der Presse verboten!

Solche Anweisungen erwecken ein schlechtes Gefühl. Den Bericht über den Völkermord an den armenischen Christen von 1915/16 – deren Zahl an Toten wird auf ca. 1.500.000 geschätzt, im Rahmen der Christenverfolgung wurden aber auch Hunderttausende syrisch-orthodoxer Christen massakriert – verfasste Johannes Lepsius (1858-1926), evangelischer Theologe und Orientalist. Seine Veröffentlichung, die auch massenhafte Zwangsbekehrungen zur Sprache brachte, erschien Berlin inopportun, durfte doch die Allianz im Ersten Weltkrieg zwischen dem Deutschen Reich und dem von den "Jungtürken" beeinflussten osmanischen Staat nicht gefährdet werden; Zensur erfolgte, der Staatsraison war genüge getan. In den anderen europäischen Hauptstädten, auch nicht in den USA, hatte die Kenntnis über das bis dahin einzigartige Verbrechen ebenfalls kaum Auswirkungen. Auf Seite der deutschen Politik unternahm nur der katholische Zentrumspoli-

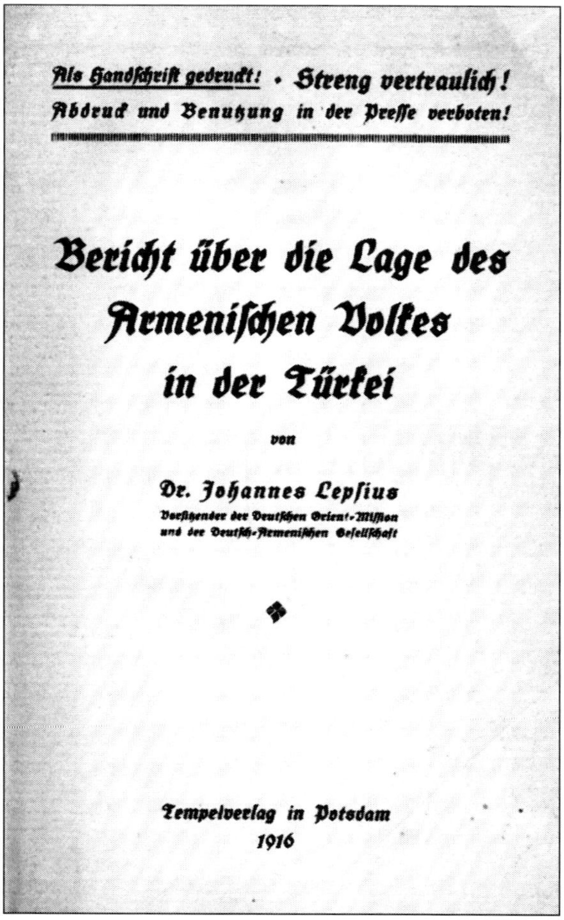
Als Handschrift gedruckt! · Streng vertraulich!
Abdruck und Benutzung in der Presse verboten!

Bericht über die Lage des Armenischen Volkes in der Türkei

von

Dr. Johannes Lepsius
Vorsitzender der Deutschen Orient-Mission und der Deutsch-Armenischen Gesellschaft

Tempelverlag in Potsdam
1916

Titelblatt von 1916.

ker Matthias Erzberger, der 1921 von rechten Terroristen ermordet wurde, den Versuch, das Grauenvolle zu stoppen. Lepsius ließ 1919 nach dem Ende des Krieges das Buch in erweiterter Form veröffentlichen mit dem nichts mehr beschönigenden, realistischen Titel "Der Todesgang des Armenischen Volkes". Der Völkermord und die damit verbundene Marginalisierung des Christentums wird in der Türkei nach wie vor weitgehend bestritten, in Frankreich steht seine Leugnung unter Strafe.

(I 18) **Franz Werfel**: Die vierzig Tage des Musa Dagh.

Berlin: Aufbau-Verlag 1955.

Sign.: Ebb 2214

Der österreichische Dichter Franz Werfel (1890-1945) – er musste sich vor dem nationalsozialistischen Regime zuerst nach Frankreich und dann in die USA in Sicherheit bringen – brachte in diesem Roman den Völkermord an den armenischen Christen in literarische Form. Sein Titel "Die vierzig Tage des Musa Dagh" beziehen sich auf den verzweifelten Widerstand einer Gruppe von wenigen Tausend Armeniern im Jahre 1915 auf dem Mosesberg (Musa Dagh) in der Südtürkei im Gebiet des mittelalterlichen kilikischen Königreichs Kleinarmenien, den auch Lepsius in seinem Bericht erwähnt. Lepsius selbst tritt während eines Gesprächs mit dem türkischen Kriegsministers Enver Pascha (1881-1922) als dessen humaner Antagonist im fünften Kapitel des Buches, dem *Zwischenspiel der Götter,* auf. Ein solches Gespräch hat tatsächlich stattgefunden, leider konnte Lepsius dabei nichts erreichen.

J) Die Thomaschristen

(J 1) **Peninsula Indiae** citra Gangem, hoc est Orae celeberrimae Malabar & Coromandel Cum adjacente Insula non minus celebratissima Ceylon.

Nürnberg: Homann Erben 1733.

Sign.: Qb 61

Wie im Hause Homann üblich ist diese Karte für die damalige Zeit sehr gute nach neuesten kartographischen Erkenntnissen gestaltet. Sie zeigt in Anlehnung an de Lisle das südliche Indien, die wichtigste Region für die indischen Thomaschristen, mit seinen vielen europäischen Niederlassungen. In der reichen Staffage unten links sind unter anderem landestypische Produkte zu sehen, die diesen Teil Indiens für Händler und Besatzer so interessant machten. Der Apostel Thomas reiste von Norden kommend die indische Westküste – die malabarische Küste (auch Pfefferküste genannt wegen ihres Reichtums an Gewürzen) – hinab, sein Martyrium durch einen Speerstoß soll er im Jahre 72 an der Ostküste, der Koromandelküste, in Madras (heute Chennai) erlitten haben. In Südindien siedeln bis heute die meisten Thomaschristen aller Denominationen und Riten. Deren Kirchen sehen sich als die *Töchter des heiligen Thomas.*

(J 2) **Sacra Biblia**, Das ist Die gantze H. Schrifft Alten und Newen Testaments nach der letzten Römischen Sixtiner Edition auß befehl des Hochwirdigtsen [...] Herren Ferdinanden, Ertzbischoffen zu Cöln [...] mit fleiß übergesetzt Durch Casparum Ulenbergium [...] auch übersehen durch Die insonder hierzu verordnete der H. Schrifft Doctorn in der weltberümpter Universitet daselbst.

Köln: Kreps 1630.

Sign.: Ae 368

Der Apostel Thomas, der auf seinen Missionsreisen ja bis Indien gekommen und dort auch als Martyrer gestorben sein soll, wird in der Bibel vor allem im Johannesevangelium erwähnt. Neben der bekanntesten Stelle über den ungläubigen Thomas im 20. Kapitel lauten die beiden anderen in der Übersetzung von Ulenberg so:

> (Joh. 14,5-6) *Spricht zu ihm Thomas: Herr, wir wissen nicht, wohin du gehest: und wie können wir den weg wissen? Jesus spricht zu ihm: Ich bin der weg und die warheit und das leben. Niemand kompt zum Vatter den durch mich.*

Um Lazarus aufzuerwecken begibt sich Jesus auf dem gefährlichen Weg zurück nach Judäa, wo er zuvor der Steinigung entgangen war.

> (Joh. 11,14-16) *Da sagts ihnen Jesus offentlich: Lazarus ist gestorben. Und ich freue mich um euerentwillen, daß ich nicht da gewesen bin, auff daß ir glaubet: Aber lasset uns zu ihm zihen. Da sprach Thomas der zwilling genant wirt zu seinen mitjungern: lasset uns auch hinzihen, damit wir mit ihm sterben.*

Kaspar Ulenberg (1548-1617) wollte wie auch vor ihm schon Emser und Dietenberger nicht etwa eine eigene Bibelübersetzung vorlegen, sondern die aktuell gültige lateinische Fassung ins Deutsche übertragen. Der für Ulenberg verbindliche lateinische Text erschien 1592 unter Papst Clemens VIII. Wie seine beiden Vorgänger auf katholischer Seite handelte er im Auftrag der kirchlichen Obrigkeit. Der Kölner Erzbischof Ferdinand von Bayern (1612-1650) hatte Ulenberg, dem Pastor von Sankt Kolumba,

> *damahls gnedigst aufferlegt, anbefohlen und vätterlich ersucht, daß er solches werck* [...] *über sich nehmen* [...] *solle; in ansehens, daß er als nunmehr ein wolbetagter und in der H. Schrift von jugend auff sonderlich aber in der reiner Teutschen sprachen wolerfarner und geübter Theologus hieran Ew. Churf. Durchl. einen angenemen dienst und dem gemeinen nutzen eine langgewünschte wohltat erzeigen würde.*

Ulenberg vergewisserte sich bei seiner Arbeit auch der Unterstützung seitens Kölner Universitätslehrer, um die unabdingbare Anerkennung seitens der Universität als mächtiger Institution zu erlangen.

Mit seiner Übersetzung, die allerdings erst 13 Jahre nach seinem Tod erstmals gedruckt wurde, gelang Ulenberg das wirkungsvolle, im katholischen Raum überaus beliebte Gegenstück zur Lutherbibel. Ein früheres Erscheinen verzögerte unter anderem der Ausbruch des Dreißigjährigen Krieges 1618.

Die gezeigte Prachtausgabe ist mit 120 Holzschnitten noch im manieristischen Stil des 16. Jahrhunderts der Züricher Künstler Christoph Murer, Tobias Stimmer und David Kandel geschmückt. Der Titelkupfer zeigt den Text einrahmend oben die Opferung Isaaks, die Erschaffung der Welt (unter den Tieren im Paradies auch das Einhorn!) und Moses beim Empfang der Gesetzestafeln. Links der Hohepriester Aaron mit Rauchfass, rechts ein Priester mit vier Schaubroten. Im unteren Teil des

Blattes sind die Evangelisten mit ihren Symbolen zu sehen zusammen mit Geburt, Tod und Auferstehung Christi sowie Maria in der Mondsichel.

Sacra Biblia. Köln 1630.

(J 3) Musei di Prato. Galleria di palazzo pretorio, opera del duomo, quadreria comunale.

Bologna: Calderini 1972.

Sign.: 1977.950

Apokryphen Berichten nach erwies sich der heilige Thomas noch ein zweites Mal als Ungläubiger. Abwesend bei Mariä Himmelfahrt – zuweilen heißt es, er sei gerade in Indien gewesen – bezweifelte er im Nachhinein auch dieses Ereignis, woraufhin der unversehrte Gürtel Mariens als Beweis der Himmelfahrt vom Himmel fiel und Thomas erneut eines Besseren belehrt wurde. Als Motiv war diese Szene besonders in Italien beliebt.

Als kostbare Reliquie wird der Gürtel Mariens im Dom von Prato in der Toskana in der Capella della sacra cintola aufbewahrt. Der Renaissance-Maler und Karmeliter Fra Diamante (um 1430-1498) – wiederholt in Prato tätig – schuf das Tafelbild rechts unten mit der Darstellung der Gürtelspende Mariens an Thomas.

(J 4) Grosses vollständiges Universal-Lexikon aller Wissenschaften und Künste, welche bißhero durch menschlichen Verstand und Witz erfunden und verbessert worden.

Halle und Leipzig: Zedler 1732-1754.

Sign.: LAa 200

"Der Zedler", das wohl bedeutendste deutschsprachige Lexikon seiner Zeit, zeichnet sich durch weltanschauliche Neutralität aus. Er gibt die damals bekannten Fakten über den Apostel Thomas und die Thomaschristen Indiens übersichtlich und weitgehend richtig wieder und wartet mit mancherlei interessanten Einzelheiten auf. So wird darin berichtet,

> *er* (Thomas) *habe auf seiner Reise die Weisen aus Morgenlande angetroffen, welche dem neugebohrnen JEsus-Kindlein Geschencke gebracht, die er getaufft, und sodann als seine Mitgehülffen in der Fortpflantzung des Evangelii mitgenommen haben soll.*

Nach Zedler benutzen die Thomaschristen als Messwein Rosinenwasser.

> *Sonst erzehlet man noch von diesen Christen, daß weil ihre Vorfahren an dem Tode des heil. Thomas Schuld gewesen wären, sie nunmehro insgesammt sowohl Manns- als Weibspersonen, zur Straffe sich mit dicken Beinen schleppen müßten* [...]. *Man siehet aber leicht, daß solches Vorgeben unter das Fabelwerck zu rechen sey.*

Grosses vollständiges
UNIVERSAL-
LEXICON
Aller Wissenschafften und Künste,
Welche bishero durch menschlichen Verstand und Witz
erfunden und verbessert worden.
Darinnen so wohl die Geographisch-Politische
Beschreibung des Erd-Creyses, nach allen Monarchien, Kayserthümern, Königreichen, Fürstenthümern, Republicken, freyen Herrschafften, Ländern, Städten, See-Häfen, Festungen, Schlössern, Flecken, Aemtern, Klöstern, Gebürgen, Pässen, Wäldern, Meeren, Seen, Inseln, Flüssen und Canälen; Sammt der natürlichen Abhandlung von dem Reiche der Natur, nach allen himmlischen, lufftigen, feurigen, wässerigen und irdischen Cörpern, und allen hierinnen befindlichen Gestirnen, Planeten, Thieren, Pflantzen, Metallen, Mineralien, Saltzen und Steinen rc.
Als auch eine ausführliche Historisch-Genealogische Nachricht von denen Durchlauchten und berühmtesten Geschlechtern in der Welt:
Den Leben und Thaten derer Kayser, Könige, Chur-Fürsten und Fürsten, grosser Helden, Staats-Minister, Kriegs-Obersten zu Wasser und zu Lande, denen vornehmsten geist- und weltlichen Ritter-Orden rc.
Ingleichen von allen Staats- Kriegs- Rechts- Policey- und Haushaltungs-Geschäfften des adelichen und bürgerlichen Standes, der Kauffmannschafft, Handthierungen, Künste und Gewerbe, ihren Innungen, Zünfften und Gebräuchen, Schiff-Fahrten, Jagden, Fischereyen, Berg- Wein- Acker- Bau und Viehzucht rc.
Wie nicht weniger die völlige Vorstellung aller in denen Kirchen-Geschichten berühmten Alt-Väter, Propheten, Apostel, Päbste, Cardinäle, Bischöffe, Prälaten und Gottesgelehrten, wie auch Concilien, Synoden, Orden, Wallfarthen, Verfolgungen der Kirchen, Märtyrer, Heiligen, Sectirer und Ketzer aller Zeiten und Länder;
Endlich auch ein vollkommener Inbegriff der allergelehrtesten Männer, berühmter Universitäten, Academien, Societäten und der von ihnen gemachten Entdeckungen: Ferner der Mythologie, Alterthümer, Müntz-Wissenschafft, Philosophie, Mathematick, Theologie, Jurisprudenz und Medicin, wie auch aller freyen und mechanischen Künste, sammt der Erklärung aller darinnen vorkommenden Kunst-Wörter u. s. f. enthalten ist.
Mit Hoher Potentaten allergnädigsten Privilegiis.

Drey und Viertzigster Band, Teutscher – Th.

Leipzig und Halle,
Verlegts Johann Heinrich Zedler.
1745.

Grosses vollständiges Universal-Lexikon [...]. Halle/Leipzig 1732-54.

(J 5) **Annus Dierum Sanctorum**. Delectabar per singulos dies.

Augsburg: Klauber um 1770.

Sign.: Ra 60

Die gezeigte Abbildung aus dem Leben des Apostels Thomas ist in einer Folge von Heiligenbildern zu allen Tagen des Jahres enthalten, die vor allem von den Klauber in Kupfer gestochen wurden. Die Klauber waren eine große und hoch angesehene katholische Augsburger Kupferstecher- und Verlegerfamilie des 18. Jahrhunderts mit einer immens großen Produktion, die hauptsächlich Werke für den katholischen Bereich anfertigten, während die meisten anderen Augsburger Kunstverlage evangelisch waren. Während unten rechts in kleiner Form Thomas mit seiner Ungläubigkeit an Christi Auferstehung gezeigt wird, steht die Hauptdarstellung des Völkerapostels Thomas unter dem Motto aus der Apostelgeschichte 13,47: *Ich habe dich zum Licht für die Völker gemacht, bis an das Ende der Erde sollst du das Heil sein.* Unter den belehrten Menschen sind neben solchen aus Asien eindeutig auch Ureinwohner Amerikas zu erkennen, wohin der Apostel aber nach keiner ernstzunehmenden Überlieferung gelangte; allerdings wurden die Amerikaner ja lange Zeit als Westinder bezeichnet.

Seit der Kalenderreform von 1970 begeht die katholische Kirche das Fest des Apostels am 3. Juli, früher am 21. Dezember.

(J 6) **Hartmann Schedel**: Chronica.

Nürnberg: Koberger 1493.

Sign.: Inc. d. 46

1493 wurde durch den Arzt und Historiker Hartmann Schedel aus Nürnberg (1440-1514) mit seiner Weltchronik – in Latein und Deutsch erschienen – der alten Gattung der Chroniken am Ende des Mittelalters noch einmal ein großartiges Werk hinzugefügt. Fast 2.000 Holzschnitte von Michael Wolgemut und Wilhelm Pleydenwurff (beide waren Lehrer des jungen Albrecht Dürer, der wohl auch an der Chronik mitwirkte) illustrieren die Weltgeschichte durch Karten, Portraits und Begebenheiten vom Anbeginn der Zeiten bis in die Zukunft des Jüngsten Gerichts.

Auf Blatt CXCVII^{v} im sechsten Zeitalter – der Gegenwart – finden sich auch Aussagen zum legendären Priesterkönigs Johannes, dessen Reich lange Zeit in Indien vermutet wurde. Neben einem Bild bei der Kommunionspendung vermutlich eher durch den Apostel Thomas als durch den Priesterkönig selbst ist zu lesen:

In Indier land nennt man iren patriarchen briesterjohann. Dieselben patriarchen hat erstlich sanctus Matheus der appostel unnd darnach ein haymlicher camrer Candicis der königin in demselben land geordnet. So hat sant Thomas der appostell Indier land zum christenlichen glawben bekeret. Nw wirdt derselb briesterjohann nit allain als ein bischoff, sunder auch als ein kaiser geachtet. Von dem sagt man das ime lxxii könig underworffen und ierlich zynsper seyen und in denselben königreichen seyen hundert xxvii ertzbisthumb. un der öberst bischoflich und kaiserlich stuhl sey in einer großen mechtigen statt Bibrith genant und hat Johannes der patriarch einer auß den großten der indier (der im jar des herrn tawsent hundert xx gein rom kome) hat dem babst calisto, den cardinelen *unnd anderen prelaten offenlich gesagt. Wie sanctus Thomas der appostel ierlich in der statt Hulna in India gelegen dem volck das allerheilligst sacrament gebe. solchs mit seiner hand dem wirdigen raichende und dem unwirdigen entziehende.*

Geographisch geht hier manches durcheinander; nach der Apostelgeschichte war der Kämmerer Äthiopier vom Hofe der dortigen Königin Kandake. Als Vorbild für den Priesterkönig Johannes in Indien mag das hohe Amt des fürstenähnlichen Erzdiakons mit seinem Einfluss auf die nicht wenigen und recht wohlhabenden Thomaschristen des Subkontinents gestanden haben.

(J 7) **Jakob von Sarug**: Drei Gedichte über den Apostel Thomas in Indien.

Wiesbaden: Harrassowitz 1976.

Sign.: Ecb 4128

Jakob (451-521), wohl monophysitischer Bischof von Sarug im heutigen Südostanatolien, wird von der syrisch-orthodoxen Kirche als Kirchenlehrer angesehen. Auch als Hymnendichter und Verfasser erbaulicher Texte tat sich Jakob – bezeichnet als die "Flöte des Heiligen Geistes" und als die "Harfe der rechtgläubigen Kirche" – hervor. Reizvoll sind seine drei langen Gedichte über den Apostel Thomas. In deren Erstem – bestehend aus 818 Versen – kommt sehr schön die übliche Widerspenstigkeit des Thomas zum Ausdruck; hier revoltiert er jetzt gegen den göttlichen Auftrag, in Indien den Glauben zu verkünden. Werner Strothmann übersetzt Entsprechendes so:

Ich werde nicht einem Volk, das nach zwei Seiten finster ist, verkündigen,
dessen Farbe schwarz, dessen Aussehen häßlich und dessen Herz blind ist.
Ich werde das Heilige nicht den Hunden, die es nicht wahrnehmen, geben
und die Lehre nicht dem, der kein Herz hat, das sie aufnehmen könnte.
Kurzum, nach Indien werde ich nicht gehen. Tadelt mich nicht!

Wer meint das ich (mein Los) annehme, der täuscht sich.
Ein Acker voller Dornen sucht einen gesunden Ochsen,
aber nicht ein kleines Kalb, das jung und schwach an Kraft ist.

Thomas, das kleine Kalb, ist ja durchaus bereit, das Evangelium etwa im feinen Rom zu verbreiten, sogar nach Sodom und Gomorrha würde er gehen; nach Indien sollen der Herr und die Apostelkollegen aber doch gefälligst Petrus, den gesunden Ochsen mit Erfahrung, schicken. Das Gedicht endet mit den Worten des einmal mehr überzeugten Thomas an Christus:

Von dir trennen mich daher weder Feuer noch Schwert,
weder Geschöpfe noch Engel noch Menschen.
Himmel und Erde überzeugen mich nicht, daß ich mich von dir trenne;
Höhe und Tiefe trennen meine Liebe nicht von dir.
Ich, Herr, verkündige, predige und versiegle,
daß du Christus, der Sohn Gottes, bist und ich dein Knecht.
Du bist Christus, der gestorben und auferstanden ist und Adam erlöst hat,
und ich bin dein Apostel und Verkündiger des Galubens an dich.
Höhe und Tiefe und alles, was in ihnen ist, dienen dir,
der du der Erstgeborene der Gottheit bist. Gesegnet sei, der dich gesandt hat!

(J 8) Sankt-Thomas-Kreuz.

Leihgabe aus Privatbesitz

Wie die typischen Kreuze anderer orientalischer Kirchen betont das Thomaskreuz der indischen Christen den untrennbar mit der Passion verbundenen Triumph Jesu Christi über den Tod, seine Auferstehung. Die vier Enden der Kreuzesbalken zeigen Blüten als Symbol für das neue Leben, auf die Spitze des Längsbalkens fährt der Heilige Geist als Taube herab. Indien und seine alte Kultur werden durch die Lotusblüte unter dem Kreuz versinnbildlicht. Der Fuß aus drei Stufen erinnert an den Weg Jesu nach Golgatha.

(J 9) François Thomas: Cathédrale vivante: Saint-Etienne de Bourges. Un silence qui parle.

Vandœuvres: Lancosme 2011.

Sign.: Fd 2636

In der gotischen Kathedrale Saint-Etienne von Bourges im Herzen Frankreichs ist im Chorumgang eines der nicht häufigen mittelalterlichen Glasfenster zu sehen, auf dem Leben und Tod des Apostels Thomas dargestellt sind. Interessanterweise wird der zweifelnde Thomas nicht dargestellt, vielmehr sein Wirken als Baumeister und Missionar am Hofe des indischen Königs Gundaphorus und seine Erfolge dort geschildert. Thomas verwendete das von Gundaphorus für den Bau eines Palastes zur Verfügung gestellte Geld für die Unterstützung der Armen. Der König – zunächst erbost – ließ sich aber der Legende nach bekehren, als Thomas ihm erklärte, dass er so einen himmlischen Palast sein eigen nennen könne. Im obersten Teil des Fensters ist zu sehen, wie die Hand Gottes sich Thomas gnädig entgegenstreckt, der schließlich nach weiteren Missionsreisen in Indien bei Madras den Martyrertod erlitten hat.

Leben und Tod des Apostels Thomas. Glasfenster in der Kathedrale von Bourges.

(J 10) Omnia Quotquot Extant Divi **Ambrosii Episcopi Mediolanensis Opera**.

Basel: Froben 1538.

Sign.: 18/13.1 (Bibliothek St. Albertus Magnus)

Der Trierer Ambrosius – geboren in der Stadt, die immerhin nach alter lokaler Tradition 1300 Jahre vor Rom gegründet sein soll – gibt in seinem Kommentar zu Psalm 46 einen der frühen Hinweise über die doch recht verbreitete Kenntnis der Missionstätigkeit des Apostel Thomas in Indien und der des Matthäus in Persien.

Als Bischof von Mailand widmete sich Ambrosius (339?-397) besonders erfolgreich der Predigt – "Goldmund" wurde er genannt – und dem Kampf gegen Heidentum und Irrlehren wie dem Arianismus; wiederholt ging er Streitigkeiten mit den Kaisern und Kaiserinnen seiner Zeit nicht aus dem Weg. In seinen Schriften gelang ihm weitgehend die Inkulturation griechisch-christlichen Gedankenguts in die lateinische Welt.

Diese Ausgabe der Werke des in seiner Bedeutung für das Christentum der Spätantike kaum zu überschätzenden ersten Kirchenlehrers des Abendlandes wurde vom großen Humanisten Erasmus von Rotterdam besorgt und bei Froben in der Schweiz verlegt. Die berühmte Druckermarke der Familie Froben zeigt angelehnt an Mt 10,16 den Merkurstab mit Schlangen und Taube (seid daher klug wie die Schlangen und arglos wie die Tauben).

(J 11) **Omnia Opera Divi Eusebii Hieronymi Stridonensis**.

Basel: Froben 1516.

Sign.: 19/28.1 (Bibliothek St. Albertus Magnus)

Auch der Kirchenlehrer Sophronius Eusebius Hieronymus (um 347-419 oder 420) aus Stridon in Kroatien macht in seinem umfangreichen Werk mehrfach Äußerungen über die Tätigkeit und den Tod des Apostels Thomas in Indien, so etwa in einem Brief an seine Schülerin, die heilige Marcella, die er nach ihrem Tod im Jahre 410 eigens mit einer Lobrede ehrte. Der hochgelehrte Hieronymus – auch sonst nicht vor emotionalen und satirischen Ausbrüchen gefeit – konnte sich gegen seinen Zeitgenossen Ambrosius die Spitze nicht verkneifen, dieser mache aus gutem Griechisch schlechtes Latein und schmücke sich sowieso mit fremden Federn.

Erasmus von Rotterdam gab sich zusammen mit dem Drucker Froben um diese Werkausgabe seines Favoriten unter den Kirchenlehrern auch hinsichtlich des Äußeren besonders viel Mühe wie etwa seine aufgeschlagene Widmung des Werks an den letzten vorreformatorischen Erzbischof von Canterbury William Warham (1503-1532) zeigt.

Beigelegt ist der alte Messingtürgriff, der sich bis zu den Renovierungsmaßnahmen im Jahre 2012 am Haupteingang der Diözesan- und Dombibliothek befand. Aufgrund von Feuerschutzbestimmungen musste er durch ein funktionales Modell ersetzt werden. Er zeigt den heiligen Hieronymus als Gelehrten am Pult voller Bücher mit seinen ikonographischen Attributen: einen von ihm geheilten Löwen machte er als Einsiedler in der Wüste zum Haustier, der Kardinalshut weist auf seine enge Beziehung zu Papst Damasus hin, Kreuz und Totenkopf weisen symbolisch auf Eitelkeit und Leere alles Weltlichen hin.

(J 12) **Thomas Stapleton**: Tres Thomae seu Res Gestae S. Thomae Apostoli, S. Thomae Archiepiscopi Cantuarenis & Martyris, Thomae Mori Angliae quondem Cancellarii.

Köln: Gualterus 1612.

Sign.: Aa 220

Der Kontroverstheologe Thomas Stapleton aus Henfield in Sussex (1535-1598) galt als einer der gebildesten Männer seiner Zeit. Da er sich 1563 weigerte, den Suprematseid abzuleisten, war es ratsam für ihn, England zu verlassen und wie auch schon früher in Douai und Löwen zu wirken. Der Eid hätte ihn genötigt, den englischen Monarchen statt des Papstes als Oberhaupt der Kirche auf der Insel anzuerkennen.

Mit seinem Werk über die drei Männer namens Thomas verfolgte er verschiedene Ziele. Durch die Zuordnung von Thomas Morus zu einem Apostel und zu dem hochverehrten Heiligen und Martyrer Thomas von Canterbury wollte er den Kanonisationsprozess für den hingerichteten Lordkanzler Englands unterstützen.

Das Leben des Apostels Thomas und seine Missionstätigkeit in Asien bis nach Indien und in Äthiopien(!) zeichnet Stapleton aufgrund einer Vielzahl von alten Zeugnissen nach. Dahinter steht der Versuch aufzuzeigen, dass zu seiner Zeit aufgrund der Entdeckungen in Asien, Afrika und Amerika die Kirche erneut zu großen Missionsaufgaben berufen war ebenso wie zu einer Rekatholisierung der protestantischen Teile Europas.

(J 13) Adolph Edwin Medlycott: India and the Apostle Thomas. An inquiry. With a critical analysis of the *Acta Thomae*.

London: Nutt 1905.

Sign.: Dc 7212

Mit diesem Buch legte der in Chittagong geborene Engländer Adolph Edwin Medlycott (1838-1918) ein bis heute gültiges Standardwerk zur Geschichte des indischen Thomaschristentums vor. Medlycott studierte in Rom, erhielt 1861 die Priesterweihe und wurde 1887 als Titularbischof von Tricomia in Syrien zum ersten Apostolischen Vicar von Trichur im britischen Indien. Die katholischen Thomaschristen, die Syro-Malbaren mit ostsyrischem Ritus, erhielten in diesem Jahr neben Trichur noch das Apostolische Vikariat Kottayam, die beide unabhängig von der lateinischen Jurisdiktion waren. Als Vikar war Medlycott beim Aufbau des neuen Sprengels bis 1896 tätig, dann resignierte er wie von Rom gewünscht zugunsten eines Geistlichen des syro-malabarischen Ritus. Fortan erforschte er die indische Kirchengeschichte und förderte intensiv die Ausbildung des indischen Klerus.

(J 14) Leben des H. Francisci Xaverii Indianer Apostels, Gebettweiß Vorgestellet.

S.l. (Augsburg?): um 1680.

Sign.: Aa 2203

Franz Xaver wurde als Sohn des Vorsitzenden des königlichen Rates von Navarra auf Schloß Javier bei Sangüesa am 7.4.1506 geboren; sein voller Name lautete Francisco de Yasu y Javier. Seit 1525 studierte er in Paris zuerst die Philosophie – wie damals als Grundstudium üblich – und begann 1530 mit dem Studium der Theologie, nachdem er sich entschlossen hatte, dem geistlichen Stand beizutreten. 1537 erhielt er in Venedig die Priesterweihe. In Paris gehörte er zu den Gründungsmitgliedern der vom hl. Ignatius von Loyola daselbst auf dem Montmartre 1534 gegründeten Gesellschaft Jesu (Societas Jesu, kurz SJ), die sich sehr schnell weltweit ausdehnen sollte.

Nach einigen Reisen innerhalb Europas bestieg er als päpstlicher Legat im Auftrag des portugiesischen Königs Johann III. in Lissabon am 7.4.1541 das Schiff nach Goa in Indien, welches dort am 6.5.1542 vor Anker ging. Dort wirkte er zehn Jahre als Seelsorger unter der portugiesischen Kolonialbevölkerung und hatte als Missionar unter den Heiden großartige Erfolge, von denen er zwischen 20.000 und 30.000 taufte. Die von ihm gegründete indische Jesuitenprovinz leitete er seit 1551 als Provinzial. Hervorragende Fähigkeiten als Organisator der Mission stellte er auch auf weiteren Reisen u.a. an den Küsten des indischen Ozeans und innerhalb des malayischen Archipels unter Beweis. Franz Xaver war durchaus erfreut über die Existenz der Thomaschristen, vor allem wenn sie den Kontakt mit den portugiesischen Katholiken suchten und sich gar deren Herrschaft in weltlichen wie religiösen Angelegenheiten unterwarfen. Geschah letzteres nicht, wurde allerdings recht schnell – wenn auch nicht durch Franz Xaver selbst – der Vorwurf der Unrechtgläubigkeit erhoben.

Franz Xaver landet in Indien. Augsburg um 1680.

1547 erfuhr er von der "Entdeckung" (in der Sichtweise der Europäer) der sagenhaften Goldinsel Zipangu, d.i. Japan, die schon Kolumbus versucht hatte zu erreichen und die man sich östlich von China gelegen dachte; deren Boden betrat er 1549. 1551 kehrte Franz Xaver nach Indien zurück. Auf der Insel Sancian vor der Küste Chinas, von wo aus er versuchen wollte, das Christentum auch im Reich der Mitte zu verkünden bzw. zu unterstützen, starb Franz Xaver am 3.12.1552.

Der "Apostel Indiens und Japans", so wurde Franz Xaver schon bald nach seinem Tod genannt, wurde 1619 selig- und 1622 heiliggesprochen. Sein Leichnam befindet sich in Goa, der rechte Unterarm – sein "Taufarm" – jedoch in der Hauptkirche des Jesuitenordens "Il Gesù" zu Rom. Er ist der Patron der Seefahrer und Missionare sowie Patron gegen die Pest und für eine gute Sterbestunde, sein Gedächtnis feiert die Kirche am 3. Dezember.

Das Leben des hl. Franz Xaver wurde um 1680, vermutlich in Augsburg von Melchior Hafner dem Jüngeren, auf 50 ganzseitigen Textkupfern, die alle etwas vergrößert auf der Stelltafel zu sehen sind, mit kurzen erläuternden Texten auf Latein und Deutsch illustriert. Nicht wenige Stiche zeigen sein Wirken in Indien ohne dass aber die schon seit über 1.000 Jahren dort ansässigen Christen mit einem Wort erwähnt werden. Das sehr seltene Büchlein hält sich im Ganzen recht genau an den Lebensweg des Heiligen, wobei auch Übertriebenes und Legendenhaftes insbesondere aus Lebenszeiten des Franz Xaver, die nicht so accurat von ihm selbst oder glaubwürdigen Zeugen bestätigt sind, seinen Weg in das Werk gefunden hat.

Zum Ausschluß von Missverständnissen: im Titel wird Franz Xaver als der Apostel der Indianer bezeichnet, womit tatsächlich die Bewohner Indiens und weiterer asiatischer Gebiete gemeint sind und nicht etwa die Ureinwohner Nordamerikas, die heute gemeinhin als "Indianer" benannt werden.

(J 15) **Jan Huyghen van Linschoten**: Histoire De La Navigation De Iean Hugues de Linschot Hollandais, Aux Indes Orientales.

Amsterdam: Cloppenburch 1619.

Sign.: Ae 691

Der Abenteurer Jan Huygen van Linschoten (1562-1611) – gelernter Kaufmann – war einer der ersten Holländer in Ostasien; noch hatte der wirtschaftliche Expansionsdrang der niederländischen Kaufleute kaum eingesetzt. Als Sekretär des Erzbischofs von Goa verbrachte er von 1581 an sechs Jahre in der portugiesischen Niederlassung in Indien und hatte in dieser Vertrauensstellung dort wie zuvor in Lissabon Zutritt zu wichtigsten und normalerweise streng gehüteten Geheimdokumenten wie Beschreibungen von Schiffsrouten und Kartenmaterial; vor allem bezogen sich diese auf Asien, Linschoten konnte aber auch einiges über die europäischen Besitzungen in Amerika oder die Schiffswege von Asien über den Pazifik nach Amerika in Erfahrung bringen und kopieren. Nach dem Tod des Erzbischofs kehrte er in seine Heimat zurück, konvertierte rasch und machte dort seine Informationen publik, die sich vor allem die 1621 gegründete Niederländische Westindien-Kompanie – nicht ganz so erfolgreich wie ihr 1602 gegründetes ostindisches Gegenstück wurde sie aber immer noch mächtig genug – zu Nutze machen konnte.

Über die Thomaschristen in Indien berichtet er nicht allzuviel. Ihre Zeremonien und Riten ähneln seiner Meinung nach denen der orthodoxen Kirche; diese wollten sie auch behalten, selbst wenn es manche Bemühungen um eine Union mit der katholischen Kirche – von beiden Seiten – gäbe. Linschoten berichtet auch über ein Wunder des Apostels Thomas, welches allerdings von mehreren Orten in Indien erzählt werde. Aufgrund seiner Missionserfolge wurden heidnische Priester eifersüchtig auf Thomas und ein König verbot ihm weiteres Wirken. Daraufhin verstopfte ein riesiger Baumstamm den Hafen der Stadt und machte Leben und Handel unmöglich. 300 Elefanten und alle Zauberkunst konnten den Stamm nicht bewegen. Thomas teilte dem König mit, dass kein Mensch imstande sei, den Stamm zu bewegen; er sollte ihm das Holz zur Errichtung einer Kirche zusagen. Dies geschah und Thomas zog den Baum mit seinem Gürtel aus den Fluten. Wirklich wurde nun eine Kirche gebaut und Thomas bekehrte weiter mit großem Erfolg. Allein die Götzenpriester blieben trotz ihres Misserfolges uneinsichtig und brachten den Apostel ums Leben.

Aus Linschotens Buch wurden auch die gezeigte Karte der Stadt Goa und eine Alltagsszene ausgelöst. Seit 1510 in portugiesischem Besitz war dieser Ort der administrative Mittelpunkt der asiatischen Niederlassungen Portugals. 1534 wurde in Goa ein Bistum errichtet, dessen Sprengel vom Kap der Guten Hoffnung bis nach Japan reichte. Nur vier Jahre später stieg Goa zum Erzbistum auf. Seit 1886 führt der Erzbischof hier den Ehrentitel Primas und Patriarch Ostindiens.

(J 16) **Paulinus vom heiligen Bartholomäus**: India Orientalis Christiana.

Rom: Salomon 1794.

Sign.: Bc 154

Geboren im niederösterreichischen Hof am Leithaberge nahm Philipp Wesdin (1748-1806) nach seinem Ordenseintritt 1768 bei den unbeschuhten Karmeliten den Namen Paulinus vom heiligen Bartholomäus an. Überaus sprachbegabt wirkte er als Missionar von 1774 bis 1789 in Malabar, wo er Paulinus Paathiri genannt wurde. Neben wichtigen Werken zur Sanskritforschung und zum Hinduismus veröffentlichte er auch diese grundlegende Übersicht über das Christentum in Indien von den Anfängen in apostolischer Zeit bis zu seiner Gegenwart; Missionsbemühungen und -erfolge der orientalischen Kirchen und später dann auch der katholischen Kirche, Christenverfolgungen, Schismata wie auch erwähnenswerte Herrscher und Persönlichkeiten werden geschildert. Der aufgeschlagene Kupferstich zeigt den Maharadscha von Travancore an der Malabarküste Karthika Thirunal Rama Varma (1758-1798), bei dem Paulinus vom heiligen Bartholomäus in hohem

Ansehen stand. Rama Varma schützte sowohl Hindus als auch Christen vor den Verfolgungen seines Nachbarn, dem muslimischen Herrscher Tipu Sultan (1750-1799), bekannt als der Tiger von Mysore.

Paulinus vom heiligen Bartholomäus: India Orientalis Christiana. Rom 1794.

(J 17) **Paulinus vom heiligen Bartholomäus**: Reise nach Ostindien.

Berlin: Voß 1798.

Sign.: Bb 806

Das Buch des Karmeliten Paulinus vom heiligen Bartholomäus über seine Indienreise wurde von Johann Reinhold Forster ins Deutsche übertragen, der in der Vorrede Paulinus bezeichnet als *verständigen, nicht eingenommenen Mann* mit *richtiger Beurtheilungskraft, außer da, wo ihn Vorurtheile der Erziehung und des Glaubens täuschen.* Allerdings sind Forsters eigene Anmerkungen (auf die er durchaus stolz ist) zu den Ausführungen des Paulinus über die indischen Christen, mit Rom uniert oder nicht, keinesfalls frei von Vorurteilen. Interessant auch, dass der Übersetzer lobend erwähnt, der Karmelit sei bis zu einem gewissen Grad auch des Deutschen mächtig (immerhin war der katholische Missionar Österreicher!).

Johann Reinhold Forster (1729-1798) war ursprünglich evangelischer Pastor; in der NBD heißt es *ohne Neigung,* in der ADB ist zu lesen, er habe seine Predigten ungenügend vorbereitet. Der spätere Freimaurer bleibt vor allem bekannt und verdient als Naturwissenschaftler, er war Teilnehmer an der zweiten Expedition von James Cook in die Südsee und verfasste zusammen mit seinem Sohn darüber ein bis heute sehr gesuchtes Buch.

(J 18) **Antonio de Gouveia**: Iornada Do Arcebispo De Goa Dom Frey Aleixo De Menezes Primaz Da India Oriental, Religioso da Ordem de S. Agostinho.

Coimbra: Loureyro 1606.

Sign.: Ad 118

Aleixo de Menezes (1559-1617), von 1595 bis 1612 Erzbischof von Goa und zeitweilig auch portugiesischer Vizekönig für Ostindien, führte ohne wirkliche Rückendeckung und Einwilligung seitens der römischen Kurie die rigide Latinisierung der Thomaschristen in seinem Herrschaftsgebiet durch. Die Stärkung der Macht Portugals hatte für ihn Priorität und (Thomas-)Christen mit traditionell guten Beziehungen zu den chaldäischen Christen und dem Patriarchat von Babylon mussten unter Kontrolle gebracht werden. Unter Menezes wurden auf der Synode von Diamper (1599) die Thomaschristen der Jurisdiktion des erzbischöflichen Stuhls von Goa unterstellt und unter anderem auch der Zölibat für deren Priester eingeführt.

Dem Bericht über das Wirken von Menezes in Indien von Antonio de Gouveia (1575-1628), wie ersterer Augustiner, ist als Anhang der Text der (lateinischen!) Messe für die Thomaschristen beigegeben, gereinigt auf Anordnung des Erzbischofs von allen Häresien sowie Irrtümern (ost-)syrischen und damit nestorianischen Ursprungs. Rom hatte solche Irrgläubigkeit nie vorgeworfen.

Gouveia selbst wurde 1611 Titularbischof von Cyrene in Libyen; mit bislang elf Amtsinhabern, die als Weihbischöfe in Köln tätig waren, lässt sich dieses Bistum fast als Stamm(titular)bistum für Köln bezeichnen.

(J 19) Johannes Facundus Raulin: Historia Ecclesiae Malabaricae Cum Diamperitana Synodo Apud Indos Nestorianos, S. Thomae Christianos nuncupatos. (Faksimile)

Westmead: Gregg 1969.

Sign.: Ecb 926

Johannes Facundus Raulin (1694-1754), Augustiner aus Zaragoza, übersetzte einen Großteil des Buches von Antonio de Gouveia 1745 ins Lateinische und versuchte wohl auch durch Ergänzungen, das Vorgehen insbesondere seines Ordensbruders Aleixo de Menezes, von 1595 bis 1612 Erzbischof von Goa, in ein besseres Licht zu stellen. Menezes, aber nicht er allein, hatte durch sein arrogantes und willkürliches Vorgehen im portugiesischen Interesse gegen die Thomaschristen – insbesondere auf der "Räubersynode" von Diamper 1599 und der daraus erfolgenden Latinisierung der indischen Altchristen – wesentlich dazu beigetragen, dass es schließlich 1653 in Mattancherry an der südostindischen Küste zum Schwur vom schiefen Kreuz (heute existiert nur noch dessen Sockel) kam. Es heißt, dass 25.000 Thomaschristen zusammenkamen und schworen, nie wieder einen lateinischen Bischof, schon gar nicht aus dem Jesuitenorden, über sich zu dulden. Ein Bruch mit Rom war keineswegs ihre Hauptintention, die indischen Christen bestanden schlicht auf Anerkennung ihrer althergebrachten Riten und Glaubensformen sowie auf ihren guten Beziehungen insbesondere zur ostsyrischen Kirche, die wiederum guten Kontakt zu Rom hatte. Da nicht alle Anwesenden beim Schwur das Kreuz

Der Schwur der 25.000 in Mattancherry 1653.

berühren konnten, wurde ein langes Seil daran festgebunden, so dass doch jede Schwurhand wie auf der beigelegten Abbildung zu sehen ist mit dem Kreuz verbunden war. Das Ergebnis des Schwurs war, dass sich eine kleinere Gruppe von Thomaschristen nunmehr am Patriarchat von Antiochia mit westsyrischen Ritus orientierte; die Mehrzahl wollte aber keineswegs die völlige Abkehr von Rom. Rom reagierte schnell zur Vermeidung eines Schismas und schickte vor allem Karmeliten nach Indien zur Beruhigung der Gemüter. Die lateinischen Bischöfe ließen die Thomaschristen durch Generalvikare, die selbst dem chaldäisch-ostsyrischen Ritus folgten, leiten. Am Thomastag, dem 21. Dezember 1923 (heute 3. Juli), wurde dann unter Papst Pius XI. die mit Rom unierte Syro-Malabarische Kirche (wieder-)errichtet.

(J 20) **José Freire de Monterroyo Mascarenhas**: Epanaphora Indica.

Lissabon: 1746-1748.

Sign.: Bb 873

Das anfänglich entspannte bis gute Verhältnis zwischen Katholiken und Thomaschristen in Indien änderte sich im Laufe vor allem des 17. Jahrhunderts insgesamt zum Schlechteren, auch wenn nicht unwesentliche Gruppen Rom verbunden blieben. Ungeschicktes Vorgehen verbunden mit unangebrachter Latinisierung seitens der katholischen Kirche, vor allem wohl hervorgerufen durch das Übel des Patroado-System mit dem großen Einfluss der portugiesischen Krone auf alle kirchlichen Belange in ihren Überseegebieten, stieß viele der indischen Christen mit ihrem berechtigten Stolz auf die eigene 1.600 Jahre alte Tradition vor den Kopf. Sicher nutzten auch die Briten diese Gegensätze zu ihren Gunsten aus, um den portugiesisch-katholischen Einfluss in Indien zu schwächen. Teile der Thomaschristen hatten 1653 geschworen, nie wieder einen portugiesischen, also katholischen, Bischof über sich zu dulden. Diese Ablehnung war auch bei der Installation 1743 von Lourenço de Santa Maria e Melo zum Erzbischof von Goa und Primas von Asien, über die unter anderem hier berichtet wird, nicht geschwunden. Der Jurisdiktionsbezirk des Erzbischofs von Goa erstreckte sich über das riesige Gebiet vom Kap der Guten Hoffnung bis nach Japan. Aus gesundheitlichen Gründen übernahm Lourenço de Santa Maria e Melo 1752 das Erzbistum Faro in Portugal. Die dem Buch beigefügte Karte von Goa und Umgebung zeigt in der Kartusche den wenig freundlichen Umgang der Portugiesen mit ihren indischen Nachbarn.

Das Buch wurde von José Freire de Monterroyo Mascarenhas (1670-1760?) verfasst, der als Begründer des portugiesischen Zeitungswesens gilt.

(J 21) **Mathurin Veyssière de La Croze**: Abbildung Des Indianischen Christen-Staats.

Leipzig: Walther 1739.

Sign.: 1976.2090

Der zum Calvinismus konvertierte ehemalige Benediktinermönch Mathurin Veyssière de La Croze aus Frankreich wurde 1697 erster Leiter der Kurfürstlichen und dann Königlichen Bibliothek zu Berlin. In diesem Buch berichtet er über die Geschichte des Thomaschristentums bis in seine Zeit, wobei darin der Versuch nicht zu übersehen ist, dieses Christentum für den Streit der abendländischen Konfessionen zu instrumentalisiern. Katholische Missionsversuche waren schlecht, protestantische gut, wobei ja für beide galt, dass die Missionen immerhin unter Mitchristen stattfanden!

Adolf von Harnack bezeichnete seinen Amtsvorgänger La Croze als Jesuitenhasser, der diesen alles Schlimme zutraute, selbst ein Komplott zur Vernichtung des Ansehens der Heiligen Schrift. Diese Überzeugung vermittelt eindringlich auch der Kupferstich vor dem Titelblatt, auf dem der Papst Jesuiten offensichtlich zur Vernichtung des ursprünglichen indischen Christentums auffordert mit Worten aus Psalm 137 *Reißt ab, reißt ab! Verbrennt! Verheert! Und ganz bis auf den Grund zerstört!*

Mathurin Veyssière de La Croze: Abbildung Des Indianischen Christen-Staats. Leipzig 1739.

K) Die äthiopische Kirche

(K 1) Graduale.

Köln: Fraterhaus Sankt Michael am Weidenbach 1498.

Sign.: Dom Hs. 229

Die historisierte Zierinitiale zum ersten Adventssonntag **A**(*d te leavi animam meam*) stellt zwei wichtige Beschenkungsszenen aus beiden Testamenten zusammen dar. Unten übergeben die drei Weisen aus dem Morgenland dem Christuskind ihre Geschenke. Darüber ist die Königin von Saba vor Salomons Thron zu sehen:

> *Sie gab dem König hundertzwanzig Talente Gold, dazu eine sehr große Menge Balsam und Edelsteine. Balsam, wie ihn die Königin von Saba dem König Salomo schenkte, gab es nicht wieder* (2 Chr. 9,9).

Die Historizität der Königin als Person und die geograhische Lage ihres Reiches ist bis heute ungeklärt. Die Stadt Saba lag jedenfalls im heutigen Jemen. Die äthiopische Tradition hält hingegen daran fest, dass die Königin in ihrem Teil der Welt herrschte. Beide Gebiete hatten aber schon seit unvordenklichen Zeiten Beziehungen.

(K 2) Die Heilige Schrift Alten und Neuen Testamentes. Pracht-Ausgabe mit zweihundert und dreissig Bildern von Gustav Doré.

Stuttgart u.a.: Deutsche Verlags-Anstalt, 6. Aufl. 1887.

Sign.: Cf 37

Gustav Doré (Straßburg 1832-Paris 1883), bedeutendster Buchillustrator des 19. Jahrhunderts, erfreut sich bis auf den heutigen Tag höchster Popularität. Seine Bilder faszinieren durch das Pathos und die Originalität ihrer Erfindung. Ob der Vorwurf fehlender "innerer Beteiligung" zutrifft, mag dahingestellt bleiben. Doré verfügte über einen großen Mitarbeiterstab, da seine Produktion fast industriemäßige Ausmaße angenommen hatte. Zu den Zeichnungen, die er herstellte, schufen etwa 40 Mitarbeiter Holzschnitte, deren handwerkliche Qualität oft bemerkenswert ist. Die 230 Holzschnitte zur Bibel erschienen zuerst in einer Vulgataausgabe (Tours 1862). Eduard Hallberger, der Stuttgarter Großverleger, hatte sich die Rechte zu deren Benutzung gesichert. Die deutsche Erstausgabe kam in doppelter Gestalt mit dem Text von Luther bzw. Allioli auf den Markt.

So äußerte sich Rudolf Lenz – langjähriger Mitarbeiter der Erzbischöflichen Diözesan- und Dombibliothek Köln – im Katalogteil zur Ausstellung *Die Schönheit der Bibel*, Köln 1992.

Aufgeschlagen ist die Illustration des Empfangs der Königin von Saba durch Salomon. Der für die christlichen Äthiopier so wichtigen Legende nach soll aus der Beziehung beider Menelik I. (um 1000 v.Chr.?) hervorgegangen sein, durch den das äthiopische Königsgeschlecht begründet wurde. Kaiser Haile Selassie (1892-1975) – der letzte der Salomoniden – sah sich als 225. Nachfolger von Menelik.

Empfang der Königin von Saba durch Salomon.

(K 3) Äthiopische Handkreuze.

Leihgabe aus Privatbesitz

Jeder Priester der äthiopischen Kirche ist im Besitz eines solchen Handkreuzes (ähnliches ist auch in der koptischen Kirche verbreitet), das er fast überall mit sich führt. Mit dem Kreuz berührt er die Stirn der Gläubigen und reicht es ihnen zum Verehrungskuss dar. Es besteht oben aus dem eigentlichen Kreuz, aus dem Handgriff in der Mitte und unten aus einem oft quadratischen mit Ornamenten geschmückten Fuß. Der tafelförmige Fuß symbolisiert die Gesetzestafeln des Moses in der Bundeslade, in deren Besitz sich die äthiopische Kirche bis heute sieht. Das Handkreuz wird aus Metallen und Holz in unterschiedlichster künstlerischer Qualität gefertigt.

(K 4) Abissinorum Sive Pretiosi Ioannis Imperium.

Amsterdam: Hondius 1633.

Sign.: Qa 65

Außer Hinweisen auf Wohnregionen von Menschenfressern und Amazonen zeigt diese Karte des Reichs des Priesterkönigs Johannes in der Mitte oben auch in gelber Kolorierung Nubien, *das einst christlich war, aber nunmehr keine Religion mehr pflegt.* Im Gebiet des heutigen Sudan gab es seit dem 4. Jahrhundert christliche Gemeinden, im 6. Jahrhundert bildeten sich hier die christlichen Königreiche von Nobatia, Makuria und Aloa, die kirchlich dem koptischen Patrarchat von Alexandria zuzurechnen waren. Die Reiche konnten dem Ansturm des Islams im 14. Jahrhundert nicht standhalten und vergingen; die wissenschaftliche Erforschung ihrer Kultur und Geschichte ist bei weitem noch nicht abgeschlossen.

Die Nebenkarte links oben zeigt das Königreich des Congo, dessen Christianisierung von den Portugiesen seit dem Ende des 15. Jahrhunderts versucht wurde. Darauf ist auch die Bezeichnung *Oceanus Aethiopicus* für den Südatlantik zu lesen, die bis in das 17. Jahrhundert und länger gebräuchlich war.

(K 5) **Johannes de Hese**: Itinerarius per diversas partes mundi.

Köln: Cornelius von Zierickzee, um 1500.

Sing.: Inc. a. 87

Wahrscheinlich stammte Johannes de Hese vom Niederrhein; über sein Leben ist nichts bekannt, aber er hinterließ als einziges Werk diese vollkommen erfundene Reisebeschreibung durch fast die gesamte Welt außerhalb von Europa. Zusammengeschrieben hat Johannes de Hese sie aus allerlei älteren Itinerarien, auch Märchen- und Sagenstoffen; er will die Reise Ende des 14. Jahrhunderts unternommen haben. Von Jerusalem und Palästina zieht er an das Rote Meer, über Ägypten durch den Sinai nach Chaldäa und dann nach Äthiopien, schließlich über Indien mit seinen Thomaschristen ins Zweistromland, wo er den Priesterkönig Johannes besucht, dem elf christliche und sieben heidnische Fürsten gehorchen; dessen Palast beschreibt er umfassend. Vom Grab des Apostels Thomas endlich gelangt er zurück nach Jerusalem. Unterwegs gelangt er an die unüberwindliche Mauer des Paradieses, lernt das Fegefeuer kennen, hält einen Riesenkraken für eine Insel und hört die Sirenen singen; er sieht den Magnetberg und berichtet vom gallertartigen Lebermeer. Spürbar ist in den Schilderungen orientalischer Städte seine gute Kenntnis von Köln, das er als Vorbild nahm.

Dem Bericht von Johannes de Hese ist der berühmte gefälschte Brief des Priesterkönigs Johannes an Kaiser Manuel I. (1143-1180) von Byzanz nachgebunden. Vermutlich von einem lateinischen Kleriker vor 1177 geschrieben, zeigt er eindeutig antibyzantinische Tendenzen. Johannes wirft Manuel Selbstüberschätzung vor, sein eigenes Reich beschreibt er geradezu als Schlaraffenland von ungeheurer Größe; gerne wäre er zur Hilfe bei der Rückeroberung Jerusalems und der heiligen Stätten bereit. Recht wahrscheinlich stammt der unbekannte Verfasser des Briefes aus Deutschland, zeigt doch der Hof des Johannes manche Züge eines deutschen Fürstenhofes der Zeit.

(K 6) **Abraham Ortelius**: Theatrum Orbis Terrarum.

Amsterdam: 1570 (?).

Sign.: Rd 40

Abraham Ortelius aus Antwerpen (1527-1598), einer der berühmtesten Kartographen seiner Zeit, schuf mit seinem "Theatrum Orbis Terrarum" wohl den ersten Atlas in Buchform. Das wunderschöne Werk des "Ptolemäus des 16. Jahrhunderts" erschien in 42 Ausgaben. Im Gegensatz zu vielen seiner Kollegen war Ortelius immer bemüht, die Quellen seiner Karten offenzulegen. Die aufgeschlagene Karte zeigt gelb koloriert Abessinien bzw. Aethiopien, bezeichnet als Reich des Priesters Johannes. Sie basiert vor allem auf den Informationen, die der portugiesische Entdecker und Missionar Francisco Álvares (1465- † um 1540) aufgrund seines Aufenthalts am äthiopischen Hof im Jahre 1520 gegeben hatte. Dort herrschte zu dieser Zeit Kaiser David II. (1508-1540), der im Kampf gegen die Mohammedaner erfolglos blieb und fiel. Oben rechts ist das Wappen des Kaisers und seine umfangreiche Titulatur zu sehen.

(K 7) Karten zur weltweiten Mission der Jesuiten.

Augsburg: Bencard, nach 1702.

Sign.: Qb 57-Qb 60

Aus dem pädagogisch wegweisenden, höchst anschaulichen und aktuellen Atlas Novus des Jesuiten Heinrich Scherer (1628-1704) stammen diese vier Karten, gestochen von Johann Baptist Homann. Die Karte oben links zeigt das weltweite Wirken des Jesuitenordens auf den vier Kontinenten, denen Persönlichkeiten zugeordnet werden: Der Ordensgründer Ignatius von Loyola und Europa; der Apostel Brasiliens Joseph de Anchieta (1534-1597) und Amerika; der heilige Franz Xaver, der Apostel Indiens, und Asien; Andreas Oviedo (1518-1577), zweiter Patriarch von Äthiopien aus dem Jesuitenorden und Afrika.

Das glücklose und wenig geschickte Unterfangen des Jesuitenordens, die äthiopischen Christen mit Rom zu verbinden, endete nach bürgerkriegsähnlichen Zuständen zwischen Anhängern des althergebrachten Christentums und solchen der abendländischen katholischen Konfession 1636 mit der Vertreibung der Jesuiten aus dem ostafrikanischen Gebiet. Erst seit 1959 gibt es einen eigenen Patriarchen der äthiopischen Christen, diesen Titel hatten die Jesuitenpatriarchen allerdings auch eher widerwillig angenommen. Vorher wurde das Oberhaupt der äthiopischen Christen, der Abun, nach uralter Tradition vom koptischen Patriarchat von Alexandria bestimmt; häufig fiel die Wahl auf einen landesfremden Ägypter, woraus nicht selten sein nur geringer Einfluss auf die Geschicke seiner Kirche resultierte.

Während die unteren Karten weitere Auskunft über das Christentum in Afrika geben, fallen auf der Karte von Asien oben rechts besonders die gekippten Kreuze auf den japanischen Inseln auf. Sie weisen auf die Vernichtung der Christen dort hin. Die Mission in Japan hatte so erfolgverheißend mit Franz Xaver begonnen, endete aber 1638 vorläufig mit der Niedermetzelung von etwa 35.000 Christen und dem Verbot des christlichen Glaubens.

(K 8) **Matthias Tanner**: Societas Jesu Usque Ad Sanguinis Et Vitae Profusionem Militans, In Europa, Africa, Asia Et America, Contra Gentiles, Mahometanos, Judaeos, Haereticos, Impios, Pro Deo, Fide, Ecclesia, Pietate. Sive Vita, Et Mors Eorum, Qui Ex Societate Jesu in causa Fidei & Virtutis propugnatae, violenta morte toto Orbe sublati sunt.

Prag: Hampel 1675.

Sign.: 9/9.8 (Bibliothek St. Albertus Magnus)

Besonders als Kontroverstheologe tat sich der böhmische Jesuitenpater Matthias Tanner (1630-1692) aus Pilsen hervor; mehrfach war er Provinzial seiner heimatlichen Ordensprovinz. Er verfasste seine Schriften in lateinischer und tschechischer Sprache. Die ordenshistorischen Werke zeichnen sich durch hohe Genauigkeit und Beigabe von vielen guten – zeitgemäß drastischen – Kupferstichen aus. Das hier vorliegende Martyrologium des Jesuitenordens berichtet über die erschreckend hohe Anzahl von Ordensangehörigen, die in Europa und den überseeischen Missionsgebieten wegen ihres Glaubens den Tod fanden, sei es durch direkte Tötung oder etwa die Bedingungen der Kerkerhaft.

Wie Tanners Martyrologium zeigt, war grausame "Phantasie" beim Erdenken möglichst unmenschlicher gesetzlich vorgesehener Hinrichtungsarten und spontanen Tötungen wohl damals (wie heute?) leider weltweit gleichmäßig verteilt. Die Blutzeugen starben am Galgen, auf dem Scheiterhaufen, durch Ertränken oder Herausschneiden der Gedärme und des Herzens bei lebendigem Leibe als Strafe für Hochverrat wie in Britannien; damit seien nur einige Arten der Todesstrafe genannt.

Das Martyrium als beeindruckendstes Glaubenszeugnis so vieler Jesuiten stellte andererseits neben der großartigen und straffen Organisation und der strengen Auswahl seiner Mitglieder schon durch Ignatius von Loyola einen weiteren Grund für den Erfolg des jungen Ordens dar. "Das Blut der Martyrer ist der Samen der Kirche".

Als Allegorie ist dieser Sachverhalt auf dem Stich vor dem Titelblatt zu sehen. Die Gesellschaft Jesu – dargestellt als geflügelte schwerttragende Frau – zermalmt die Tyrannen der ganzen Welt. Über diversen Marterwerkzeugen erheben sich die Seelen der Glaubenszeugen um ihren himmlischen Lohn zu empfangen.

Der aufgeschlagene Kupferstich zeigt allegorisch die triumphierende Gesellschaft Jesu im wilden Afrika, dargestellt als ein Theater voller Skelette und wilder Bestien; auch auf diesem Kontinent hatte der Orden seinen Blutzoll zu entrichten. Nach Äthiopien oder auch Abessinien gelangte die Gesellschaft Jesu seit 1555 auf Wunsch des Priesters Johann, wie alle äthiopischen Herrscher bezeichnet wurden. Dort sollten sie mit päpstlichem Einverständnis die morgenländlichen Ketzereien bekämpfen und die einheimischen Christen zur einzig wahren christlichen Konfession zurückführen, der katholischen. Jesuiten übernahmen sogar den Titel "Patriarch von Äthiopien", eher ungewöhnlich für den jungen Orden, meinte doch der heilige Ignatius, dass solche Titel eher unnütz und schädlich seien. 1636 wurden die Jesuiten und Missionare anderer katholischer Orden unter Kaiser Fasilides (1632-1667) aus dem Land vertrieben, der die Autorität der äthiopisch-orthodoxen Kirche vor allem durch Erneuerung der einst guten Verbindungen zum koptischen Patriarchat von Alexandria wiederherzustellen suchte.

(K 9) **Handschrift einer äthiopischen Bibel** aus dem 19. Jahrhundert auf Pergament.

Leihgabe aus Privatbesitz

Mit vielen ganzseitigen Darstellungen verziert ist diese äthiopische Bibel. Aufgeschlagen sind zu Beginn der Ausstellung die Seiten mit Jesu Einzug in Jerusalem und Zachäus dem Zöllner auf dem Baum. In unregelmäßigen Abständen werden weitere Illuminationen gezeigt, wie Kreuzigung und Himmelfahrt, Weihnachten und der Mord an den unschuldigen Kindern.

(K 10) Volkstümliche Gemälde religiösen Inhalts aus Äthiopien.

Leihgabe aus Privatbesitz

Nach alten Vorlagen werden heute noch solche Bilder mit biblischen oder kirchlichen Themen in hergebrachter Technik auf Ziegenleder gemalt. Zu sehen sind:

- Der Prophet Elias, der auf der Flucht vor König Ahab in der Wüste von Raben mit Nahrung versorgt wird.
- Die drei Jünglinge im Feuerofen und der schützende Engel. Obwohl der Engel im Buch Daniel namenlos bleibt, wird er nach alter Tradition mit dem Erzengel Michael gleichgesetzt.

- Sankt Georg
- Ein Priester der äthiopischen Kirche mit Gebetsstock (auch zur Stütze bei der beträchtlichen Dauer der liturgischen Rituale) und Sanasel. Das Sanasel, ein rasselartiges Rhythmusinstrument, hat seine uralten Vorgänger im ägyptischen Sistrum, das schon im Isis-Kult verwendet wurde.

(K 11) **Georg Gerster**: Kirchen im Fels. Entdeckungen in Äthiopien.

Stuttgart u.a.: Kohlhammer 1968.

Sign.: Ee 404

Seit 1978 gehören die elf Felsenkirchen in Lalibela im Nordosten Äthiopiens zum Weltkulturerbe. Sie wurden vor 1250 unter Kaiser Gebra Maskal Lalibela – in der äthiopischen Kirche als Heiliger verehrt – komplett aus dem Fels geschlagen und gehören mit ihrer Höhe von zehn Metern zu den größten von Menschen geschaffenen Bauwerken dieser Art. Im Vorwort zu diesem Buch schreibt der bei Erscheinen des Buchs noch amtierende Kaiser von Äthiopien Haile Selassie:

> *Das äthiopische Reich nennt eine mit Stolz erfüllende Kultur sein eigen, die ohne Unterbrechung vom vierten Jahrhundert an heraufzieht. Indem der christliche Glaube die Auseinandersetzungen, in die er zu gewissen Zeiten verwickelt war, die Einwanderung von Menschen aus verschiedenen Regionen in dieses Land, die zu verschiedenen Zeiten stattfand, und die veränderlichen Kapitel der Geschichte siegreich überdauerte, blieb er in Äthiopien fest verwurzelt.*
>
> *In vergangenen Jahrhunderten haben unsere Vorväter an entlegenen und hohen Plätzen Äthiopiens Monumente aus dem Fels gehauen.*
>
> *Dadurch, daß sie in tiefen und entlegenen Höhlen durch Aushauen bildliche Darstellungen gestalteten, verschiedene Monumente aus dem Fels schlugen und damit Denkmäler der Geschichte schufen, haben uns – vor der Niederschrift der Geschichte – dem Namen nach nicht bekannte Äthiopier ein bleibendes Zeugnis der Kultur vergangener Zeiten hinterlassen. Von diesem alten Kulturerbe, zu dem auch die überaus bewundernswerten Kirchen von Lālibalā gehören, finden sich überall im Land ähnliche, großartige Werke.*

(K 12) **Äthiopische Zauberrollen** aus der zweiten Hälfte des 19. Jahrhunderts.

Diözesan- und Dombibliothek

Immer weniger verbreitet sind in Äthiopien solche Zauberrollen aus Pergament, die gegen allerlei Unbill des Lebens wie etwa Krankheiten, Prüfungsstress und Liebeskummer wirken sollen. Verziert sind sie ornamental und auch figürlich, so mit Schutzengeln. Für die überwiegend analphabetische Bevölkerung wurden sie von den Däbtäras angefertigt. Die Däbtäras nehmen innerhalb des äthiopischen Christentums eine eigentümliche Sonderrolle zwischen Laien und Klerikern ein und übernehmen im Gottesdienst wichtige Funktionen. Sie sind nicht geweiht, häufig besitzen sie aber eine höhere theologische Bildung als der normale Klerus und sind auch als Heiler, Maler, Schriftkundige und Dichter – eben als so gefürchtete wie geachtete weise Männer – im Lande unterwegs. Frauen können keine Priesterinnen werden, in Ausnahmefällen aber Däbtäras.

Beigelegt ist ein Anhänger aus Silber, in dem Gebete auf Papier aufbewahrt und getragen werden konnten, aufgeschrieben ebenfalls von Däbtäras.

Ein Faltblatt mit Kupferstichen von Heiligen (um 1650) aus dem deutschen Raum stellt etwas Vergleichbares aus dem deutschen Raum dar. Diese wohl privat zusammenstellte Sammlung von Heiligenbildchen war zum Schutz auf Reisen gedacht; gefaltet konnte man sie bequem als Amulettbüchlein immer mit sich tragen. Geschützt war der Reisende durch Ignatius und andere Heilige etwa gegen die Pest sowie fieberhafte Erkrankungen, durch Johannes Nepomuk gegen "Wassergefahren", durch Franziskus Solanus gegen Erdbeben, durch Athanasius gegen Kopfschmerzen usw. Unter den Bildern verbergen sich teilweise Gebetszettel.

(K 13) Zwei **äthiopische Anhänger mit Ohrreinigungslöffelchen** aus dem 19. Jahrhundert.

Leihgabe aus Privatbesitz

Silberne Geräte dieser Art, im Unterschied zu unseren Exponaten aber häufig auch mit einem Griff in Kreuzform über dem Löffelchen, wurden in Äthiopien einerseits als Schmuck getragen, andererseits aber auch als Mittel, um nach der damit vorgenommen Ohrreinigung das Wort Gottes besser und klarer hören zu können. Dieses Verfahren wird von Ohrenärzten nicht empfohlen.

Im silberarmen Ostafrika wurde das Metall für weltlichen und sakralen Schmuck häufig aus eingeschmolzenen Maria-Theresien-Talern gewonnen, die in diesem Gebiet auch lange Zeit offizielles Zahlungsmittel waren. Auch in Äthiopien wurde der Taler als solcher wie in Europa als schmückender Anhänger getragen, nicht selten mit einem darauf applizierten silbernen Kreuz.

(K 14) **Kurtze und Warhafftige Beschreibunge aller gründlichen erfarnus von den Landen des mechtigen Königs in Ethiopien, den wir Priester Johann nennen**. Auch von seinem Geistlichen und Weltlichen Regiment, wie denn solchs durch das Königreich Portugal fleiß erkündigt und das durch den Herren Franciscum Aluares beschrieben, welcher sechs Jar in Priester Johans Hofe verharren müssen.

Eißleben: Heller 1567.

Sign.: Ae 719

Der Priester Francisco Álvares (um 1465- um 1540) war Teilnehmer einer portugiesischen Gesandtschaft in das rätselhafte Reich des Priesterkönigs Johannes. Portugal war vor allem aus wirtschaftpolitischen Gründen auf der Suche nach einem möglichen Verbündeten gegen islamische Herrscher, deren Gebiete seine Seewege bedrohten. Nach fünf Jahren schließlich erreichte die Legation den Hof von Lebna Dengel, dem äthiopischen Kaiser David II. (1508-1540), wo sie sechs Jahre verbrachte. Militärische Hilfe, so stellten die Portugiesen schnell fest, war von Äthiopien nicht zu erwarten, vielmehr erhoffte Kaiser David II. von ihnen oder anderen europäischen Mächten Unterstützung im Abwehrkampf gegen die Osmanen. Seine Artillerie bestand aus zwei Kanonen, die ihm die Portugiesen als Geschenk mitgebracht hatten, darüberhinaus besaß seine Armee neben den landestypischen Waffen noch 14 Musketen. Insbesondere wollte der Kaiser mit dem Papst in Rom – er ließ Clemens VII. durch Álvares einen Brief zukommen – Kontakt aufnehmen, sah er doch den Patriarchen von Alexandria mit Recht als politisch weit weniger einflußreich an.

Álvares gab in seinem Bericht einen ersten wirklichen Einblick in das äthiopische Christentum, der lange Zeit bestimmend blieb. Aber auch seine Beobachtungen zur Wirtschaft, Kultur, Flora und Fauna revidierten allzu Phantastisches, was vor ihm über das Land angenommen wurde.

(K 15) **Jerónimo Lobo**: Voyage Historique D'Abissinie.

Paris: La Haye 1728.

Sign.: Bd 104

Jerónimo Lobo (1595-1678), Jesuit aus Lissabon, berichtet hier über seinen abenteuerlichen Aufenthalt in Äthiopien in den Jahren 1628 bis 1634. Neben der Geschichte der äthiopischen Christen mit ihrer auffallenden Beachtung jüdischer Riten (sie sehen sich bis heute in gewisser Weise als Nachfahren der Judenchristen) und dem Wirken seiner Ordensbrüder im Land erzählt er auch über das Alltagsleben der Menschen wie zum Beispiel deren Essgewohnheiten. Er selbst überfrisst sich an einer einheimischen Frucht – 20 nimmt er zu sich, statt höchstens sechs wie die Äthiopier – und fühlt sich dem Tode nahe. Man versucht ihn zu vergiften, auch zu verbrennen und er erleidet einen fast tödlichen Schlangenbiss. Viel weiß er über die erstaunliche Kokospalme zu sagen, aus der geradezu ein ganzes Schiff erbaut werden kann, incl. Verpflegung.

Jerónimo Lobo: Voyage Historique D'Abissinie. Paris 1728.

Das Frontispiz zeigt ihn mit Vortragekreuz als Begleiter des jesuitischen (!) Patriarchen von Äthiopien Alfonso Mendes vor dem prunkvollen Zelt Kaisers Susenyos I., neben dem einheimische Priester und eines der von Lobo als besonders gut beschriebenen Pferden des Landes zu sehen sind.

(K 16) **Mathurin Veyssière de La Croze**: Histoire Du Christianisme D'Ethiopie Et D'Armenie.

Den Haag: LeVier & Paupie 1739.

Sign.: He 2232

Sein berühmter Nachfolger Adolf von Harnack urteilt über den Hugenotten Mathurin Veyssière de La Croze (1661-1739), erster Leiter der Kurfürstlichen und dann Königlichen Bibliothek zu Berlin:

> *Als Sprachgenie und Polyhistor hatte er seines Gleichen nicht unter den Zeitgenossen* [...]. *Sein Wissensdurst war unersättlich, und gerade das Entlegenste fesselte ihn, das alte Christenthum in Ostindien, apokryphe heilige Schriften bei den Armeniern und die krausen Antiquitäten aller Völker.*

Friedrich der Große äußerte sich anlässlich des Todes seines Bibliothekars gegenüber Voltaire:

> *Der berühmte La Croze ist begraben und mit ihm seine Kenntnis von zwanzig Sprachen, die Quintessenz der Weltgeschicht und eine Menge Geschichtchen.*

Der Kupferstich zu Beginn des Buches über die Geschichte des äthiopischen und armenischen Christentums und Kritik an deren Monophysitismus illustriert eine bemerkenswerte Ansicht von La Croze. Am Schreibtisch sitzt Synesios von Cyrene (* um 370- † nach 412), der durch den personifizierten Betrug zur Abfassung der Schriften des Pseudo-Dionysius Areopagita angestiftet wird. Zu diesem Schluss meint La Croze aufgrund von Stilvergleichen kommen zu können. Pseudo-Dionysius Areopagita schrieb allerdings erst ein halbes Jahrhundert nach dem vermutlichen Tod des Synesios. Synesios war aber in der Tat eine interessante Gestalt. Entschieden mehr platonischer Philosoph als Theologe nahm er seine priesterlichen und bischöflichen Pflichten tatsächlich äußerst ernst und wirkte segensreich. In nicht wenigen Belangen teilte er aber ganz offen nicht entscheidende Ansichten der kirchlichen Orthodoxie, er behauptete etwa die Präexistenz der Seele und leugnete die Auferstehung des Fleisches. Der auf seine edle Abkunft stolze Mann – er führte sich nach La Croze auf Herkules zurück – wurde trotz allem von Patriarch

Theophilos von Alexandria (385-412) zum Bischof von Ptolemäis (410) ernannt, der so vielleicht einmal der Orthopraxie den Vorrang vor der Orthodoxie einräumte.

Synesios von Cyrene. Den Haag 1739.

(K 17) **Jodocus Crull**: Einleitung Zu der Historie der vornehmsten Reiche und Staaten von Asia, Africa und America.

Frankfurt am Main: Knoch 1732.

Sign.: Bb 504

Jodocus Crull M.D., FRS (1660-1713), gebürtiger Hamburger Arzt und Schriftsteller, machte seine Karriere in den gelehrten Kreisen von Cambridge. Bis heute werden seine zusammengeschriebenen geschichtlichen Schriften – zwischen Phantasien und Fakten – gern von Populärhistorikern genutzt. Die Entdeckung Amerikas schreibt er wie andere vor ihm einem walisischen Prinzen im Jahre 1190 zu. Sein Werk zur moskowitischen Geschichte, als Schnellschuss mit Verdienstmöglichkeiten anlässlich des Besuchs von Zar Peter 1698 in England verfasst, stützt sich weit über normales Maß hinaus auf das Buch mit dem gleichen Thema von Kollege John Milton.

Crulls Ausführungen zu Äthiopien, zum Reich des Priesterkönigs Johannes, sind so übel indes nicht. Crull erklärt die Herkunft der Aussagen über diese legendäre Gestalt aus Irrtümern und Verwechslungen. So exakt wie zu seiner Zeit möglich beschreibt er dann die Geschichte des Landes seit alttestamentlicher Zeit, eingestehend, dass über lange Zeiträume kaum etwas zu wissen sei.

(K 18) **Äthiopische Bibel**.

um 1850.

Diözesan- und Dombibliothek Köln

Nur mit wenigen Bordüren verziert ist diese äthiopische Reisebibel in Ge'ez, eine Handschrift mit Lettern in Schwarz und Rot auf Pergament aus Kalbshaut. Vorbesitzer zeichneten lediglich am Ende des Buches wenig kunstvoll Engel- und Menschengestalten.

Der Einband der Bibel ist auf beiden Seiten mit blindgeprägten Kreuzen geschmückt. Aufbewahrt wurde sie in einer Lederkassette in einer typischen Umhängetasche mit Lederriemen, einem Mahdar.

(K 19) Äthiopische Sammelhandschrift.

um 1800.

Sign.: Diöz. Hs. 1605

Ebenfalls in der Reisetasche untergebracht ist diese wenig verzierte äthiopische Sammelhandschrift auf regliertem Pergament mit seinen Begrenzungslinien für den Platz der Textspalten. Ursprünglich stammt sie wohl aus einem Kloster und enthält unter anderem den Psalter, Teile des Hohenliedes und Marienofficien.

(K 20) Äthiopisches Holzkästchen mit christlichen Motiven.

Leihgabe aus Privatbesitz

Vorder- und Rückseite dieses Gebrauchsgegenstands sind mit Kreuzen verziert, den Deckel schmückt die typische Darstellung eines Engels. Daneben befindet sich ein Körbchen, das mit dem als besonders hochwertig angesehenen äthiopischen Weihrauch gefüllt ist, der sowohl zu religiösen als auch zu weltlichen Gelegenheiten verbrannt wird.

(K 21) Kirche zu Axum. (Stahlstich um 1850)

Leihgabe aus Privatbesitz

Fast an der Grenze zu Eritrera ist die Kleinstadt Aksum im Norden Äthiopiens gelegen. Ihre Kirche lässt sich als die bedeutendste für die Christen des Landes bezeichnen. In der Marienkirche des Ortes – zurückgehend auf Ezana, den ersten christlichen Herrscher des Reiches von Aksum im vierten Jahrhundert – wurden viele äthiopische Kaiser gekrönt. Aber wie es nach der Tradition der äthiopischen Christen heißt, beherbergt die Kirche auch die echte Bundeslade mit den Gebotstafeln, die Menelik I. nach einem Besuch bei seinem Vater König Salomon aus Jerusalem mitgebracht haben soll. Sie wird von einem auf Lebenszeit bestimmten Mönch bewacht, der wiederum allein seinen Nachfolger zu bestimmen hat.

(K 22) **Siegbert Uhlig/Gernot Bühring**: Damian de Góis' Schrift über Glaube und Sitten der Äthiopier.

Wiesbaden: Harrassowitz 1994.

Sign.: Fba 4023

Einen der frühesten Berichte – erstmals in Löwen 1540 gedruckt – über das äthiopische Christentum (*Fides, Religio, Moresque Aethiopum*) legte der vielbegabte portugiesische Humanist Damião de Góis (1502-1574) vor. Im Vorwort dieses portugiesischen Ritters an den römischen Pontifex Paul III. heißt es in der Übersetzung von Uhlig und Bühring:

> *Denn dieser Kaiser der Äthiopier begehrt mit allen seinen Reichen, wie aus unserer Erzählung hervorgehen wird, unter deiner Jurisdiktion zu leben und wünscht nichts weiter. Auch weiß er sehr wohl aus der Lehre der Apostel, die er in acht Bücher eingeteilt besitzt, daß dem römischen Bischof der Vorrang vor allen Bischöfen des gesamten Erdkreises gebührt, dem er einfach und fromm gehorchen will und von dem er gut und fromm belehrt werden will in den Lehren der Kirche Christi.*

Insbesondere die Jesuiten meinten in diesem Werk aber lutheranische Tendenzen ausmachen zu können, was Góis in Konflikt mit der Inquisition brachte. Berührungsängste hatte der freie Kopf jedenfalls nicht, stand er doch mit den bedeutendsten Vertretern der Reformation in persönlichen oder brieflichen Kontakt.

(K 23) **Hiob Ludolf**: Historia Aethiopica, Sive Brevis & succincta descriptio Regni Habessinorum Quod vulgò malè Presbyteri Iohannis vocatur.

Frankfurt am Main: Zunner 1681.

Sign.: Ae 717

Johann Michael Wanslebens Lehrer war der Begründer der Äthiopistik, der Erfurter Hiob Ludolf (1624-1704). Der enttäuschte Lehrer warf seinem ehemaligen Lieblingsschüler später übrigens Veruntreuung von Reisegeldern und Trunksucht vor, Wansleben seinerseits revanchierte sich mit dem Vorwurf, Ludolf pflege die Vielweiberei.

Ludolf konnte seine bereits umfassenden insbesondere linguistischen Kenntnisse über die Region am Horn von Afrika dadurch vertiefen, dass er am päpstlichen Hof in Rom – dort weilte er im Auftrag von Königin Christina von Schweden auf der Suche nach Manuskripten – den gelehrten äthiopischen Priester Abba Gorgoryos kennenlernte und zum Freund gewann. Ludolf nahm Gorgoryos mit zurück an den Hof seines Herzogs Ernst der Fromme von Sachsen-Gotha (1601-1675), der den Äthiopier dort mit allen Ehren aufnahm; der Herzog war sehr interessiert an Informationen über das legendäre Reich des Priesterkönigs Johannes, was ja in oder bei Äthiopien verortet wurde. 1658 starb Gorgoryos bei einem Schiffsunglück auf dem Weg zurück in seine Heimat. Sein und Ludolfs Konterfei sind denn auch in Ludolfs großangelegten mehrfach ergänzten Buch zur Geschichte Äthiopiens abgebildet, in der das gesamte Wissen der Zeit darüber zusammengetragen wurde, wobei auch auf Berichte franziskanischer und jesuitischer Missionare zurückgegriffen wurde. Aufgeschlagen ist der Grundriß einer der ca. 1250 errichteten äthiopischen Felsenkirchen.

(K 24) **Richard Andree**: Abessinien, das Alpenland unter den Tropen und seine Grenzländer. Schilderungen von Land und Volk vornehmlich unter König Theodoros (1855-1868).

Leipzig: Spamer 1869.

Sign.: Cb 151

Der evangelische Geograph und Ethnograph Richard Andree (1835-1912) – er arbeitete auch über katholisches Brauchtum in Süddeutschland – legt mit diesem Buch eine illustrierte Länderkunde Äthiopiens bzw. Abessiniens in der zweiten Hälfte des 19. Jahrhunderts vor. Weitgehend bezieht er sich auf Berichte früherer Erforscher der *unter die Tropen gerückten Schweiz*. Ein wichtiges und umfangreiches Kapitel ist dem äthiopischen Christentum, das Andree allerdings ziemlich kritisch betrachtet, und dem katholischen und protestantischen Missionswesen gewidmet. Ausführlich berichtet er – damals aktuell – über Leben und Wirken *des afrikanischen Napoleons*, König Theodoros, und seinen Kampf gegen *die rothaarigen Barbaren*, die Briten nämlich. Der im Land als nationaler Held verehrte Monarch – urspünglich Anführer einer Räuberbande – beendete den aussichtlos gewordenen Krieg 1868 durch seinen Freitod.

Richard Andree: Abessinien [...]. Leipzig 1869.

(K 25) **Geistliche Führer der äthiopischen Kirche** auf Briefmarken.

Leihgabe aus Privatbesitz

Im Jahre 1964 erschien dieser Satz von Sondermarken der äthiopischen Post, der Brustportraits von fünf der bedeutendsten Persönlichkeiten der Täwaḥədo-Kirche – so bezeichnet die äthiopische Kirche sich selbst – zeigt. Der Ausdruck Täwaḥədo-Kirche, etwa als "Kirche der Einheit" zu übersetzen, bezieht sich auf die Einheit der göttlichen und menschlichen Natur in Jesus Christus. Die äthiopische Kirche sieht sich aber nicht als monophysitisch an. Zu sehen sind:

- Abunä Sälama († ca. 360) – als Frumentius im heutigen Libanon geboren – kam mit seinem Gefährten Aedesius an den Hof des Königs von Aksum und wurde Erzieher des Thronfolgers. Mit Erfolg verbreitete er das Christentum und wurde vom Patriarchen von Alexandrien zum Bischof geweiht. Der Gedenktag des Apostels von Abessinien in der römisch-katholischen Kirche ist der 20. Juli. Abunä (etwa *unser Vater*) ist ein führenden Klerikern und Klostervorstehern vorbehaltener Ehrentitel der äthiopischen Kirche.
- Abunä Zämikael Arägawi, ein Mönch aus Syrien, war Reformator des äthiopischen Klosterwesens im sechsten Jahrhundert.

- Abunä Täklä Haymanot († 1313?) gilt als einer der wichtigsten Heiligen der äthiopischen Kirche und genießt als deren erster Metropolit starke Verehrung. Er missionierte große Teile von Zentral- und Südäthiopien und soll an der Installierung der salomonischen Dynastie im Lande stark beteiligt gewesen sein. In der Ikonographie wird er mit Flügeln dargestellt.
- Der heilige Yared (505-571) war Begründer der äthiopischen Kirchenmusik im sechsten Jahrhundert.
- Zara Yacob (1599-1692), wichtiger Theologe und Philosoph, verweigerte seinem Kaiser Susənyos I. die Gefolgschaft in den Katholizismus und musste daher lange Jahre als Eremit im Versteck leben.

(K 26) **Äthiopisch-christliche Kunst** auf Briefmarken.

Leihgabe aus Privatbesitz

Für ein Land, dessen Bevölkerung zu mehr als 60% aus Christen besteht, davon wiederum sich mehr als 40% zur äthiopisch-orthodoxen Kirche bekennen, ist es nicht weiter verwunderlich, dass häufig Postwertzeichen mit biblischen und christlichen Motiven herausgegeben wurden und werden, wie dieser Satz aus dem Jahre 1973 belegt. Unterbrochen wurde diese Ausgabepolitik in den Jahren der sozialistischen Militärdiktatur von 1974 bis 1991; in diesen 15 Jahren, die auch das Ende der salomonischen Dynastie bedeutete, ist insgesamt eine Verfolgung der ehemaligen Staatskirche zu konstatieren.

(K 27) **Äthiopische Briefmarken auf Goldfolie** aus dem Jahre 1971.

Leihgabe aus Privatbesitz

Briefmarken dieser Art mit zumeist sehr hohem Nennwert – hier jeweils 15 äthiopische Dollar, Höchstwerte gängiger Briefmarken lagen bei 50 bis 60 äthiopischen Cent – waren speziell für kaufkräftige Sammler in aller Welt gedacht und dürften kaum über normale Postschalter gegangen sein.

Die obere Briefmarke zeigt die Begrüßung der Königin von Saba durch König Salomon. Die Frucht der Verbindung der beiden Herrscher soll ja zur Gründung der äthiopischen-salomonischen Dynastie geführt haben. Beider Sohn Menelik I. (um 1000 v.Chr.?) wurde erster Kaiser des Landes. Der Name Menelik besitzt unterschiedliche Bedeutungen, so *Sohn des weisen Mannes*. Als weitere Möglichkeit gilt aber auch, dass der überlieferte Ausruf Salomons *Wie kommst du denn hierher?* bezüglich seines schon erwachsenen Sohnes bei einem Besuch in Jerusalem zu dessen Name wurde.

Die untere Marke zeigt den "Löwen von Juda", als der Kaiser Haile Selassie nicht selten als Person bezeichnet wurde. Letztlich geht aber auch dieser Titel auf die Bibel (Offenbarung 5,5) zurück, um die hohe Würde der äthiopischen Herrscher als Nachfolger der jüdischen Könige zu belegen: *Da sagte einer von den Ältesten zu mir: Weine nicht! Gesiegt hat der Löwe aus dem Stamm Juda, der Sproß aus der Wurzel Davids, er kann das Buch und seine sieben Siegel öffnen.* Das majestätische Tier durfte in Äthiopien übrigens nur von besonders ausgewählten Jägern getötet werden.

Beide Marken stehen unter dem Motto "13 Monate Sonnenschein"; der äthiopische Kalender hat zwölf Monate mit 30 Tagen und einen 13. Monat mit fünf oder sechs Tagen.

(K 28) Aethiopische Marienhymnen.

Leipzig: Teubner 1919.

Sign.: Dd 772

Wie diese Marienhymnen überaus deutlich zeigen, wird die Gottesmutter in der äthiopischen Kirche hochverehrt. Der aufgeschlagene Mariengruß erscheint uns in vielem vertraut, ist aber dann auch wieder aufgrund der benutzten Bildersprache fremd.

Die Hymnen wurden von dem österreichischen Semitisten und Orientalisten Adolf Grohmann (1887-1977) herausgegeben und kommentiert. Grohmanns unbestrittene wissenschaftliche Leistung wird durch seine Kollaboration mit dem NS-Regime verdunkelt, so leitete er zeitweilig das Orientalische Institut der Reinhard-Heydrich-Stiftung in Prag.

(K 29) Äthiopischer Prozessionsschirm.

Leihgabe aus Privatbesitz

An allen Festtagen der äthiopischen Christen werden bei den Prozessionen von Diakonen solche farbenfrohen Schirme – zumeist aber aus rotem Grundstoff mit aufgestickter goldfarbener Verzierung – als Symbole für die himmlischen Sphären über die festlich gekleideten und gekrönten Priester und Bischöfe gehalten.

L) Untergegangene orientalische Kirchen

(L 1) **Kazimierz Michalowski**: Faras. Kathedrale aus dem Wüstensand.

Einsiedeln u.a.: Benziger 1967.

Sign.: Ed 723

Vor seinem Versinken in den Fluten des Assuan-Staudamms wurden die Überreste des wohl wichtigsten Monuments des orientalischen Christentums in Nubien, die Kathedralkirche von Faras, von einem polnischen Archäologenteam unter Leitung von Kazimierz Michalowski in den 60er Jahren des letzten Jahrhunderts untersucht und die prächtigen Fresken zum größten Teil gerettet. Der Baubeginn der Kirche liegt am Anfang des siebten Jahrhundert, bis zu ihrem Verfall im 14. Jahrhundert wurde sie immer wieder erweitert.

Freigelegtes Fresko in Faras.

Die nubischen Christen waren immer eng an das koptische Patriarchat von Alexandria angelehnt, was sich auch in der künstlerischen Ausgestaltung der Kirchen zeigt. Das aufgeschlagene Bild zeigt die Freilegung eines Wandbildes mit dem Erzengel Michael und den drei Jünglingen im Feuerofen aus dem Wüstensand.

(L 2) Asia intra Maeotim Pontum et Mare Caspium.

Nürnberg: Weigel 1720.

Sign.: Qb 55

Die Karte zeigt das Gebiet zwischen dem Asowschen und dem Kaspischen Meer in der Antike. Links vom Kaspischen Meer ist in Grün *Albania* zu sehen. Dort – im heutigen Ostaserbaidschan – soll das Christentum ähnlich früh wie in Armenien Einzug gehalten haben. Stets unter großem Einfluss der armenischen Kirche schwankte die Kirche der kaukasischen Albaner zwischen Annahme und Ablehnung der Beschlüsse des Konzils von Chalcedon hin und her; Missionsarbeit wurde von ihr unter den Hunnen geleistet. Durch die fortschreitende Islamisierung des Gebietes ging diese altorientalische Kirche schließlich unter. Allerdings wurde im Jahre 2003 die albanisch-udinische Kirche offiziell in Aserbaidschan als religiöse Gemeinschaft registriert, zu der sich einige Tausend Menschen aus der Bevölkerungsgruppe der Udinen bekennen. Die Udinen, hauptsächlich wohnhaft im Umland der alten Hauptstadt Qabala im Norden des Landes, sehen diese Kirche als Nachfolgerin der alten albanischen Kirche, bis zu deren erneuten Blüte wird es nach ihrer eigenen Ansicht aber noch ein langer Weg sein.

Links von *Albania* ist in Rot *Iberia* auf der Karte zu lesen. Dies ist kein Schreibfehler, als Iberia wurde in der Antike auch dieses Gebiet im heutigen Ostgeorgien bezeichnet.

M) Erforschung des orientalischen Christentums

(M 1) St. Jacob und St. Georg.

Köln: Bachem 1827.

Sign.: Qc 32

Unter Anno II. (1056-1075), heiliger Erzbischof von Köln, wurden die Kirche Sankt Jacob und Sankt Georg errichtet. Die Pfarrkirche Sankt Jacob (links) wurde 1825 abgerissen. Als eine der bedeutenden Stiftskirchen von Köln schmückt die romanische Kirche Sankt Georg bis heute das Stadtbild. Auf einer der Lithographien, die 1827 von Stadtbaumeister Johann Peter Weyer bei Bachem herausgegeben wurden, sind beide eng beieinander stehenden Kirchen zu sehen; auf Stein gezeichnet hatte sie der Godesberger Anton Wünsch (1800-1833).

Wenig bekannt ist, dass sich unter den Pröpsten von Sankt Georg einer der ersten Orientalisten, unter den Äthiopologen sogar der erste, befindet. Der Humanist Johannes Potken aus Schwerte (um 1470- um 1525) hatte dieses Amt in den letzten Jahren seines Lebens inne.

Der katholische Priester Leonard Ennen aus Schleiden (1820-1880) verfasste als Leiter des Kölner Stadtarchivs und der Kölner Stadtbibliothek die bislang umfangreichste Stadtgeschichte Kölns. Auch wenn Hermann Keussen ihm fehlende Sorgfalt in seinen Schriften und sogar "Verwirrung" der Aktenbestände des Stadtarchivs vorwerfen zu können glaubte, sind seine Werke aufgrund ihrer Vielseitigkeit und Materialmenge immer noch unentbehrlich. Zu Potken – sein Wappen zeigt drei Töpfe (Pötte) – schreibt Ennen:

> *Eine hervorleuchtende Zierde des kölner Humanistenkreises war der Propst von St. Georg* **Johannes Potken** *aus Schwerte* [...]. *Im Jahr 1502 finden wir ihn in Rom. An den Rhein zurückgekehrt, wurde er zum Propst von St. Georg erwählt.* [...] *Durch e i n Verdienst steht er aber unter den Gelehrten seiner Zeit und in der ganzen neuen Literaturgeschichte einzig da, nämlich dadurch, daß er die bis auf seine Zeit ganz unbekannte äthiopische Sprache in die Literatur einführte* [...]. *Bei seiner zweiten Anwesenheit in Rom, 1511 fand er die Gelegenheit von einigen Mohren diejenige Sprache zu lernen, deren sich diese in ihren religiösen Gesängen bedienten. Durch seinen rastlosen Eifer brachte er es so weit, daß er schon nach zwei Jahren die Psalmen und das hohe Lied, als das erste in Europa in äthiopischer Sprache gedruckte Buch, herausgeben konnte. Irrthümlich nannte er diese Sprache statt äthiopisch "chaldäisch".*

(M 2) **Albert Krantz**: Saxonia.

Köln: Soter 1520.

Sign.: XI 603 fol.

Aufgrund des Erfahrungsaustauschs mit anwesenden Geistlichen aus Äthiopien – einem damals doch noch sehr unbekannten Land – und eigener Studien in der Handschriftenabteilung der vatikanischen Bibliothek ließ Potken 1513 in Rom den Psalter Davids und andere Gesänge aus dem Alten Testament in Ge'ez erscheinen. Ge'ez war seit der Antike Hauptschriftsprache Äthiopiens und ist heute noch Kirchensprache der äthiopischen und eritreischen Kirche, gepflegt wird sie auch noch von den dort ansässigen Juden. Zurückgekehrt nach Köln 1518 ließ er einen viersprachigen Psalter in Hebräisch, Griechisch, Chaldäisch (!) und Latein folgen. Hinter dem von Potken als Chaldäisch Erachteten verbirgt sich jedoch das Äthiopische. Die Titelblätter beider Drucke sind in Replikation zu sehen.

Als Vergleichsobjekt der bei dem Odenwälder Johannes Soter (eigentlich Johann Heil, zwischen 1477 und 1486-1543) gedruckten Kölner Ausgabe des Psalters von Potken wird die Erstausgabe der großen Sachsen-Chronik von Albert Krantz (1448-1517) gezeigt. Auch hier ist die beeindruckende verschlungene Titeleinfassung von Soter mit ornamentalen Blumen zu sehen, die dieser erstmals bei Potkens Werk verwandt hatte.

Soter war wohl nicht nur Drucker, sondern – da ebenfalls in vielen Sprachen bewandert – auch Helfer Potkens.

(M 3) **Giuseppe Simone Assemani**: Bibliotheca Orientalis Clementino-Vaticana In Qua Manuscriptos Codices Syriacos, Arabicos, Persicos, Turcicos, Herbraicos, Samaritanos, Armenicos, Aethiopicos, Graecos, Aegyptiacos, Ibericos, & Malabaricos [...] Ex Oriente conquisitos, comparatos, avectos, & Bibliothecae Vaticanae addictos.

Rom : Typis Sacrae Congregationis de Propaganda Fidei 1719-1728.

Sign.: Bf 60

Der libanesische Maronit Giuseppe Simone Assemani (1687-1768) studierte am päpstlichen maronitischen Kolleg in Rom. Im Auftrag und mit freigebiger Unterstützung von Papst Clemens XI. (1700-1721) unternahm er Forschungsreisen in den Nahen Osten und nach Ägypten, auf denen er für die vatikanische Bibliothek eine große Menge an orientalischen Handschriften und weitere Altertümer für die vatikanischen Museen erwarb. Als Titularbischof von Tyrus und Kustos der Bibliotheca Vaticana bearbeitete er dann die neuerworbenen und schon vorhandenen Handschriften und gab sie mit diesem großen Werk heraus, womit er vieles erstmals der wissenschaftlichen Untersuchung in Europa zugänglich machte. Die Texte aller Art aus dem Bereich der morgenländischen Kirchen kommentierte Assemani, bereinigte sie von Verfälschungen und versuchte sich so geradezu an einer kritischen Ausgabe. Der Kupferstich zeigt in der Mitte den Orientalisten bei der Übergabe der Bücher an den Papst.

Assemani und Papst Clemens XI. Rom 1719.

(M 4) **Giuseppe Simone Assemani**: Series Chronologica Patriarcharum Antiochiae. (Faksimile)

Westmead: Gregg 1969.

Sign.: Ec 6627

Nach handschriftlichen Unterlagen von Giuseppe Simone Assemani wurde diese Auflistung der Patriarchen von Antiochien herausgegeben. Erster war der Apostel Petrus, der seine Kathedra dann nach Rom verlegte; schon im Jahr 46 soll ihm der heilige Evodius († um 69) in Antiochien gefolgt sein. Die Liste behandelt im weiteren die antiochenischen Patriarchen, die bis Flavianus II. (505-513) von der syrisch-orthodoxen, der rum-orthodoxen und der maronitischen Kirche anerkannt werden. Die angegebenen Patriarchen von Paulus II. (518-521) bis zu Theophanes (681-687) erkennen dann nur noch die rum-orthodoxe und die maronitische mit Rom verbundene Kirche an. Ab dem heiligen Johannes Maron I. (687-707) folgen dann die exklusiv maronitisch anerkannten Patriarchen von Antiochien, seit 2011 trägt Béchara Pierre Kardinal Raï diesen Titel.

(M 5) **Giuseppe Luigi Assemani**: Codex Liturgicus Ecclesiae Universae. (Faksimile)

Paris: Welter 1902.

Sign.: LVb 3

Ebenfalls ein bedeutender Orientalist war Giuseppe Luigi Assemani (1710-1782). Der Neffe von Giuseppe Simone Assemani war wie sein Onkel in Rom zum Priester ausgebildeter Maronit. Sein in vielen Teilen nach wie vor unübertroffenes und maßgebliches opus magnum zu den abend- und morgenländischen Liturgien konnte er nicht ganz vollenden. Faksimiliert wurde sein 1749 bis 1766 erschienener Codex Liturgicus schon 1902. Gezeigt wird der Band mit den Ordinationsriten der chaldäischen, nestorianischen und malabarischen Christen.

(M 6) **Giuseppe Luigi Assemani**: De Catholicis Seu Patriarchis Chaldaeorum Et Nestorianorum Commentario Historio-Chronologicus. (Faksimile)

Westmead: Gregg 1969.

Sign.: Ec 7234

Giuseppe Luigi Assemani erstellte auch eine kommentierte Liste mit den Patriarchen und Katholikoi – also den Oberhäuptern – der Assyrischen Kirche des Ostens. Der Tradition entsprechend setzt er den Apostel Thomas an die erste Stelle, diesem folgen 22 rechtgläubige Kirchenvorsteher. Mit Babäus, Babai dem Großen (um 551-628), beginnt die Leitung der assyrischen Christen durch Nestorianer mit der deutlichen Trennung der göttlichen und menschlichen Natur in Christus. Heute hat die Kirche zwei rivalisierende Katholikoi-Patriarchen: in Chicago Seine Heiligkeit Mar Dinkha IV., in Bagdad Seine Heiligkeit Mar Addai II.

(M 7) **Stefano Evodio Assemani**: Acta Sanctorum Martyrum Orientalium Et Occidentalium.

Rom: Collini 1748.

Sign.: 7/11 (Bibliothek St. Albertus Magnus)

Ein weiteres Mitglied der berühmten maronitischen Orientalistenfamilie Assemani war Stefano Evodio Assemani (1709-1782), Titularerzbischof von Apamea in Syrien. Nach der Zusammenarbeit mit seinem Onkel Giuseppe Simone bei der Bibliotheca Orientalis und Auswertung derselben gab er im päpstlichen Auftrag dieses Martyrologium der morgenländischen Kirche vor allem für das Sassanidenreich heraus; das Werk war dem portugiesischen König Johann V. (1706-1750), dem Großherzigen, gewidmet, was das portugiesische Wappen auf dem Titel erklärt.

(M 8) Lexicon Syriacum, Continens Omnes N. T. Syriaci Dictiones Et Particulas.

Hamburg: Gutbier 1667.

Sign.: Aa 132

Der Thüringer Aegidius Gutbier (1617-1667), ein weiterer bedeutender Orientalist seiner Zeit evangelischer Konfession (fähig zur freien Rede in neun orientalischen Sprachen!), ließ dieses syrische Lexikon mit dem Neuen Testament als Anhang auf seine eigenen Kosten in Hamburg drucken. Folge dieses teuren Drucks und anderer Werke mit den ausgefallenen Typen waren finanzielle Calamitäten, die ein wahrer Gelehrter für sein Studiengebiet aber gerne in Kauf nahm. Viele Beispiele belegen, dass man unter Spezialisten im Übrigen auch recht einfach imstande war, konfessionelle Grenzen in Maßen zu überschreiten und sich intensiv auszutauschen. Nicht wenige evangelische Orientalisten konvertierten zum Katholizismus, vielleicht kann als ein Grund dafür angenommen werden, dass insbesondere in römischen Bibliotheken die Quellenlage einfach besser war.

Titelblatt des Neuen Testaments im Anhang. Hamburg 1667.

(M 9) **Eusèbe Renaudot**: Liturgiarum Orientalium Collectio.

Paris: Coignard 1716.

Sign.: Bd 54

Die niederen Weihen erhalten hatte der Oratorianer Eusèbe Renaudot (1646-1720) aus Paris. Der Jesuitenzögling benutzte seine excellenten Kenntnisse der orientalischen Sprachen u.a. für die Herausgabe und lateinische Übersetzung liturgischer Texte der orthodoxen und orientalischen Kirchen, um damit die Ursprünglichkeit und Rechtmäßigkeit der römisch-katholischen Liturgie gegen die protestantischen Kirchen zu untermauern. Renaudor, auch journalistisch und politisch wirkendes Mitglied der Académie française (seit 1688), wurde zum Jansenisten und Gegner der Jesuiten; auch die historisch-kritischen Ansichten seines Ordensbruders Richard Simon (1638-1712) zur Exegese der biblischen Texte teilte er nicht.

(M 10) **Alexander Ross**: Unterschiedliche Gottesdienste in der gantzen Welt. Das ist: Beschreibung aller bewußten Religionen, Secten und Ketzereyen, So in Asia, Africa, America und Europa von Anfang der Welt biß auf diese gegenwertige Zeit, theils befindlich, theils annoch gebräuchlich.

Heidelberg: Endter 1668.

Sign.: Aa 2408

Das umfangreiche Werk des anglikanischen Hofklerikers Alexander Ross (1590?-1654) aus Aberdeen beinhaltet auch die erste englische Übersetzung des Korans aus dem Französischen, des Arabischen war er nicht mächtig. Seine konfessions- und religionswissenschaftlichen Schriften zeichnen sich eher nicht durch große Genauigkeit aus, meistens aber durch einen versöhnlichen, an der Gespaltenheit der Christenheit leidenden Geist. Nach dem er die orientalischen Kirchen abgehandelt hat, beendet er dieses Buch mit den doch christlich-hoffnungsvollen Worten:

> *Daneben mag ein geringer Unterschied seyn und würde derselbe noch weniger seyn können, wenn die Menschen auf der andern Seiten moderat seyn und sich mässigen wolten; aber der Geist der Uneinigkeit und Wiedersprechung hat bißhero verhindert und wird noch weiter verhindern den Kirchen-Friede biß der Friede-Fürst, unser rechte Salomon, der diesen verborgenen Tempel bauet ohne Geläut der Beile oder Hämmer alles Haders und Uneinigkeit ein Ende machet* [...] *wir können unsern Heyland und Seligmacher finden nicht im Erdbeben, Sturmwinde*

und Feur der Uneinigkeit, sondern im stillen sanfften Sausen des Friedens der Einigkeit und Einhelligkeit, welche Er als uns als ein Legatum nachgelassen, wir aber durch unsern Hochmuth, Kirchen-raub, Neyd, Ehrgeitz, Geldgeitz, Gottlosigkeit und eitele Ehre verlohren haben.

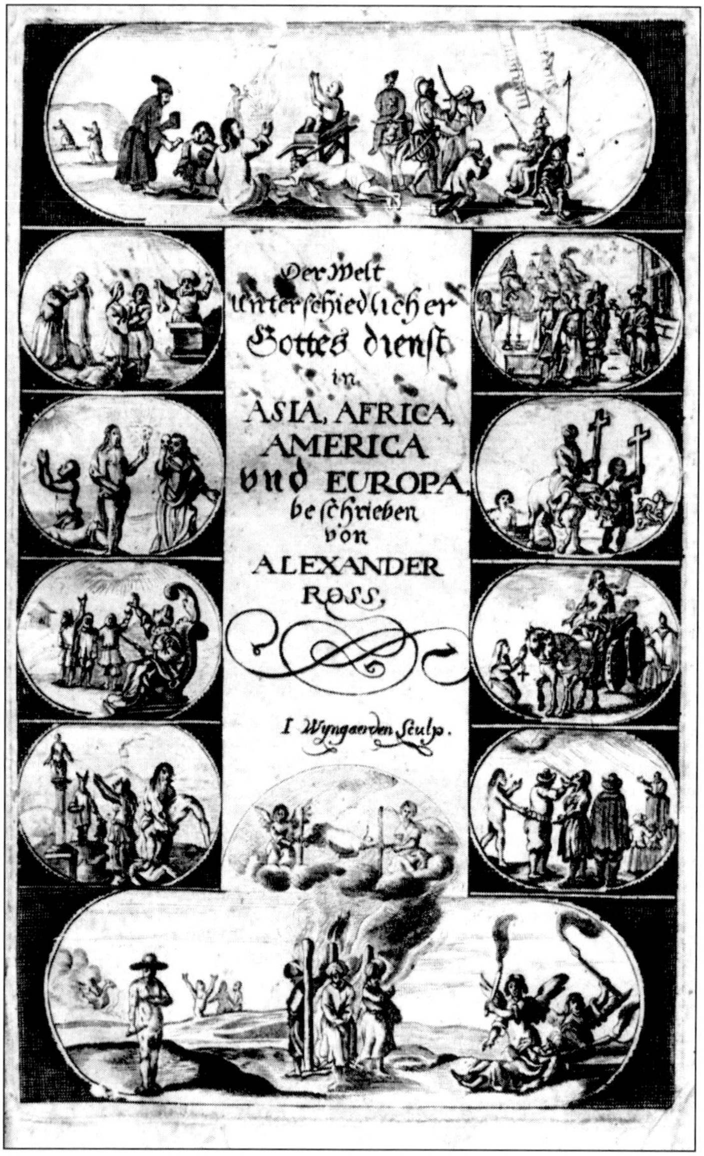

Alexander Ross: Unterschiedliche Gottesdienste in der gantzen Welt [...]. Heidelberg 1668.

(M 11) David Nerreter: Schau-Platz Der Streitenden doch unüberwindlichen Christlichen Kyrchen, Auf welchem [...] Der Christlichen Kyrchen Anfang, Fortgang, Ausbreitung, Verhinderung, Verfolgung, Verwirrung, Kätzereyen, Spaltungen, deren Ursachen und wie solche durch GOttes Gnade zu heben, und die zertrennten Kyrchen ohne Syncretisterey waarhafftig zu vereinigen, vorgestellet wird.

Nürberg: Endter 1707.

Sign.: Theol. 824

Der pietistische Theologe aus Nürnberg David Nerreter (1649-1726) ergänzte mit diesem seinem bekanntesten Werk beträchtlich die Vorlage des Schotten Alexander Ross (1590-1654). Sein Vorbild als wahre und einige Kirche ist die des Ur- bzw. Frühchristentums, dem seiner Meinung nach die evangelische Konfession pietistischer Ausrichtung am nächsten kommt. Unter dieser Voraussetzung weist er in katechetischer Manier Abweichungen der anderen christlichen Kirchen – auch der orientalischen – nach, hält aber durchaus auch Verbindendes für berichtenswert.

Obwohl selbst kaum davon überzeugt, kolportiert Nerreter in dieser Schrift am Rande Interessantes über das Wirken einiger der zwölf Apostel in Amerika, so soll Thomas auch in Brasilien gewesen sein. Immerhin gibt er wenige Stellen aus der Bibel und Kirchenvätern an, die dahingehend interpretiert werden können, ging doch schließlich der Schall des Evangeliums in alle Welt und so weit sei der Weg ja auch nicht; außerdem finde man zwar verderbte aber dennoch urspünglich christliche Gebräuche bei manchen Ur-Amerikanern. Der Titelkupfer zeigt die von Menschen und Teufeln angegriffene Kirche auf der Spitze einer Felseninsel.

(M 12) Pierre Le Brun: Explication Litterale, Historique Et Dogmatique Des Prieres Et Des Cérémonies De La Messe, Suivant Les Anciens Auteurs, Et Les Monumens De Toutes Les Eglises Du Monde Chrétien

Paris/Lüttich: Valade u.a., Nouvelle Edition Corrigée Avec Soin 1777-1778.

Sign.: Past. 36

Der französische Oratorianer Pierre Le Brun (1661-1729) verfasste mit diesem großangelegten Werk über die Messe in der ganzen christlichen Welt ein lange Zeit gültiges Standardwerk, auch wenn er über Einzelheiten vor allem mit Jesuiten in Streit geriet. Er beginnt sein Vorwort – frei übersetzt – mit den Worten:

> *Es gibt nichts größeres in der Religion als das Messopfer. Die anderen Sakramente und fast alles Gottesdienstliche und alle Zeremonien der Kirche sind nur Mittel oder Vorbereitungen um das Messopfer zu feiern oder würdig daran teilzunehmen. Jesus Christus opfert sich für uns seinem Vater.*

Ab dem dritten Band ändert das Werk in dieser Ausgabe leicht seinen Titel und Le Brun beschreibt die Liturgien der orthodoxen und orientalischen Patriarchate, die er im Wesentlichen als weitgehend rechtgläubig ansieht im Gegensatz zu den (protestantischen) *Sektierern des 16. Jahrhunderts*, die die Einmütigkeit verlassen hätten, deren Liturgien er aber immerhin auch einen Band widmet. Le Brun machte mit weiteren Werken zum Aberglauben (besonders bekämpfte er den Glauben an die Wirksamkeit von Wünschelruten) und zum Theater (Komödien verurteilte er scharf) von sich reden.

(M 13) **Prinz Max Herzog zu Sachsen**: Vorlesungen über die Orientalische Kirchenfrage.

Freiburg: Verlag der Universitäts-Buchhandlung 1907.

Sign.: He 772

> *Wieviel hängt für die Menschheit davon ab, daß die alten orientalischen Kulturvölker, von denen wir so sehr bereichert worden sind, wieder eine ihrer würdigen Stellung in der Gesellschaft der Völker erhalten, und aus dem traurigen Niedergange sich wieder erheben?*
>
> *Diese Frage ist gewiß zum großen Teile eine politische. Sie wird auch jedenfalls niemals ganz ohne politische Machtmittel gelöst werden. Allein sie kann nicht vollständig gelöst werden ohne die Lösung der kirchlichen Frage. Die Religion und die Kirche sind im Orient mehr als irgendwo der Hauptfaktor für die Kultur. Soll also der Orient wieder an den Kulturgütern der gebildeten Menschheit in reichem Maße Anteil nehmen, so darf er sich nicht in Religion und Kirche von den jetzigen Hauptkulturvölkern abschließen und einen Damm zwischen sich und dem Abendlande aufrichten. Er muß zur kirchlichen Einheit zurückkehren, und das Abendland muß ihm zur Freiheit und Würde verhelfen. Aber gegenüber diesen brennenden Fragen hat sich Europa gewöhnt, schon Jahrhunderte lang mit verschränkten Armen zuzusehen und alles gehen zu lassen, wie es will.*

Wenn auch in der Wahl des Ausdrucks für unsere Ohren nicht korrekt, erscheinen diese Worte von Max zu Sachsen aus dem Vorwort zu seinem Buch von 1907 nicht über hundert Jahre später wieder erschreckend aktuell? Der Prinz (1870-1951) wurde 1896 zum katholischen Priester geweiht und lehrte zwischen 1912 und 1914 Exegese mit besonderer Berücksichtigung der Liturgik am Kölner Priesterseminar. Der Versetzung von Lemberg – dorthin war er aus dem schweizerischen Freiburg gekommen – nach Köln gehorchte er mit Verbitterung und mutmaßte dahinter verstecktes Vorgehen seitens des Dominikanerordens. In Köln bemängelt er übrigens die Qualität der Luft, die zu seiner ständigen Müdigkeit führe. Seine Liebe zu den orientalischen Christen, die er auf vielen Reisen kennengelernt hatte, und sein Eintreten für eine Vereinigung von Ost- und Westkirche brachte ihn im Zuge des Modernismusstreites in Schwierigkeiten mit Rom. Den möglicherweise als Art von Rehabilitation angebotenen Titel eines päpstlichen Hausprälaten soll der auch sozial stark engagierte Mann zumindest anfänglich abgelehnt haben. Verantwortlich war der abstinente Vegetarier auch für die Herausgabe und Übersetzung der Messriten der mit Rom unierten orientalischen Kirchen.

Glossar

von

Claudia Croé

Abbasiden (*Banū l-Abbās*)
Kalifendynastie (↑Kalif), die 750-1258 in Bagdad residierte. Seit der Mitte des 9. Jahrhunderts verfiel ihre wirkliche politische Macht. Nach der Eroberung Bagdads durch die Mongolen (1258) wurde ein abbasidisches Schattenkalifat in Kairo etabliert, das bis 1517 bestand.

Abuna (*abunä*)
"Unser Vater". Bezeichnung für das geistliche Oberhaupt der Äthiopischen Kirche. Bis ins 20. Jahrhundert wurde dieser als Metropolit (und meist einziger Bischof) des Landes vom koptischen Patriarchen nach Äthiopien entsandt. Seit 1959 ist der Abuna Patriarch.

Agau
Kuschitische Bevölkerung Äthiopiens vor der Einwanderung südsemitischer Stämme aus der ↑Arabia felix.

Agpeya
Buch für das Stundengebet in der Koptischen Kirche.

ahl al-kitāb
"Leute des Buches"(arab.) Unter islamischer Herrschaft stehende Angehörige einer Religion mit einer Heiligen Schrift, daher geduldete nichtmuslimische Untertanen, vor allem Christen und Juden, dann auch ↑Zoroastrier.

aksumitisch (auch axumitisch)
Von Aksum, der Hauptstadt des ersten äthiopischen Staates, abgeleitetes Adjektiv. Mit diesem wird alles bezeichnet, was sich auf das äthiopische Reich in der Zeit bis zum Ende des ersten nachchristlichen Jahrtausends bezieht.

Aloa (Alwa, Alodia)
Ehemaliges christliches Königreich südlich des fünften Nilkatarakt und in der El-Jesira zwischen Weißem und Blauem Nil. Hauptstadt war Soba. Diese wurde erst zu Beginn des 16. Jahrhunderts von den Muslimen des Fungreiches von Sennar erobert.

Amharisch
Amtssprache Äthiopiens. Ursprünglich Sprache des Amhara-Hochlandes, hat sich in Phonetik, Morphologie und Wortschatz (weit mehr als ↑Ge'ez) vom Grundtyp der semitischen Sprachen wegentwickelt.

Anamnese (ἀνάμνησις)ὐ
Wörtlich "Wiedererinnerung", das vergegenwärtigende Gedenken, die lobpreisende Erinnerung an die Heilsstaaten Gottes in den Eucharistischen Hochgebeten (↑Anaphora).

Anaphora (ἀναφορά)
Wörtliche Bedeutung ist "das Hinauftragen", "das Emporheben", "die Darbringung". In allen östlichen Liturgien, der byzantinischen wie den altorientalischen, bezeichnet der Begriff das Hochgebet in der Eucharistiefeier, entspricht also dem Kanon in der römischen Messe. Im weiteren Sinne kann damit die gesamte Feier der Heiligen Eucharistie bezeichnet werden, und begrifflich einengend kann auch der jeweilige Text der verschiedenen Hochgebete gemeint sein. Es sind in den Orientalischen Kirchen zahlreiche Anaphoren-Texte in Gebrauch, die sich aber auf relativ wenige Grundformen zurückführen lassen.

Apokryphen
Abgeleitet von griech. ἀπόκρυφος (= versteckt, geheim) bezeichnet Apokryphen Schriften, die nicht zum Kanon der biblischen Bücher gehören, sich aber thematisch oder gattungsgemäß an diese anschließen. Sie sind teilweise Tendenzschriften zur Unterstützung häretischer Auffassungen, teilweise aber auch schlicht erbaulicher und hagiographischer Natur.

Apostasie
Abfall vom Glauben (griech. ἀποστασία = Abfall).

Arabia felix
(lat.) "Glückliches Arabien". Bezeichnung für den Südwesten der arabischen Halbinsel, den Jemen und Asir, ein Gebiet, das für den Ackerbau auf Grund seiner Gebirgsniederschläge ausreichend Wasser besitzt (Regenfeldbau, aber vor allem Bewässerung). Der Name beruht auf einer antiken, theoretischen Teilung der Halbinsel in *Arabia felix*, *Arabia petraea* (Steiniges Arabien) und *Arabia deserta* (Wüstenarabien).

Archiepiscopus Maior
"Großerzbischof", Oberhaupt einer mit Rom unierten Ostkirche, das nicht den Patriarchentitel trägt, funktional einem Patriarchen aber weitestgehend entspricht.

Arsakiden
Ältestes Herrscherhaus des christlichen Armenien, ursprünglich eine Seitenlinie der gleichnamigen Großkönigsdynastie des Partherreiches, die (lange vor der Christianisierung Armeniens) von den ↑Sassaniden 224 aus Persien verdrängt wurde.

Ayyubiden
Muslimische Herrscherdynastie, ursprünglich kurdischer Abstammung, die im 12. und 13. Jahrhundert große Bedeutung in Syrien-Palästina, Nordmesopotamien und dann auch in Ägypten besaß. Ihr bedeutendster Vertreter war Saladin (*Salāh-al-Dīn*), der von 1169 bis 1193 regierte und 1187 bei Hattin einen entscheidenden Sieg über den Kreuzfahrerstaat in Palästina erlangte.

Baath-Partei
An der Gründung dieser zwischen 1940 und 1944 entstandenen, panarabischen Partei ("Baath" bedeutet "Wiedergeburt", Vorbild war die italienische Risorgimento-Bewegung) waren Christen beteiligt. Ihrem irakischen Teil gehörte Saddam Husseins Stellvertreter, der chaldäische Katholik Tarik Aziz, an. Sie hat sich ideologisch mehrmals gewandelt und besteht seit Ende des Irakkrieges (2003) nur noch in Syrien.

Däbtära
Den Laien zugehöriger Stand in der äthiopischen Kirche, dessen Angehörige genaue Kenntnisse über die Liturgie besitzen (also die Funktion von Rubrizisten haben), die Kunst des Kirchengesangs beherrschen sowie Schriftstücke aufsetzen.

dhimi
(arabisch) "Schutzbefohlener", Angehöriger der Gruppe der ↑*ahl al-kitab* bzw. einer ↑*millet.*

Diophysitismus
"Zwei-Naturen"-Lehre, nach der Christus wahrer Gott und wahrer Mensch in zwei Naturen ist, die eine gemeinsame Hypostase bilden. Sie wurde vom Konzil von Chalkedon formuliert und ist Bekenntnis der katholischen wie der (byzantinisch-) orthodoxen Kirche.

Diplophysitismus
"Doppelnatur"-Lehre, nach der Christus eine einzige gott-menschliche Natur hat, im Grunde nur eine Alternativbezeichnung für ↑ Miaphysitismus.

Ekthesis
Ein von Kaiser Herakleios I. 638 proklamiertes (und vom Ökumenischen Patriarchen Sergios von Konstantinopel 635 verfasstes) Glaubensbekenntnis mit dem der theologische Gegensatz zwischen Chalkedonensern und Miaphysiten (↑Miaphysitismus) überbrückt werden sollte. Dieser staatliche Versuch, aus politischen Gründen theologische Streitfragen zu übertünchen, scheite naturgemäß.

Eparchie
In vielen orientalischen Kirchen die Bezeichnung für Diözese. (Der Name "Eparchie" wie der "Diözese" wurde ursprünglich aus dem staatlichen Bereich auf den kirchlichen übertragen.)

Epiklese (ἐπίκλησις)
Wörtlich "Herabrufung", ein Gebet in der Liturgie, vor allem bei der Feier der Sakramente und insbesondere in der ↑Anaphora, mit dem der Heilige Geist herabgerufen wird.

Etschäge
Titel des Abtes vom äthiopischen Kloster Däbra Libanos, der die Aufsicht über alle Klöster des Landes hatte und zweithöchster Geistlicher des Landes war. Seit 1951 ist sein Amt mit dem des ↑Abuna vereinigt.

Exarchat
Besonders kirchliches Administrationsgebiet außerhalb der Bistümer und ↑ Metropolien, das im Auftrag eines Patriarchen (oder bei den unierten Kirchen des Papstes) von einem Exarchen verwaltet wird. (Der im byzantinischen Reich geprägte Begriff stammt ursprünglich aus dem Bereich der politisch-militärischen Verwaltung.)

Falascha
Äthiopische Juden (Selbstbezeichnung *Beta Israel*) mit sehr eigenständiger Religionspraxis. Ihre Kultsprache ist das ↑ Ge'ez. In der Forschung umstritten ist, ob sie genuin jüdischen Ursprungs oder aus extrem judaisierenden christlichen Gruppen hervorgegangen sind.

Fatimiden
Muslimische Herrscherdynastie, die Abstammung von der Prophetentochter Fatima beanspruchte und deren Mitglieder zunächst im mittleren Nordafrika (909-969), dann (969-1171) in Ägypten ein schiitisches Gegenkalifat (↑ Kalif) gegen die sunnitischen↑Abbasiden bildeten.

Ge'ez
Äthiopische Kirchensprache, gehört zu den südsemitischen Sprachen und war ursprünglich Sprache des Reiches von Aksum (↑aksumitisch).

Hore
Von lat. "hora" (= Stunde), eine Gebetszeit des Stundengebets.

Jakobiten
Früher gebräuchliche, aber eigentlich unberechtigte Bezeichnung für die Mitglieder der miaphysitischen (↑Miaphysitismus) Syrischen Kirche, abgeleitet vom Namen des für die Organisation dieser Kirche bedeutenden Bischofs Jacobus Baradaeus († 578).

Käbra Nägäst
"Herrlichkeit der Könige", Titel eines Buches, das die äthiopische Kaiserdynastie der ↑Salomoniden glorifiziert und grundlegend für die religiös gestützte Reichsideologie war.

Kalif (*khalīfa*)
"Stellvertreter", Titel für den Nachfolger des Propheten als Oberhaupt der Muslime.

Katholikos
In wörtlicher Bedeutung "Allgemeiner [Bischof]", ursprünglich in allen Aufgabenbereichen bevollmächtigter Stellvertreter eines Patriarchen für einen räumlich abgesonderten Teil des Patriarchats. Später auch gleichrangig mit Patriarch gebrauchte Bezeichnung (so bei der Apostolischen Kirche des Ostens ["Nestorianer"]). Bei der Armenischen Kirche erscheint der Katholikos-Titel dem Patriarchen-Titel übergeordnet. Die Tendenz bei den orientalischen Kirchen geht heute dahin, die Bezeichnung "Katholikos" stets in der kombinierten Form "Katholikos-Patriarch" zu gebrauchen.

Keräit
Ehemalige altaiische Nation südlich des Baikalsees, die um 1100 das Christentum von der Apostolischen Kirche des Ostens annahm.

Knanaiten
Auch als "Südchristen" bezeichnete Sondergruppe der Thomaschristen, die nach eigener Tradition von im 4. Jahrhundert eingewanderten Judenchristen abstammt.

Kokka
Christliches Fürstentum im frühneuzeitlichen Nubien.

Komnenen
Byzantinische Kaiserdynastie (1081-1185), die ein "Nachleben" im kleinen Teilreich von Trapezunt (1204-1461) führte. Es gelang den Komnenen das in einer großen Krise befindliche Reich für fast ein Jahrhundert (bis 1174/80) zu konsolidieren. In dieser Zeit fanden große sozialpolitische Umbrüche statt, vor allem eine Feudalisierung durch die Institution der πρόνοια. Für die nichtbyzantinisch-orientalischen Kirchen war die Rückeroberung von Teilen Nordsyriens durch die Komnenen von Bedeutung.

Lateiner
(1) Angehöriger des lateinischen (d.h. römischen, mozarabischen oder ambrosianischen) Ritus in der katholischen Kirche. (2) In der Historiographie wird diese Bezeichnung oft einengend speziell für solche Lateiner gebraucht, die sich in der Zeit der Kreuzzüge im Orient oder in Griechenland niederließen. Der Bezeichnungsinhalt ist dann oft mehr ethnischer als religiöser Art und entspricht weitgehend der orientalischen und byzantinischen Sammelbenennung "Franken" für alle Westeuropäer.

Latinisierung
Angleichung der unierten orientalischen Kirchen an den Ritus (die kirchliche Organisation und das Kirchenrecht) der römischen Kirche. Die Latinisierungstendenzen steigerten sich im Spätmittelalter, noch mehr in der frühen Neuzeit und im 19. Jahrhundert. Seit dem Pontifikat Papst Pius' XI. wurde der zweifelhafte Wert der Latinisierung erkannt. Ihr wurde entgegen gewirkt und sie wurde in erheblichem Maße rückgängig gemacht.

Mäshafä berhan
Wörtlich "Buch des Lichts", die äthiopische Kirchenordnung.

Makuria
Ehemaliges christliches Königreich in Nubien südlich des dritten Nilkatarakts. Hauptstadt war Dongola.

Malabaren
Sammelbezeichnung für die indischen Thomaschristen *ost*syrischer Tradition.

Malankaren
Sammelbezeichnung für die indischen Thomaschristen *west*syrischer Tradition.

Malayalam
Lebende Sprache Südindiens (Kerala), die von mehreren Gruppen der Thomaschristen als Liturgiesprache verwendet wird. Sie gehört zur Familie der dravidischen, nicht indoarischen Sprachen.

Mameluken
Abgeleitet von arabisch *mamlūk* (=eigen) bezeichnet "Mam(e)luken" die Militärsklaven in den muslimischen Staaten des Mittelalters. Der später sehr verbreitete Brauch, nichtmuslismische Sklaven in jugendlichem Alter, am besten vor der Pubertät zu kaufen und dann gleichermaßen zu tapferen Kriegern und zu frommen Muslimen zu erziehen, geht auf den abbasidischen (↑Abbasiden) Kalifen (↑Kalif) al-Mutasim (833-842) zurück. 1250 übernahmen die ägyptischen Mameluken die Herrschaft im Lande, eroberten um 1260 auch Syrien und schufen das bis 1517 bestehende Mamelukenreich, das auch die Schutzherrschaft über den Hedschas mit den heiligen Städten Mekka und Medina innehatte.

Maphrian
Mit besonderen Vollmachten ausgestatteter Stellvertreter des miaphysitischen syrischen Patriarchen von Antiochia für die östlichen (vor allem persischen) Gebiete seines Pariarchat.

Maqdas
Das "Allerheiligste" in äthiopischen Kirchen, das nur vom Klerus betreten werden darf.

Mazdäer
↑Zoroastrier

Mechit(h)aristen
Mönche der Armenisch-Katholischen Kirche mit Benediktinerregel.

Mellusianer
Bezeichnung für die thomaschristliche Kirche von Trichur, die sich unter Führung von Bischof Eliya Yochannan Mellos (daher "Mellusianer") um 1900 von der Katholischen Syro-Malabarischen Kirche abspaltete. Von 1964 bis 1994 waren die Mellusianer selbst durch ein inzwischen beigelegtes Schisma gespalten.

Metropolit
Entsprechend der römischen Reichsverwaltung nahm der Bischof einer Provinzhauptstadt (Metropolis) unter den Bischöfen der Provinz eine Führungsstellung ein. Somit wurde der Metropolit Vorsteher einer Kirchenprovinz, auch wenn diese später nicht mehr einer staatlichen Provinz entsprach. Dieser Zustand blieb in der lateinischen Kirche erhalten und die Metropoliten wurden dort vom Frühmittelalter an Erzbischöfe genannt. (Dabei sind die Bezeichnungen aber bis heute nicht völlig deckungsgleich; es gibt in der katholischen Kirche Erzbischöfe, die keine Metropoliten sind.) In der byzantinisch-orthodoxen Kirche und in vielen orientalischen Kirchen entwickelte sich die Tendenz den Metropolitentitel allen "ordentlichen" Diözesanbi-

schöfen zu geben und eine weitgehende Gleichsetzung von Metropolit und Erzbischof erfolgte nicht. Bei den unierten orientalischen Kirchen unterscheidet man heute zwischen den einem Patriarchen und den unmittelbar dem Papst unterstehenden Metropoliten.

Miaphysitismus
Lehre von der "einen gottmenschlichen Natur" Christi, wie sie von Kyrillus von Alexandrien (†444) vertreten wurde. Dies war immer die Lehre derjenigen orientalischen Kirchen, die früher unzutreffend als monophysitisch (↑Monophysitismus) bezeichnet wurden.

millet
Türk. Begriff (abgeleitet aus arab. *milla*) der die im Osmanischen Reich anerkannten nicht-muslimischen Religionsgemeinschaften bezeichnete, die im internen Rechtsbereich weitgehende Autonomie besaßen.

Monophysitismus
"Ein-Naturen"-Lehre, nach der die menschliche Natur Christi in der göttlichen Natur aufgegangen ist. Sie wurde von Eutyches (*370/378, † nach 454) gelehrt. Die früher als monophysitisch bezeichneten orientalischen Kirchen vertreten diese Lehre nicht, sondern den ↑Miaphysitismus.

Monotheletismus
"Ein-Willen"-Lehre, nach der Christus nur einen einzigen göttlichen (und keinen menschlichen) Willen hat, und zwar nicht nur in moralischer, sondern auch in ontologischer Sicht, verurteilt durch das dritte Konzil von Konstantinopel (680/81).

mukarrasāt
Koptische Bezeichnung (wörtlich "die Geweihten") für die Diakonissen. Sie entsprechen heute in ihrer Funktion den Devotessen des 17. und 18. Jahrhunderts in der katholischen Kirche.

Myron
Heiligstes Salböl in den orientalischen (und byzantinisch-orthodoxen) Kirchen. Es entspricht dem Chrisam in der katholischen Kirche, doch ist seine Weihe dem Patriarchen oder einem über dem Metropolitenrang stehenden Bischof vorbehalten.

Negus
Äthiopischer Königstitel.

Negusa Nägäst
"König der Könige", offizielle Bezeichnung der äthiopischen Kaiser (sog. Genetivus Hebraicus).

Nestorianer
Wörtlich Anhänger der Lehre des Nestorius († um 450), der aber die "nestorianische" Lehre, eine Trennungs-Christologie, nach der in der einen Person Christi zwei Naturen in *zwei* Hypostasen sind, vielleicht gar nicht vertrat. Die Bezeichnung der "Apostolischen Kirche des Ostens" als nestorianisch ist unberechtigt, wird aber mit Anführungszeichen als Kurzbenennung gebraucht.

Nobatia
Ehemaliges christliches König im nördlichen Nubien an der Grenze zu Ägypten. Hauptstadt war Faras.

Omaiyaden (*Banū Umaiya*)
Kalifendynastie (↑Kalif), die 662750 regierte, zunächst in Medina, dann vor allem in Damaskus. Sie wurde von den mit Mohammed näher verwandten ↑Abbasiden abgelöst. Von 756 an gelang es den Omaiyaden in Spanien (Al Andalus) ein Emirat zu begründen, dessen Fürsten aber erst 962 in Konkurrenz zu den Abbasiden den Kalifentitel annahmen, und deren Staat um 1000 unterging.

Padroado
Der Missionspatronat der portugiesischen Krone, der dem König von Portugal ursprünglich als Großmeister des Christus-Ordens zukam. Die extreme Auslegung der portugiesischen Patronatsrechte und das hartnäckige Festhalten der Krone an diesem hat im Verhältnis der Thomaschristen zum Papst große Schäden verursacht.

Paläologen
Letzte byzantinische Kaiserdynastie, die zuerst in Nizäa, dann 1261-1453 in Konstantinopel (mit Unterbrechung) regierte.

Parsen
↑Zoroastrier

Pax Mongolica
Dem Begriff "Pax Romana" in der europäischen Historiographie nachgebildeter Begriff, um die ganz Nordeurasien umfassende Handels- und Verkehrssicherheit im Bereich der mongolischen Großkhanate zu bezeichnen.

Pazhayakuttukar
"Alte Partei", Bezeichnung für die romtreuen Thomaschristen des 17. Jahrhunderts.

Puthankuttukar
"Neue Partei", Bezeichnung für die zum Bruch mit Rom führende Bewegung unter den Thomaschristen des 17. Jahrhunderts.

Ras
Äthiopischer Fürsten- bzw. Statthaltertitel.

Salomoniden
Äthiopische Kaiserdynastie (1270-1974). Nach eigenem Selbstverständnis hatte diese Dynastie – vom biblischen König Salomon und der Königin von Saba abstammend – schon zuvor bis Anfang des 12. Jahrhunderts Äthiopien regiert, so dass die Übernahme der Herrschaft 1270 von ihr als Restauration aufgefasst wurde.

Šarakan
Hymnarium der armenischen Kirche.

Sassaniden
Neupersische Herrscherdynastie (224-651).

Septuaginta
Die seit apostolischer Zeit von den Christen verwendete griechische Übersetzung des Alten Testaments jüdisch-alexandrinischen Ursprungs.

Sistre
Eine Art Rassel, die bei der koptischen und äthiopischen Kirchenmusik verwendet wird.

Südchristen
↑Knanaiten

Suffragan
Bischof in einer Kirchenprovinz, der nicht ↑Metropolit ist.

Swadaya
Ostsyrische Liturgiesprache in der von den ↑Malabaren verwendeten Form, sie wurde in jüngerer Zeit weitgehend durch das ↑Malayalam ersetzt.

Synaxarion
(Abgeleitet von griech. σύναξις = Versammlung.) In mehreren orientalischen Kirchen (und in der byzantinischen Orthodoxie) Buch mit Verzeichnis der liturgischen Feiern im Laufe des Kirchenjahres unter Angabe von Anlass und Versammlungsort.

Ta'amra Māryām
Das äthiopische "Buch der Wunder Mariens", entstand um 1400 und geht im Kern auf die Übersetzung französischer, italienischer und spanischer Wallfahrtsberichte des 12. Jahrhunderts zurück.

tabot
Eine Nachbildung der Bundeslade, die in der äthiopischen Kirche auf jedem Altar steht. Sie gilt als Zentrum der Kirche und nur sie wird bei der Kirchweihe vom Bischof konsekriert.

Trishagion
Liturgische Akklamation in allen orientalischen (und byzantinischen Liturgien), die spätestens im 5. Jahrhundert entstanden ist, in der katholischen Kirche nur noch in der Karfreitagsliturgie erhalten.

Tunjur
Afrikanische Ethnie östlich des Tschadsees, die im Mittelalter zeitweilig religiös unter christlich-nubischem Einfluss stand.

Turoyo
Neuaramäischer Dialekt, der bis Anfang des 20. Jahrhunderts unter den Christen im Gebiet von Turabdin (Südosttürkei) gesprochen wurde.

Uden (auch Udinen)
Kleine, teilweise christliche Ethnie in Aserbeidschan, die zur lesghischen Gruppe der Kaukasier gehört, wahrscheinlich Nachkommen der ostkaukasischen Albaner, die im Mittelalter einer eigenständigen orientalischen Kirche angehörten.

Uiguren
Türkische Nation in Innerasien, die im Mittelalter teilweise christianisiert war. Heute muslimisch.

Villarvatam
Vermutetes mittelalterliches christliches Königreich im südindischen Kerala, dessen Existenz aber von der Forschung bezweifelt wird.

Wafd-Partei
Die in den Jahren vor der Unabhängigkeit Ägyptens (1922) dort gegründete, später mehrmals verbotene und neugegründete Wafd-Partei ("Wafd" bedeutet "Delegation") war ursprünglich auf Grund ihrer nationalen, liberalen und in Bezug auf die Religionszugehörigkeit neutralen Position für Teile der christlichen Bevölkerung sehr attraktiv.

Zagwe
Äthiopische Herrscherdynastie (um 1140-1270), galt in der späteren Reichsideologie als illegitim. Ihr bedeutendster König Lalibäla (um 1200) wird von der Äthiopischen Kirche als Heiliger verehrt.

Zoroastrier
Anhänger der vorchristlichen und vorislamischen Religion im Iran, auch als *Mazdäer* bezeichnet, in der Gegenwart vereinzelt bis Indien verbreitet und meist *Parsen* genannt.

Auswahlbibliographie

von

Claudia Croé

Aekell, Anthony: The influence of Christian Nubia in the Chad Area between A.D. 800-1200. In: Kush 11 (1963), S. 315-319.

Alexandria. Hrsg. von *Tobias Georges* [u.a.]. (Civitatum Orbis Mediterranei Studia. 1.) Tübingen 2013.

Altheim, Franz und *Stiehl, Ruth*: Christentum am Roten Meer. Bd. 1. Berlin, New York 1971.

Die *altorientalischen* Kirchen. Glaube und Geschichte. Hrsg. von *Christian Lange* und *Paul Pinggéra*. Darmstadt 2010.

Arat, Mari Kristin: Die Wiener Mechitaristen. Armenische Mönche in der Diaspora. Wien, Köln 1990.

Armenische Liturgien. Ein Blick auf eine ferne christliche Kultur. Hrsg. von *Erich Renhart* und *Jasmine Dum-Tragut*. (Heiliger Dienst, Ergänzungsband. 2.) Graz, Salzburg 2001.

Athanasius-Handbuch. Hrsg. von *Peter Gemeinhardt*. Tübingen 2011.

Aydin, Hanna: Die syrisch-orthodoxe Kirche von Antiochien, ein geschichtlicher Überblick. (2. Aufl.) Glane (Niederlande) 2006.

Babu Paul, Daniel: The Syrian Orthodox Christians of St. Thomas. Ernakulam 1986.

Bat Ye'or: Les Chrétientés d'Orient entre Jihâd et Dhimmitude. VIIe-XXe siècle. Paris 1991.

Baumstark, Anton: Ostsyrisches Christentum und ostsyrischer Hellenismus. In: Römische Quartalschrift für christliche Altertumskunde und für Kirchengeschichte 22 (1908), S. 17-35.

Bellini, Enzo: Alessandro et Ario. Milano 1974.

Black, Matthew: Die Muttersprache Jesu. Das Aramäische der Evangelien und der Apostelgeschichte. (Beiträge zur Wissenschaft vom Alten und Neuen Testament, 6. Folge. 15.) Stuttgart [u.a.] 1982. [Orig.-Ausg.: The Aramaic Approach to the Gospels and Acts. Oxford 1967.]

Brakmann, Heinzgerd: To para tois barbarois ergon theion. Die Einwurzelung der Kirche im spätantiken Reich von Aksum. Bonn 1994.

Brandl, Bernd: Wenn Kirchen sterben. Ein erschütternder und vergessener Teil der Kirchen- und Islamgeschichte Afrikas und Asiens. (edition afem, mission academies. 35.) Berlin, Bonn 2012.

Brent, Allen: Ignatius of Antioch. A martyr bishop and the origin of episcopy. London [u.a.] 2007.

Brincken, Anna-Dorothee von den: Die "Nationes Christianorum orientalium" im Verständnis der lateinischen Historiographie von der Mitte des 12. bis in die zweite Hälfte des 14. Jahrhunderts. (Kölner Historische Abhandlungen. 22.) Köln, Wien 1973.

Bürke, Alois: Das Nestorianer-Denkmal von Si-an-fu. Versuch einer Neuübersetzung. In: Vermittlung zwischenkirchlicher Gemeinschaft. 50 Jahre Missionsgesellschaft Bethlehem Immensee. (Neue Zeitschrift für Missionswissenschaft, Supplementa. 17.) Immensee / Schweiz 1971, S. 125-141.

Bundy, David: Jacob Baradaeus. The state of research. A review of sources an a new approach. In: Le Muséon 91 (1978), S. 45-86.

Bundy, David D.: The Council of Sis, 1307. In: After Chalcedon. Studies in Theology and Church History. Festschrift für *Albert van Roey*. Leuven 1985, S. 47-56.

Caraman, Philip: The Lost Empire. The Story of the Society of Jesus in Ethiopia. London 1985.

Cavallera, Ferdinand: Le schisme d'Antioche, IVe -Ve siècle. Paris 1905.

Chediath, Geevarghese: The Malankara Catholic Church. Kottayam 2003.

Christentum am Nil. Internationale Arbeitstagung zur Ausstellung "Koptische Kunst". Essen, Villa Hügel, 23.-25. Juli 1963. Hrsg. von *Klaus Wessel*. Recklinghausen 1964.

The *Coptic* Christian Heritage. Ed. by *Lois M. Farag*. London, New York 2013.

Cosmas Indicopleustes. Topographie Chrétienne. Hrsg. von *Wanda Wolska-Conus*. T. 1-3. Paris 1968-1973.

Dennefeld, Ludwig: Der alttestamentliche Kanon der Antiochenischen Schule. Freiburg 1909.

Der Nersessian, Sirarpie: Armenia and the Byzantine Empire. A Brief Study of Armenian Art and Civilization. Cambridge/Maas. 1947.

Der Nersessian, Sirarpie: The Kingdom of Cilician Armenia. In: A History of the Crusades. Ed. *Kenneth M. Setton*. Vol. 2 Madison 1969, S. 630-659.

Derat, Marie-Laure: The Acts of King Lalibäla. Structure, Literary Models and Dating Elements. In: Proceeding of the International Conferences of Ethiopian Studies 15 (2005), S. 561-568.

Deutschland und Armenien, 1914-1918. Sammlung diplomatischer Aktenstücke. Hrsg. von *Johannes Lepsius*. Pottsdam 1919 (Neudr.: Bremen 1986).

Dokumente wachsender Übereinstimmung. Sämtliche Berichte und Konsenstexte interkonfessioneller Gespräche auf Weltebene. Bd. 1. Paderborn, Frankfurt a.M. 1983.

Dombrowski, Franz Amadeus: "Frumentius/Abba Salāmā". Zu den Nachrichten über die Anfänge des Christentums in Äthiopien. In: Oriens Christianus 68 (1984), S. 114-169.

Dorner, Nikolaj: Ein Stück Afrika mitten in den vatikanischen Gärten. 75-Jahr-Jubiläum des Äthiopischen Kollegs. In: Der christliche Osten 61 (2006), S. 26-33.

Edbury, Peter W.: The Kingdom of Cyprus and the Crusades, 1191-1374. Cambridge 1991.

Engberding, Hieronymus: Das eucharistische Hochgebet der Basileiosliturgie. Textgeschichtliche Untersuchung und kritische Ausgabe. (Theologie des christlichen Ostens. 1.) Münster 1931.

Erklärungen und Empfehlungen der Gemischten Kommission für den theologischen Dialog zwischen der Orthodoxen Kirche und den Orientalisch-Orthodoxen (Vorchalkedonensischen) Kirchen, Chambésy, 23.-28. September 1990, Abschn. 2.

Ertlbauer, Alice: Geschichte und Theorie der einstimmigen armenischen Kirchenmusik. Eine Kritik der bisherigen Forschung. (Musica mediaevalis Europe Orientalis. 3.)Wien 1985.

Finger, Heinz: Der erste Buchdruck Afrikas und die frühen Drucke in afrikanischen Sprachen. In: Buchhandelsgeschichte 2 (1980), S. 369-379.

Frank, Hieronymus: Zur Geschichte von Weihnachten und Epiphanie. In: Jahrbuch für Liturgiewissenschaft 12 (1932), S. 145-155, und 13 (1933), S. 1-38.

Frend, William Hugh Clifford: The rise of Monophysite Movement. Cambridge 1972, S. 184-254.

Gemeinsame Offizielle Erklärung zur Christologie der Koptisch-Orthodoxen und der Römisch-Katholischen Kirche, Kairo, 12. Februar 1988, Abschn. "Text der Übereinstimmung in der Christologie".

Geschichte, Theologie, Liturgie und Gegenwartsanalyse der syrischen Kirchen. Beiträge zum sechsten deutschen Syrologen-Symposium in Konstanz, Juli 2009. Hrsg. von *Dorothea Weltecke*. (Göttinger Orientforschungen, I. Reihe: Syriaca. 40.) Wiesbaden 2012.

Ghazarian, Jacob G.: The Armenian Kingdom in Cilicia during the Crusades. The Integration of Cilician Armenians with the Latins 1080-1393. Richmond (Surrey) 2000.

Godinho, Ino: The Padroado of Portugal in the Orient, 1454-1860. Bombay 1924.

Goettsberger, Johann: Barhebräus und seine Scholien zur Heiligen Schrift. Freiburg i.Br. 1900.

Gorder, A. Christian van: Christianity in Persia and the status of non-muslims in Iran. Lanham / Maryland [u.a.] 2010.

Graf, Georg: Ein Reformversuch innerhalb der koptischen Kirche im 12. Jahrhundert. (Collectanea Hierosolymitana. 2.) Paderborn 1923.

Grillmeier, Alois: Die Kirche von Alexandrien mit Nubien und Äthiopien nach 451 (= Jesus der Christus im Glauben der Kirche. Bd. 2,4). Freiburg 1990.

Gust, Wolfgang: Der Völkermord an den Armeniern. Die Tragödie des ältesten Christenvolkes der Welt. München, Wien 1993.

Hage, Wolfgang: Gregorius Barhebräus. In: Gestalten der Kirchengeschichte. Bd. 4. Hrsg. von *Martin Greschat*. Stuttgart [u.a.] 1983, S. 63-72.

Hage, Wolfgang: Das orientalische Christentum. (Die Religionen der Menschheit. 29,2) Stuttgart 2007.

Halfter, Peter: Das Papsttum und die Armenier im frühen und hohen Mittelalter. Von den ersten Kontakten bis zur Fixierung der Kirchenunion im Jahre 1198. (Forschungen zur Kaiser- und Papstgeschichte des Mittelalters. 15.) Köln [u.a.] 1996, S. 234-245.

Hammerschmidt, Ernst: Stellung und Bedeutung des Sabbats in Äthiopien. (Studia Delitzschiana. 7.) Stuttgart 1963.

Handbuch der Ostkirchenkunde. Neuerarbeitete Aufl. Hrsg. von *Wilhelm Nyssen, Hans-Joachim Schulz* und *Paul Wiertz*. 3 Bde. Düsseldorf 1984-1997.

Hajjar, Joseph: Zwischen Rom und Byzanz. Die unierten Christen des Nahen Ostens. Mainz 1972.

Hambye, Edouard R. und *Madey, Johannes*: 1900 Jahre Thomas-Christen in Indien. (Veröffentlichungen der Arbeitsgemeinschaft "Begegnung mit den Kirchen des Ostens". 2.) Freiburg i.Ue. 1972.

Heiler, Friedrich: Urkirche und Ostkirche. München 1937.

Heinz, Andreas: Die Heilige Messe nach dem Ritus der Syrisch-maronitischen Kirche. (Sophia. Quellen östlicher Liturgie. 28) Trier 1996.

Heinz, Andreas: Feste und Feiern im Kirchenjahr nach dem Ritus der Syrisch-Orthodoxen Kirche von Antiochien (M'ad'dono). (Sophia. Quellen östlicher Theologie. 31.) Trier 1998.

Heinz, Andreas: Licht aus dem Osten. Die Eucharistiefeier der Thomas-Christen, der Assyrer und der Chaldäer mit der Anaphora von Addai und Mari. (Sophia. Quellen östlicher Theologie. 35.) Trier 2008.

Heyer, Friedrich: Kirchengeschichte des Heiligen Landes. (Urban Taschenbücher. 357) Stuttgart 1984.

Hofmann, Tessa: Deutschland und die Vernichtung der Armenier im Osmanischen Sultanat. In: "Armeni syn die menschen genant [...]". Eine Kulturbegegnung in der Staatsbibliothek. Hrsg. von *Meliné Pehlivanian*. Berlin 2000, S. 151-171.

Holl, Karl: Der Ursprung des Epiphaniefestes. In: Sitzungsberichte der deutschen Akademie der Wissenschaften zu Berlin. Phil.-hist. Klasse 1957, S. 402-438.

Hollerweger, Hans: Lebendiges Kulturerbe. Turabdin. Wo die Sprache Jesu gesprochen wird. (Dreisprachige Ausg.: dt. [Originaltext], engl., türk.) Linz 1999.

Hosfeld, Rolf: Operation Nemesis. Die Türkei, Deutschland und der Völkermord an den Armeniern. Köln 2005.

Howard-Johnston, James: Heraclius' Persian Campaigns and the Revial of the East Roman Empire 622-630. In: War in History 6 (1999), S. 1-44.

Huschardzan. Festschrift aus Anlass des 100jährigen Bestandes der Mechitharisten-Kongregation in Wien (1811-1911) und des 25. Jahrgangs der philologischen Monatsschrift "Handes Amsorya" (1887-1911). Hrsg. von der *Mechitharisten-Kongregation*. Wien 1911.

Husmann, Heinrich: Die Gesänge der armenischen Liturgie. In: Geschichte der katholischen Kirchenmusik. Hrsg. von Karl Gustav Fellerer. Bd. 1. Kassel [u.a.] 1972, S. 49-108.

Inglisian, Vahan und *Innerkoffler, Adolf*: Der Diener Gottes Mechitar von Sebaste, Stifter der Mechitharisten und Kulturapostel des armenischen Volkes. Wien 1929.

Inglisian, Vahan: Das wissenschaftliche Leben der Armenier in der Gegenwart. In: Oriens Christianus 39 (1955), S. 102-111.

Inglisian, Vahan : Hundertfünfzig Jahre Mechitaristen in Wien (1811-1911). Wien 1961.

Instinsky, Hans Ulrich: Bischofsstuhl und Kaiserthron. Mainz 1955.

Joseph, T. K.: Malabar Christians and their ancient documents. Trivandrum 1929.

Kaegi, Walter E.: Heraclius – Emperor of Byzantium. Cambridge 2003.

Kammerer, Albert: L'ephémère triomphe du Catholicisme en Abyssinie (1622-1632). In: Revue d'histoire diplomatique 60 (1946), S. 260-293.

Kawerau, Peter: Die nestorianischen Patriarchate in neuerer Zeit. In: Zeitschrift für Kirchengeschichte 67 (1956), S. 119-131.

Kawerau, Peter: Die Jakobitische Kirche im Zeitalter der syrischen Renaissance. Idee und Wirklichkeit. (Berliner Byzantinistische Arbeiten. 3.) Berlin 1960.

Kawerau, Peter: Christentum des Ostens. Stuttgart 1972.

Khalil, Samir: [Artikel] Gabriel V, patriarche copte d'Alexandrie (1409-1427). In: Dictionnaire d'histoire et de géographie ecclésiastiques. Tom. 19, Sp. 539-543.

Kieser, Hans-Lukas: Die Zerstörung der osmanisch-armenischen Gemeinschaft im Ersten Weltkrieg und die Rolle Deutschlands. In: "Dich, Ararat, vergesse ich nie!" Neue Beiträge zum Schicksal Armeniens und der Armenier. (Studien zur Orientalischen Kirchengeschichte. 40.) Berlin 2006, S. 67-79.

Kihn, Heinrich: Die Bedeutung der antiochenischen Schule auf exegetischem Gebiet. Weißenburg 1866.

Die *Kirche* Armeniens. Eine Volkskirche zwischen Ost und West. Hrsg. von *Friedrich Heyer*. Stuttgart 1978.

Klein, Wassilios: Das nestorianische Christentum an den Handelswegen durch Kyrgyzstan bis zum 14. Jh. (Silk Road Studies. 3.) Turnhout 2000.

Kleinheyer, Bruno: Maria in der Liturgie. In: Handbuch der Marienkunde. Hrsg. von *Wolfgang Beinert* und *Heinrich Petri*. 2. neu bearb. Aufl. Bd. 1. Regensburg 1996, S. 469-525.

Kleyn, Hendrik Gerrit: Jacobus Baradaeus. De stichter der syrische monophysietische kerk. Leiden 1882.

Koch, Gerhard: Strukturen und Geschichte des Heils in der Theologie des Theodoret von Kyros. Eine dogmen- und theologiegeschichtliche Untersuchung. Frankfurt a.M. 1974.

Die *koptische* Kirche. Einführung in das ägyptische Christentum. Hrsg. von *Albert Gerhards* und *Heinzgerd Brakmann*. Stuttgart [u.a.] 1994.

Koutcharian, Gerayer: Das Katholikat von Albanien bzw. Gandsassar (4. bis 19. Jahrhundert). In: Armenisches Berg-Karabach / Arzach im Überlebenskampf. Christliche Kunst – Kultur – Geschichte. Hrsg. von *Manfred Richter*. Berlin 1993, S. 90-92.

Kraus, Johann: Die Anfänge des Christentums in Nubien. Mödling bei Wien 1930.

Krikorian, Mesrob K.: Die Armenische Kirche. Materialien zur armenischen Geschichte, Theologie und Kultur. Frankfurt am Main [u.a.] 2002.

Lampart, Albert: Ein Märtyrer der Union mit Rom. Joseph I. 1681-1696, Patriarch der Chaldäer. Einsiedeln 1966.

Lange, Christa: Mia Energeia. Untersuchungen zur Einigungspolitik des Kaisers Heraclius und des Patriarchen Sergius von Constantinopel. Tübingen 2012.

Langfeldt, John A.: Recently discovered early Christian monuments in Northeastern Arabia. In: Arabian Archaeology and Epigraphy 5,1 (1994), S. 32-60.

Lebon, Joseph: Le monophysitisme severien. Leuven 1909.

Lepsius, Johannes: Bericht über die Lage des Armenischen Volkes in der Türkei. Potsdam 1916.

MacMichael, Harold Alfred: History of Arabs in the Sudan. Vol. 2. Cambridge 1927, S. 66 und 169.

Malancharuvil, Cyril: The Syro-Malankara Church. (The Syrian Church Series. 7.) Ernaculam 1974.

Maley, John: Background and History of the Present Schism in the Malankara Church. In: Oriens Christianus 60 (1976), S. 95-112.

Mar Gregorios, Paulos: The Indian Orthodox Church. An Overview. Delhi, Kottayam 1982.

Mar Thoma, Yuhanon: Eine Abspaltung von der Syrischen Mar-Thoma-Kirche und die Gründung der Evangelischen St. Thomas Kirche in Indien. In: Die syrischen Kirche in Indien. Hrsg. von *Paul Verghese*. (Die Kirchen der Welt. 13.) Stuttgart 1974, S. 138-143.

Mayer, Hans Eberhard: Geschichte der Kreuzzüge. (Urban-Taschenbücher. 86.) 9. Aufl. Stuttgart 2000.

Meckel, Markus: 90. Jahrestag des Völkermordes an den Armeniern im Osmanischen Reich. Rede im Deutschen Bundestag am 21. April 2005. In: Zur Situation der Christen in der Türkei und in Syrien. Exemplarische Einsichten. Wiesbaden 2013.

Mercenier, Feuillen: La plus ancienne prière à la Sainte Vierge: le Sub tuum praesidium. In: Les questions liturgique et paroissiales 25 (1940), S. 33-36.

Merten, Kai: Die syrisch-orthodoxen Christen in der Türkei und in Deutschland. Untersuchungen zu einer Wanderungsbewegung. (Studien zur Orientalischen Kirchengeschichte. 3.) Hamburg 1997.

Michalowski, Kazimierz: Faras. Die Kathedrale aus dem Wüstensand. Einsiedeln 1967.

("Un *Moine de Saint-Marcaire*":) Le monastère de Saint-Macaire au Désert de Scété (Wâdi el Natroun). In: Irénicon 51 (1978), S. 209-215.

Monneret de Villard, Ugo: Le Chiese della Mesopotamia. (Orientalia Christiana Analecta. 128.) Rom 1940.

Motzki, Harald: Dimma und égalité. Die nichtmuslimischen Minderheiten Ägytens in der zweiten Hälfte des 18. Jahrhunderts und die Expedition Bonapartes (1798-1801). (Bonner Orientalische Studien. 27,5.) Bonn 1974.

Moule, Artur Christopher: Christians in China before the Year 1550. London 1930.

Müller, Caspar D.G.: Grundzüge des christlich-islamischen Ägypten von der Ptolemäerzeit bis zur Gegenwart. (Grundzüge. 11.) Darmstadt 1969.

Mundalan, A. Mathias: History of Christianity in India. Vol. 1. Bangalore 1984.

Mutafian, Claude: Königreich Kilikien. Zuflucht und Neubeginn. In: Armenien. Wiederentdeckung einer alten Kulturlandschaft. [Ausstellung Bochum 1995.] Tübingen 1995, S. 175-182.

Nagel, Peter: Michael I. In: Syrische Kirchenväter. Hrsg. von Wassilios Klein. (Kohlhammer-[Urban-] Taschenbücher. 587) Stuttgart 2004, S. 228-239.

Nallino, Carlo Alfonso: Ancora il Libro Siro-Romano di Diritto e Barhebreo. In: Rivista degli Studi Orientale 10 (1924), S. 78-86.

Narek, Gregoire de: Tragédie, Matean ołbergut'ean. Le Livre de Lamentation. Introduction, traduction et notes. Ed. Annie Mahé et Jean-Pierre Mahé. (Corpus scriptorum Christianorum orientalium. Subsidia. 106.) Leuven 2000.

Nikurdse, Alexander: Historiographische Betrachtungen über Albanien und seine Nachfolgestaaten (Schirwan – Sheki) vom Altertum bis zum hohen Mittelalter. In: Bedi Kartlisa. Revue de kartvélogie 13/14 (1962), S. 82-97.

Oennec, Hervé: Des Jésuites au royaume du Pretre Jean (Éthiope). Stratégies, recontres et tentatives d'implantation. Paris 2003.

L'*Ordinamento* liturgico di Gabriele V, 88^0 patriarca copto (1409-1427). Ed. *Alfonso Abdallah*. Kairo 1962.

Osman, Ali: The Post-medieval Kingdom of Kokka. In: Nubian Studies 1982, S. 185-197.

Oudenrijn, Marcus Antonius van den: Eine armenische Insel im Abendland. Venedig 1940.

Pathikulangara, Varghese: Indo-Chaldean Liturgy. Kottayam 1979.

Paulsen, Henning: Studien zur Theologie des Ignatius von Antiochien. Göttingen 1978.

Paulsen, Henning: Ignatius von Antiochien. In: Gestalten der Kirchengeschichte. Bd. 1. (Alte Kirche. 1.) Stuttgart [u.a.] 1984, S. 38-50.

Paulsen, Henning: Die Briefe des Ignatius von Antiochien und der Brief des Polykarp von Smyrna. Tübingen 1985.

Prekop, Edmond: 350 Jahre der Union der polnischen Armenier mit der katholischen Kirche. In: Der christliche Osten 35. 1980, S. 81-84.

Raddatz, Alfred: Theodor von Mopsuestia. In: Gestalten der Kirchengeschichte. Bd. 2. (Alte Kirche. 2.) Stuttgart [u.a.] 1984, S. 167-177.

Reinink, Gerrit Jan: Die syrische Apokalypse des Pseudo-Methodios. (Corpus scriptorum Christianorum orientalium. 540/541.) Leuven 1993.

Reis, Wolfram: Erneuerung in der Koptisch-Orthodoxen Kirche. Die Geschichte der koptisch-orthodoxen Sonntagsschulbewegung und die Aufnahme ihrer Reformansätze in die Erneuerungsbewegungen der Koptisch-orthodoxen Kirche der Gegenwart. (Studien zur Orientalischen Kirchengeschichte. 5.) Hamburg 1998.

Richter, Siegfried G.: Studien zur Christianisierung Nubiens. (Sprachen und Kulturen des christlichen Orients. 11.) Wiesbaden 2002.

Roberson, Ronald: The Eastern Christian Churches. A Brief Survey. Bangalore 2004.

Roberts, Colin Henderson: Catalogue of the Greek and Latin Papyri in the John Rylands Library. Vol. III. Cambridge 1938, Nr. 470.

Schatz, Klaus: Pius IX., das 1. Vatikanum und die katholischen Ostkirchen. In: Ostkirchliche Studien 50 (2001), S. 253-266.

Scherrer Ross Boase, Thomas: The Cilician Kingdom of Armenia. Edinburgh 1978.

Schneemelcher, Wilhelm: Athanasius als Theologe und Kirchenpolitiker. In: Zeitschrift für neutestamentliche Wissenschaft und die Kunde der älteren Kirche 43 (1950), S. 242-256.

Smolak, Kurt: Theodoret von Cyrus. In: Gestalten in der Kirchengeschichte, Bd. 2. (Alte Kirche. 2.) Stuttgart [u.a.] 1984, S. 239-250.

Somigli, Theodorio: L'Itinearium del P. Remidio Prutky, viaggiatore e missionario francescano (Alto Egitto), e sua viaggio in Abissinia. In: Studi francescani 22 (1925), S. 425-460.

Spuler, Berthold: Die Mongolen im Iran. Politik, Verwaltung und Kultur der Ilchanzeit 1220-1350. 2. Aufl. Berlin 1955.

Stommel, Eduard: Bischofsstuhl und Hoher Thron. In: Jahrbuch für Antike und Christentum 1 (1958), S. 52-78.

Storia di Mar Yahballaha e di Rabban Sauma. Übers. und hrsg. von *Pier Giorgio Borbone*. Turin 2000.

Strothmann, Rudolf: Die Koptische Kirche in der Neuzeit. (Beiträge zur Historischen Theologie. 8.) Tübingen 1932.

Strümper, Walter: Die Syrisch-Orthodoxe Kirche in der Zeit. [Zusammen mit:] Die Syrisch-Orthodoxe Kirche in der Diaspora am Beispiel der Bundesrepublik. (Schriftenreihe des syrisch-orthodoxen Klosters St. Jakob von Sarug. 3.) Warburg 2009.

Suermann, Harald: Die Gründungsgeschichte der Maronitischen Kirche. (Orientalia biblica et christiana. 10.) Wiesbaden 1998.

Sullivan, Francis A.: The Christology of Theodore de Mopsuestia. Rom 1956.

Sundkler, Bengt und *Steed, Christopher*: A History of the Church in Africa. 2nd Edition. Cambridge 2001.

Tekeyan, Pascal: Controverses Christologiques en Arméno-Cilicie dans la seconde moitié du XIIe siècle (1165-1198). (Orientalia Christiana Analecta. 124.) Rom 1939.

Ter-Grigorian Iskenderian, Galust: Die Kreuzfahrer und ihre Beziehungen zu den armenischen Nachbarfürsten bis zum Untergange der Grafschaft Edessa. Nach armenischen Quellen. Diss. phil. Leipzig 1914.

Tetz, Martin: Athanasius und die Vita Antonii. Literarische und theologische Relationen. In: Zeitschrift für neutestamentliche Wissenschaft und die Kunde der älteren Kirche 73 (1982), S. 1-30.

Toepel, Alexander und *Chung, Ju-Mi*: Was there a Nestorian Mission in Korea? In: Oriens christianus 88 (2004), S. 29-35.

Toepel, Alexander: Traces of Nestorianism in Manchuria and Korea. In: Oriens christianus 89 (2005), S. 77-85.

Vaccari, Alberto: La "teoria" essegetica antiochena. In: Biblica 1 (1920), S. 3-36.

Veint-cinq ans de promotion humaine. Les jésuites du Canada-français en Éthiopie, 1955-1970. In: Lettres du Bas-Canada 23 (1970), S. 169-181.

Vries, Wilhelm de: Rom und die Patriarchate des Ostens. (Orbis academicus. 3,4.) Freiburg, München 1963.

Weber, Simon: Die katholische Kirche in Armenien. Ihre Begründung und Entwicklung vor der Trennung. Ein Beitrag zur christlichen Kirchen- und Kulturgeschichte. Freiburg 1903.

Weijenborg, Reinoldus: Les lettres d'Ignace d'Antioche. Leiden 1969.

Weltecke, Dorothea: Die "Beschreibung der Zeiten" von Mör Michael dem Großen (1126-1199). Eine Studie zu ihrem historischen und historiographischen Kontext. (Corpus scriptorum Christianorum orientalium, Subsidia. 110) Leuven 2003.

Werner, Roland: "The Cross has won, it always wins!" The early Nubian Church and its Faith. In: Day of Devastation. Hrsg. von demselben [u.a.]. Nairobi 2000, S. 19-120.

Whittow, Mark: Rome and the Jafnids. Writing the history of a 6th-century tribul dynasty. In: The Roman and Byzantine Near East. Ed. *John Humphey*. Vol. 2. Portsmouth 2002, S. 207-224.

Wigram, William Ainger: The Separation of the Monophysites. London 1923.

Winkler, Dietmar W.: Ostsyrisches Christentum. Untersuchungen zu Christologie, Ekklesiologie und zu den ökumenischen Beziehungen der Assyrischen Kirche des Ostens. (Studien zur Orientalischen Kirchengeschichte. 26.) Münster [u.a.] 2003, S. 25-28.

Zekiyan, Boghos Levon: La rupture entre les Églises géorgienne et arménienne au debut du VIIe siècle. In: Revue des études arméniennes (NS) 16 (1982), S. 155-174.

Zekiyan, Boghos Levon: Die Christianisierung und Alphabetisierung Armeniens als Vorbilder kultureller Inkarnation, besonders im subkaukasischen Gebiet. In: Die Christianisierung des Kaukasus – The Christianization of Caucasus (Armenia, Georgia, Albania). Internationales Symposion, Wien 1999. Hrsg. von *Werner Seibt*. (Denkschriften der österreichischen Akadamie der Wissenschaften, Philosophisch-historische Klasse. 296.) Wien 2002, S. 189-198.

Libelli Rhenani

Schriften der Erzbischöflichen Diözesan- und Dombibliothek Köln.
Hrsg. von Heinz Finger

Bisher erschienen:

Band 1
Das Lob Gottes im Rheinland. Mittelalterliche Handschriften und alte Drucke zur Geschichte von Liturgie und Volksfrömmigkeit im Erzbistum Köln. Eine Ausstellung der Diözesan- und Dombibliothek Köln. 7. März bis 25. April 2002. – Köln 2002. 176 S., 17 Abb.

Band 2
Harald Horst: **Weltamt und Weltende bei Alexander von Roes.** Die Schriften des Kölner Kanonikers als Kontrapunkt zu mittelalterlichen Endzeiterwartungen.– Köln 2002. 126 S., 10 Abb.

Band 3
Karl Remmen: **Neuss – "die Stadt auf den sieben Hügeln" Die Entwicklung des Stadtraumes im Früh- und Hochmittelalter.** Korrelation von geomorphologischen Parametern und der Entwicklung von Nutzungsansprüchen und Raumordnungen bis in die Stauferzeit. – Köln 2003 u. 2005. 328 S., 38 Abb.

Band 4
Der Kölner Seelsorger und Theologe Kardinal Johannes Gropper. Eine Ausstellung der Diözesan- und Dombibliothek Köln zum 500. Geburtstag Groppers (24.2.1503). 25. Februar bis 30. April 2003. – Köln 2003. 230 S., 18 Abb.

Band 5
Der heilige Rosenkranz. Eine Ausstellung der Diözesan- und Dombibliothek Köln zum Rosenkranzjahr 2003, besonders zum Rosenkranzmonat Oktober und zum Jubiläum der Wahl Papst Johannes Paul II. (16.10.) 1. Oktober 2003 bis 7. Januar 2004. – Köln 2003. 164 S., 14 Abb.

Band 6
Angelika Heinricks: **Herzog Rainald II. von Geldern und seine Rolle im deutsch-englischen Bündnis zu Beginn des Hundertjährigen Krieges.** – Köln 2004. 124 S.

Band 7
Geschichte der Kirche in Japan. Eine Ausstellung der Diözesan- und Dombibliothek Köln in Zusammenarbeit mit der Sophia Universität Tokyo. **Zum 50jährigen Bestehen der Partnerschaft der Erzdiözesen Köln und Tokyo**. 30. Mai bis 10. September 2004. – Köln 2004. 354 S., 15 Abb.

Band 8
Franz Lüttgen: **Kolping auf den deutschen Katholikentagen.** – Köln 2004. 192 S., 10 Abb.

Band 9
Karl Remmen: **Das Quirinuskloster der Benediktinerinnen in Neuss im Früh- und Hochmittelalter.** – Köln 2005. 150 S., 37 Abb.

Band 10
Der Bilker Pastor Anton Josef Binterim, Seelsorger und Kirchenhistoriker im wiedererrichteten Erzbistum Köln. Eine Ausstellung der Diözesan- und Dombibliothek Köln in Zusammenarbeit mit der Pfarrgemeinde St. Martin in Düsseldorf-Bilk anlässlich der 150. Wiederkehr seines Todestages (17. Mai 1855). 1. Juni bis 5. August 2005. – Köln 2005. 326 S., 28 Abb.

Band 11
Martina Schöler: ***Ama nesciri.*** Spuren des Bibliothekars Conradus de Grunenberg (†1465/66) in der Bibliothek der Kölner Kreuzbrüder. – Köln 2005. 111 S., 17 Abb.

Band 12
Mittelalterliche Handschriften der Kölner Dombibliothek. Erstes Symposion der Diözesan- und Dombibliothek zu den Dom-Manuskripten. 26. bis 27. November 2004. Hrsg. von *Heinz Finger*. – Köln 2005. 338 S., zahlr. Abb.

Band 13
Karl Remmen: **Die Klosterlandschaft im mittelalterlichen Stadtraum Neuss.** – Köln 2005. 156 S., 55 Abb.

Band 14
Hermann-Josef Reudenbach: **Stiftspropst Alfons Bellesheim (1839-1912) und das Buch.** Ein Beitrag zur Kirchengeschichte und zur Geschichte der Buchkultur. – Köln 2006. 268 S., 3 Abb.

Band 15
Monika Isépy – Bernd Posselt: **Die Glossen zu Martianus Capella im Codex 193 der Kölner Dombibliothek.** – Köln 2010. 199 S.

Band 16
Hendrik Hülz: **Bischof Evergislus.** Ein Kölner Heiliger und seine Bedeutung in Geschichte und Gegenwart. – Köln 2006. 114 S.

Band 17
Die Anfänge der Gesellschaft Jesu und das erste Jesuitenkolleg in Köln. Eine Ausstellung der Diözesan- und Dombibliothek Köln in Zusammenarbeit mit der Deutschen Provinz der Jesuiten. Zum Ignatianischen Jahr 2006. 5. Oktober bis 15. Dezember 2006. – Köln 2006. 306 S., 27 Abb.

Band 18
Cornelia Herbers: **Die Mirakelberichte des *monasterium S. Mariae* in Gräfrath.** – Köln 2007. 124 S., 7 Abb.

Band 19
Karl Remmen: **Bruderschaften im mittelalterlichen Stadtraum von Neuss.** – Köln 2007. 210 S., 44 Abb.

Band 20
Der Kolumbapfarrer Kaspar Ulenberg und die Geschichte der Kolumbapfarre. Eine Ausstellung der Diözesan- und Dombibliothek Köln anlässlich der Neueröffnung des Diözesanmuseums "Kolumba" (14. September 2007). 5. September bis 15. Dezember 2007. – Köln 2007. 300 S., 18 Abb.

Band 21
Manuel Hagemann: **Johann von Kleve (†1368).** Der Erwerb der Grafschaft Kleve 1347. – Köln 2007. 133 S.

Band 22
Jennifer Hülsberg: **Untersuchungen zum Valkenburg-Graduale.** Codex 1001b der Diözesanbibliothek Köln. – Köln 2007. 274 S., zahlr. Abb.

Band 23
Dieter Siebert-Gasper: **Der Rennenberg-Codex.** Der Codex 149 der Kölner Dombibliothek und die Edelherren von Rennenberg im Kölner Domkapitel des 14. Jahrhunderts. – Köln 2008. 148 S., 22. Abb.

Band 24
Mittelalterliche Handschriften der Kölner Dombibliothek. Zweites Symposion der Diözesan- und Dombibliothek zu den Dom-Manuskripten. 1. bis 2. Dezember 2006. Hrsg. von *Heinz Finger.* – Köln 2008. 389 S., zahlr. Abb.

Band 25
Rheinisch – Kölnisch – Katholisch. Beiträge zur Kirchen- und Landesgeschichte sowie zur Geschichte des Buch- und Bibliothekswesens der Rheinlande. Festschrift für Heinz Finger zum 60. Geburtstag. Hrsg. von *Siegfried Schmidt.* – Köln 2008. 668 S., zahlr. Abb.

Band 26
Friedrich Spee. Priester, Mahner und Poet (1591-1635). Eine Ausstellung der Diözesan- und Dombibliothek Köln in Zusammenarbeit mit der Friedrich-Spee-Gesellschaft Düsseldorf. 11. Juni bis 9. Oktober 2008. – Köln 2008. 494 S., zahlr. Abb.

Band 27
Hans U. Krumme: **Die Säkularisation im ehemaligen Herzogtum Berg.** Darstellung der Entscheidungsprozesse, mit einer Auswahl bezüglicher Quellen. – Köln 2008. 254 S.

Band 28
Werner Wessel: **Johannes Duns Scotus.** (1265-1308). Eine Ausstellung der Diözesan- und Dombibliothek Köln anlässlich der 700. Wiederkehr seines Todestages (8.11.1308). – Köln 2008. 155 S., zahlr. Abb.

Band 29
Franz Werner Witte: **Konrad von Boppard.** Domherr, Reichsnotar, Propst (Köln, Boppard, Gemünden, Worms). – Köln 2009. 188 S., 4 Abb.

Band 30
Hendrik Breuer: **Zwischen Missionspredigt und bürgerlicher Stifterkultur.** Die spätmittelalterlichen Flügelaltäre der Dominikanerkonvente in den Hansestädten Rostock, Wismar und Lübeck. Teilbd. 1-3. – Köln 2009. Insgesamt 760 S., 113 Abb.

Band 31
Rupert von Deutz – Ein Denker zwischen den Zeiten? Internationales Symposion der Erzbischöflichen Diözesan- und Dombibliothek Köln und des Instituts für christliche Philosophie der Leopold-Franzens-Universität Innsbruck. 20. bis 22. September 2007. Hrsg. von *Heinz Finger*, *Harald Horst* und *Rainer Klotz* – Köln 2009. 258 S., 9 Abb.

Band 32
Werner Wessel: **Schätze aus der Bibliothek St. Albertus Magnus.** Eine Ausstellung der Diözesan- und Dombibliothek Köln in Zusammenarbeit mit der Dominikanerprovinz Teutonia anlässlich der Integration der Bibliothek der ehem. Ordenshochschule der Albertus-Magnus-Akademie (Walberberg) als Depositum in die Diözesan- und Dombibliothek Köln, 16. November 2009 bis 5. März 2010. – Köln 2009, 170 S., zahlr. Abb.

Band 33
Bruno Kammann: **Die Kartause St. Barbara in Köln (1334 bis 1953).** Kontinuität und Wandel. Ein Beitrag zur Kirchen- und Stadtgeschichte Kölns – Köln 2010. 571 S., zahlr. Abb.

Band 34
Mittelalterliche Handschriften der Kölner Dombibliothek. Drittes Symposion der Diözesan- und Dombibliothek zu den Dom-Manuskripten. 28. bis 29. November 2008. Hrsg. von *Heinz Finger*. – Köln 2010. 318 S., zahlr. Abb.

Band 35
Marcel Albert: **"zwecks wirksamer Verteidigung und Vertretung der katholischen Weltanschauung".** Der Katholische Akademikerverband 1913-1938/39. – Köln 2010. 124 S., 8 Abb.

Band 36
Ruth und *Hans U. Krumme:* **Abigail Steineckin – Mère Anna Maria Louisa Weißenburg.** Türkin – Ordensfrau – Künstlerin. – Köln 2010. 146 S., 21 Abb.

Band 37
Fromme Frauen als gelehrte Frauen. Bildung, Wissenschaft und Kunst im weiblichen Religiosentum des Mittelalters und der Neuzeit. Öffentliche Internationale Tagung der Diözesan- und Dombibliothek Köln 1. bis 4. April 2009. Hrsg. von *Edeltraud Klueting T.OCarm* und *Harm Klueting*. – Köln 2010. 376 S., zahlr. Abb.

Band 38
Mittelalterliche Handschriften der Kölner Dombibliothek. Viertes Symposion der Diözesan- und Dombibliothek zu den Dom-Manuskripten. 26. bis 27. November 2010. Hrsg. von *Heinz Finger* und *Harald Horst*. – Köln 2012. 356 S., zahlr. Abb.

Band 39
Peter Orth: **Beobachtungen zur *Ars Grammatica* des Codex 204 der Kölner Dombibliothek.** – Köln 2011. 112 S.

Band 40
Geschichte der Kirche in Lateinamerika. Eine Ausstellung der Diözesan- und Dombibliothek Köln. Zum 50jährigen Bestehen von Adveniat. 2. Dezember 2011 bis 20. April 2012. – Köln 2011. 507 S., zahlr. Abb.

Band 41
Bischöfe, Klöster, Universitäten und Rom. Gedenkschrift für Josef Semmler (1928-2011). Hrsg. von *Heinz Finger* und *Rudolf Hiestand*. – Köln 2012. 388 S., zahlr. Abb.

Band 42
Hans U. Krumme: **Ursulinen zu Düsseldorf (1677-1709).** Quellenlage, politische, ökonomische und spirituelle Rahmenbedingungen ihrer Etablierung in der Residenzstadt. Teilbd. 1 u. 2. – Köln 2013. Insgesamt 710 S., zahlr. Abb.

Band 43
Josef Kardinal Frings – Erzbischof von Köln. Beiträge zum Konzil. Übersetzt, erläutert und herausgegeben von *Paul Knopp*. – Köln 2012. 301 S., 11 Abb.

Band 44
Heinz Finger und *Werner Wessel:* **Heilige Kölner Bischöfe.** – 1700 Jahre Kirche von Köln. Eine Ausstellung der Diözesan- und Dombibliothek Köln zum Jubiläumsjahr 2013. 5. März bis 13. Juli 2013. – Köln 2013. 337 S., zahlr. Abb.

Band 45 (WEITERE BÄNDE ERSCHEINEN IN FORTSETZUNG)
Hans-Joachim Kracht unter Mitarbeit von *Pamela Santoni:* **Lexikon der Kardinäle 1058-2010.** In acht Bänden.

Bd. 1: Kardinäle unter Benedikt XVI. / Kardinäle 1058-2010, Buchstabe A. – Köln 2012. 485 S.

Bd. 2: Am 18.2 und 24.11.2012 kreierte Kardinäle / Kardinäle 1058-2010, Buchstabe B. – Köln 2013. 340 S.

Band 46
Karl Remmen (Bearb.): **Hieronymus Isenberg**, Pfarrer in St. Peter Rosellen bei Neuss 1626-1639: **Instructiones de omnibus Ecclesiae Rosellanae iuribus A° Dni 1640 absolutae.** – Köln 2013. 344 S., zahlr. Abb.

Band 47
Joseph Roggendorf: **Brückenbauer zwischen den Kulturen – 異文化のはざまで.** Lebenserinnerungen aus Europa und Japan 1908-1982. Aus dem Englischen übertragen und mit Anmerkungen versehen von *Manfred* und *Ingrid Baldus*. – Köln 2013.

Band 48
Hans-Ludwig Selbach: **Katholische Kirche und französische Rheinlandpolitik nach dem Ersten Weltkrieg** – Nationale, regionale und kirchliche Interessen zwischen Rhein, Saar und Ruhr (1918-1924). – Köln 2013. 657 S., 17. Abb.

Band 49
Die Orientalischen Christen. Eine unterdrückte und verfolgte Minderheit. Eine Ausstellung der Diözesan- und Dombibliothek Köln in Zusammenarbeit mit der Diözesanstelle Weltkirche / Weltmission, April bis Juli 2014. – Köln 2014. 361 S., zahlr. Abb.

Band 50
Marcel Albert: **"Als der Krieg die Ruhe der Bibliotheksarbeit gewaltsam störte".** Die Kölner Diözesan- und Dombibliothek im zweiten Weltkrieg. – Köln 2014. 128 S., 8. Abb.

SERIES MINOR

Heft 1
Wolfgang Steinmann: **Das Brevier Adalberts von Sachsen in Mainz.** – Köln 2002. 38 S., 16 Abb.

Heft 2
Heinz Finger: **Die Abtei Werden als geistiges und geistliches Zentrum im Grenzraum von Rheinland und Westfalen.** – Köln 2003. 56 S.

Heft 3
Harald Horst: **Liturgie, Kirchenväter und lateinische Dichtung in Handschriften der Oberlausitz.** Zwei Codices der Pfarrei St. Wenzeslaus zu Jauernick (Diözese Görlitz). – Köln 2004. 70 S.

Heft 4
Hendrik Breuer: **Die franziskanische Immaculata-Lehre und ihre Wende unter Duns Scotus 1265/66 bis 1308.** Überlegungen zur Ikonographie des Göttinger Barfüßeraltars (1424). – Köln 2007. 62 S.

Heft 5
Letha Böhringer: **Geistliche Gemeinschaften für Frauen im mittelalterlichen Köln.** – Köln 2009. 73 S.

Sonderreihe

Band 1

Günther Beckers: **Skizzenbücher.** Eine Ausstellung der Diözesan- und Dombibliothek Köln in Zusammenarbeit mit dem Künstlermuseum Beckers°Böll. – Köln 2008. 292 S., überw. Ill.

Band 2

René Böll: **"Doch uns ist gegeben, Auf keiner Stätte zu ruhn,"**. Eine Ausstellung der Diözesan- und Dombibliothek Köln in Zusammenarbeit mit dem Künstlermuseum Beckers°Böll. – Köln 2008. 160 S., überw. Ill.

Band 3

Günther Beckers: **Humanästhetik.** Traktat von der Würde des Menschen als einem Wesen von Schönheit, von sinnhaft, sinnlicher Wahrnehmung. – Köln 2008. 46 S.

Band 4

Gerhard Mevissen: **Zeitheftungen – Buchorte**. Eine Ausstellung des Künstlers Gerhard Mevissen in Zusammenarbeit mit der Diözesan- und Dombibliothek Köln. – Köln 2010. 338 S., überw. Ill.

Band 5

Günther Beckers: **Über die Liebe.** Traktat von der Würde der Kultur, der Würde der Transkulturalität und einer Ästhetik des Asozialen. – Köln 2013. 62 S.

Analecta Coloniensia

Jahrbuch der Diözesan- und Dombibliothek Köln

Köln 2001ff, ISSN 1861-7263

Jg. 1 (2001) 178 S.

Aus dem Inhalt: Die Kölner Dombibliothek und der gegenwärtige Stand ihrer Erschließung – John Pierpont Morgan und seine Bibliothek – Selbstverständnis und "Selbstdarstellung" der Kölner Kirche und ihrer Erzbischöfe im Mittelalter – Aachen und das Narrenschiff des Sebastian Brant – Adolph Kolping als Organisator, Ausbreitung des Gesellenvereins 1849-1852 – Rezensionen

Jg. 2 (2002) 284 S.
Aus dem Inhalt: Möglichkeiten und Grenzen einer digitalen Handschriftenbibliothek – Wissenschaftliche Bibliotheken im Spannungsfeld zwischen Benutzung und Bewahrung – Augustins Projekt einer "Christlichen Philosophie" – Peter Canisius, ein Mann des Gebetes – Düsseldorf als Wallfahrtsort – Antonius Broickwy von Königstein – Die Säkularisation im Rheinland – Die Josefsvereine – Rezensionen

Jg. 3 (2003) 272 S.
Aus dem Inhalt: Der virtuelle Katalog Theologie und Kirche (VThK) – Ein Bücherverzeichnis aus dem Kreuzherrenkloster Wickrath – Bücherzeitenzyklus von Rolf Escher – Marienverehrung in Köln und Aachen – P. Heusgen, Kirchenbibliothekar und Regionalhistoriker – Die Eigenliturgien der rheinischen (Erz-)Diözesen – Medienkrieg zur Zeit der Reformation – Religiöse Dichtung am Niederrhein – Das Erzbistum Köln und Togo – Rezensionen

Jg. 4 (2004) 404 S.
Aus dem Inhalt: Zur Geschichte von Ordensbibliotheken – Unbekannte Kölner Überlieferung der "Concordia canonum" des Cresconius – Eine liturgische Handschrift für St. Gereon – Bonner Handschrift des Sachsenspiegels – St. Martin und St. Nikolaus – Wallfahrten in der Rechtsgeschichte – Hagiographie im Rheinland – Kölner Stiftsliturgie – Goswin Nickel SJ (1582-1664) – Peter Heckers Fresken in Arnoldsweiler – Rezensionen

Jg. 5 (2005) 340 S.
Aus dem Inhalt: Historiker auf 'Schatzsuche' – Eine Cusanus-Inkunabel aus der Hohenbuscher Kreuzbrüderbibliothek – Das Exsultet und seine jüdischen Wurzeln – Zu Inthronisation und Begräbnis der Bischöfe, insbesondere der Kölner Erzbischöfe, im Mittelalter – Antike Götter und ein byzantinisches Marienlob – Bilanz des Martyrologiums des 20. Jahrhunderts – Konrad Adenauers Programm und die CDU – Rezensionen

Jg. 6 (2006) 336 S.
Aus dem Inhalt: Ein hebräisches Einbandfragment von Moshe ben Maimon – Ein Inkunabel-Brevier aus der Pfarrei St. Martin – Krankheit, Tod und Begräbnis von Erzbischof Joseph Kardinal Höffner – Das Weltgerichtsastrolabium des Bamberger Sternenmantels – Was ist am Jesuitenorden "neuzeitlich"? – Jacob Masens Übungsplatz für die gebundene Beredsamkeit – Die "Colonia" im "Land des Herrn" – Deutschlands Abkehr von Bonn – Rezensionen

Jg. 7/8 (2007/2008) 412 S.
Aus dem Inhalt: Zum Bibliotheksbestand des Albertus-Magnus-Instituts – Die Douaibibel – Biblia Sacra Polyglotta – Bestseller aus bischöflichem Besitz – Der rheinische Historiker und Bibliothekar Severin Corsten – Kreuzzugspredigt Bernhards von Clairvaux – Maria zum Weiher und St. Mechtern in Köln – Erzbischof Maximilian Friedrich und die Kultivierung der "Broiche" – Johann Friedrich Benzenberg – Anton Josef Binterim, Priester zwischen Revolution und Restauration – Einstellung der preußischen Eliten zum Rheinland – Katholiken in Deutschland und die Massenkultur der Gegenwart – Rezensionen

Jg. 9 (2009) 376 S.
Aus dem Inhalt: Übernahme der Dominikanerbibliothek von Walberberg – Digitalisierung älterer Zettelkataloge – Provenienzerfassung im Online-Katalog – Funktion und Bedeutung katholischer Kirchenbibliotheken – Entstehung und Entwicklung liturgischer Bücher – Bibelübersetzung des Bischofs Wulfila – Fragment der Schrift *De amore* des Andreas Capellanus – Gerschon ben Meir und die deutsche Talmudübersetzung – Burg Rolandseck – Des Erzbischofs Vogtei und seine Hofkapelle – Johannes von Groesbeek – Die Angelegenheiten der Klever Schustergilde – Kunst- und Archivschutz im Krieg – Rezensionen

Jg. 10/11 (2010/2011) 418 S.
Aus dem Inhalt: Die fränkische Reichsteilung nach dem Tod Pippins des Jüngeren – Der Neubau Karls des Großen: Die fränkische Reichskirche – Die Anfänge der Dominikaner und Minoriten in Köln – Albertus Magnus als Bischof von Regensburg – Nicolaus Cusanus, Sebastian Brant und die Erkelenzer Familie Wymar – Kaspar von Fürstenberg, ein kurkölnischer Amtsträger – "Frammigius Coccius Canonich deß ordelichen frey weltlichen Stiffts St. Quirini ihn Neuß" – Betrachtungen zur Geschichte des Bistums Aachen – Die Zahl der "echten Kölner" unter den Kölner Heiligen – Rezensionen

Jg. 12 (2012) 416 S.
Aus dem Inhalt: Nachtrag zu "Funktion und Bedeutung katholischer Kirchenbibliotheken" – Schicksale rheinischer Klosterbibliotheken – Winfried, Bonifatius, Köln – Die Erzbischöfe von Köln und die Grafschaft Berg vom 11. bis zur Mitte des 13. Jahrhunderts – Die Säkularisation des Kreuzherrenklosters in Ehrenstein, Hintergründe und Ereignisse – Die englischen Katholiken, das *Collegium Anglicum* in Douai und William Shakespeare – Lateinamerika und die Päpste in der frühen Neuzeit – Aus dem Rezeptbuch eines Brauweiler Mönchs – Rezensionen